D1754022

American Jazz Heroes

Volume 2

BESUCHE BEI
50 JAZZ-LEGENDEN
VON ARNE REIMER

VORWORT
von Gregory Porter

American Jazz Heroes

Volume 2

Jazzthing

„Zum ersten Mal in meinem Leben habe ich das gespielt, was ich fühlte und was ich hörte, ohne dabei auf die Akkordwechsel oder Sonstiges zu achten. Daraufhin haben sie mich gefeuert."

ORNETTE COLEMAN

—

„Auf der einen Seite fühlten wir uns
in der Band mit Cecil Taylor wie Außenseiter,
die Spaß am nächsten Moment hatten,
auf der anderen Seite hatten wir Angst,
unsere Karrieren zu ruinieren."

———

SUNNY MURRAY

INHALT

8 VORWORT
von Gregory Porter

14 GEDICHT
von Prof. Markus Lüpertz

- 18 **Eddie Henderson**
- 22 **Sonny Rollins**
- 26 **Charles Lloyd**
- 32 **Odean Pope**
- 36 **Al Foster**
- 39 **Kenny Barron**
- 42 **Amina Claudine Myers**
- 46 **Ahmad Jamal**
- 52 **Curtis Fuller**
- 56 **Muhal Richard Abrams**
- 60 **Bunky Green**
- 64 **Bobby Hutcherson**
- 70 **Les McCann**
- 74 **Freddie Redd**
- 78 **Horace Parlan**
- 81 **Sonny Simmons**
- 84 **Carla Bley & Steve Swallow**
- 90 **Sunny Murray**
- 94 **Mike Mainieri**
- 98 **Ernie Watts**
- 102 **Roscoe Mitchell**
- 108 **Mickey Roker**
- 112 **James Blood Ulmer**
- 116 **Junior Mance**
- 120 **Oliver Lake**
- 124 **Billy Hart**
- 130 **Kirk Lightsey**
- 134 **Archie Shepp**
- 138 **Jack DeJohnette**
- 142 **Marshall Allen**

146	**Jon Hendricks**	210	**Richard Davis**
152	**Randy Brecker**	214	**Billy Cobham**
156	**Kenny Burrell**	220	**Eugene Wright**
159	**Roy Haynes**	224	**Roy Ayers**
162	**Lee Konitz**		
166	**Gary Burton**		
170	**George Coleman**		
174	**Dr. Lonnie Smith**	**230**	JAZZ THING
178	**Charli Persip**	**232**	AMERICAN JAZZ HEROES I
182	**Gunther Schuller**	**238**	BIOGRAFIE ARNE REIMER
188	**Ben Riley**	**239**	DANKSAGUNGEN
192	**Ornette Coleman**	**240**	IMPRESSUM
196	**Bob Dorough**		
200	**Hubert Laws**		
206	**Billy Harper**		

VORWORT

Gregory Porter

Jazz ist ein weites Feld, so breit wie das Grinsen auf einigen Gesichtern auf diesen Bildern und so erhaben wie die dazugehörigen Persönlichkeiten.

Würde ich mir nur die Sänger ansehen, gäbe es schon da eine enorme Bandbreite, von Les McCann bis Jon Hendricks, wobei sie alle eines gemeinsam haben: Diese Damen und Herren sind allesamt Schwergewichte. So jung und unbedeutend meine Karriere ist, habe ich doch etliche von ihnen getroffen und sogar mit einigen von ihnen zusammengearbeitet. Allein nur am Bühnenrand zu stehen und ihren Auftritten zuzuhören oder sie auf einem Festival zu erleben, gibt mir etwas. Vielleicht ist es die Würde ihrer Präsenz oder einfach nur die Art, wie sie sich kleiden oder sich gegenseitig begrüßen. Ich genieße es, mich zurückzulehnen und diese Großen miteinander zu beobachten. Sie haben Respekt für ihr Gegenüber aufgrund von etwas, das sie bei oder mit ihm erlebt haben. Nie im Leben hätte ich gedacht, dass diese Schwergewichte ihrerseits bei meinen eigenen Konzerten an der Seite der Bühne oder hinten im Publikum stehen würden. Ich ahnte nicht, dass Gary Bartz zu meiner Show kommen und mich anschließend bewerten würde. Auch Jimmy Cobb kam zu meinen Auftritten im „Smoke" in New York, Harold Mabern sogar jede Woche. „Der Doktor" Eddie Henderson brachte regelmäßig seine bezaubernde Ehefrau mit. Das überwältigt mich. Ich fühle mich ein bisschen unwürdig, über sie zu schreiben, weil ich sie so sehr bewundere.

Musik bedeutet letztlich, dass die persönliche Ausstrahlung dieser Individuen durch ihr Instrument hindurch geht und zum Ausdruck kommt. Ihre Persönlichkeit ist es, wofür wir zu ihrem Konzert kommen, und um einen kleinen Moment in ihrer Gegenwart zu erleben. Oftmals ist das auch der Grund, warum wir sie uns in ihrer Jugend und in fortgeschrittenem Alter ansehen. Die Fotos in diesem Buch schaffen es, sogar noch näher an diese Menschen zu kommen und etwas mehr von ihrer tiefen Persönlichkeit zu vermitteln. Ihre Musik ist auf ein Stück Papier geschrieben, und es gibt irgendwo wahrscheinlich einen frisch gebackenen High-School-Absolventen, der diese Musik makellos spielen kann. Aber ihm fehlen die authentische, musikalische DNA und diese Ausstrahlung und die Persönlichkeit, die durch das Instrument kommen. Das ist es demnach, was ein Jazzkonzert ausmacht, in Verbindung mit den Emotionen dieser Person: die Kultur, die es mit sich bringt. Als Sänger eifere ich diesen „American Jazz Heroes" nicht klanglich nach, aber spirituell befinden sie sich ohne jeden Zweifel in meiner Musik.

—

Die Fotos in diesem Buch schaffen es, sogar noch näher an diese Menschen zu kommen und etwas mehr von ihrer tiefen Persönlichkeit zu vermitteln.

—

—

Ich fühle mich ein bisschen unwürdig, über sie zu schreiben, weil ich sie so sehr bewundere.

—

> Als Sänger eifere ich diesen „American Jazz Heroes" nicht klanglich nach, aber spirituell befinden sie sich ohne jeden Zweifel in meiner Musik.

Für mich ist Musik emotional. Also werde ich darüber schreiben und nicht über den technischen Aspekt. Nicht nur fühle ich mich nicht qualifiziert, irgendjemandem in diesem Buch den großen Zeh zu halten: Für mich ist dies vor allem eine Gruppe charismatischer Persönlichkeiten, die ihre Emotionen durch ihre Instrumente zum Ausdruck bringen – und das ist bedeutsam und profund. Vielleicht ist das auch der Grund, warum mich einige von ihnen an die Prediger von damals erinnern, diese Pfarrer mit den fleischigen Nacken und den großen Pranken in den Kirchen, in die wir in Bakersfield und Los Angeles gingen. Natürlich gibt es für diesen Vergleich noch weitere Gründe. Ein Prediger hat ein gewisses Aussehen und verfügt dazu über Ernsthaftigkeit und Tiefsinn. Er hat eine Aufgabe, er hat einen Job zu erledigen, und er hat die nötige Bedeutung dafür – und genau das haben auch diese Musiker. Als ich zum ersten Mal Jazzmusiker gesehen habe, Größen wie Hubert Laws oder George Coleman, umgab sie eine Aura. Sie hatten Haltung und strahlten das auf eine Art und Weise aus, die einem sofort bewusst machte, dass sie voller Informationen sind. Das Gefühl, das sie mir gaben, war das gleiche, das ich von diesen Predigern bekommen hatte, die ich seit meinem dritten Lebensjahr immer wieder beobachtet hatte: voller Information, voll der heiligen Schrift, voller Wissen und Geschichte, Gedanken und Weisheit. Genau das fühle ich noch immer, wenn ich einen der Großen treffe und er mich mit „Alles in Ordnung, junger Mann?" begrüßt. Es ist im Kern genau das Gleiche. Kirk Lightsey, Jon Hendricks, Kenny Barron, Lonnie Smith, Ahmad Jamal, Les McCann, Billy Cobham, Roy Ayers: Sie alle haben mich so begrüßt und mir dieses Gefühl gegeben. Ganz besonders denke ich dabei an George Coleman. Mit seinen großen Händen erinnert er mich an einen mächtigen, weisen, coolen Prediger, Lehrer, Denker. Und das ist genau das, was er ist, wenn er sein Saxofon in die Hand nimmt. Ich sah neulich einen Videoclip von ihm und war buchstäblich schockiert, wie mächtig das war. Er wirkte wie ein Bischof – und natürlich war er auch wie ein solcher angezogen. Wenn diese Musiker ihren Anzug und den Trenchcoat anziehen, werden sie zum Bischof! Zu einem Bischof in einer schwarzen Kirche, wohlgemerkt, denn die sind ja nicht gerade besonders förmlich gekleidet.

Eines Tages saß ich in meiner Wohnung, nicht gerade bedrückt, aber doch in ernsthaften Gedanken daran, was ich als Nächstes tun oder lassen sollte, als mich aus heiterem Himmel Jack DeJohnette anrief. Ich wusste noch nicht einmal, dass er mich kannte. „Ich rufe nur an, um dich zu ermutigen", sagte er. „Mach weiter so – und vielleicht kommt es ja irgendwann einmal dazu, dass wir etwas zusammen machen. Wer weiß? Aber bleib auf jeden Fall dran." Ohne dass er es wusste, holte er mich damit aus meinen vielleicht doch etwas trübsinnigen Gedanken. Zugegeben, er hat auch die Stimme dazu und eben dieses gewisse Etwas, das ich schon erwähnte, diese Große-Pranken-Fleischige-Nacken-Aura von Ernst und Bedeutsamkeit. Das machen die Erfahrung und ein tiefes Selbstbewusstsein. Ich glaube nicht, dass diese Weisheit daher rührt, dass irgendein Medienmensch meinte: „Erstaunlich, was Sie damals mit Miles Davis aufgenommen haben!" Ich denke nicht, dass sich diese Männer und Frauen aus diesem Grund weise fühlen, sondern schlicht und einfach, weil sie um ihre eigene Weisheit wissen und niemanden brauchen, der sie ihnen bestätigt. Diese Menschen wissen, wer sie sind.

> Einen großen Anteil an all dem hat der Blues – die Geschichte des amerikanischen Lebens. (…) Das Konzept ist: lachen, um die Tränen zu unterdrücken.

Einen großen Anteil an all dem hat der Blues – die Geschichte des amerikanischen Lebens. Und eines Tages stellt man fest, dass jeder Mensch den Blues hat. Auch bei Ihnen in Deutschland gibt es Bluesmänner. Sie mögen nicht so aussehen wie in den USA, aber sie gehören zu einem Archetyp, den man auch in Russland und Bulgarien findet, auf jeden Fall in den wirklich traditionellen Kulturen. Das Konzept ist: lachen, um die Tränen zu unterdrücken. Wenn man an John Coltrane denkt, ist er immer nachdenklich, grüblerisch, den Blick abgewandt, aber auch er war sicherlich ein komplexer, vielschichtiger Mensch, der eben auch mal lachte oder einen Witz erzählte. Billy Cobham muss so jemand sein, wenn ich von den Geschichten ausgehe, die er in diesem Buch erzählt. So erfolgreich zu sein, dass Menschen einen nicht mehr engagieren, weil sie davon ausgehen, man sei entweder zu beschäftigt oder zu teuer, weshalb man schließlich sein Heimatland verlassen muss, um Arbeit zu finden – das ist doch Wahnsinn!

Die Wahrheit über das, was uns passiert ist, und über die Musik und ihre erlösende Qualität ist wirklich essenziell. Sobald ich ein wenig Zeit dafür habe und ich mich vielleicht ein wenig komfortabler in meinem Werdegang fühle, werde ich wahrscheinlich mehr über Diskriminierung und den Mangel an Vertrauen in meine Musik reden, über all diese Schwächen des Menschseins, die ich für Defizite hielt, die aber der Musik sogar zuträglich sein können. Hypersensibilität, Einsamkeit und all diese Dinge können einem das tägliche Leben zur Hölle machen, in der Musik aber von Vorteil sein. Es kann befreiend sein, darüber zu schreiben oder es auf der Bühne oder in einem Aufnahmestudio zum Ausdruck zu bringen.

Menschen fühlen sich mit den Emotionen in der Musik verbunden, weil Musik eben mehr ist als nur Linien und Punkte – und auf dieselbe Art sind diese Bilder deutlich mehr als nur Farben und Formen.

—

Diese Menschen wissen,
wer sie sind.

—

Jazz

—

Eine Geschichte des Vergessens
die musikalste Musik,
gespielt mit Schalmeien
in Händen der Engel,
die zum Lebensrhythmus
Improvisationen erzählen, die die Götter unterhalten.

Erzählt der Jazz Märchen,
emphatische Märchen
und Räubergeschichten.
Ist das Glück diese Musik zu spielen,
sie spielen zu können und sie zu hören,
Lebensweisheit und Göttergesang.

Ist Jazzmusik eine der großen Seelen des Weltkörpers ganz
zwingt es das Tageslicht
und blutet bei Nacht aus Wunden
die das fromme Gebet verschließen.

Sind jeder Trompetenstoß,
jedes hart schlagende Klavier,
der schnelle Lauf der Klarinette,
Strophen eines Chorals
die dem Himmel nahe
und in der Hölle gesungen sind.

Ist der Jazz, wie jede große Kunst
ein Geschenk der Götter an die Menschen
die in gleichgültiger Verblödung
das Göttliche nicht abschaffen können,
oder es einfach vergessen.

Sind lustlos den komplizierten Paraphrasen gegenüber
(ähnlich dem Gedicht)
Denn sie haben das Ohr (das Vokabular)
vergessen die Jazzmusik zu lesen.

Leben mit zugemauerten Quadratköpfen
die Augen und Ohren sind nur Fenster
die verspiegelt
das große Weltorchester überhören.

Nur wenn Steine diese Scheiben brechen,
nehmen sie diese Katastrophe als leichtes Klirren wahr
und empfinden den Durchzug als kulturelle Belästigung
und dämmen ihre Gehirne mit Watte,
die in eine zotige Brühe getaucht,
zu Kränzen geflochten,
das die Ungewöhnliche wenn sie zu Grabe getragen
schmücken und verhöhnen.

Ist Jazz, eine der Spitzen unserer Kultur,
dabei, vergessen zu werden.
Totgetrampelt von mechanischen Computern
die von Popanzen betrieben werden
die ihre Liederfibel, einst von einer liebenden Mutter geschenkt,
für ein Gramm hysterisches Glück verschleudert haben
und diesen leeren Wolfsmagen mit Noten aus Ziegelsteinen zupflastern
und sie mit akribischer Wut feinsäuberlich verfugen
und sie stolz auf ihre ordentliche Arbeit macht.

Bleiben wir beim Jazz,
der diesen Ballast gewohnt leicht nimmt,
so lange es gilt der Nachtigall ihr Lied zu stehlen
um dieses Lied in wunderbare breaks zu zerfleischen.

Werden die Götter ewig ergriffen von den einmaligen Tonläufen
einer lebendigen Jazzszene.

———

PROF. MARKUS LÜPERTZ,
für American Jazz Heroes Volume 2

―

„An Miles' Klingel stand das Schild:
‚Wenn du mich nicht kennst, klingel nicht,
sondern verschwinde wieder.'
Das hatte mich etwas eingeschüchtert."

―

OLIVER LAKE

—

„Dizzy Gillespie hat dich immer zum Lachen gebracht – es gab also gar keine Zeit, nervös zu sein."

—

KENNY BURRELL

Eddie Henderson

WENN ICH ETWAS MACHTE, DANN DISZIPLINIERT UND IMMER ZU 100 PROZENT!

Edward Jackson, genannt Eddie, Henderson (* 26. Oktober 1940 in New York City, New York) ist ein US-amerikanischer Trompeter, Komponist und Arzt.

„Maske! Garderobe! Licht! Ruhe, Kamera läuft!", scherzt Eddie Henderson wie bei einem Filmdreh, als ich mein Tonbandgerät einschalte.

Er kommt gerade von der Juilliard School, wo er einmal in der Woche unterrichtet, und ist gut gelaunt, obwohl er mit einem der Studenten Schwierigkeiten hatte. „Er wollte absolut nichts über Skalen wissen, dabei ist Musiktheorie unerlässlich, um Trompete zu lernen!" Henderson hat es sich auf dem Sofa im Wohnzimmer bequem gemacht und streckt seine Beine aus. Seit 18 Jahren wohnt er in Mamaroneck, einem kleinen Ort direkt am Atlantik, eine Stunde nördlich von New York. Auf dem Tisch vor ihm liegen zwei Trompeten. „Wusstest du, dass mein erster Lehrer Louis Armstrong war?"

Diese Anekdote muss er aber natürlich direkt ausführen. „Meine Mutter war Tänzerin im Cotton Club und war befreundet mit Billie Holiday, Lena Horne und Sarah Vaughan. Ich bin in der Bronx aufgewachsen, nur eine halbe Stunde von hier entfernt, und meine Mutter stellte mir im Apollo Theater Louis Armstrong vor, der mir auf seiner Trompete zeigte, wie man einen Ton bläst. Insgesamt habe ich zwei Unterrichtsstunden von ihm bekommen, aber ich war noch sehr jung, ungefähr neun Jahre, und hatte keine Ahnung, wie berühmt Armstrong war. Danach nahm ich bei einem Privatlehrer Unterricht, übte jeden Tag und ein Jahr später, das war 1950, nahm mich meine Mutter wieder mit ins Apollo. Satchmo begrüßte mich: ‚Na, kleiner Eddie, spielst du noch?' Ich sagte zu ihm: ‚Ja, gib mir deine Trompete!' Und dann habe ich ihm den Hummelflug von Rimski-Korsakow vorgespielt. Er ist vor Lachen vom Stuhl gefallen und meinte: ‚Das ist das Beste, was ich je in meinem Leben gehört habe!' Daraufhin hat er mir dann ein Buch geschenkt, in dem zehn seiner transkribierten Soli notiert waren, und eine Widmung reingeschrieben. Das Buch habe ich immer noch, aber damals war ich nicht beeindruckt, weil ich immer noch nicht begriffen hatte, wer Armstrong eigentlich war. Ich fragte meine Mutter: ‚Mama, wer ist denn dieser Mann?' Retrospektiv betrachtet hat sich aus dieser Begegnung und meinem Trompetenspiel der Rest meines Lebens entwickelt."

Nachdem Hendersons Vater 1949 wegen zu hohen Blutdrucks verstarb, heiratete seine Mutter 1954 einen Arzt, der in San Francisco lebte, weshalb sie an die Westküste umzogen. „Mein Stiefvater war ein totaler Jazzfan und hatte mehr Schallplatten, als man in einem Laden vorfinden konnte. Er war ein sehr prominenter Doktor und befreundet mit all den Jazzmusikern, die in San Francisco spielten. Wir bekamen Besuch von Duke Ellington, Count Basie, John Coltrane und Cannonball Adderley. Während meiner Zeit an der Highschool nahm ich klassischen Trompetenunterricht am Konservatorium. Ich war ungefähr 18, als ich eines Abends nach Hause kam und rate

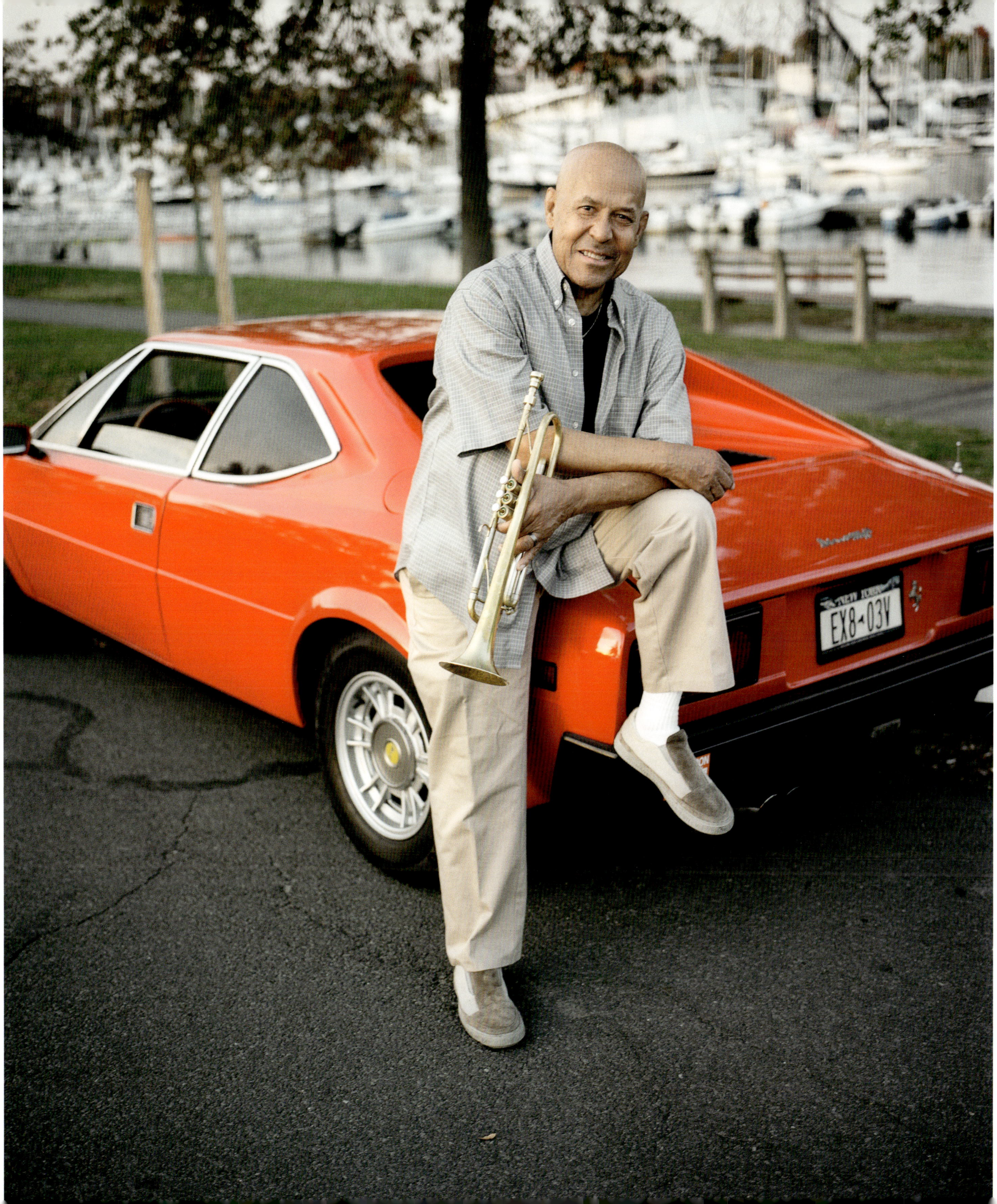
EX8-03V

mal, wer bei uns übernachtete? Miles Davis! Klar hatte ich seinen Namen gehört, aber ich wusste nicht, wer er war. Wir stiegen in seinen blauen Ferrari und fuhren zu seinem Konzert im Black Hawk. Der Ferrari beeindruckte mich mehr als Miles Davis, es war ein blauer 1959er 250 GT. In seiner Band spielten John Coltrane, Cannonball Adderley, Paul Chambers, Wynton Kelly und Philly Joe Jones!"

Nachdem Henderson diese Band gehört hatte, wollte er nur noch Jazz spielen: „Coltrane beeindruckte mich am meisten, weil er so schnell spielen konnte. Ich hatte ja klassischen Trompetenunterricht und mir fiel auf, dass Miles beim Spielen nicht gerade stand, wie ich es gelernt hatte, sondern vorn übergebeugt war. Ich hatte ja keine Ahnung von Jazz! Als wir nach dem Konzert in seinem Auto wieder zurück zu meinem Elternhaus fuhren, sagte ich ihm deshalb: ‚Du spielst nicht korrekt.' Miles machte eine Vollbremsung! Ich sah geradeaus und wunderte mich, wie die Zeit verging. Die Ampel vor uns sprang von Grün auf Rot, immer wieder, insgesamt dreimal, bis Miles nach langem Schweigen und sichtlich geladen fragte: ‚Welches Instrument spielst du?', und ich antwortete relaxt: ‚Ich spiele Trompete!' Nach einer weiteren Ampelphase sagte er spöttisch: ‚Klar, das hätte ich mir ja denken können.' Dann fuhren wir endlich weiter."

Wusstest du, dass mein erster Lehrer Louis Armstrong war?

Henderson erzählt seine Miles-Davis-Geschichte so lebendig, als ob sie erst gestern passiert wäre. Wir lachen und er fährt fort, denn ein Jahr später war Davis wieder Gast bei ihm zu Hause. „Inzwischen hatte ich herausgefunden, wer er war, und ein Solo von ‚Sketches Of Spain' auswendig gelernt. Ich spielte es ihm perfekt vor und habe keine Note ausgelassen. Danach fragte ich ihn in hoher Erwartung: ‚Und, wie hat es dir gefallen?' Er sagte: ‚Du klingst gut auf dem Instrument, aber das ist mein Solo!' Das war wie ein Schlag an den Kopf, aber ich hatte begriffen, dass er seinen eigenen Stil meinte. In der Folgezeit fand ich heraus, dass Miles einen Trompeter mit dem Namen Freddie Webster imitierte. Den kennen nicht viele Leute, denn es gibt nur wenige Aufnahmen von ihm, eine davon mit Dinah Washington, wo er acht Takte solo spielt, mehr nicht. Miles kopierte eindeutig den Sound von Webster, den Stil und das Konzept. Als er ein Jahr später wieder unser Gast war, begrüßte er mich mit den Worten: ‚Na Eddie, versuchst du immer noch so zu klingen wie ich?' Ich antwortete: ‚Du meinst, so wie Freddie Webster?' Ich war gerade mal 20 Jahre alt und ziemlich frech. Miles war überrascht: ‚Oh verdammt, du hast mich entlarvt.' Dann beugte er sich zu mir rüber und flüsterte mir ins Ohr: ‚Jeder Musiker ist ein Dieb. Ich habe mir Websters Sound nur mal kurz ausgeliehen.'"

Zeitgleich zu seiner Leidenschaft für die Trompete und den Jazz wurde Eddie Henderson zu einem der besten Eiskunstläufer im Land, aber erreichte aufgrund seiner Hautfarbe bei Wettbewerben immer nur den zweiten Platz. „Rassismus pur! In San Francisco durfte ich nicht einmal dem lokalen Club beitreten, der mich hätte repräsentieren können. Erst während meiner Militärzeit in Denver, Colorado, wurde ich mit offenen Armen empfangen und gewann die Midwestern Championships. Für mich waren Musik und Eiskunstlauf sehr leicht zu erlernen, denn ich hatte in jungen Jahren gelernt, was Disziplin bedeutet. Wenn ich etwas machte, dann diszipliniert und immer zu 100 Prozent! Deshalb habe ich auch mein Medizinstudium so leicht bewältigen können. Der einzige Grund, warum ich Medizin studiert habe, war mein Stiefvater, mit dem ich nicht klarkam. Er hielt nichts von mir und ich wollte ihm beweisen, dass ich sein Fach auch beherrsche. So ist nun mal mein Charakter."

1970 machte Henderson seinen Abschluss als Doktor und bekam seine Zulassung: „Im selben Jahr kam Herbie Hancock nach San Francisco. Er hatte ein Sextett, das wegen der hohen Kosten für sechs Leute nicht so oft gebucht wurde. Sein Trompeter Johnny Coles brauchte mehr Gigs, um Geld zu verdienen, weshalb er für ein halbes Jahr mit Ray Charles auf Tour ging. Auch der Ersatztrompeter Woody Shaw hatte keine Zeit, weil er mit Joe Henderson auf Tour war. Aber Woody empfahl mich Hancock. Für diese eine Woche im Club Both/And in San Francisco bekam ich den Job in Herbies Sextett und die Chemie zwischen all den Bandmitgliedern stimmte einfach."

DIE WICHTIGSTEN ALBEN ALS LEADER

Realization (Capricorn, 1973)
Sunburst (Blue Note, 1975)
Heritage (Blue Note, 1976)
Comin' Through (Capitol, 1977)
Inspiration (Milestone, 1995)
Dark Shadows (Milestone, 1995)
So What (Columbia, 2002)
For All We Know (Furthermore, 2010)

DIE WICHTIGSTEN ALBEN ALS SIDEMAN

Herbie Hancock *Mwandishi*
(Warner, 1971)
Norman Connors *Dance Of Magic*
(Cobblestone, 1972)
Herbie Hancock *Sextant*
(Columbia, 1973)
Charles Earland *Leaving This Planet*
(Prestige, 1974)
Louis Gasca *Born To Love You*
(Fantasy, 1974)
Pharoah Sanders *Journey To The One*
(Theresa, 1980)
Billy Harper *Destiny Is Yours*
(SteepleChase, 1990)
The Cookers *Time And Time Again*
(Motéma, 2014)

Olaf Maikopf

Mit seinem regulären Auto fahren wir zur besagten Garage. Gemeinsam nehmen wir die Schutzhaube ab und es erscheint ein roter Ferrari Dino 308 GT 4. „Immer gut gepflegt, kein einziger Kratzer. Nach New York könnte ich damit nicht fahren, der würde von jedem Parkplatz sofort geklaut werden. Komm, steig ein!" Bevor er losfährt, muss der Motor drei Minuten vorwärmen. „Das ist nun mal der Motor von einem Rennwagen, der braucht etwas länger, vor allem wenn er nicht so oft benutzt wird." Nach einer Weile heult der Motor laut auf und Henderson fährt los.

tion wurde nach ihrem Slogan betitelt: ‚You'll know when you get there'. Wir haben diese kleine Melodie dann auch in Konzerten gespielt, zum Beispiel im London House in Chicago. Und da entwickelte sich plötzlich diese neue Musik, mit der die Mwandishi-Band bekannt wurde. Es war sehr spirituelle, spacige Musik. Sie war ihrer Zeit voraus, es war fast wie Avantgarde, könnte man sagen. Wenn ich mir das heute anhöre, denke ich: Uhhh, was ist das denn? Aber eigentlich verschwende ich keine Zeit mehr mit den alten Scheiben."

Miles beugte sich zu mir rüber und flüsterte mir ins Ohr: „Jeder Musiker ist ein Dieb. Ich habe mir Freddie Websters Sound nur mal kurz ausgeliehen."

Henderson wollte in der Band bleiben: „Ich fragte Herbie, ob ich mit ihm nach New York kommen könne. Er schaute mich verständnislos an: ‚Aber du bist ein Doktor! Diese Sicherheit willst du doch nicht aufgeben?!' Doch genau das wollte ich. Drei Jahre blieb ich in seiner Band und danach war ich vier Monate mit Art Blakey unterwegs. Von 1975 bis 1985 habe ich beides gemacht: Ich arbeitete in Teilzeit als Doktor in San Francisco, mit einem Chef, der Verständnis für mein anderes Leben als Musiker hatte. Im Keystone Corner spielte ich in den Bands von Dexter Gordon, Roy Haynes, Jackie McLean, Joe Henderson, Pharoah Sanders, Curtis Fuller, Elvin Jones, Max Roach, Cedar Walton und McCoy Tyner. Sie engagierten mich, da ich mir durch meine Zeit bei Herbie Hancock einen Namen gemacht hatte. Herbie hatte mir die Türen geöffnet!"

1985, zwei Jahre nachdem Todd Barkan sein Keystone Corner schließen musste, entschied sich Eddie Henderson dafür, die Medizin aufzugeben und sich ganz der Musik zu verschreiben. Von der Westküste zog er zurück nach New York, wo auch seine Mutter inzwischen wieder lebte, die auch seine Unterstützung benötigte. „Diese Entscheidung für die Musik habe ich nie bereut. Natürlich habe ich als Doktor gutes Geld verdient. Als Jazzmusiker hätte ich mir nie all die Ferraris leisten können, die ich mir im Laufe der Jahre gegönnt habe. Bis auf einen habe ich alle verkauft. Er steht mit anderen Autos drei Blöcke weiter in einer offenen Garage gegenüber einer Polizeistation, wo er von Kameras überwacht wird. Die Polizei kennt mich und meinen Ferrari, ich muss mir also keine Sorgen machen. Wollen wir eine Runde drehen?"

„Hier in der Stadt kann ich natürlich nicht beschleunigen, aber du bekommst einen Eindruck, was möglich ist mit diesem Auto. Miles hatte verschiedene Autos, auch einen Ferrari. Die konnte er sich nur leisten, weil er von seinem Vater, der auch Doktor war, drei Millionen Dollar geerbt hatte."

Wir fahren Richtung Atlantik, wo im Hafen die Boote festgemacht liegen. Das Geräusch des Motors zieht so einige Blicke auf den roten, auffälligen Sportwagen. Henderson parkt in der Nähe eines Baseballplatzes, wir setzen uns auf eine Parkbank und schauen aufs Wasser, während die Sonne langsam untergeht. „Mit Herbie habe ich immer viel über Autos geredet. Als ich in seiner Band anfing, spielten wir diese eher kommerziell ausgerichtete Musik von seinem Album ‚Fat Albert Rotunda'. Nebenei hatte Hancock von der Fluggesellschaft Eastern Airlines einen Auftrag bekommen, einen Werbesong für sie aufzunehmen, der nur 30 Sekunden lang war. Diese kurze Komposi-

Früher legte Henderson die alten Platten auf, um danach zu üben: „Als ich nach meinem eigenen Sound suchte, habe ich viel kopiert. An der Juilliard School lernen die Studenten, Musik vom Blatt zu spielen, aber es kommt ja auf die feinen Nuancen und den Sound an! Die sind nicht notiert, aber sie werden zu deinem Markenzeichen. Miles hat mir immer geraten: ‚Lerne so viele musikalische Figuren, wie du kannst, und füge sie alle zusammen.' Aber die Suche und das Lernen hören nie auf. Während ich in Washington Medizin studiert habe, bin ich so oft wie möglich nach New York gefahren, wo ich auch Miles wiedertraf. Wir haben uns immer gestichelt und hatten unseren Spaß. Er gab mir seine Trompete, ich spielte für ihn, aber er nahm sie mir gleich wieder weg und sagte: ‚Du wirst nie lernen, wie man Trompete spielt, Eddie!' Ich fragte ihn: ‚Wieso nicht?' Und wegen meiner helleren Hautfarbe antwortete er: ‚You are too yellow!'"

Sonny Rollins

ICH WILL NICHT DIE MUSIK SUCHEN, DIE MUSIK MUSS ZU MIR KOMMEN.

Walter Theodore, genannt Sonny, Rollins
(* 7. September 1930 in Harlem, New York) ist ein US-amerikanischer Saxofonist und Komponist.

Woodstock in Upstate New York.

Das Haus von Sonny Rollins liegt an einer unscheinbaren Landstraße am Waldrand. Auf der Rückseite befindet sich ein kleiner Teich, den der starke Regen aufwühlt. Sarah, Rollins' Assistentin, bittet herein. „Sonny ist gerade am Telefon." Das geräumige Haus ist sehr schlicht eingerichtet. Im großen Wohnzimmer liegt oben auf dem Bücherregal ein langes Schweizer Alphorn, auf einem kleinen Tisch liegen Blätter für das Saxofon. Rollins kommt aus seinem Schlafzimmer, das sich ebenfalls im Erdgeschoss befindet. „Ich wohne erst seit einem Jahr hier in Woodstock. Zuvor hab ich 40 Jahre lang auf der anderen Seite des Hudson River gelebt, in Germantown. Aber in dem alten Landhaus bekam ich immer kalte Füße, da die Heizung nicht richtig funktionierte. Außerdem war die Treppe zum Schlafzimmer sehr steil und einmal bin ich sogar gestürzt. Daher wollte ich umziehen und habe Jack DeJohnette befragt, der hier in der Nähe mit seiner Frau Lydia wohnt. Er empfahl mir eine Immobilienmaklerin, und das war Sarah, die mir schließlich dieses Haus vermittelt hat und jetzt als meine Assistentin arbeitet. Zunächst war ich etwas skeptisch, denn der Name Woodstock wird immer mit dem Rockfestival in Verbindung gebracht, und was hat Sonny Rollins damit zu tun? Gar nichts! Damals hat Bob Dylan um die Ecke gewohnt, in Byrdcliffe, und seine Fans haben sogar seinen Müll durchwühlt. Zum Glück bin ich nicht ganz so berühmt." Er lacht. „Übrigens leben Dave Holland und Don Byron auch in der Nähe."

Sonny Rollins macht mit seinen 83 Jahren einen sehr lebendigen Eindruck. Noch 2013 hatte er alle geplanten Konzerte absagen müssen. „Es ging einfach nicht mehr, ich war zu erschöpft. Dabei habe ich gesunde Lungen wie ein Teenager! Auch die Zirkularatmung kann ich ohne Probleme auf meinem Saxofon praktizieren. Aber es ist irgendetwas anderes, das sich in der Nähe der Lunge befindet. Manchmal frage ich mich, ob es mit 9/11 zu tun hat, als ich aus meinem Appartement in Manhattan evakuiert wurde. Jedenfalls geht es mir jetzt sehr viel besser. Nach wie vor ist es aber anstrengend für mich, Saxofon zu üben, denn nach 20 Minuten wird es beschwerlich und ich muss abbrechen. Das war eine große Umstellung, da ich mein ganzes Leben lang immer geübt habe, jeden Tag zwei bis drei Stunden. Früher habe ich 14 Stunden täglich geübt. Nachdem meine Mutter mir ein gebrauchtes Altsaxofon geschenkt hatte, spielte ich den ganzen Tag oben in meinem Zimmer. Sie musste mich sehr oft zum Essen rufen, da ich das vollkommen vergessen hatte."

Wir gehen in die Küche, denn Rollins möchte in Ruhe einen Tee trinken. „Kaffee bekommt meinem Magen nicht so gut." In einer Ecke steht ein riesiger Fernseher und auf dem Küchentisch liegt eine DVD von Laurel und Hardy. „Die habe ich mir neulich mit einem Freund angesehen, die sind immer wieder lustig." Gleich daneben liegt die aktuelle Ausgabe des Mad Magazine. „Für das Heft habe ich schon seit Ewigkeiten ein Abonnement. Alle alten Ausgaben sind in der Garage gelagert, die bedeuten mir viel." Wir setzen uns hin und schweigen ein paar Minuten. Rollins trinkt seinen Tee. Nur der Regen prasselt laut auf das Flachdach. Nachdenklich schaut er vor sich hin.

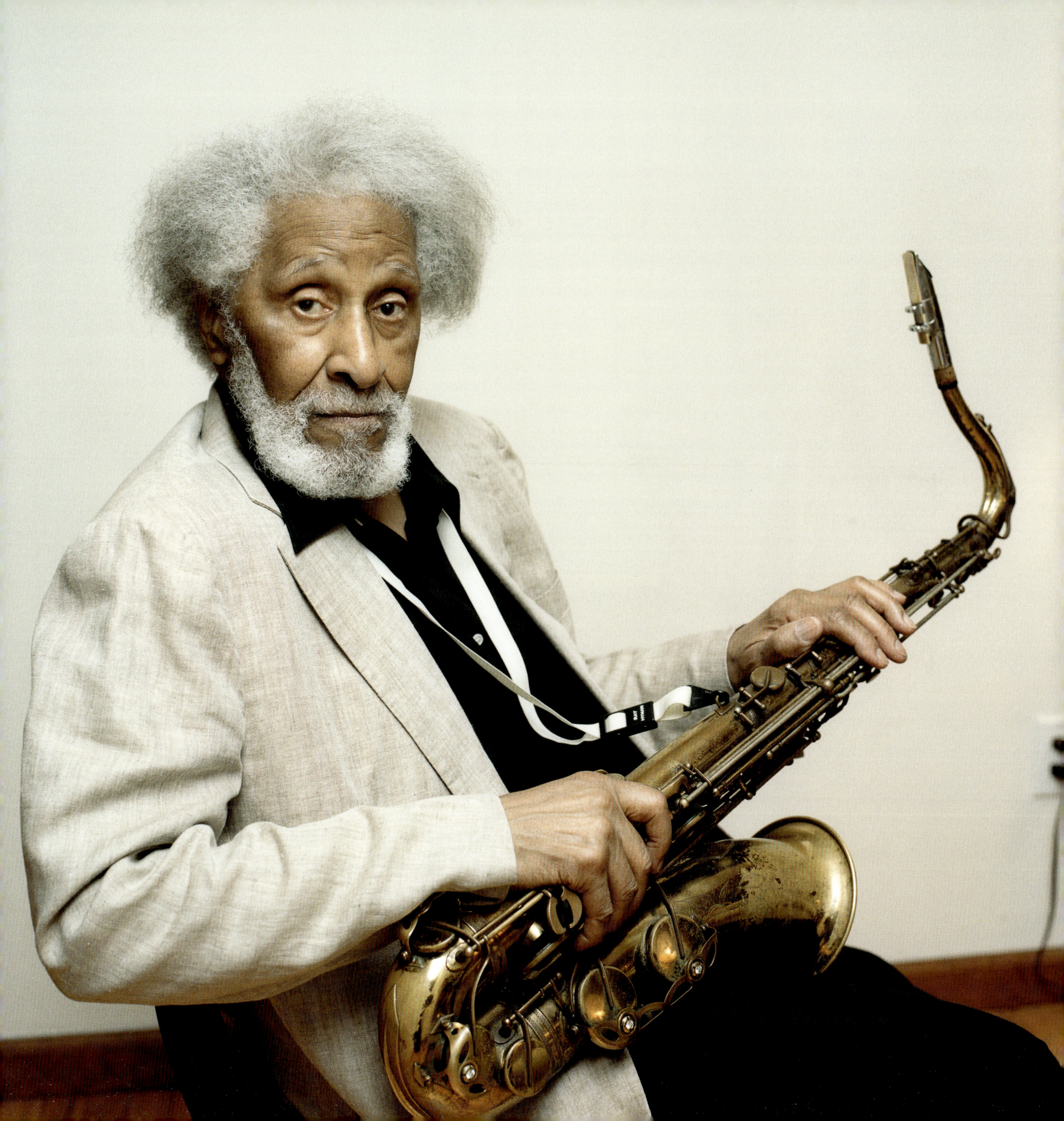

„Ich habe eben mit Kenny Garrett telefoniert. Er ist gerade auf Tour und wollte zwischendurch bei mir vorbeikommen, aber nun schafft er es doch nicht. Er lebt in der Nähe der William Paterson University in New Jersey, die ihm eine Professur angeboten hat. Aber dann hätte er so viele Verpflichtungen, dass er kaum noch Konzerte geben könnte. Jazz muss live gespielt und gehört werden! Ich habe ihm geraten, auch in Zukunft diese wunderbare Musik unter die Leute zu bringen." Hat Rollins früher selbst unterrichtet? „Ich hatte ein paar Studenten, die mich sehr verärgert haben, weil sie nicht ganz so in der Musik aufgegangen sind, wie es notwendig gewesen wäre. Es gibt sicherlich wunderbare Lehrer, aber das ist nichts für mich."

Rollins steht auf, nimmt sein Tenorsaxofon, das ungeschützt oben auf dem Kühlschrank liegt, und wir machen im geräumigen Wohnzimmer ein paar Fotos. Zwischendurch fängt er immer wieder an zu spielen und fragt: „Kennst du den deutschen Fotografen Martin Schoeller? Der hat mich schon zweimal fotografiert. Das letzte Mal vor einem Jahr in meinem Schlafzimmer, weil es nach dem Umzug der einzige Raum war, der eingerichtet war. Aber da können wir jetzt nicht hin, dort ist es zu unaufgeräumt." Genau in jenem Raum verschwindet Rollins anschließend, um sich umzuziehen. Nach fünf Minuten kommt er in einer dunklen Jogginghose und einem roten Pullover wieder und setzt sich entspannt in seinen großen Sessel. Außerdem hat er sich eine markante rote Wollmütze aufgesetzt, die sein voluminöses weißes Haar vollkommen bedeckt. In den 1990er-Jahren hatte sich Rollins sein Haar immer mit Gel zurückgekämmt, aber das wurde ihm irgendwann zu aufwendig. In den 1950er-Jahren trug er für kurze Zeit einen Irokesenhaarschnitt.

„Als ich damals im Five Spot spielte, kam immer ein amerikanischer Ureinwohner vorbei – wir nennen sie hier Native Americans. Es gibt nicht viele von ihnen, die Jazz mögen. Übrigens, ich mag die Native American Music sehr! Jedenfalls trug er die Haare an den Seiten rasiert. Die Native Americans haben es in Amerika nie leicht gehabt. Ihr Land wurde gestohlen, sie wurden unterdrückt und mussten für ihre Rechte kämpfen. Als Schwarzer in Amerika sympathisierte ich mit ihnen und wollte ein Statement abgeben, um auf sie aufmerksam zu machen – um mich von der Vergangenheit auf die Gegenwart zu beziehen."

Gleich neben Rollins liegt der Koffer seines Saxofons, der mit Aufklebern der unterschiedlichsten Städte aus der ganzen Welt verziert ist. Seit dem Jahr 2000 werden Rollins' Konzerte aufgezeichnet. Der Tonmeister und Produzent Richard Corsello, mit dem er seit seiner Zeit bei Fantasy Records in den 1980er-Jahren zusammenarbeitet, archiviert und verwaltet alle Aufnahmen. Bei etwa 17 bis 20 Konzerten pro Jahr hat sich viel Musik angesammelt. Wie wird eine Auswahl aus so einem Archiv zusammengestellt?

„Ich habe ein gutes Erinnerungsvermögen. Wenn ich ein besonderes Konzert gespielt habe, erinnere ich mich daran. Es kann natürlich passieren, dass, wenn ich mir die Aufnahme später anhöre, ich es vielleicht doch nicht so gut finde. Richard weiß, was mir gefällt, er macht Vorschläge und ich höre mir seine Auswahl an. Das ist ein langer Prozess,

---

Jazz ist ja nicht wie ein Buch, das man nach dem Lesen zuschlägt. Jazz geht immer weiter, es gibt kein Ende, sondern immer etwas Neues. Deshalb ist Jazz die klassische Musik von Amerika.

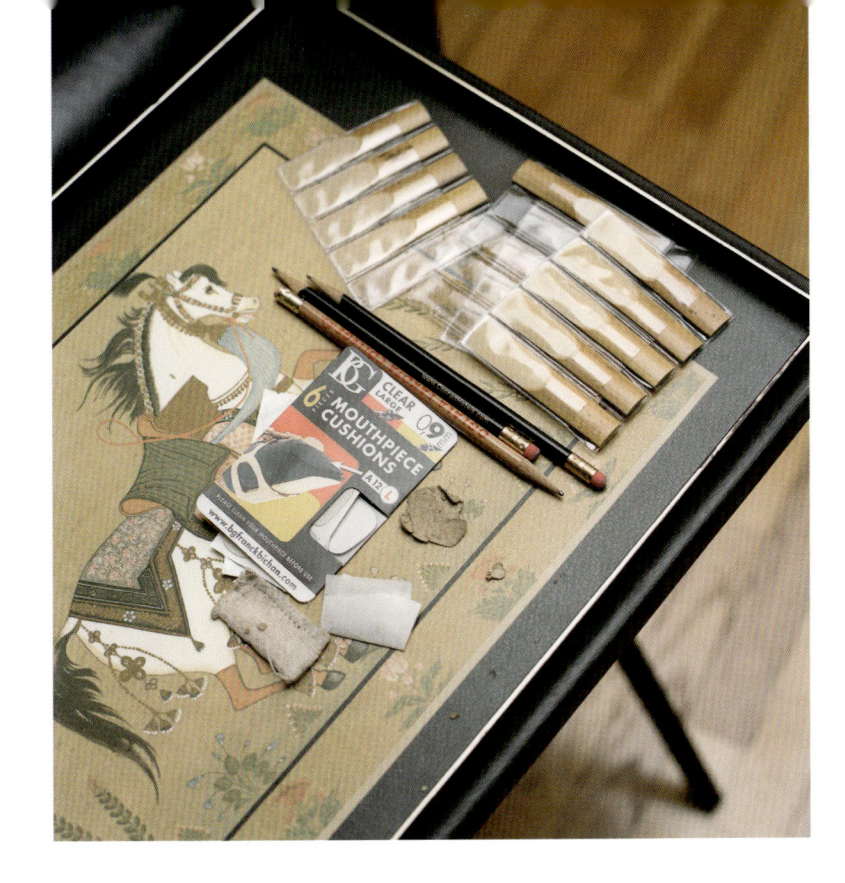

der mich quält, denn ich höre mich nur ungern selbst mit all den Fehlern." Rollins ist bekannt für seine Selbstkritik, ein ewig Suchender, der sein Ziel auch im hohen Alter noch lange nicht erreicht hat. Aber wie definiert er sein Ziel? „Ich denke nicht, dass ich genug gespielt habe, um mich auf meinen Lorbeeren auszuruhen. Ich habe noch so viele musikalische Ideen. Aber ich muss sie verinnerlichen und sie später aus meinem Unterbewusstsein heraus spielen. Das versuche ich schon seit jeher. In dem Moment der Improvisation kann ich nicht nachdenken, dafür geht die Musik zu schnell vorbei. Ich bin ein ‚natural player' und kann nicht kreativ sein, wenn ich zu sehr weiß, was ich gerade spiele. Ich will nicht die Musik suchen, die Musik muss zu mir kommen. Dabei überrasche ich mich oft selbst. Das ist ein endloser Prozess. Jazz ist ja nicht wie ein Buch, das man nach dem Lesen zuschlägt. Jazz geht immer weiter, es gibt kein Ende, sondern immer etwas Neues. Deshalb ist Jazz die klassische Musik von Amerika."

1959 hatte Rollins' Unzufriedenheit erstmalig zu einer Konzertpause geführt. „Ich hatte mir einen Namen erspielt, meine Platten verkauften sich gut und ich war erfolgreich. Doch dann gab ich dieses Konzert mit Elvin Jones in Baltimore, Maryland, und ich war so unglücklich mit meinem Spiel, dass ich mich aus der Öffentlichkeit zurückzog. Ich wollte nur noch üben und versuchen, mehr Erkenntnis zu erlangen über das, was ich eigentlich spielen wollte und zu sagen hatte. Außerdem kamen zu jener Zeit John Coltrane und Ornette Coleman mit neuen Ideen daher, da musste ich mich positionieren. Damals wohnte ich in der Lower East Side und wollte meine Nachbarin nicht mit meinem Üben stören. Sie hatte gerade ein Kind bekommen. Eines Abends ging ich die Delancey Street Richtung East River runter und bemerkte ein paar Stufen, die zur Williamsburg Bridge führten. Ich ging hoch und sah dieses wunderbare Panorama von New York. Es war eine Stelle, an der mich die Leute aus dem Auto oder dem Zug nicht sehen konnten. Dort konnte ich so laut und so lange üben, wie ich wollte. Im Winter hab ich mir einen Brandy genehmigt und mit Handschuhen gespielt. Das war auch eine gute Übung, denn wenn man danach ohne Handschuhe spielte, rannten die Finger nur so über die Klappen meines Horns. Es gab einige andere Musiker, mit denen ich dort oben zusammen geübt habe, zum Beispiel Steve Lacy, Jackie McLean, Paul Jeffrey oder Charles Wyatt. Die meisten Musiker verstanden damals nicht, warum ich mich auf der Höhe meines Erfolgs plötzlich ganz zurückzog. Egal für wie großartig mich alle hielten, mein Gefühl sagte mir, ich müsse besser werden und mehr üben. Man muss sich selbst kennen. Man muss wissen, wer der Mann im Spiegel ist."

Nach zwei Jahren kehrte Rollins zurück und veröffentlichte 1962 seine bekannte Platte „The Bridge", für die er Jim Hall engagierte. „Jim war ein fantastischer Gitarrist, aber davon abgesehen wollte ich zumindest einen weißen Musiker in meiner Gruppe haben, wieder um ein Statement abzugeben bei all den politischen Rassenunruhen, die damals an der Tagesordnung waren." Auf dieser Platte spielte sein alter Freund Bob Cranshaw Bass und Ben Riley Schlagzeug. „In meiner Musik muss das Saxofon mit dem Schlagzeug wirklich eng zusammenspielen. Heute gibt es so viele gute junge Musiker, die alles können. Aber ich habe damals mit den besten Schlagzeugern gespielt: Elvin Jones, Art Blakey, Max Roach, Philly Joe Jones, Roy Haynes. Heute suche ich nicht nach einem Schlagzeuger, der so wie Max 1955 gespielt hat, sondern nach jemandem, der das spielt, was Max 2014 gespielt hätte – und das ist eine große Herausforderung!"

Ich denke nicht, dass ich genug gespielt habe, um mich auf meinen Lorbeeren auszuruhen.

Damit sind wir wieder in der Gegenwart angekommen und es ist Zeit zu gehen. Der Regen hat sich inzwischen in Schnee verwandelt. „Wenn es früher dunkel wird, kann man sich hier draußen im Wald ganz schön einsam fühlen. Im Sommer geht es dann wieder. Ich werde jetzt noch üben und ein Buch lesen. Es gibt immer genug zu tun. Vom Umzug gibt es noch etliche Kisten, die ich immer noch nicht ausgepackt habe." Er lacht wieder. „Nach den drei Live-CDs möchte ich nächstes Jahr endlich wieder ein Album im Studio aufnehmen. Wie ich vorhin schon erzählt habe: Ich will noch viel spielen, da ich noch längst nicht alles auf meinem Saxofon gesagt habe."

DIE WICHTIGSTEN ALBEN
ALS LEADER

Saxophone Colossus (Prestige, 1956)

Way Out West (Contemporary, 1957)

The Bridge (RCA Victor, 1962)

Sonny Rollins +3 (Milestone, 1995)

Road Shows Vol. 1 & Vol. 2
(Emarcy, 2008/11)

ALS SIDEMAN

Bud Powell *The Amazing Bud Powell*
(Blue Note, 1949)

Miles Davis *Bags' Groove*
(Prestige, 1954)

John Coltrane *Tenor Madness*
(Prestige, 1956)

Thelonious Monk *Brilliant Corners*
(Riverside, 1957)

Abbey Lincoln *That's Him*
(Riverside, 1957)

Ralf Dombrowski

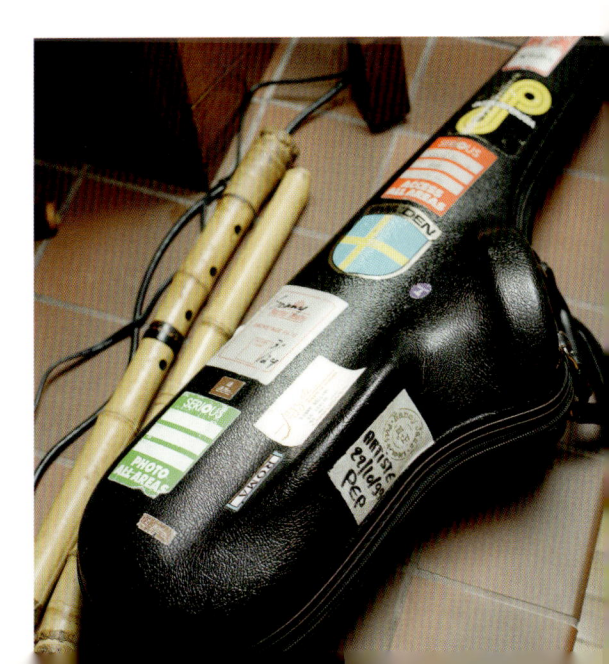

Charles Lloyd

ICH REDE WIRKLICH NICHT GERNE, DENN MIT MEINER MUSIK KANN ICH ALLES VIEL BESSER SAGEN.

Charles Lloyd
(* 15. März 1938 in Memphis, Tennessee)
ist ein US-amerikanischer Saxofonist,
Flötist und Komponist.

„Da wäre ich fast gestorben!"

Charles Lloyd sitzt an seinem Schreibtisch und zeigt auf das Hintergrundfoto auf seinem Computerbildschirm: die Landschaft von Big Sur in Kalifornien. Schaut man durch das Fenster über den Monitor hinweg, eröffnet sich ein Ausblick auf die reale Landschaft von Santa Barbara, Kalifornien, mit dem Pazifik am Horizont. In den 1970er- und 80er-Jahren lebte Lloyd mit seiner Frau und Managerin Dorothy Darr in der abgelegenen Natur von Big Sur. 1986 hatte er einen Darmdurchbruch und entkam nur knapp dem Tod. „Zum Glück war ich mit Dorothy an dem Tag gerade im nahe gelegenen Santa Barbara. Ich hatte eine Notoperation und der Doktor sagte danach zu mir: ‚Elf Stunden später und sie hätten diese Welt verlassen.' Das hat uns veranlasst umzuziehen, weil der nächste Arzt zu weit entfernt war." Wir sitzen in seinem kleinen Zimmer, das ganz oben auf die große Villa gebaut wurde. Das Grundstück hatten Lloyd und Darr bereits 1982 gekauft. Darr fertigte einen Entwurf für das Haus, welches schließlich 1998 gebaut wurde. Seitdem wohnen sie hier in Montecito, sind aber einen großen Teil des Jahres zusammen unterwegs auf Tour. „Dieser Raum ist meine Denkfabrik. Es ist hier wirklich total ruhig und niemand stört mich. Die gute Luft, wandern gehen und schwimmen – das sind alles Dinge, die mir immer noch wichtig sind."

Die Westküste ist Lloyd noch aus seiner Jugend vertraut. 1955 besuchte der in Memphis, Tennessee, geborene Musiker Los Angeles, um sich an der University of Southern California, USC, für ein Musikstudium zu bewerben. Während seines kurzen Aufenthalts hörte er zum ersten Mal John Coltrane, der mit Miles Davis in dem Club Jazz City in Hollywood auftrat. Lloyd spielte damals noch Altsaxofon und interessierte sich auch für klassische Musik. „Für mein Studium hatte ich auch an die Juilliard School of Music in New York gedacht, aber dann entschied ich mich für die USC, denn aus irgendwelchen Gründen interessierte mich damals für Béla Bartók, und dort lehrte Halsey Stevens, der auf Bartók spezialisiert war."

Als Lloyd sein Studium ein Jahr später begann, war er zunächst sehr enttäuscht. „Ich wollte doch alles über Musik lernen, aber der Lehrplan beinhaltete nur die letzten 300 Jahre europäischer Klassik. Das interessierte mich auch, aber was war mit all der anderen Musik? In dem Punkt konnten sie mir nicht weiterhelfen. Aber es dauerte nicht lange, bis ich bei Jamsessions Musiker traf, die alle von Charlie Parker und Bebop beeinflusst waren: Dexter Gordon, Billy Higgins, Ornette Coleman, Don Cherry, Eric Dolphy, Buddy Collette, Harold Land, Larance Marable, Frank Butler, Frank Morgan, Sonny Clark, Paul Bley, Charlie Haden, Walter Norris und Gerald Wilson, in dessen Bigband ich mit Eric Dolphy spielte. Wir alle traten in Clubs auf, spielten auf Jamsessions, Tag und Nacht. Man merkte, dass einige dieser Musiker nach neuen, freien Wegen in der Musik suchten."

Zwischen Ornette Coleman und Charles Lloyd kam es wegen unterschiedlicher musikalischer Auffassungen immer wieder zu Streit. „Ich sagte zu ihm: ‚Ornette, du kannst keine Noten lesen und auch nicht einfach so auf deinem Horn blasen!', woraufhin er antwortete: ‚Man kann das Saxofon spielen, aber das Ergebnis muss nicht unbedingt Musik sein.' Sein Auto war ein Studebaker, der vorne genauso aussah wie hinten. Damit ist er versehentlich über sein Horn gefahren, wonach er sich dann nur ein günstiges Plastiksaxofon leisten konnte. Ich hatte eine Band mit Bobby Hutcherson, Scott LaFaro, Don Cherry, Terry Trotter und am Schlagzeuger saß entweder Frank Butler oder Billy Higgins. Wir traten überall in L.A. auf und spielten auch einmal auf einer Hochzeit, aber da sind wir mit unserer Musik nicht weit gekommen. Der Vater der Braut sagte: ‚Bitte, bitte hört auf zu spielen. Ich bezahle euch sofort, hier ist das Geld, aber bitte, spielt nicht mehr.' Er repräsentierte all das, wogegen wir uns behaupten mussten. New York war die einzige Lösung. Ornette hatte es uns vorgemacht. Er ging

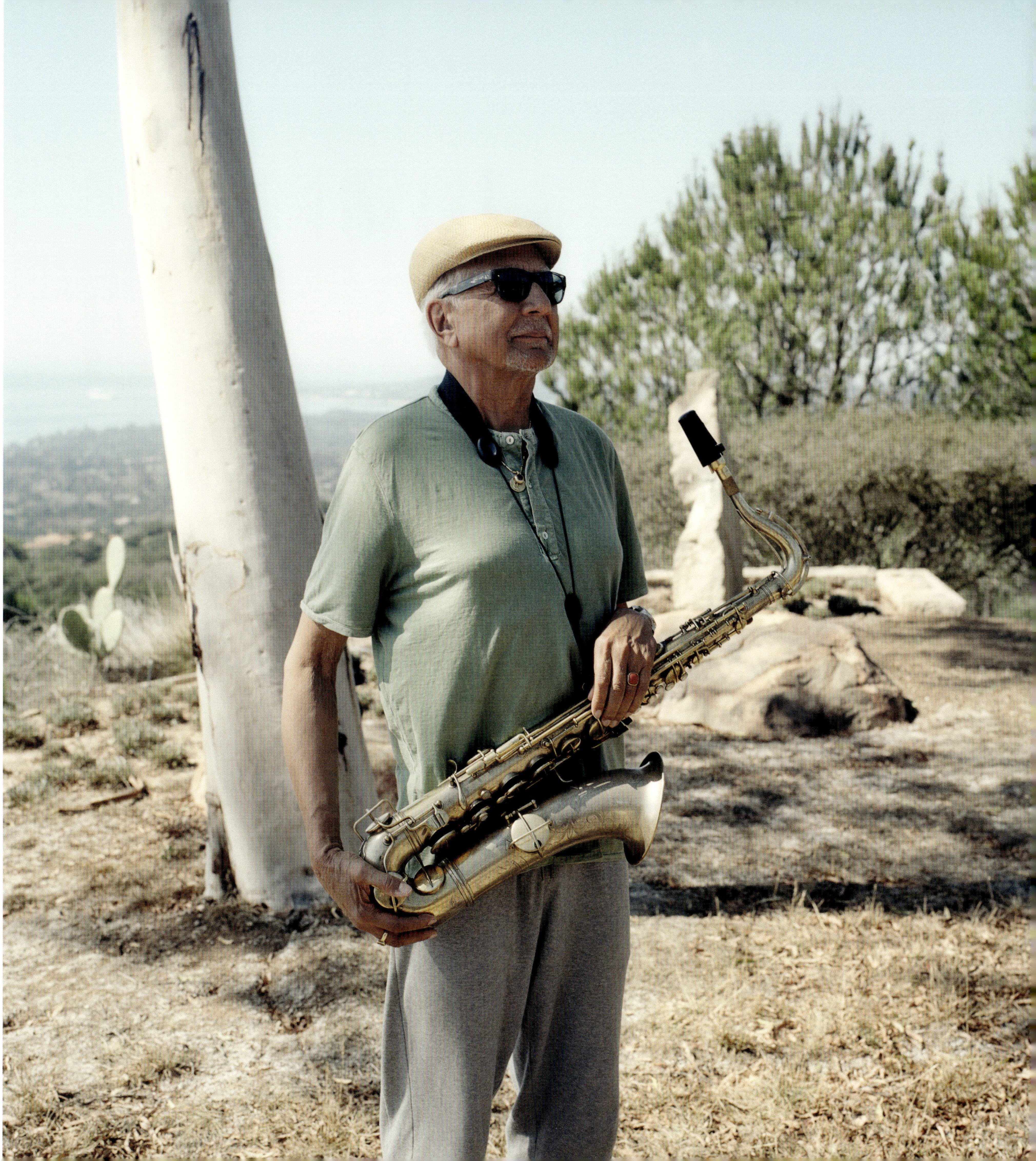

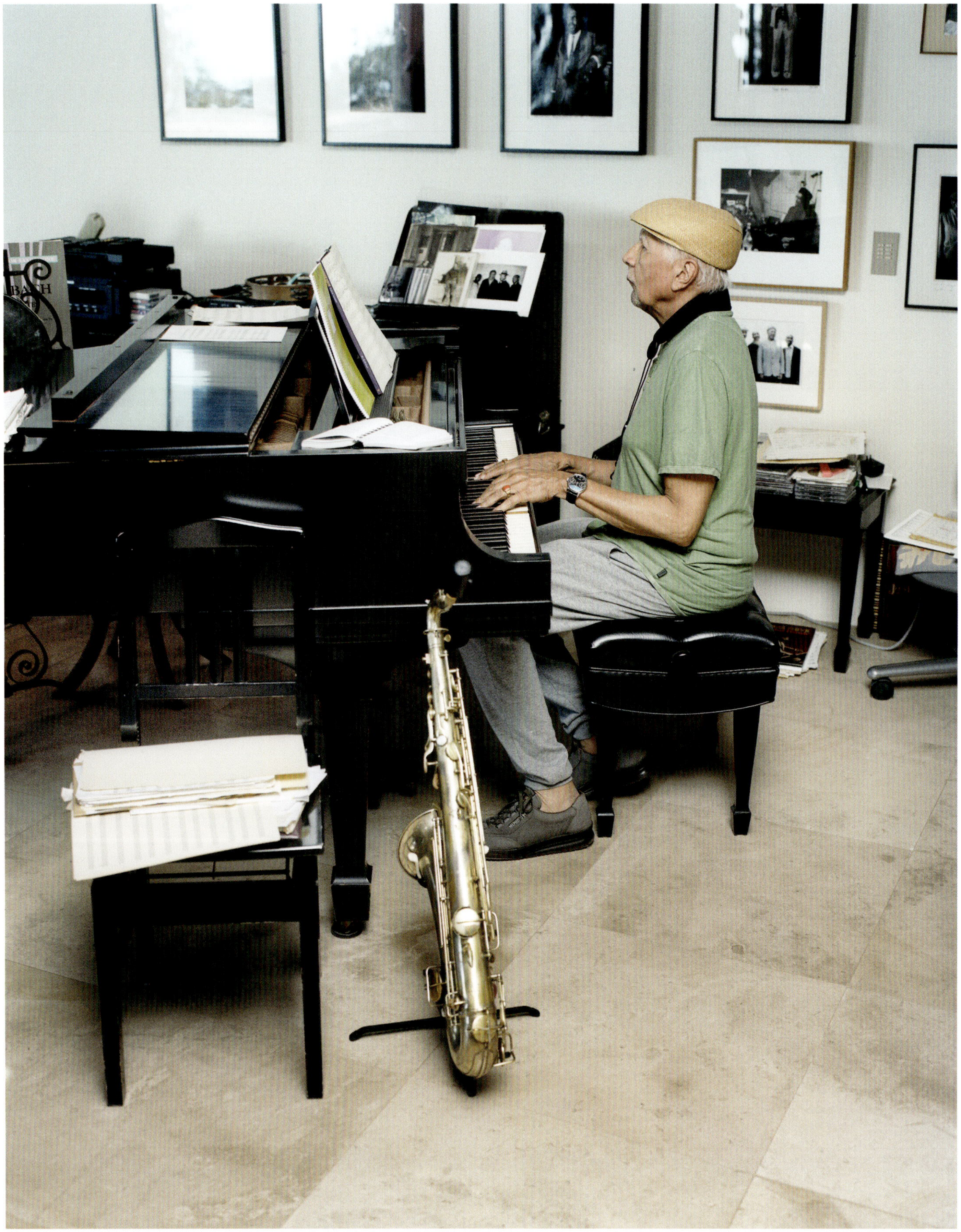

1959 in den Big Apple und spielte sechs Monate im Five Spot. Das ermutigte uns. Langsam gingen wir nacheinander an die East Coast. 1960 beendete ich mein Studium und bekam das Angebot, als Nachfolger von Eric Dolphy in der Band von Chico Hamilton anzufangen, denn Eric ging zu Mingus."

In New York traf Lloyd am Tag seiner Ankunft auf seinen alten Freund, den Trompeter Booker Little, mit dem er in Memphis zur Manassas Highschool gegangen war. „Zuerst nahm ich mir ein Zimmer im Alvin-Hotel, jenem Ort, wo Lester Young 1959 starb. Dann ging ich zum Birdland, wo Booker mit Eric Dolphy und Roy Haynes

---

> Als die Beatles 1964 in die USA kamen, waren wir mit Cannonball Adderleys Band die Austauschgruppe und spielten in England – so funktionierte die Gewerkschaft damals.

---

spielte. Booker lebte in der 92. Straße und bestand darauf, dass ich bei ihm einziehe. Später wohnte ich bei Frank Strozier, den ich auch noch aus Memphis kannte. New York war wirklich eine lebendige Stadt und überall wurde Musik gespielt. Bill Lee, Bassist und Vater von Spike, hatte einen kleinen Citroën, in den wir uns alle reingezwängt haben. So fuhren wir vom Birdland nach Downtown zur Jazz Gallery, um Monk zu hören. Danach ging es weiter zum Five Spot, wo Sonny Rollins auftrat, anschließend liefen wir rüber zum Half Note und zum Village Vanguard und schließlich fuhren wir wieder zurück nach Uptown. Wir blieben die ganze Nacht wach, lachten, hörten Musik. Tagsüber gingen wir ins Kino, übten und spielten Konzerte. Es war ein Leben für die Musik."

In der Gruppe von Chico Hamilton traf Lloyd auf den ungarischen Gitarristen Gábor Szabó. „Er liebte Bartók wie ich und auch Zigeunermusik. Wir wurden enge Freunde und ich konnte ihn für die Musik von Coltrane und Ravi Shankar begeistern." 1964 wechselte er in die Band von Cannonball Adderley, der mit seinem Bruder Nat, Joe Zawinul, Sam Jones und Louis Hayes auftrat. „Als die Beatles 1964 in die USA kamen, waren wir die Austauschgruppe und spielten in England – so funktionierte die Gewerkschaft damals. 1965 gründete ich mit Szabó, Albert Stinson und Pete LaRoca meine erste eigene Band und nahm meine erste Platte als Leader auf, ‚Of Course, Of Course'. Nach einem Jahr änderte ich die Besetzung, weil Szabó nach L.A. zog. In Boston hatte ich den jungen Keith Jarrett gehört, der mit Art Blakey auf Tour war. Wir schätzten uns gegenseitig und ich engagierte ihn, zusammen mit Cecil McBee und Jack DeJohnette. Eigentlich war Billy Hart als Schlagzeuger vorgesehen, der gerade mit Shirley Horn in Washington spielte. Aber dann rief mich um drei Uhr nachts Jack DeJohnette an und sagte: ‚Lloyd, ich will mit dir spielen!' Im Vorfeld hatten mich ein paar Freunde vor ihm gewarnt: ‚Jack spielt zu laut!' Aber er war einer der besten Drummer, mit denen ich je gearbeitet habe."

Der Produzent George Avakian war begeistert von Lloyds Gruppe, wurde ihr Manager und sorgte für einen Vertrag mit Atlantic Records, wo 1966 „Dream Weaver" erschien. Im selben Jahr wurde ein Live-Konzert des Quartetts beim Jazzfestival in Monterey mitgeschnitten und unter dem Titel „Forest Flower" veröffentlicht. Das Album verkaufte sich über eine Million mal. Als erste Jazzband traten sie im Fillmore West in San Francisco auf, wo sonst nur Rockbands spielten, und erreichten dadurch mit ihrer Musik ein breites Publikum. Innerhalb von drei Jahren unternahmen sie neun Tourneen nach Europa und spielten auch in Moskau. Aber der Erfolg hatte seinen Preis. „Ständig wollte jemand etwas von mir. Ich war ausgebrannt, desillusioniert vom Leben, das Musikgeschäft nervte mich und ich musste dringend an meiner Persönlichkeit arbeiten. Ich musste mich meinen eigenen Unzulänglichkeiten stellen. Ich fing an, die unterschiedlichsten Substanzen einzunehmen, um das Chaos zu überstehen. Zuerst wirkte es sich nicht auf meine Kreativität aus, aber dann merkte ich, wie sie abnahm. Die einzige Möglichkeit, die ich sah, war der totale Rückzug vom öffentlichen Leben. In Big Sur habe ich meine Batterie wieder aufgeladen, viel gelesen und viel meditiert."

Wir gehen die Treppen hinunter in sein großes, helles Musikzimmer, wo ein Flügel und sein Saxofon stehen. Das große Haus diente auch als Ort für die letzten gemeinsamen Aufnahmen, die Lloyd mit Billy Higgins kurz vor dessen Tod 2001 einspielte. „Dieser Raum wurde zu unserem Klanglabor. Billy brachte die unterschiedlichsten Instrumente mit und ich packte mein Altsaxofon wieder aus, weil ich es damals gespielt hatte, als wir uns in L.A. kennenlernten – Billy nannte es immer meine Geheimwaffe. Er konnte sich wunderbar deinem Spiel anpassen, egal ob du vor, auf oder nach dem Beat gespielt hast. Seine Menschlichkeit und Liebe zur Musik kamen in jeder Note, die er spielte, zum Ausdruck. Wir haben die Tonaufnahmen eher für uns gemacht. Die angenehme, relaxte und private Umgebung ist der Grund, warum das Ergebnis so intim klingt. Lange Zeit dachte ich, dass es zu persönlich sei, aber all die Freunde, denen ich die Bänder vorspielte, ermutigten mich, sie zu veröffentlichen. Geri Allen sagte zu mir: ‚Die Leute brauchen diese Musik!'"

DIE WICHTIGSTEN ALBEN
ALS LEADER

Dream Weaver (Atlantic, 1966)

Forest Flower (Atlantic, 1966)

The Flowering (Atlantic, 1971)

A Night in Copenhagen (Blue Note, 1983)

Acoustic Masters (Atlantic, 1993)

All My Relations (ECM, 1994)

Canto (ECM, 1996)

The Water is Wide (ECM, 2000)

Lift Every Voice (ECM, 2002)

Which Way Is East (ECM, 2004)

———

Christian Broecking

Lloyd setzt sich an den Flügel. „An diesem Instrument haben auch schon Michel Petrucciani und Bobo Stenson gespielt." Beide Pianisten waren sehr wichtig für Lloyd. Petrucciani besuchte ihn 1981 in Big Sur, holte ihn aus seiner Versenkung hervor und leitete so Lloyds langes Comeback ein. Sie spielten zusammen Konzerte und nahmen zwei Platten auf. „Nachdem ich so viel Hilfe und Rat von der älteren Generation be-

---

Um drei Uhr nachts rief Jack DeJohnette
an und sagte: „Lloyd, ich will mit dir spielen!"
Im Vorfeld hatten mich ein paar Freunde vor
ihm gewarnt: „Jack spielt zu laut!"

---

kommen hatte, war es an mir, das Gleiche für den jungen Michel zu tun und ihm bei seiner Karriere zu helfen. Er ging dann seinen eigenen Weg und ich begann mit Bobo Stenson zu arbeiten. Zusammen mit Jon Christensen und Palle Danielsson nahmen wir 1989 meine erste Platte ‚Fish Out Of Water' für ECM auf und eine lange und produktive Zeit mit Manfred Eicher begann."

Als wir in den Garten gehen, schließt Lloyd die Tür sehr schnell hinter sich. „Es sollen keine Fliegen reinkommen!" Wegen der Sonne setzt er sich einen Hut und eine dunkle Brille auf. „Ich rede wirklich nicht gerne, denn mit meiner Musik kann ich alles viel besser sagen. Sie muss nicht übersetzt werden und geht direkt ins Herz. Als kleiner Junge wollte ich Sänger werden, aber ich hatte keine gute Stimme. Jetzt bin ich ein Sänger auf meinem Saxofon geworden und auf der Flöte!"

Odean Pope

> JEDEN TAG ENTDECKE ICH ETWAS NEUES MIT MEINEM INSTRUMENT.

Odean Pope
(* 24. Oktober 1938 in Ninety Six, South Carolina)
ist ein US-amerikanischer Tenorsaxofonist und Komponist.

Germantown liegt zehn Kilometer nördlich von Philadelphia.

In der North Sydenham Road spielen Kinder, ein paar Jugendliche stehen um ein Auto herum und hören lauten Hip Hop. Es ist Sonntagnachmittag. In einem Reihenhaus, dessen Hausnummer unlesbar geworden ist, öffnet Odean Pope die Tür. Er hat sich für unseren Termin wie für ein Konzert angezogen: Anzug, Krawatte, schwarze Schuhe. „Wenn, dann richtig, oder?", sagt er. Die Vorhänge des großen Fensters zur Straße sind geschlossen. Im Wohnzimmer steht ein großer Tisch, auf dem Noten, Blätter für das Saxofon und eine Tablettendose mit Portionsfächern für jeden Wochentag liegen. Das Tenorsaxofon hat Pope in den Koffer gelegt. „Ich habe eben noch geübt, wie jeden Tag. In Amerika sagen wir: ‚If you don't use it, you lose it.' Das gilt für Bläser natürlich ganz besonders wegen ihres Ansatzes. Jeden Tag entdecke ich etwas Neues mit meinem Instrument. Man lernt nie aus!"

Odean Pope weiß, wovon er spricht. Schon im Alter von 16 Jahren erhielt er genau diesen Rat von John Coltrane, der ihm seinen ersten Job mit Organist Jimmy Smith vermittelte. „John verließ die Band von Jimmy, weil er bei Miles Davis anfing. Er wollte, dass ich sein Nachfolger werde. Ich fragte ihn sehr unsicher, ob er denke, dass ich wirklich schon so weit sei. Aber John antwortete: ‚Man ist nie bereit. Auch wenn du 100 Jahre alt wirst und immer noch dein Saxofon spielst, wirst du nie ausgelernt haben. Wenn du immer aufmerksam bist und versuchst, kreativ und produktiv zu bleiben, wirst du immer weiter dazulernen. Komm bei mir zu Hause vorbei und wir gehen das Repertoire durch.' Coltrane hat immer geübt. Einmal traf ich ihn in Pittsburgh hinter der Bühne, nachdem ich ein Konzert mit Max Roach gespielt hatte. Es war lange nach Mitternacht und was machte John? Er übte natürlich und sagte zu mir: ‚Man kann immer üben. Und wenn man Rücksicht nehmen muss wegen der Lautstärke, dann übt man eben pianissimo.' Das ist ungefähr die Lautstärke, in der wir uns hier gerade unterhalten."

Pope schaut auf sein Instrument. „Das Saxofon ist schon sonderbar. Es ist sehr schwierig, die extrem tiefen Töne, aber genauso die extrem hohen Töne rein und groß und abgerundet klingen zu lassen. Sound ist alles für mich. Vernachlässige niemals den Sound zugunsten der Technik. Das machen viele jüngere Musiker heute leider, sie spielen all diese schwierigen technischen Linien, aber ihr Sound ist nicht besonders."

Philadelphia ist die Stadt, in der Odean Pope von seinem zehnten Lebensjahr an aufwuchs und bis heute lebt. Nur für Konzerte hat er die Stadt verlassen. Wenn er von den alten Clubs erzählt, in denen er früher gespielt

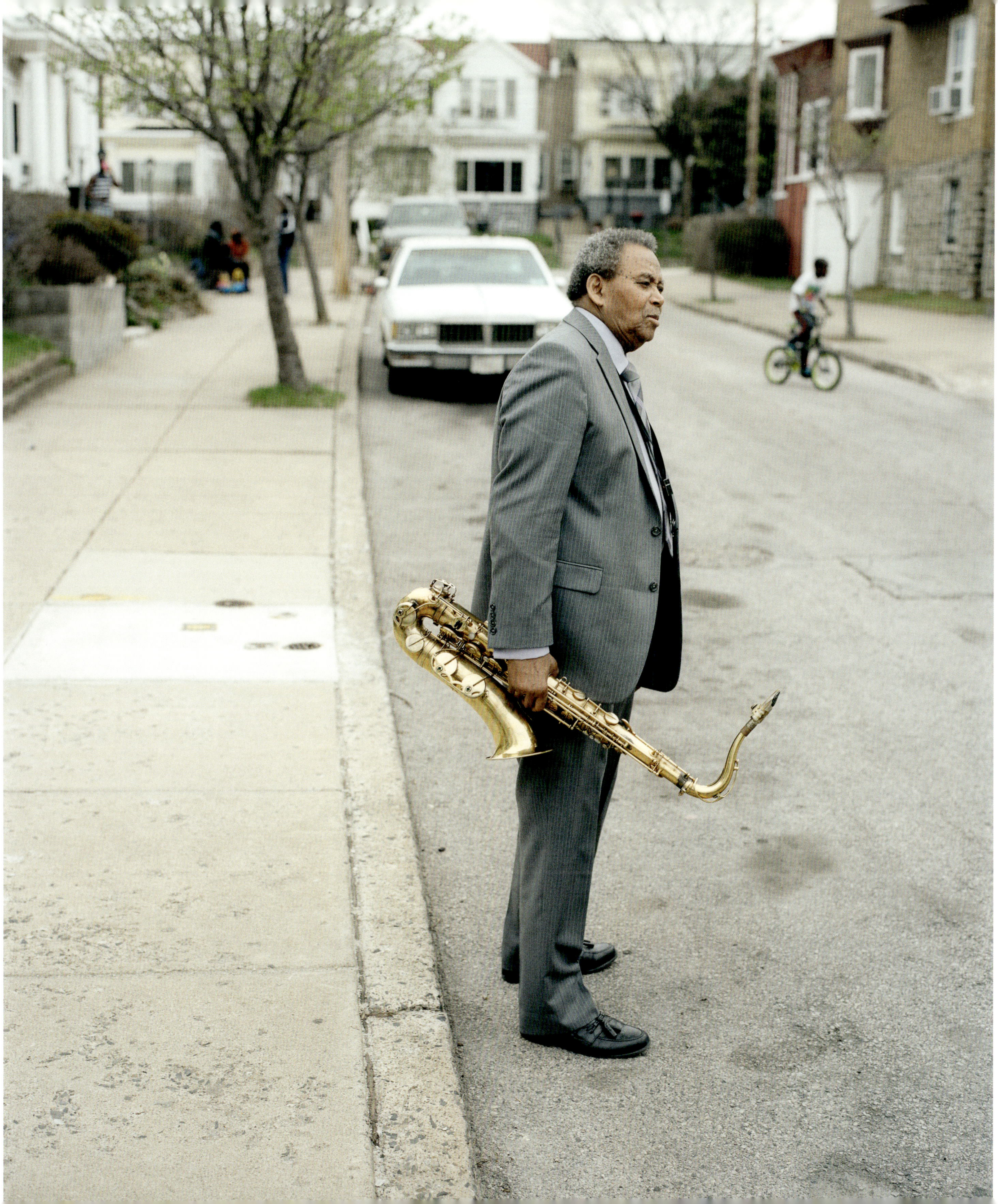

hat, erwähnt Pope wie von selbst die dazugehörigen Straßennamen, obwohl es diese Clubs schon lange nicht mehr gibt. Ähnlich ist es bei den Wohnorten all der Musiker, mit denen er aufwuchs. „Lee Morgan wohnte in Nice Town, zehn Häuserblöcke entfernt von meinem Elternhaus. Wir haben zusammen im Keller geübt. Sein Talent habe ich sofort erkannt, denn er klang schon mit 14 an der Trompete wie ein alter Mann. Philadelphia hatte eine starke Musikerszene: Henry Grimes und sein Zwillingsbruder Leon Grimes, Reggie Workman, Benny Golson, die Heath Brothers, Kenny Barron und sein Bruder Bill Barron, Jimmy Garrison, McCoy Tyner, Arthur Harper, Mickey Roker, Spanky DeBrest, Clarence Sharpe und natürlich John Coltrane. Wir alle tauschten Informationen untereinander aus, lernten voneinander und Jimmy Heath hatte immer die neuesten Kompositionen von Charlie Parker, die er weitergab."

Auch der Pianist Hasaan Ibn Ali wohnte bei Pope um die Ecke. „Er hörte mich üben, klopfte an mein Kellerfenster und fragte, ob wir zusammen bei ihm üben wollten, wo sein Piano stand. Wir spielten den ganzen Tag lang. Morgens um neun kam Hasaans Vater in den Keller, brachte ihm Frühstück, um zwölf gab es Mittagessen und wir spielten eine Runde Schach. Dann übten wir weiter und am Abend zogen wir uns einen Anzug an, banden uns eine Krawatte um und folgten den Einladungen aus der Nachbarschaft, wo wir kleine Hauskonzerte spielten. Wir bekamen Kaffee oder Tee

---

Max Roach griff nach meinem Saxofon, mit dem er Stanley Cowell schlagen wollte, aber zum Glück konnte ich es ihm wieder aus der Hand reißen. Als Nächstes griff Max nach einer Bierflasche, zerschlug sie und rammte sie Stanley ins Bein.

---

und ein paar Dollar. Mit Hasaan zu spielen, war wie ein Musikstudium auf höchster Ebene. Sein musikalisches Konzept war sehr komplex. Er war von Monk und Elmo Hope beeinflusst und seiner Zeit voraus, weshalb ihn kein Club engagieren wollte. Wenn er bei einer Jamsession spielte, verließen alle anderen die Bühne, weil sie sein harmonisches System nicht verstanden haben. Aber er konnte auch sehr direkt sein. Wenn er bei einer Jamsession nicht zufrieden mit dem Pianisten war, schubste er ihn beiseite und spielte selbst. Auch Coltrane hatte von Hasaan gehört, kam bei ihm vorbei und dann übten wir zu dritt in seinem Keller. Max Roach war ebenfalls begeistert von Hasaan und engagierte ihn für sein Trio."

Mit diesem Trio nahm Roach im Dezember 1964 eine LP für Atlantic Records auf. Sie spielten sieben Eigenkompositionen von Hasaan Ibn Ali und es sollte seine einzige Plattenveröffentlichung bleiben. Roach vermittelte ihm 1965 seine erste Aufnahme als Leader bei Atlantic, agierte als Produzent und engagierte für das Quartett Odean Pope, Art Davis am Bass und Khalil Madi am Schlagzeug. „Kurz nach der Aufnahme kam Hasaan wegen Drogenbesitzes ins Gefängnis, was Atlantic dazu veranlasste, die Tonbänder erst mal im Archiv zu lagern und nicht zu veröffentlichen. Angeblich wurden die Aufnahmen 1976 bei einem Feuer im Lagerhaus von Atlantic zerstört, aber es gibt eine Kopie, die Roland Kirk unbedingt veröffentlichen wollte. Er war ja auch bei Atlantic und wusste, dass die Aufnahmen etwas Besonderes waren. Leider kam es dazu nie. Hassaans Eltern sind bei einem Feuer gestorben. Er hatte immer bei ihnen gelebt und war total abhängig von ihnen. Kurz danach starb auch Hasaan, er war gerade mal 49. Die tragische Geschichte eines verkannten Genies!"

Odean Pope kommt noch einmal kurz auf Roland Kirk zurück, da er sich an eine sonderbare Geschichte erinnert. „Kirk lebte für ein Jahr in Philadelphia, wir sind Freunde geworden und besuchten uns gegenseitig zu Hause, vor allem unsere Ehefrauen verstanden sich sehr gut. Einmal spielte ich ein Konzert in einem Club, der hieß Aqua Lounge, Ecke 52. Straße und Market Place. In meiner Band waren Eddie Green, Sherman Ferguson und Tyrone Brown. Mitten im Konzert kam Kirk plötzlich von hinten auf die Bühne und flüsterte mir zu: ‚Odean, spiel weiter, aber überlass es mir, die Klappen deines Saxofons zu bewegen.' Das war wirklich ein sehr komisches Gefühl!"

Sowohl Ibn Ali als auch der ebenfalls in Philadelphia lebende Bassist Jymie Merritt hatten Odean Pope an Max Roach weiterempfohlen. Pope fuhr nach New York, um vorzuspielen, und Roach engagierte ihn für sein Quintett mit Stanley Cowell, Charles Tolliver und Jymie Merritt. „Max mochte es nicht, wenn Noten auf der Bühne waren, also musste ich innerhalb von zwei Wochen sein ganzes Repertoire auswendig lernen. Max war wie ein Vater für mich. Ich habe nicht nur musikalisch, sondern auch menschlich sehr viel von ihm gelernt. Aber leider hatte er zwei Gesichter und konnte auch sehr cholerisch sein. Auf einer Europa-Tournee 1967 spielten wir auch in Stockholm. Das Konzert war ausverkauft und es lief alles wunderbar, aber nach dem Konzert fing Max plötzlich an zu singen: ‚Nobody knows the trouble I've seen, nobody knows but me', und Jymie Merritt sagte zu mir: ‚Lass uns lieber abhauen, denn wenn Max anfängt zu singen, kann das großen Ärger bedeuten.' Also fuhren wir zum Hotel und spielten eine Partie Schach. Eine Stunde später rief uns der Portier an: ‚Bitte kommen Sie runter in die Lobby, Ihr Kollege zertrümmert gerade unsere Einrichtung!' Es war ein sehr schönes, altes Hotel und Max hatte sehr viele Gläser zerschmettert, war rausgegangen und warf all sein Geld in den Fluss. Die Polizei kam und sperrte ihn ein."

Am nächsten Morgen flog die Gruppe ohne Roach nach London, wo sie im Ronnie Scott's auftreten sollte. „Montag und Dienstag vergingen, wir hätten längst spielen sollen, aber Max war immer noch nicht nachgekommen. Nach einigen Telefonaten waren Jimmy Heath und Kenny Clarke nach Stockholm geflogen, um Max aus dem Gefängnis zu holen. Kenny unterrichtete ja an der Universität in Paris und hatte einen gewissen Einfluss. Als

DIE WICHTIGSTEN ALBEN ALS LEADER
UND SIDEMAN

Max Roach
Easy Winners (Soul Note, 1985)

Almost Like Me
(Moers Music, 1993)

The Saxophone Shop
(Soul Note, 1985)

Epitome
(Soul Note, 1993)

The Ponderer
(Soul Note, 1990)

Philadelphia Spirit In New York
(CIMP, 2001)

Max Roach
Pictures In A Frame (Soul Note, 1979)

Max Roach Bright Moments
(Soul Note, 1986)

To The Roach
(CIMP, 2006)

Two Dreams
(CIMP, 2004)

———

Wolf Kampmann

Max dann endlich am Mittwoch in London ankam, setzte er vor dem Konzert eine Probe an. Stanley hatte diese Ansage leider nicht gehört und kam erst kurz vor dem Konzert in unsere Garderobe. Max fragte ihn: ‚Wo bist du gewesen? Wir hatten eine Probe!' Stanley war sehr überrascht: ‚Davon habe ich nichts gewusst!' Max war so wütend: ‚Du hättest es aber hören sollen!' Er packte Stanley und beide prügelten sich am Boden. Stanley war jünger und hatte mehr Kraft, aber er traute sich nicht recht, sich zu wehren, weil er so viel Respekt vor Max hatte. Max griff nach meinem Saxofon, mit dem er Stanley schlagen wollte, aber zum Glück konnte ich es ihm wieder aus der Hand reißen. Als Nächstes griff Max nach einer Bierflasche, zerschlug sie und rammte sie Stanley ins Bein. Das war schrecklich! Stanley humpelte danach noch ziemlich lange. Er spielte die letzten Konzerte, aber Max löste die Band kurz danach auf, weil er mit der Musik nicht zufrieden war."

Nachdem Pope 1972 die Gruppe Catalyst gegründet hatte, die sechs Jahre bestand, und 1978 den Saxophone Choir zusammengestellt hatte, holte Max Roach ihn 1979 wieder in seine Band, diesmal bis 2002, als der Schlagzeuger aus gesundheitlichen Gründen in den Ruhestand ging. Pope geht zu seinem Computer und zeigt mir im Internet einen Konzertfilm von 1984 auf der Waldbühne in Ostberlin. „Cecil Bridgewater an der Trompete und ich bildeten die Front Line. Bei Konzerten wussten wir nie, wer ein Solo spielen durfte. Max hat einfach spontan unsere Namen gerufen. Er mochte es nicht, wenn man ein Solo zu lange spielt. Es gab Konzerte, während denen er kein einziges Mal deinen Namen aufrief, je nach seiner Laune."

Pope erinnert sich an ein Konzert mit Roach in London: „Ich hatte mir gerade die Zirkularatmung auf meinem Saxofon beigebracht, aber ich konnte nur einen Ton sehr lange spielen. Das Konzert war ausverkauft und in meinem Solo habe ich dann diese eine Note sehr lange gespielt. Daraufhin stoppte Max die Band und schrie mich an: ‚Wenn du nicht die nächste Note spielst, hör ganz auf! Falls du das nicht beherrschst, spiel besser gar nicht!' Daraufhin habe ich natürlich zu Hause diese Technik weiter geübt. Schlagzeuger waren für mich immer wichtig. In meiner ersten Band bei Jimmy Smith spielte ich mit dem wunderbaren Donald Bailey, dann all die Jahre mit Max und einmal arbeitete ich für eine Woche in Philadelphia auch mit Elvin Jones. Seine Art zu spielen gab mir eine Flexibilität und Freiheit, auf eine gewisse Weise meine Musik zu spielen, die ich eigentlich nie für möglich gehalten hatte. Ich glaube, deshalb konnte auch Coltrane damals mit Elvin musikalisch so weit gehen, da er nie von ihm eingeschränkt wurde, im Gegenteil, er wurde von ihm beflügelt. Übrigens spiele ich nächste Woche im Blue Note in New York wieder mit einem tollen Schlagzeuger: Jeff ‚Tain' Watts. Die anderen Musiker sind Geri Allen, Reggie Workman und zwei weitere Tenoristen: James Carter und Pharoah Sanders. Komm doch vorbei, wenn du kannst."

Al Foster

> WENN MAN ETWAS NICHT VERSTEHT, VERURTEILT MAN ES OFT ZU SCHNELL.
> —

Aloysius Tyrone, genannt Al, Foster (* 18. Januar 1943 in Richmond, Virginia) ist ein US-amerikanischer Schlagzeuger und Komponist.

Im Jazzclub Smoke, Ecke Broadway und 105. Straße, spielt Al Foster zusammen mit Gary Bartz, Buster Williams und Larry Willis.

Im Publikum sitzt Steve Turre und später kommt auch noch der Schlagzeuger Willie Jones III herein, der im vollen Club keinen Sitzplatz mehr findet. Al Foster spielt mit geschlossenen Augen. Nach einem langen Abend treffen wir uns draußen vor dem Club. Verschwitzt und erschöpft stellt Foster seine Tasche mit den Cymbals ab. „Die Band ist wirklich so gut! Aber hör dir das mal an." Er holt aus seiner Hosentasche einen kleinen MP3-Player und setzt mir einen Kopfhörer auf. „Und, was denkst du? Ich war neulich mit meiner Band im Studio, aber nur drei Stücke haben mir danach gefallen. Inzwischen hab ich schon wieder ein paar neue Kompositionen geschrieben, die wir bald aufnehmen werden. Ich denke, dass es eine gute CD werden könnte."

Foster lächelt. „Könntest du kurz auf meine Cymbals aufpassen? Ich habe noch eine Tasche im Club vergessen." Er geht zurück in den Club, wo inzwischen eine Studentenband spielt. Durch die große Glasscheibe kann man sehen, wie Foster stehen bleibt und sich den Schlagzeuger anhört. Ein paar Freunde der jungen Band, die auch draußen stehen, schauen ebenfalls durch das Fenster in den Club. Aufgeregt stoßen sich die Kids gegenseitig an. „Hey, ich glaub's nicht! Foster checkt den Drummer aus! Siehst du das? Cool, man!" Danach wenden sie sich an mich. „Bist du auch Musiker? Sind das deine Cymbals?" Nein, die gehören Al Foster! – „Echt, wow!" In dem Moment kommt Foster wieder aus dem Club und macht Smalltalk mit den bewundernden Kids. Schließlich nimmt er seine Cymbals. „Ich fahre jetzt zu meinem Appartement, das ich hier in New York habe. Meine Frau Bonnie besitzt einen ganzen Häuserblock in Westchester, New York. Sie ist in sehr reichen Verhältnissen aufgewachsen, in einem riesigen Haus auf dem Land in Greenwich, Connecticut. Bei mir ist es genau das Gegenteil. Ich musste als kleiner Junge Kohlen schleppen, wodurch ich mir meinen Rücken demoliert habe. Er sieht aus wie ein C. Bonnie hat auch ein Haus in Woodstock und ich pendle immer hin und her." Er ruft sich ein Taxi und lädt seine Cymbals in den Kofferraum. Bevor er die Tür schließt, ruft er mir zu: „Wollen wir uns nicht übermorgen in Woodstock treffen? Da kann man relaxen. Es wird dir gefallen. Gute Nacht!"

Al Foster ist selbstkritisch und bescheiden, mit seiner Musik, aber auch was seine Person angeht. Deshalb gibt er nur ungern Interviews. Am nächsten Tag telefonieren wir. „Was habe ich schon zu sagen? Andere Leute können sich sprachlich viel besser ausdrücken als ich. Alles, was ich sagen möchte, steckt in meiner Musik!" Er schweigt für einen Moment. „Ich betrachte mich selbst nicht als großen Innovator. Aber ich war stolz, dass mich die Bandleader, mit denen ich gearbeitet habe, immer wieder wegen neuer Jobs angerufen haben. Es ist wichtig, ihnen musikalisch das zu bieten, was sie von dir hören wollen – dann werden sie dich auch wieder anrufen. Als mich Herbie Hancock das erste Mal wegen eines Jobs anrief, war ich sehr überrascht, denn er hatte doch jahrelang mit Tony Williams gearbeitet. Wenn Tony in New York spielte, bin ich immer hingegangen, denn ihm zuzuhören war wie zur Universität zu gehen. Manchmal habe ich mich dabei erwischt, das Spiel von Tony zu kopieren, und war wütend auf mich selbst. Ich kann seine Sachen schließlich nicht besser spielen als er selbst. Mein ganzes Leben habe ich andere Schlagzeuger bewundert, aber dann versucht, meinen eigenen Stil zu finden. Ich möchte am Schlagzeug einfach eine eigene Identität entwickeln, sodass man mich beim Anhören einer Platte sofort erkennt. Jeder hat seine eigene Meinung zu den Dingen im Leben, jeder geht anders und jeder spricht anders, warum also nicht auch anders spielen?"

Foster lacht kurz. „Als ich Tony Williams und Elvin Jones zum ersten Mal hörte, habe ich ihr Spiel nicht verstanden, denn ich war es gewohnt, traditionell zu spielen, so wie meine Vorbilder: Max Roach, Art Blakey, Philly Joe

DIE WICHTIGSTEN ALBEN
ALS LEADER

Brandyn (Laika, 1996)

ScoLoHoFo: Oh! (Blue Note, 2003)

ALS SIDEMAN

Blue Mitchell The Thing To Do
(Blue Note, 1964)

Illinois Jacquet The Soul Explosion
(Prestige, 1969)

Miles Davis Dark Magus (Columbia, 1974)

Yusef Lateef The Doctor Is In ... And Out
(Atlantic, 1976)

McCoy Tyner Horizon (Milestone, 1979)

Miles Davis You're Under Arrest
(Columbia, 1985)

Sonny Rollins + 3 (Milestone, 1995)

*McCoy Tyner With Stanley Clarke And
Al Foster* (Telarc, 2000)

Steve Kuhn Live At Birdland
(Blue Note, 2006)

Eli Degibri Israel Song (Anzic, 2010)

———

Reinhard Köchl

> Jeder hat seine eigene Meinung zu den Dingen im Leben, jeder geht anders und jeder spricht anders, warum also nicht auch anders spielen?

Jones, Art Taylor. Aber Tony und Elvin spielten so frei und anders. Wenn man etwas nicht versteht, verurteilt man es oft zu schnell. Aber dann habe ich begriffen, dass sie all diese neuen Sachen spielten, dabei frei waren und gleichzeitig trotzdem swingten! Es fühlte sich alles richtig und gut an. Sie waren so musikalisch, unglaublich, ich werde sie immer bewundern."

Ein paar Tage später. Bonnie kann Al schließlich doch noch überzeugen, dass ich ihn in Woodstock besuchen darf. Das Bilderbuch-Haus mit riesigem Garten und Swimmingpool liegt idyllisch in der Nähe eines Waldes. Alle Türen des Hauses stehen offen und die Sommersonne flutet die Räume. Al Foster sitzt vorne auf der Treppe. Er ist in Harlem aufgewachsen und hörte sich dort die Gruppen von Miles Davis, John Coltrane, Lee Morgan und Dave Brubeck an, genauso die Drum-Battles zwischen Buddy Rich und Philly Joe Jones. Sein Vater war Amateur-Bassist und schenkte ihm im Alter von zehn Jahren zu Weihnachten ein Schlagzeug.

„Sechs Monate lang spielte ich auf den Trommeln, dann habe ich das Schlagzeug in die Abseite gestellt. Erst drei Jahre später holte ich es wieder hervor, nachdem ich auf einer Platte von Max Roach und Clifford Brown das Stück ‚Cherokee' gehört hatte. Von da an war ich ernsthaft am Schlagzeug interessiert und habe intensiver Bebop und Hardbop gehört. Ich lebte in der 140. Straße und bin immer mit dem Bus bis zur 125. Straße gefahren, um dort in einem Schallplattenladen neue Musik zu kaufen. Danach habe ich mich mittags an meine Drums gesetzt und zu den Platten geübt, ungefähr bis 19 Uhr. Im Sommer bin ich nicht rausgegangen. Als ich 16 Jahre alt war und anfing, mir meine Idole in den Clubs anzusehen, habe ich immer meine Platten mitgenommen, um sie mir signieren zu lassen. Mit ein paar anderen Schlagzeugern ging ich zum Birdland, um Miles Davis zu hören. Ich hatte seine LP ‚Milestones' mitgebracht. Als ich ihn nach dem Konzert um eine Signatur bat, fauchte er mich an: ‚Hau ab und lass mich in Ruhe!' Meine Freunde haben mich ausgelacht und mir kamen die Tränen. Jahre später habe ich Miles diese Geschichte erzählt, aber er konnte sich natürlich nicht daran erinnern. Als ich später mit ihm spielte und zufällig neben ihm stand, wenn er mal wieder ein Autogramm verweigerte, gab ich ihm einen Stoß mit dem Ellenbogen und sagte zu ihm ‚Come on, Miles!', denn ich wollte nicht, dass jemand sich so traurig fühlte wie ich als kleiner Junge."

1964 nahm Foster zum ersten Mal eine Schallplatte auf: Blue Mitchell hatte ihn für die Blue-Note-Produktion „The Thing To Do" engagiert. Auf dem Cover ist noch sein kompletter Vorname zu lesen: Aloysius Foster. Gleich im nächsten Jahr holte Blue Mitchell ihn wieder ins Studio, um mit ihm „Down With It!" aufzunehmen, wieder für Blue Note. „Ich zog damals in die Lower East Side und spielte 1969 mit Sonny Rollins im alten Birdland, zusammen mit Wilbur Ware am Bass und Albert Dailey am Klavier. Leider haben wir damals nicht zusammen aufgenommen und kurz darauf änderte Sonny die Besetzung der Band. Das war kein Problem für mich, denn durch meine Konzerte mit Sonny war Miles auf mich aufmerksam geworden. Sonny Rollins war damals vielleicht der beste Saxofonist, aber er hatte nie großartige Bands, die hatte immer Miles. Miles war wichtig für mich. Es fing alles damit an, als er mich 1972 im Cellar Club in Manhattan hörte. Ich spielte dort einige Wochen in einem Quartett mit Larry Willis. Der Barmann kannte ihn, weil er ein Appartement von Miles gemietet hatte. Er erzählte ihm von uns. In den letzten zwei Wochen kam Miles dann jeden Abend vorbei. Wir waren uns noch nicht vorgestellt worden. In der Pause kam er zu mir und meinte, dass ich ihn an Art Blakey und Philly Joe Jones erinnern würde. Er mochte meinen Beat auf dem Ride-Cymbal. Weil Jack DeJohnette seine Band gerade verlassen hatte, fragte er, ob ich Interesse hätte, mit ihm zu spielen. Zuerst war ich enttäuscht, denn ich war doch ein Jazzschlagzeuger, und Miles hatte sich längst musikalisch in eine andere Richtung entwickelt. Aber natürlich sagte ich zu, denn es war doch Miles! Ich merkte, dass er auf seiner Trompete immer noch Jazz spielte und ich konnte über dem Backbeat immer noch swingen."

Bonnie kommt aus dem Haus und bringt uns eine Flasche Wasser. „Na Al, geht doch ganz gut mit dem Erzählen, oder?", sagt sie lachend und setzt sich zu uns. Al Foster blieb bis 1985 in der Band von Miles Davis und ist auf zwölf LPs des Trompeters zu hören. Auch als Davis von 1975 bis 1981 eine Pause wegen Drogenproblemen einlegte, war Foster mit ihm in Kontakt. Für sein Comeback-Album „The Man With The Horn" stellte Davis eine neue Band zusammen und Al Foster war der einzige Musiker, den er wieder engagierte, weil er seinen Groove so bestechend fand. „Als Miles nach der langen Pause wieder spielte, hatte seine Musik sich verändert, aber sein Spirit war ungebrochen. Miles ist eben Miles! Er passte sich und seine Kreativität immer neuen Situationen an. Miles' Sound hat mich immer beeindruckt. Als ich ihm das sagte, erklärte er mir, dass er versuche, einen dunklen Ton zu haben und nicht so einen hellen, schrillen Ton wie bei einer Blaskapelle. Manchmal frage ich mich, warum unsere Freundschaft so lange angehalten hat – bis zu seinem Tod. Er hat mir immer gesagt, dass ich einer der besten Schlagzeuger sein könnte, wenn ich nur mehr Selbstvertrauen hätte. Miles hatte mehr Vertrauen in mich als ich in mich selbst."

Kenny Barron

ES DAUERT SEHR LANGE ZU LERNEN, SO ZU SPIELEN WIE MAN SELBST.

Kenneth, genannt Kenny, Barron (* 9. Juni 1943 in Philadelphia, Pennsylvania) ist ein US-amerikanischer Pianist und Komponist.

Kenny Barron hat noch unterrichtet und kommt eine Stunde später als verabredet.

Nun sitzt er auf den großen Stufen des Eingangsportals der Juilliard School of Music, wo er seit 2001 unterrichtet. Das Semester hat gerade angefangen und es herrscht reger Betrieb. Studenten eilen zu ihren Kursen, einige winken Kenny Barron im Vorbeigehen zu. Von 1973 bis 1999 hatte er an der Rutgers University gearbeitet. Terence Blanchard und David Sanchez waren dort seine Studenten. Nach dieser Vollzeitprofessur wollte er nicht wieder in die akademische Welt zurückgehen, aber das Angebot war zu lukrativ. „Ungefähr zur selben Zeit bekam ich Anrufe von der Manhattan School of Music und von Juilliard. Beide fragten, ob ich mir vorstellen könne, bei ihnen zu unterrichten. Ich nannte den Betrag, den ich mir vorstellte, und sie haben einfach zugestimmt – das hatte ich nicht erwartet. Es wäre dumm gewesen, ihr Angebot nicht anzunehmen, denn damals heiratete meine Tochter Nicole und so eine Hochzeit will ja auch bezahlt werden." Er lacht. „Unterrichten ist doch besser, als wenn man sein Geld damit verdienen muss, Musik aus Hawaii zu spielen."

An beiden Institutionen unterrichtet Kenny Barron einen Tag in der Woche. Er wollte nur zwei Studenten pro Tag, aber die Nachfrage war so groß, dass es nun fünf Studenten pro Tag sind. „Ich lerne viel von meinen Schülern. Es gibt Momente, da könnten sie mich unterrichten. Sie haben alle eine herausragende Technik und verstehen die Sprache der Musik. Aber wenn sie eine Ballade spielen sollen, sind sie sehr schnell in ihren Fähigkeiten reduziert. Denn sie sind sehr jung und haben noch wenig Lebenserfahrung. Welche Geschichten wollen sie uns erzählen? Wenn man jung ist und alles gut läuft, hat man nicht wirklich eine Geschichte zu erzählen. Mein alter Freund Ben Riley sagt immer dazu: ‚Ihr Herz muss erst einmal gebrochen werden.' Ich unterrichte in einem Raum, in dem zwei Pianos nebeneinanderstehen. Dann spiele ich zusammen mit dem Studenten und kann hören, wo seine Schwachstellen sind. Die meisten von ihnen sind immer sehr gut vorbereitet und ich muss ihnen nicht beibringen, wie man Klavier spielt. Aber es geht um die Feinheiten: Wie ist ihr Anschlag, wie ist ihre Phrasierung, spielen sie melodisch? Es dauert sehr lange zu lernen, so zu spielen wie man selbst."

Barron weiß, wovon er spricht. Nachdem er in den 1960er-Jahren schon in den Bands von Dizzy Gillespie, Stanley Turrentine und Freddie Hubbard gespielt hatte, überzeugte ihn Yusef Lateef in den 1970er-Jahren, zwei Jahre zu investieren, um den Bachelor-Degree zu erhalten. „Ich habe von 1971 bis 1975 in der Gruppe von Yusef gespielt. Aber wir sind immer nur im Sommer auf Tour gegangen, entweder nach Kalifornien oder Europa, weil Yusef den Rest des Jahres unterrichtete. Er war sehr fokussiert und hatte einen sehr positiven Einfluss auf mich. Er hat seine ganze Band davon überzeugt, zurück zur Uni zu gehen, um noch mehr zu lernen und qualifizierter zu sein. Ich habe einen Kurs in Harmonielehre bei ihm belegt, da war ich ungefähr 30 Jahre alt. Wir sollten eine umfangreiche Komposition schreiben, also arbeitete ich an einem Stück für ein Streichquartett. Lateef sagte: ‚Sehr gut, aber wie können wir das jetzt hören?' Da haben wir in der Klasse Geld gesammelt und anschließend Musiker engagiert, die unsere Kompositionen spielen sollten. Es war ein wunderbarer Konzertabend. Das zeigt, was für ein Mensch Yusef Lateef war: Er hat dich inspiriert, solche Projekte wirklich umzusetzen."

Die erste Begegnung zwischen Lateef und Barron fand jedoch schon 1960 statt, als Kenny Barron in seiner Geburtsstadt Philadelphia noch zur Highschool ging: „Yusef war auf der Durchreise und spielte am Montag um vier Uhr im Showboat in Philly eine Matinee. Sein Pianist, Abe Woodley, hatte seinen Flug in Detroit verpasst. Deshalb rief Yusef bei Jimmy Heath an, um nach einem Pianisten zu fragen. Jimmy empfahl mich, denn wir hatten gelegentlich schon zusammengespielt. Mein Pianospiel bei diesem Konzert muss Yusef anscheinend beeindruckt haben, denn drei Monate später, als ich gerade mit der Highschool fertig war, rief er mich an, um mit ihm zehn Tage in Detroit zu spielen. Das war meine erste Reise in einem Flugzeug. Der Club hieß The Minor Key und in der Band war ein Schlagzeuger, mit dem ich schon in Philadelphia gespielt hatte, Ronald Tucker. Am Bass war Ray McKinney. Es waren interessante Konzerte mit Yusef, weil er sehr ungewöhnliche Sachen spielte, die meinen Horizont erweiterten."

Barron wuchs mit seinen vier Geschwistern in North Philadelphia auf. Sein Bruder Bill war Saxofonist und 17 Jahre älter. „Ich war der Jüngste, Bill der Älteste von uns. Ich habe damals Klavierunterricht bei Vera Bryant bekommen, der Schwester von Ray. Mein Bruder Bill arbeitete tagsüber in dem Club Frankford Arsenal, um Geld zu verdienen. Er hatte gar nicht mitbekommen, dass ich Klavier spiele. Ich war ungefähr 14 und Bill kam von der Arbeit nach Hause und war ganz überrascht, als er mich hörte. Sofort hat er angefangen, mein Gehör zu trainieren, spielte mir Akkorde vor und fragte, wie sie heißen. Wir haben dann viel über Musik gesprochen und er hat mir in Mel Melvin's Orchestra, in dem er spielte, meinen ersten Gig besorgt. Das war eine Tanzband, aber Bill interessierte sich viel mehr für die Avantgarde und klassische Komponisten wie Stockhausen und Webern. Er war mit dem Pianisten Hasaan Ibn Ali befreundet, der uns oft besuchte, und dann spielten sie zusammen und sprachen viel über Musik. Hasaan erzählte mir, dass er jeden Tag eine Komposition schreiben würde. Bill spielte auch in der Bigband von Jimmy Heath, zusammen mit Benny Golson und John Coltrane. Jimmy hatte bei Riverside die Alben ‚The Thumper' und ‚Really Big' aufgenommen und verschiedene Gruppen zusammengestellt, in denen ich auch manchmal spielte."

Im Februar 1961 nahm Bill Barron für Savoy seine erste Platte als Leader auf und engagierte seinen Bruder Kenny als Pianisten. Die anderen Musiker auf der LP „The Tenor Stylings Of Bill Barron" waren Ted Curson, Jimmy Garrison und Frankie Dunlop. „Das war meine erste Aufnahme in einem Studio! Im selben Jahr bin ich nach New York gezogen. Ich wohnte 314 East 6. Straße, genau neben meinem Bruder. Ein paar Etagen über mir wohnte Elvin Jones, der sich ein Appartement mit Pepper Adams teilte. Auf der anderen Straßenseite wohnten Lee Morgan, Albert Heath, Reggie Workman, Spanky DeBrest und Ted Curson. Es war eine sehr lebendige Nachbarschaft und all die Clubs waren in der Nähe – zum Five Spot konnte ich zu Fuß gehen. Ich hatte nur einen Raum, für den ich 60 Dollar im Monat zahlte. Es war gar nicht so leicht, das Geld zusammenzubekommen. Meinen ersten Gig hat mir mein Bruder besorgt, der montags immer mit Ted Curson im Birdland spielte. Bill spielte auch ein paar Konzerte mit Cecil Taylor, den er sehr verehrte."

Ich habe von Dizzy gelernt, wie man mit musikalischem Freiraum umgeht und dass man nicht immer alles spielen sollte, was man weiß, sondern seine Fertigkeiten auch zurückhält.

Zu Beginn seiner Zeit in New York wurde Kenny Barron auch bei dem Jazztet von Benny Golson und Art Farmer vorstellig. „Benny erzählt diese Geschichte immer wieder gerne, aber ich kann mich überhaupt nicht daran erinnern. Angeblich war ich zum Vorspielen eingeladen, aber sie meinten, ich sei noch nicht so weit, und haben mich wieder nach Hause geschickt. Aber ich erinnere mich, dass ich für Sarah Vaughan vorgespielt habe – leider hat auch sie mich abgelehnt. Ich besuchte oft das Five Spot, wo an einem Abend James Moody spielte. Er kannte mich nicht, aber meinen Bruder. Moody holte mich auf die Bühne und wir haben zusammengespielt. Kurz danach hat er mich für seine Band engagiert. Wir spielten Konzerte im Blue Coronet in Brooklyn. Es war ein Sextett mit Tom McIntosh, Posaune, Dave Burns, Trompete, Steve Davis, Bass, und Edgar Bateman war der Schlagzeuger."

In der Band von James Moody spielte Kenny Barron nur für kurze Zeit. 1962 traf er ihn zufällig am Broadway wieder. Moody spielte inzwischen als Nachfolger von Leo Wright in der Band von Dizzy Gillespie und erzählte Barron, dass der Pianist Lalo Schifrin die Band von Dizzy verlassen hatte. „Ich hatte gerade geheiratet und brauchte dringend einen Job. Dizzy hat mich engagiert, ohne mich gehört zu haben! Er vertraute einfach auf die Empfehlung von Moody. Mein erstes Konzert mit Dizzys Band war in Cincinnati und es gab keine Zeit zu proben. Am Schlagzeug saß Rudy Collins und Chris White spielte Bass. Beide waren so nett und haben mir Zeichen gegeben, wodurch ich den Ablauf der Stücke besser verstanden habe. Insgesamt war ich vier Jahre bei Dizzy. Er hat mir am Piano gezeigt, wie ich bestimmte Akkorde anders klingen lassen kann, denn er wusste viel über Harmonien. Mit Rhythmen kannte er sich auch aus und zeigte Rudy, wie er einen bestimmten Groove spielen solle. Zu jedem Konzert hat Dizzy immer ein China-Cymbal mitgebracht und er wollte, dass Rudy es spielt, während Dizzy sein Solo spielte. Wir alle haben dieses Cymbal gehasst! Rudy sagte, es klinge wie verbrannter Schinken, aber Dizzy liebte den Sound."

Barron lacht wieder. „Ich glaube, Dizzy hat mich auch engagiert, weil ich verheiratet war. Er dachte, dass man dann Verantwortung übernehmen könne. Ihm war es immer wichtig, dass wir pünktlich zum Konzert erscheinen. Ich habe von ihm gelernt, wie man mit musikalischem Freiraum umgeht und dass man nicht immer alles spielen sollte, was man weiß, sondern seine Fertigkeiten auch zurückhält. Ein Solo sollte Berge und Täler haben, mit anderen Worten: Er hat mir gezeigt, wie ich mit Dynamik arbeite. Die einzige Sache, die mich störte, waren die Uniformen, in denen wir auftraten. Das war in der 1960er-Jahren so üblich, aber wir hatten wirklich hässliche Anzüge. Mein Anzug bestand aus dem Jackett, das Leo Wright getragen hatte, und der Hose, die Lalo Schifrin immer anzog. Als wir in einer TV-Show spielen sollten, kamen Rudy und ich in unseren hellblauen Anzügen ins Studio, betraten den Fahrstuhl und siehe da: Der Mann, der für uns den Fahrstuhl bediente, hatte genau den gleichen Anzug wie wir an, nur dass er zusätzlich eine Mütze trug! Da haben wir es nicht mehr ausgehalten, sind zu Dizzy gegangen und haben ihm gesagt, dass er uns neue Anzüge kaufen müsse. Als wir dann nach Philadelphia kamen, gingen wir in ein Geschäft, wo alle Musiker damals ihre Kleidung kauften, und Dizzy besorgte uns drei Anzüge – da waren wir erleichtert."

Bevor Barron zur nächsten Unterrichtsstunde muss, erzählt er noch kurz von seiner Zeit in der Band von Ron Carter, der immer genau wusste, was er hören wollte, als auch von Stan Getz, dessen lyrischen Ton er lobt und mit dem er bis zu dessen Tod 1991 spielte. „Ich bin wirklich von sehr vielen Pianisten beeinflusst worden, aber genauso auch von Saxofonisten. Zum Beispiel liebe ich Wayne Shorter. Ich wünschte, ich könnte das, was er auf dem Saxofon spielt, auf das Piano übertragen. Das ist mein Ziel. Noch habe ich es nicht geschafft, aber ich arbeite daran."

DIE WICHTIGSTEN ALBEN ALS LEADER

Sunset To Town (Muse, 1973)

Scratch (enja, 1985)

Live At Fat Tuesdays (enja, 1988)

Kenny Barron/John Hicks Quartet *Rhythm-A-Ning* (Candid, 1990)

Stan Getz/Kenny Barron *People Time* (Emarcy, 1992)

Wanton Spirit (Verve, 1994)

Kenny Barron/Charlie Haden *Night And The City* (Polydor, 1998)

Spirit Song (Verve, 2000)

Canta Brazil (Emarcy, 2002)

Kenny Barron/Dave Holland *The Art of Conversation* (Impulse, 2014)

ALS SIDEMAN

Ron Carter *New York Slick* (Milestone, 1980)

Sphere *Four in One* (Electra Musician, 1982)

Ray Anderson *Old Bottles New Wine* (enja, 1985)

Woody Shaw *Solid* (Muse, 1986)

Stan Getz *Soul Eyes* (Concord, 1989)

Regina Carter *Rhythm Of The Heart* (Verve, 1999)

Ssirus W. Pakzad

Amina Claudine Myers

ES GAB KEINE GRENZEN FÜR DAS, WAS MAN SPIELEN KONNTE, SOLANGE MAN EINEN FOKUS HATTE.

---

*Amina Claudine Myers
(* 21. März 1942 in Blackwell, Arkansas)
ist eine US-amerikanische Pianistin,
Organistin, Sängerin und Komponistin.*

Im Village Vanguard spielt Henry Threadgill eine Zugabe. Im applaudierenden Publikum sitzt eine alte Freundin von ihm: Amina Claudine Myers.

Sie kennen sich aus Chicago, wo Myers 1964 mit Threadgill und dem Schlagzeuger Don Moye eines ihrer ersten Konzerte spielte. „In Chicago kam ich früh in Kontakt mit den Gründungsmitgliedern des AACM, die eine sehr kreative Gemeinschaft waren. Als ich dann nach New York ging, hatte ich keine Angst, aber hier gibt es keine Unterstützung von einer Community, so wie ich es aus Chicago gewohnt war." Threadgill kommt nach seinem letzten Ton an unseren Tisch und scherzt: „Aber mich gibt es doch auch noch!" Beide lachen und umarmen sich. Myers macht ihm ein Kompliment für sein Konzert, und sie unterhalten sich. Inzwischen ist es nach Mitternacht und Myers lässt mich wissen: „Komm morgen lieber am Nachmittag bei mir vorbei. Nach dieser langen Nacht muss ich mal ausschlafen."

Ecke 43. Straße und 9. Avenue. Myers wohnt im siebten Stock eines Hochhauses, in dem überwiegend Künstler leben – auch Dick Griffin und Muhal Richard Abrams. Ihre Wohnungen sind durch Rent Control vor den ewig steigenden Mieten in New York geschützt. Myers geht barfuß durch ihr kleines Appartement und legt sich wieder auf ihr braunes Sofa. „Ich bin lieber hier bei mir zu Hause, als in Clubs abzuhängen. Das war gestern Abend eine Ausnahme, weil ich Henry gerne mal wieder hören wollte. Früher habe ich selbst gelegentlich im Village Vanguard gespielt, zum Beispiel mit Charlie Haden oder Ray Anderson. Aber sie engagieren leider nur eine bestimmte Gruppe an Musikern, die dort immer wieder auftreten. Wenn du nicht dazugehörst, hast du eben Pech. Als der AACM neulich sein 50-jähriges Jubiläum feierte, spielte ich im Trio mit Jerome Harris und Reggie Nichols, aber das war im Roulette in Brooklyn."

Ihr Wohnzimmer ist reichlich dekoriert. An den Wänden hängen Masken aus Afrika, Auszeichnungen und Urkunden. Auf dem Flügel liegen Stapel mit Noten, obenauf Mozart. Über der Orgel hängt ein Kinderfoto von ihr. „Wir hatten in Arkansas ein Piano im Haus, auf dem ich immer rumgeklimpert habe. An einer katholischen Schule lernte ich klassische europäische Musik. Aber ich bin vor allem mit Blues und Gospel aufgewachsen, weil ich immer in die Kirche ging. Ich sang in einem Gospelquartett, dessen Pianistin ich auch wurde. Wir haben uns die Songs selbst beigebracht, indem wir sie uns im Radio angehört haben. Meine Mutter legte immer Platten von Rosetta Tharpe auf und ich liebte Hank Williams. Einmal habe ich sogar ein Konzert der klassischen Pianistin Philippa Schuyler erlebt. Als ich sieben Jahre alt war, zogen wir für ein paar Jahre nach Dallas, Texas, wo ich auch lernte, Kirchenorgel zu spielen. Während meiner Zeit am College bot mir eine Frau einen Job in dem Club The Safari Room an, wo ich dann Standards gespielt habe und auch sang. Dort habe ich gelernt, den Blues zu spielen. Es war so, als ob Gott mich an den Kopf gestoßen hätte und mir sagen wollte: ‚Du bist Musikerin!' Meine Familie hat mich immer dabei unterstützt. Ich war gerade mal 18 Jahre alt."

Auf der Orgel liegen Noten von Scott Joplin: „Das sind die wichtigen Ursprünge, die ich immer wieder gerne spiele. Meine Musik ist oft falsch als Avantgarde kategorisiert worden, dabei würde ich lieber von erweiterten Formen sprechen. Bei dem Begriff Avantgarde denkt man an Musiker, die ihr Klavier aus dem Fenster schmeißen." Myers lacht. 1963 ging sie mit einem B. A. in der Tasche nach Chicago, wo sie als Musiklehrerin arbeitete. „Nach sechs Jahren in dem Beruf begriff ich, dass ich so nicht bis an mein Lebensende weitermachen konnte, und kündigte. Ich hatte den Schlagzeuger Gerald Donovan kennengelernt, mit dem ich einige Jahre liiert war. Um seine afrikanischen Wurzeln stärker zu betonen, gab er sich den Namen Ajaramu und mir gab er den Namen Amina. Er stellte mir Sonny Stitt vor und wir spielten 1970 sechs Monate zusammen als Trio. Ich war damals sehr schüchtern und hatte oft Angst, auf die Bühne zu gehen."

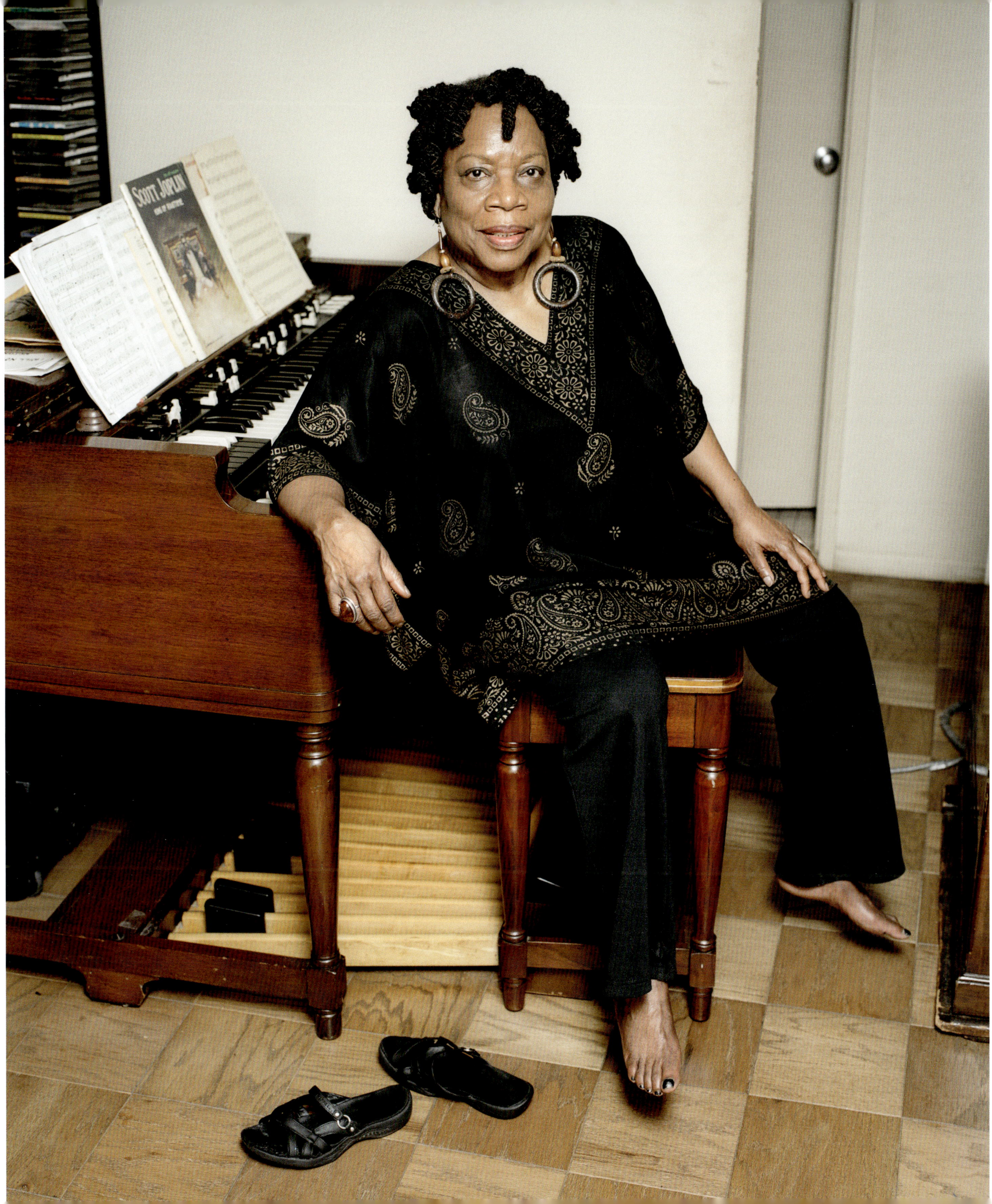
SCOTT JOPLIN

An einem Konzertabend entdeckte Myers den bekannten Organisten Jimmy Smith im Publikum. „Durch seine Anwesenheit wurde ich noch nervöser und habe mich total verspielt, aber bevor der Song endete, spielte ich wieder alles richtig. Jimmy kam danach zu mir und sagte: ‚Solange du dich wieder fängst, ist doch alles o.k., nur darauf kommt es an.' Ajaramu spielte auch mit Gene Ammons, der einen Orgelspieler suchte. Mit Gene spielten wir nicht nur in Chicago, sondern auch für ein paar Tage in New York. Jeden Abend kam Miles Davis vorbei. Er verstand nicht, wie die Orgel technisch funktionierte, also habe ich sie ihm erklärt. Ich sagte ihm, dass ich gerne etwas für ihn komponieren würde, und er gab mir seine Nummer. Zurück in Chicago, habe ich vier Tage lang versucht, ihn anzurufen – ohne Erfolg. Ich war sehr naiv, denn natürlich hatte er mir eine falsche Nummer aufgeschrieben, er kannte mich doch gar nicht."

Wieder lacht Myers sehr herzlich über ihre Erinnerungen. Ihr Freund Ajaramu hatte damals zeitgleich einen Kontakt zu der Musikervereinigung AACM hergestellt, die sich in Chicago gegründet hatte. „Ich fühlte mich wirklich nicht qualifiziert genug, denn ich wusste zu wenig. Dennoch wurde ich Mitglied und jeder akzeptierte und respektierte mich. In der Zusammenarbeit begriff ich, dass ich ein kreatives Potenzial hatte, mit dem ich für Bigbands oder auch kleinere Ensembles komponieren und arrangieren konnte. Es gab keine Grenzen für das, was man spielen konnte, solange man einen Fokus hatte. Mit Muhal Richard Abrams habe ich ständig neue Sachen am Piano ausprobiert. Er war sehr inspirierend und sagte immer zu mir: ‚Du hast das alles schon gekonnt, bevor du mich getroffen hast.' Wenn ich ein Konzert spielen wollte, bin ich einfach losgezogen und habe Zettel aufgehängt. So war das damals, als es noch kein Internet gab. Ich hatte Auftritte mit Roscoe Mitchell, Anthony Braxton und vielen anderen Mitgliedern des AACM. Am wichtigsten war für mich Maurice McIntyre. Ajaramu sagte mir: ‚Habe keine Angst, das zu spielen, was du in deinem Kopf hörst.' Wenn ich zum Beispiel einen Blues gespielt habe, versuchte ich die Form aufzubrechen und Noten zu spielen, die nicht zum Akkord passten. Als ich mit Gene Ammons auftrat, musste ich natürlich ganz brav der Struktur folgen. Sobald ich etwas anderes probierte, drehte er sich zu mir um und sagte: ‚You ain't playin' the blues, Claude!' Das sagte er jedes Mal, wenn ich außerhalb der Akkordabfolge spielte. Deshalb verließ ich Gene und ebenso Ajaramu, weil ich nicht mehr ihre, sondern meine Musik spielen wollte."

Ihr Leben in Chicago betrachtet Myers als eine musikalische Probezeit, bevor sie 1976 nach New York ging. „Jene Zeit war für mich sehr prägend und ich habe meinen Weg gefunden, aber Anfang der 1970er-Jahre begann Chicago, musikalisch zu sterben. Die Clubs in der South Side machten dicht, und in den neuen Clubs wurde die Live-Musik durch DJs ersetzt. Der AACM hatte zunehmend Probleme, Konzerte zu organisieren. Es gab kaum noch Arbeit. Ich verdiente ein wenig Geld als Orgelspielerin bei Hochzeiten und Beerdigungen, aber letztlich war der Umzug nach New York also richtig und notwendig. Ich wohnte zunächst bei dem Schlagzeuger Eddie Moore. Der Saxofonist Marion Brown war der Erste, der mich kontaktierte. Er hatte mich auf einer Platte mit Maurice McIntyre gehört. Nach einigen gemeinsamen Konzerten wollte er, dass ich eine Soloplatte nur mit seinen Kompositionen einspiele. Seine Musik hat sehr simple Melodien, wodurch ich die Improvisation umso komplexer gestalten konnte. ‚Poems For Piano' wurde mein Debütalbum, da war ich 37 Jahre alt."

1977 vermittelte John Stubblefield Amina Claudine Myers an Art Blakey und seine Jazz Messengers. Sie hatte von dem groben Verhalten und der schlechten Bezahlung des Schlagzeugers gehört, wollte aber dennoch mit ihm spielen. „Das ging nur ein paar Wochen, aber die will ich nicht missen, denn Art war ein Masterdrummer mit einem unglaublichen Swing! In der Band war auch Bobby Watson, was ein weiteres Highlight für mich war. Joanne Brackeen und ich sind die einzigen Frauen, die je mit Blakeys Messengers gespielt haben. Ich kann dir nicht sagen, ob es als Frau schwieriger ist im Jazz-Business, denn mir fehlt der Vergleich – ich war ja nie ein Mann. In Bezug auf Musik hatte ich nie Ärger mit Männern. Oft wurde ich schlechter bezahlt als ein männlicher Musiker. Und natürlich ist es schwierig, Jobs zu bekommen. Aber es ist sinnlos, neidisch zu werden, denn für jeden von uns gibt es Platz. Ich habe gar keine andere Wahl, als weiterzuspielen. Du musst dir nur selbst treu bleiben."

DIE WICHTIGSTEN ALBEN ALS LEADER

Song For Mother E (Leo, 1979)

Amina Claudine Myers Salutes Bessie Smith (Leo, 1980)

The Circle Of Time (Black Saint, 1984)

Jumping In The Sugar Bowl (Minor Music, 1984)

Country Girl (Minor Music, 1986)

Amina (RCA Novus, 1988)

In Touch (RCA Novus, 1989)

Women In (E)motion (Tradition & Moderne, 1993)

ALS SIDEWOMAN

Martha Bass/Fontella Bass/David Peaston *From The Roots To The Source* (Soul Note, 1980)

Muhal Richard Abrams *Duet* (Black Saint, 1981)

Charlie Haden Liberation Music Orchestra *Dream Keeper* (Blue Note, 1991)

Henry Threadgill *Song Out Of My Trees* (Black Saint, 1994)

Ray Anderson Lapis Lazuli Band *Funkorific* (enja, 1998)

Ssirus W. Pakzad

Ich kann dir nicht sagen,
ob es als Frau schwieriger ist im
Jazz-Business, denn mir fehlt der
Vergleich – ich war ja nie ein Mann.

Ahmad Jamal

MAN MUSS SICH AUF SICH SELBST KONZENTRIEREN, OHNE DABEI EGOZENTRISCH ZU WERDEN.

*Ahmad Jamal
(* 2. Juli 1930 als Frederick Russell Jones
in Pittsburgh, Pennsylvania) ist ein
US-amerikanischer Pianist und Komponist.*

**"Komm rein, die Tür ist offen!",
ruft eine Stimme laut.**

Eben noch war durch die dicken Wände aus roten Ziegelsteinen Klavierspiel zu hören. Die Haustür ist tatsächlich nicht abgeschlossen. Wer sollte hier auf dem Land auch stören? Das kleine Dorf Ashley Falls am Konkapot River liegt an der südlichsten Ecke von Massachusetts und grenzt direkt an die Staaten Connecticut und New York an. „Immer dem Klang des Pianos nach", ruft die Stimme. In einem riesigen Raum dominieren zwei Steinway-Flügel, einer geschlossen und abgedeckt. Am anderen sitzt lächelnd Ahmad Jamal. „Magst du etwas trinken oder essen? Dies ist eine Gegend, wo es gute Lebensmittel gibt. Immerhin ist dies New England, hier hat alles mit Amerika angefangen." Jamal trägt eine weiße Hose, ein helles Hemd und ist gut gelaunt. Er zeigt mir das Haus. In der unteren Etage, die zum großen Garten führt, gibt es ein Büro, ein Gästezimmer und einen Raum mit einem Trainingsgerät. „Seit fünf Jahren wohne ich hier und ich werde hier noch ein paar Minuten bleiben, denn mit diesen Flügeln habe ich keine Lust, noch mal umzuziehen. Früher habe ich mit meiner Frau zusammengewohnt in Salisbury, Connecticut, aber ich bin eher der Typ, der gerne alleine lebt. Ich mag es hier draußen auf dem Land. Hier kann ich in Ruhe Klavier spielen und komponieren. Ich verbringe viel Zeit mit mir selbst und höre mir selbst zu. All diese Dinge wie Mobiltelefon und Internet sind ein Störfaktor, ich benutze sie auch, aber sie lenken nur ab. Man muss sich auf sich selbst konzentrieren, ohne dabei egozentrisch zu werden. Es gibt musikalisch immer noch viel zu entdecken, in jeder Sekunde. Das ist ein wunderbares Gefühl und es bedeutet, dass du noch am Leben bist. Wenn du aufhörst zu entdecken, bist du tot."

Wir gehen wieder nach oben in Jamals Musikzimmer. Seine beiden großen Steinway-Flügel nennt er „black beauties". Bereits seit 1960 arbeitet er mit der Firma zusammen und besorgte das Instrument auch für das Alhambra – ein Restaurant, das er im selben Jahr auf Empfehlung von Freunden in Chicago gekauft hatte, wo kein Alkohol ausgeschenkt wurde, da Jamal 1952 zum Islam übergetreten war. „Ich hatte 43 Angestellte und habe den Laden sehr schnell wieder geschlossen. Wozu brauche ich ein Restaurant? Ich bin Pianist! Es gibt hier in Amerika den Spruch: Du wirst zu früh alt, aber weise wirst du zu spät. Das Restaurant war so ein Fall, auf das diese Aussage zutrifft." Er lacht. „Solche Erkenntnisse sind nun mal Teil des Lebens. Ich bin sehr glücklich darüber, dass die Musik mich auserwählt hat. Als ich drei Jahre alt war, spielte mir mein Onkel eine kleine Melodie auf seinem Piano vor. Er ist fast in Ohnmacht gefallen, als ich sie einfach so nachspielen konnte. In so einem jungen Alter trifft man keine bewussten Entscheidungen." Ahmad Jamal zählt all die Städte in den USA auf, aus denen bekannte Musiker hervorgegangen sind. Die Liste ist lang und seine Geburtsstadt Pittsburgh in Pennsylvania gehört natürlich auch dazu: „Earl Hines, Kenny Clarke, Erroll Garner, Art Blakey, Roy Eldridge, Dodo Marmarosa,

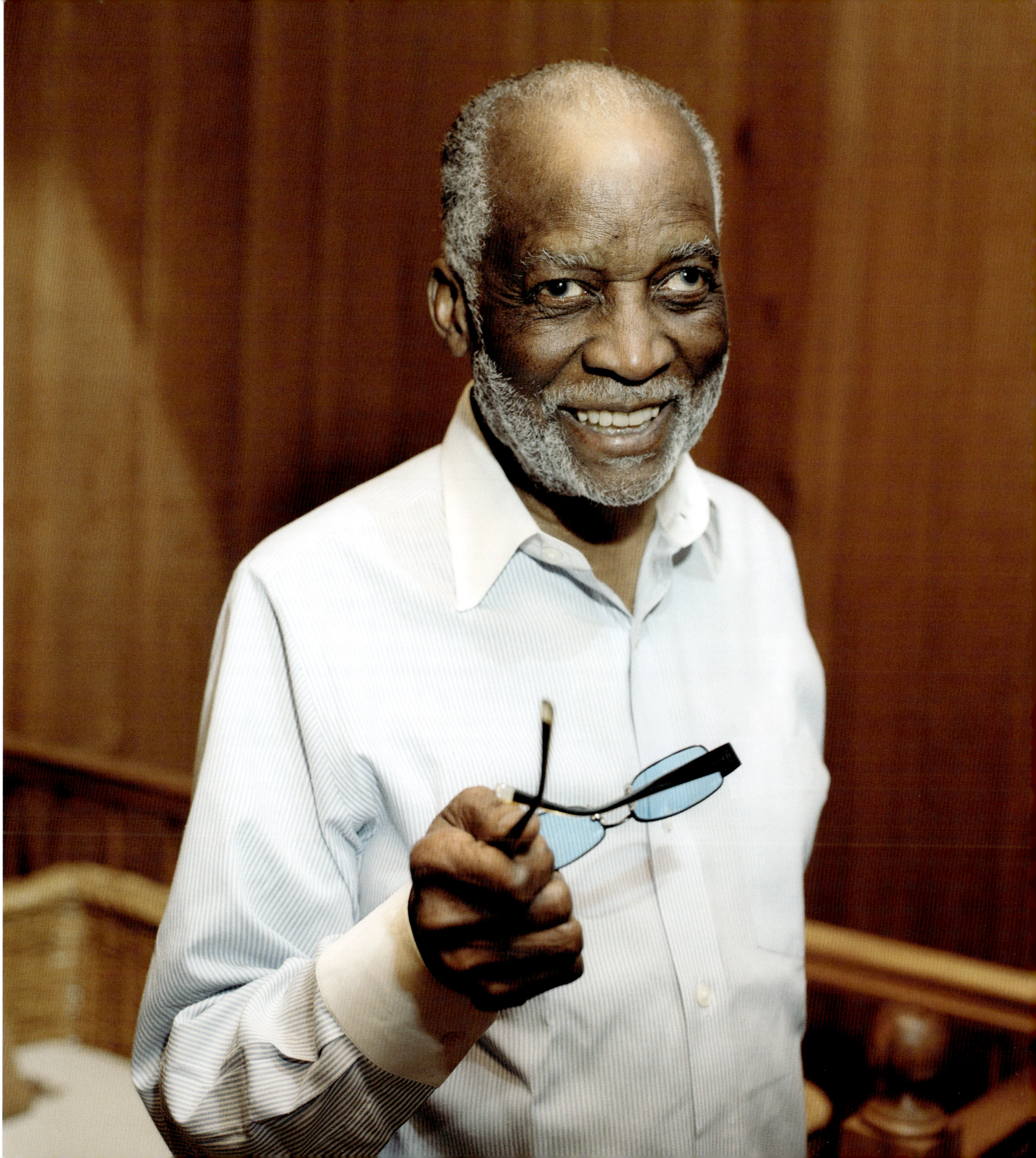

Ray Brown, Horace Parlan, Billy Strayhorn, Stanley Turrentine und sein Bruder Tommy, Billy Eckstine, George Benson – alle kamen sie aus Pittsburgh! Zusammen mit meinem Bruder habe ich früh angefangen, Schallplatten von all diesen Musikern zu sammeln. Aber man musste wirklich aufpassen, denn das waren 78er-Scheiben, die noch nicht aus Vinyl, sondern aus Acetat hergestellt waren. Wenn sie herunterfielen, zerbrachen sie. Wir kauften Platten von den Bigbands, die im Savoy Ballroom Konzerte gaben, zum Beispiel von Count Basie oder Jimmie Lunceford. Als die musikalische Revolution des Bebop stattfand, wollten wir ‚Salt Peanuts' von Bird und Dizzy kaufen, aber diese Scheibe gab es in

---

Als Duke Ellington sein 25-jähriges Bühnenjubiläum in der Carnegie Hall feierte, spielten nicht nur seine Bigband, sondern auch noch Charlie Parker mit Streichern, Stan Getz, Billie Holiday, Dizzy Gillespie und mein Trio. Ich bin der letzte Überlebende von all diesen Musikern.

---

keinem einzigen Laden in Pittsburgh, deshalb haben wir uns dann viele Scheiben per Post bestellt. Im Stanley Theater hörte ich Duke Ellington, zusammen mit Sonny Greer. Als er Jahre später – das war 1952 – sein 25-jähriges Bühnenjubiläum in der Carnegie Hall feierte, spielten nicht nur seine Bigband, sondern auch noch Charlie Parker mit Streichern, Stan Getz, Billie Holiday, Dizzy Gillespie und mein Trio. Ich bin der letzte Überlebende von all diesen Musikern. Heute zeigen sie Ellington nicht mal mehr im Fernsehen, es gibt einfach nicht genügend Wertschätzung in den USA für die eigene Kulturgeschichte."

Jamal erinnert sich an ein Erlebnis seiner Jugendzeit ganz besonders. „Als ich 14 war, gehörte ich zur Hausband des Washington Club. Natürlich war das verboten, denn ich war viel zu jung, aber weil ich schon so gut Klavier spielen konnte, haben sie meinen Ausweis nicht geprüft. In den Pausen habe ich immer meine Mathematik-Hausaufgaben erledigt. In dem Alter bin ich auch der Gewerkschaft American Federation of Music beigetreten, obwohl man dafür eigentlich 16 Jahre alt sein muss. Einen Abend werde ich nie vergessen, denn da kam plötzlich Art Tatum in den Club. Ich verließ sofort meinen Stuhl am Klavier, weil ich ihn hören wollte. Wow, es hörte sich so an, als ob zwei Pianisten gleichzeitig spielen würden. Auch heute klingen die alten Platten von Art Tatum immer noch sehr frisch! Meinen Studenten empfehle ich immer seine Aufnahme von ‚Flying Home' mit Tiny Grimes an der Gitarre und Slam Stewart am Bass."

Seine erste Plattenaufnahme für das Label Okeh hat sich Jamal gerahmt und an die Wand gehängt. 1950 hatte er die Band The Four Strings gegründet und war wegen seiner ersten Frau nach Chicago gegangen. „Mit dem Quartett konnten wir keine Jobs finden, deshalb ging der Geiger Joe Kennedy zurück nach Pittsburgh und begann, zu unterrichten. Also nannte ich die Gruppe The Three Strings. Der Produzent John Hammond hörte uns und ermöglichte meine erste Platte, die ich mit dem Gitarristen Ray Crawford und dem Bassisten Eddie Calhoun einspielte. Hammond hat Billie Holiday entdeckt und Bob Dylan zu Columbia gebracht. Seine Schwester war mit Benny Goodman verheiratet. In der Band von Goodman spielte auch der Bassist Israel Crosby, der auch ein eigenes Trio hatte, in dem ich Piano spielte. Zusammen mit dem Tenorsaxofonisten Johnny Thompson spielten wir ein Jahr lang in dem Club Jack's Back Door. Um Geld zu verdienen, habe ich in einer Firma Hausmeisterarbeiten erledigt – für 32 Dollar in der Woche. 1954 konnte ich Crosby schließlich für mein Ensemble gewinnen, was gar nicht so leicht war, da er ständig mit Goodman und Buster Bennett tourte. Er war ein Meister der Intonation und hat einige Basslinien für meine Kompositionen entwickelt, die heute noch von Bassisten gespielt werden. Weil es in den Clubs, in denen wir spielten, immer so laut war, entschied ich mich dazu, den Gitarristen Ray Crawford durch einen Schlagzeuger zu ersetzen. Ich wollte unbedingt Vernell Fournier dabeihaben, weil ich mochte, wie er spielte. Er kam aus New Orleans, genau wie meine späteren Schlagzeuger Idris Muhammad und James Cammack. Aber Vernell war auch sehr gefragt und kam erst 1956 in meine Combo."

Jamal beschreibt seine Gruppe nie als Trio, sondern als Team oder Ensemble, weil er schon immer orchestral gedacht hat. In dieser klassischen Besetzung mit Piano, Bass und Schlagzeug entwickelte er seinen unverkennbaren Stil, indem er bewusst sein Können sehr sparsam und ökonomisch einsetzte und durch den entstandenen Freiraum eine Spannung erzeugte. 1958 fand er in Chicago eine permanente Auftrittsmöglichkeit. „Das Pershing Hotel war einer der besseren Orte an der South Side, 64. Straße und Cottage Grove. Oben gab es einen Ballraum, wo natürlich getanzt wurde, in der Mitte die Pershing Lounge mit einer Bar, die durch den ganzen Raum verlief, und unten gab es noch das Budland. Ich hatte schon 1951 angefragt, ob ich bei ihnen spielen könnte, aber sie hatten abgelehnt. Als ich es dann 1958 nochmal versuchte, boten sie mir gleich eine ‚Artist in Residency' an. Wir wurden sehr bekannt und alle kamen vorbei, um uns zu hören: Lena Horne, Miles Davis, Sammy Davis jr. und Billie Holiday kam mit ihrem Hund vorbei. Auch Leonard Chess wurde

DIE WICHTIGSTEN SONGS

„Poinciana" *At The Pershing*
(Argo, 1958)

„Taboo" *The Ahmad Jamal Trio Volume IV* (Argo, 1958)

„Ahmad's Blues"
Jamal At The Penthouse
(Argo, 1959)

„Nature Boy" *Cry Young*
(Cadet, 1967)

„Manhattan Reflections"
Tranquility (ABC, 1968)

„Bogota" *Outertimeinnerspace*
(Impulse!, 1972)

„Dialogue" *Jamal Plays Jamal*
(20th Century, 1974)

„Swahililand" *Jamal Plays Jamal*
(20th Century, 1974)

„Love For Sale"
The Legendary Okeh & Epic Sessions
(Sony Music, 2005)

„Swahililand" *It's Magic*
(Dreyfus Jazz, 2008)

„Blue Moon" *Blue Moon*
(Jazz Village, 2011)

———

Michael Rütten

auf mich aufmerksam. Mit seiner relativ jungen Plattenfirma Chess Records, bei der Chuck Berry, Willie Dixon und Muddy Waters unter Vertrag waren, hatte er 1956 das Jazz-Sublabel Argo gegründet. Meine Platte ‚At The Pershing – But Not For Me' hat er nur mit einer Two-Track-Maschine aufgenommen und sie wurde eine der wichtigsten der Jazzgeschichte. Sie hat sich 107 Wochen in den Billboard Magazine Charts gehalten und stieg bis auf den dritten Platz – ein Millionseller! Dabei waren wir doch nur drei junge Typen. So etwas gibt es heute kaum noch, vor allem nicht im Jazz. Der Song, der am bekanntesten wurde, war ‚Poinciana', allerdings hatte ich ihn nicht geschrieben. Aber ich wette, dass die Komponisten mit einem Lächeln zur Bank gegangen sind."

Jamal sagt dies alles mit einem gewissen Stolz, ohne überheblich zu werden. „Durch diesen Erfolg konnte Leonard Chess neue Musiker unter Vertrag nehmen, zum Beispiel James Moody oder Ramsey Lewis. Das Studio in der 2120 South Michigan Avenue ist heute ein Museum." Der freundliche Gastgeber geht in die Küche und holt noch eine Flasche Wasser. „Das ist ohne Zweifel der beste Drink der Welt."

> Meine Platte „At The Pershing – But Not For Me" hat sich 107 Wochen in den Billboard Magazine Charts gehalten und stieg bis auf den dritten Platz – ein Millionseller! So etwas gibt es heute kaum noch, vor allem nicht im Jazz.

Sein erfolgreiches Team ging auch auf Tour. Vor allem in New York gab es eine hohe Nachfrage. Aber Jamal hatte eigentlich die Idee, aus dem Musikgeschäft für eine Weile auszusteigen. „1960 löste ich mein Ensemble auf und zog nach New York. Ich wollte mir meinen Kindheitstraum erfüllen und an der Juilliard School of Music studieren, um mehr über Musik zu lernen, aber ich hatte einen Agenten, der mir neue Arbeit verschafft hat, deshalb kam es leider nie dazu. Die Gruppe bestand aus Wyatt Ruther am Bass und dem berühmten Papa Jo Jones. Wir spielten in dem Club Ambers, den ich zwei Jahre zuvor in der Mitte eines Songs wütend verlassen hatte, weil ein betrunkener Gast zuerst nach seinem Lieblingssong gefragt hatte und dann sein Rotweinglas über die Tasten schüttete." In New York wohnte Jamal in der 75. Straße, gleich um die Ecke von Miles Davis, der in der 77. Straße wohnte. „Miles hatte mich oft im Pershing gehört und mich immer bewundert. Songs aus meinem Repertoire hat er aufgegriffen und etwas später auch aufgenommen. Er hat immer wieder betont, wie sehr ich ihn beeinflusst habe. Seine Lobeshymnen auf mein Pianospiel haben mir in meiner Karriere natürlich sehr geholfen. Wir sind ja beide Bandleader, deshalb haben wir nie daran gedacht, zusammen zu spielen. Miles und ich waren beide immer zu beschäftigt, um viel Zeit miteinander zu verbringen, aber es kommt ja auch nicht auf die Quantität an, sondern auf die Qualität einer Freundschaft."

Als ich Jamal fotografiere und nach einiger Zeit frage, ob er seine Sonnenbrille abnehmen könne, zögert er zunächst. „Eigentlich lasse ich mich selten ohne diese Brille fotografieren, weil ich auf dem linken Augen schiele. Wir nennen das in Amerika ‚lazy eye'. Der Muskel ist gestört und kann nicht fokussieren. Ich hatte immer Angst, mein Publikum damit zu verschrecken, aber was soll's, ich bin jetzt 85." Wenige Porträts später verabschiedet er mich an seiner Haustür und bemerkt, dass es inzwischen draußen sehr kalt geworden ist. „Du bist ja nur im T-Shirt hergekommen. Warte, ich hole dir einen Pullover." Jamal verschwindet in einem hinteren Raum und kommt nach fünf Minuten zurück. „Hier, der sollte passen, er wird dich warm halten."

Curtis Fuller

MAN KONNTE SICH MUSIKALISCH IN JEDE RICHTUNG BEWEGEN.

Curtis DuBois Fuller
(* 15. Dezember 1934 in Detroit, Michigan)
ist ein US-amerikanischer Posaunist und Komponist.

Curtis Fuller ist in seine Geburtsstadt Detroit zurückgekehrt.

In einem Altenheim hat er sein eigenes Appartement mit zwei kleinen Zimmern. Bei meiner Ankunft haben sich gerade viele Bewohner zum Mittagessen im großen Speisesaal versammelt. „Das Essen lasse ich mir nicht entgehen. Es schmeckt gut und ist bereits bezahlt. Zwischen elf und 15 Uhr kann man hierherkommen und trifft seine Nachbarn auf ein Gespräch." Fuller trägt einen Trainingsanzug, weiße Turnschuhe und eine Baseball-Cap. Seit einem Jahr ist er hier, zuvor lebte er in Millbury, Massachusetts, wo er sich in den 1980er-Jahren – nach seiner Zeit in New York – niedergelassen hatte. 1994 wurde bei ihm Lungenkrebs diagnostiziert, den er überwinden konnte. „Meine zweite Frau Cathy hatte auch Lungenkrebs. Sie war 23 Jahre jünger als ich und uns war eigentlich klar, dass ich diese Welt zuerst verlassen würde, aber dann ist sie 2010 gestorben. Das ist ein schwieriger Moment, wenn man einen Menschen verliert, an den man sich gewöhnt hat und der immer da war. Aber das kann uns allen passieren. Sonny Rollins' Frau ist auch gestorben, und die Frau von James Moody ist nun auch Witwe." Ein älterer Herr im Rollstuhl kommt an unseren Tisch, begrüßt Fuller, isst und erzählt aus seinem Leben. „Jeder hier hat eine interessante Geschichte", meint Fuller anschließend. „Nachher kommt übrigens noch meine Tochter Mary vorbei. Sie lebt und arbeitet hier in Detroit und sorgt sich immer um meine Gesundheit."

Mit dem Fahrstuhl fahren wir in den dritten Stock. Im Flur neben seiner Tür hängt ein Schild: „Curtis Fuller, Apt. 303 A", eine kleine, offene Küche, ein Schlafzimmer mit Bügelbrett und Kleiderschrank, ein Wohnzimmer mit Fernseher und grauem Sofa, aber kaum persönliche Gegenstände oder Erinnerungsstücke. „Die bewahrt Mary alle in ihrem Keller auf. Ich habe hier alles, was ich brauche."

In der hintersten Ecke steht Fullers Posaunenkoffer verschlossen auf einem kleinen Tisch, daneben ordentlich aufgereiht: Augentropfen, Fernbedienung, Brille und ein kleines Aufnahmegerät. „Wenn ich manchmal spiele und musikalische Ideen habe, nehme ich sie gleich auf, anstatt sie auf Notenblättern zu notieren. Manchmal singe ich meine Ideen auch. Ich weiß noch, dass ich in der Highschool Choräle von Bach transkribieren musste, denn Jazz war damals nicht erlaubt. J. J. Johnson kam mit Kai Winding nach Detroit und er hat mir dabei geholfen. J. J. war meine größte Inspiration, nachdem ich ihn 1948 zusammen mit Charlie Parker auf einer Schallplatte gehört hatte, auf der sie ‚Quasimodo' spielten. Ich hatte ihn auch live in der Gruppe von Illinois Jacquet erlebt. Später sagte mir Miles Davis: ‚Spiel nicht so wie J. J., spiel dein eigenes Ding!' Es gab auch andere tolle Musiker in Detroit, die mich begeisterten: Frank Rosolino oder Bernard McKinney, der sich später Kiane Zawadi nannte. Den kennst du vielleicht, weil er bei einigen Blue-Note-Platten von Freddie Hubbard mitspielte. Aber unabhängig von Detroit habe ich mir alle möglichen Posaunisten angehört, von denen du vermutlich noch nie gehört hast: Fred Mergy, Tommy Turk, Trummy Young."

Einen seiner ersten Jobs in Detroit bekam Curtis Fuller von Kenny Burrell, der in Klein's Show Bar in der Hausband spielte. In dieser Band spielte auch Pepper Adams. „Burrell verließ die Hausband, um mit Oscar Peterson auf Tour zu gehen, und ich ersetzte ihn zunächst. Dann gründete ich mit Pepper Adams eine Gruppe, die wir Bones & Bari nannten, weil Adams nun mal Baritonsaxofon spielte. Wir hatten einen Auftritt in der TV-Show des Komikers Soupy Sales. Es gab da ein relativ junges Label, Transition Records, das 1955 in Cambridge bei Boston gegründet wurde. Die Leute dort wollten mit Pepper und mir eine Aufnahme produzieren und ließen uns im April 1956 von Detroit nach Cambridge einfliegen. Neben Pepper und mir spielte noch John Coltrane. Die Rhythmusgruppe wollten wir uns von Miles Davis ausleihen, der in dem Monat mit seiner Gruppe in Boston im Storyville auftrat. Deshalb kamen Paul Chambers und Philly Joe Jones zu uns ins Studio, aber Red

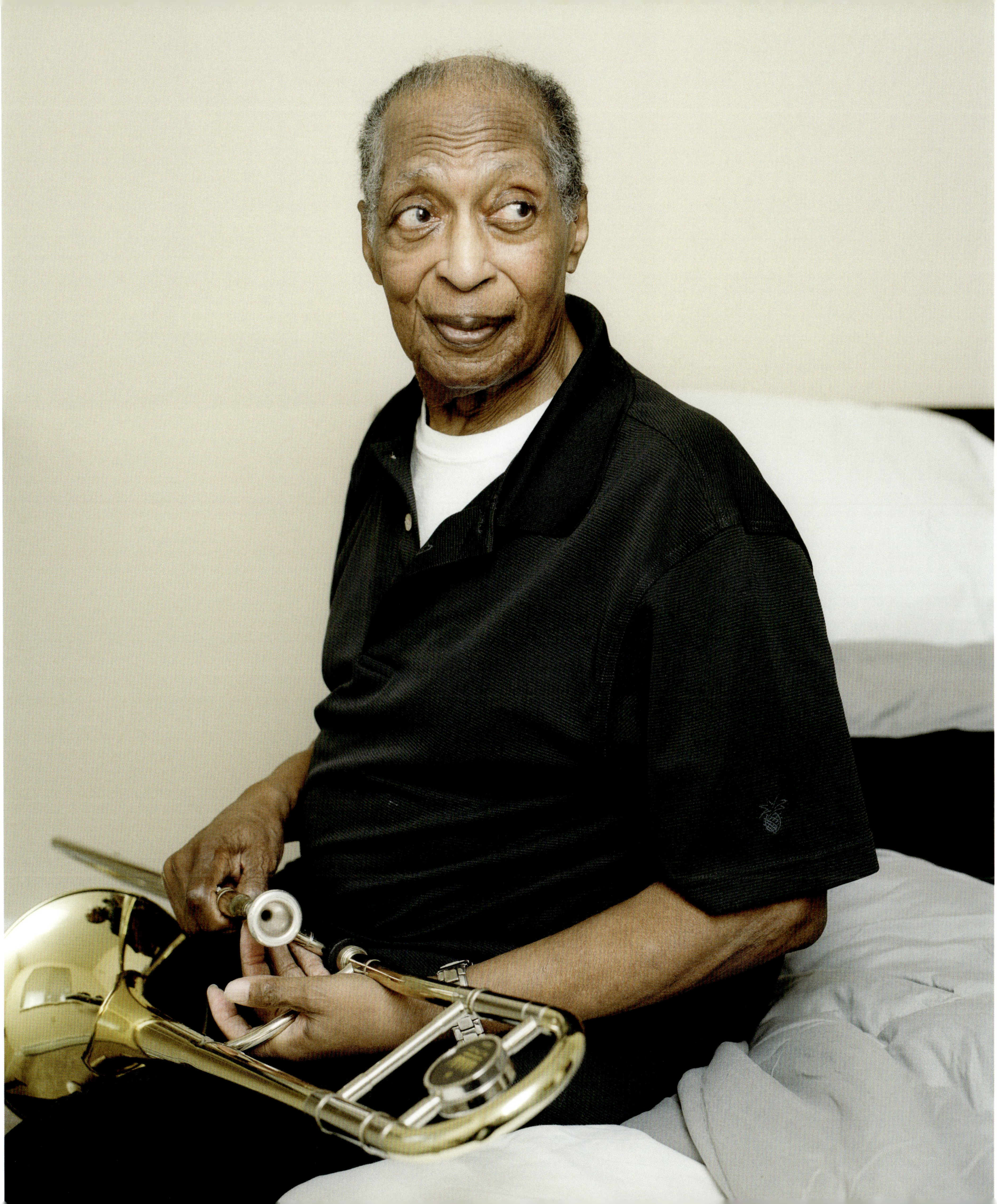

Garland fehlte. Die Aufnahme verzögerte sich und wir hatten keinen Pianisten. Aber es gab da einen jungen Studenten vom Berklee College, der Tenorsaxofon spielte, Roland Alexander. Er hatte mich gefragt, ob er ins Studio kommen dürfe, um Trane und Pepper zu hören. Als er dann dort saß, sagte der Produzent Tom Wilson zu ihm: ‚Ich denke, du musst dich jetzt an das Klavier setzen.'"

Nachdem Fuller seinen Militärdienst in Fort Knox, Kentucky, geleistet hatte, wo er in einer Army-Band mit Cannonball Adderley und Junior Mance gespielt hatte, ging er zurück nach Detroit. Dort engagierte ihn Yusef Lateef, mit dem er im April 1957 nach New York kam, um mit ihm zwei Platten für Savoy aufzunehmen. Durch eine Empfehlung von J. J. Johnson wurde Miles Davis auf den jungen Posaunisten aufmerksam. „Miles wollte mich in seiner Band haben. Er kam zu dem Hotel, in dem ich mit Yusef abgestiegen war. Yusef willigte ein, mich gehen zu lassen, jedoch erst zwei Wochen später, damit er einen Nachfolger für mich finden konnte. Er holte sich dann Wilbur Harden in seine Gruppe. In New York nahm ich ‚New Trombone' für Prestige auf, meine erste Platte als Leader. Als ich mit Miles im Café Bohemia spielte, hörte mich Alfred Lion, der mich für einige Blue-Note-Produktionen engagierte."

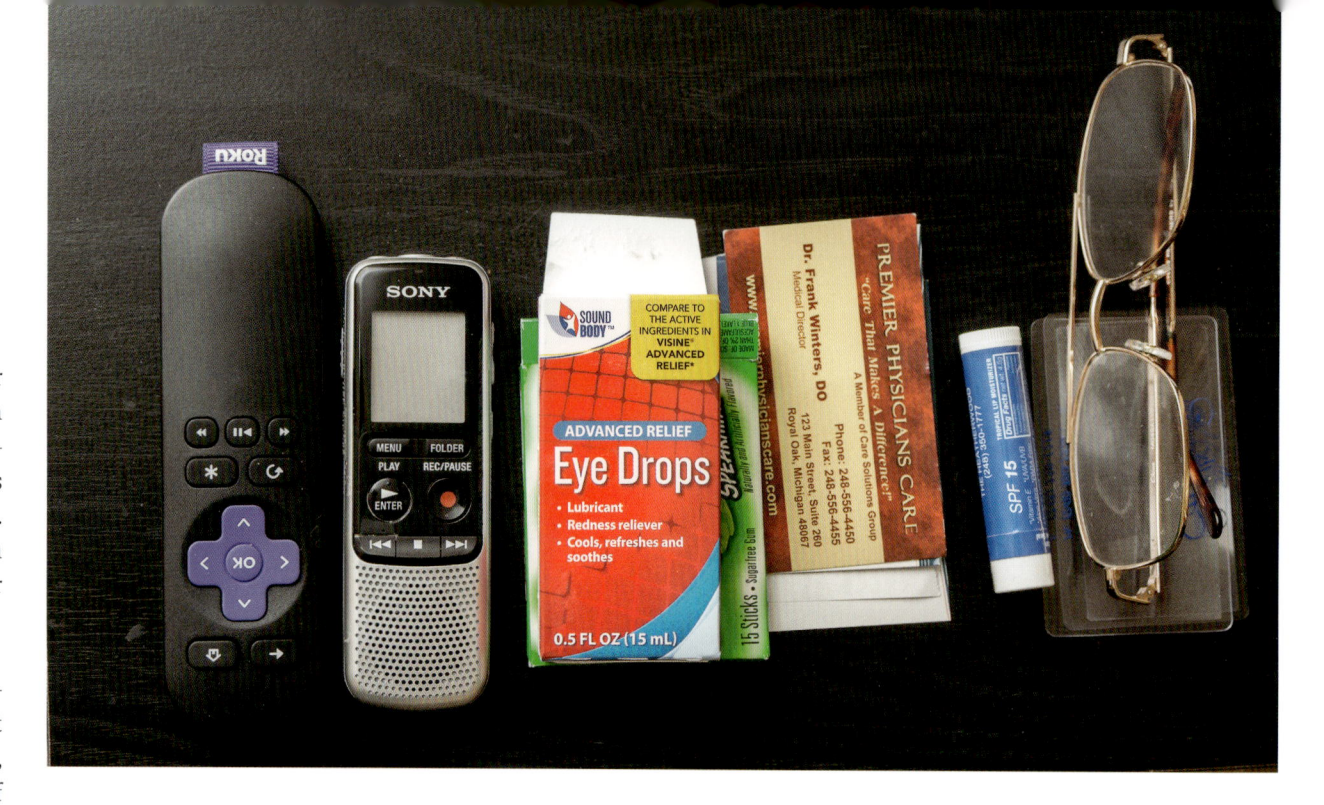

> „Hey John, wirst du diese Komposition Lee und mir wieder erst im letzten Moment zeigen?", fragte ich John Coltrane. So kam es zu dem Titel „Moment's Notice".

Nach acht Monaten in New York hatte Fuller sechs LPs unter seinem Namen aufgenommen und war bei 15 weiteren Alben dabei: „Nur meine Zeit mit Miles Davis war leider sehr kurz, da er krank wurde und in die Klinik musste. Plötzlich hatte ich also keine Band mehr und dachte, dass ich zurück nach Detroit gehen müsste. Als ich in mein Hotel ging, standen davor drei große Busse und ich traf Lee Morgan, der in der Bigband von Dizzy Gillespie spielte. Er meinte: ‚Dizzy ist im Hotel und sucht noch einen Posaunisten! Hol dein Horn!' Ich sagte Dizzy, dass ich keine Bassposaune spiele. Aber er war ganz relaxt: ‚Wenn du die tiefen Basstöne nicht spielen kannst, ist das kein Problem, wir haben schließlich noch zwei Bariton-Saxofone in der Band.' Er gab mir den Job und eine Uniform, die vorher dem Posaunisten Rod Levitt gehört hatte und mir viel zu groß war. Aber egal, ich spielte mit Dizzys Bigband und wir gingen auf Tour."

Im selben Jahr, am 15. September 1957, spielte Fuller seine bekannteste Aufnahme als Sideman ein. „John Coltrane war inzwischen ein sehr enger Freund von mir geworden. Ich wohnte in der 101. Straße und Trane in der 103. Straße. Um zu arbeiten, hat er sich immer sehr zurückgezogen. Als ich einmal bei ihm vorbeikam, öffnete mir Naima die Tür und ich setzte mich nahe des Pianos zu einigen anderen Freunden von ihm. Trane hat mir nie im Vorfeld seine Kompositionen vorgespielt oder von einer geplanten Recording-Session im Studio erzählt. Alles passierte immer im letzten Moment. Ich hörte ihn ein Stück spielen, das noch keinen Titel hatte, und fragte ihn: ‚Hey John, wirst du diese Komposition Lee und mir wieder erst im letzten Moment zeigen?' So kam es zu dem Titel ‚Moment's Notice'. Nur wenige Tage später probten wir zwei Stunden für die Aufnahme und am folgenden Tag nahmen wir ‚Blue Train' auf. Der Toningenieur Rudy Van Gelder schaffte es mal wieder, den natürlichen Sound meiner Posaune einzufangen – ich war begeistert. Nach der Session bin ich mit Lee Morgan zurück nach Manhattan gefahren. Wir waren jung und wollten nicht unsere eigene Musik hören. Nur Coltrane blieb mit Rudy im Studio, um sich die Stücke noch mal anzuhören und die Auswahl der Takes festzulegen. Außer dem Stück ‚I'm Old Fashioned' waren es alles seine Kompositionen. Als die Platte rauskam, hat kein Musiker Kompositionen von John in sein Repertoire aufgenommen und gespielt. Trane selbst hat sie nicht gespielt und auch Miles wollte damit nichts zu tun haben. Erst viele Jahre später haben ein paar junge Musiker die Songs entdeckt und wieder gespielt."

Zusammen mit Benny Golson und Art Farmer gründete Fuller das Jazztet, mit dem sie 1959 im Five Spot debütierten. „Wir waren der Ersatz für Thelonious Monk, der wegen seiner entzogenen Cabaret-Card nicht auftreten konnte. Anstatt der geplanten zwei Monate spielten wir zwei Jahre in dem Club. Wir waren die Hauptband, als auch Ornette Coleman dort auftrat. Es hat mich sehr aufgeregt, dass seine dilettantische Art Kritiker wie Leonard Feather begeistern konnte."

1961 holte Art Blakey Curtis Fuller zu seinen Jazz Messengers, wodurch die Gruppe erstmalig zu einem Sextett erweitert wurde. „Meine Posaune gab der Band einen neuen Klang, die Musik wurde positiver und progressiver. Lee Morgan und Bobby Timmons verließen die Gruppe, stattdessen kamen Freddie Hubbard und Cedar Walton. Blakey wollte immer Musiker, die für die Messengers auch Kompositionen schrieben. Für unsere erste gemeinsame Platte ‚Mosaic' schrieb ich ‚Alamode', Freddie komponierte ‚Crisis' und ‚Down Under', Wayne Shorter ‚Children Of The Night' und Cedar das Titelstück. Es war die Zeit, als immer mehr Musiker modalen Jazz spielten. Bevor wir die Platte einspielten, waren wir in Japan auf Tour, wo wir am Flughafen von vielen Fans begrüßt wurden, und über die Lautsprecher spielten sie eine Platte von Art ab. Art sollte eine Ansprache halten, aber er war zu Tränen gerührt. 1965 habe ich die Jazz Messengers verlassen, weil die Besetzung sich änderte und es nicht mehr dasselbe wie zuvor war. Wenn man so oft als Team zusammenspielt, kennt man sich sehr gut. Die Musik war nicht vorhersehbar, sondern eröffnete alle Möglichkeiten, die es gab. Man konnte sich musikalisch in jede Richtung bewegen."

Fullers Tochter Mary kommt herein, um ihren Vater zu besuchen. „Hey Dad, wie geht's? Hast du alte Geschichten erzählt? Seid ihr schon fertig?" Curtis Fuller schmunzelt und sagt abschließend: „Ich liebe das Leben und wünschte, ich hätte noch mehr Zeit, um noch mehr zu entdecken. Deshalb werde ich jetzt noch Posaune üben. Eigentlich bin ich immer noch Student, aber ich studiere nicht nur Musik, sondern das Leben."

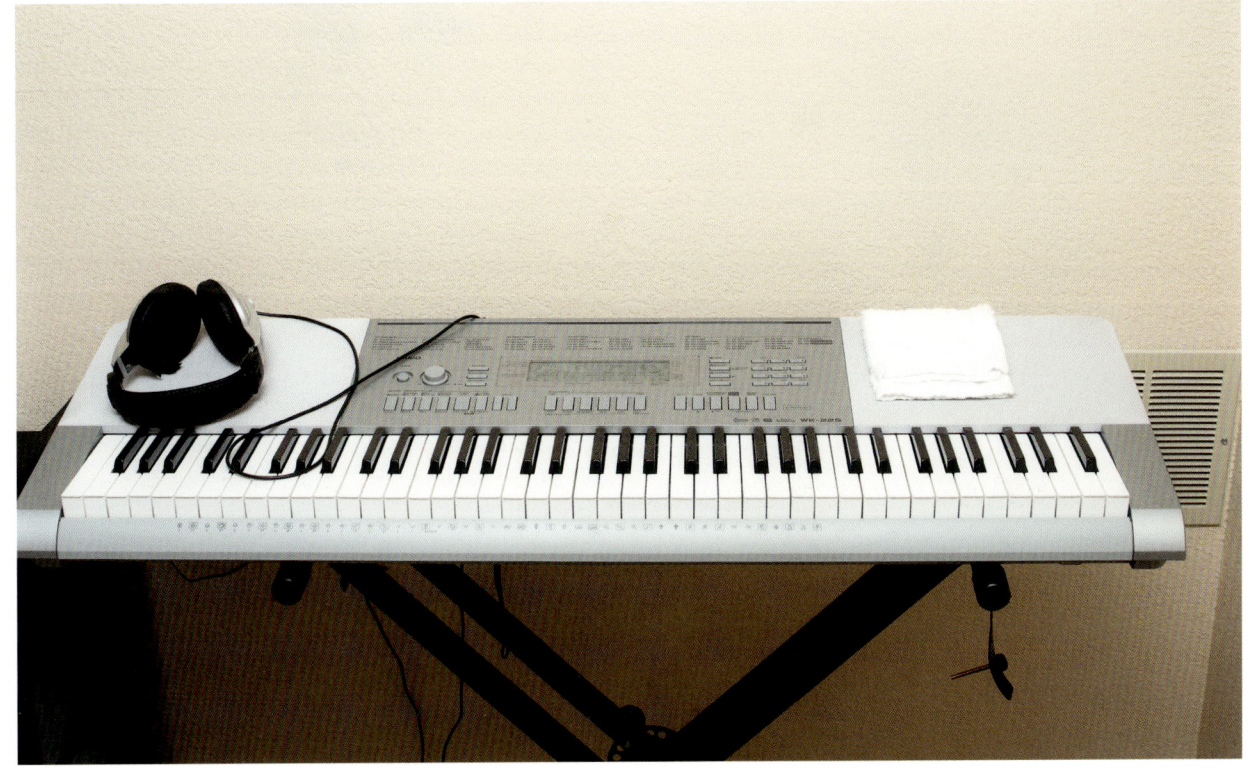

DIE WICHTIGSTEN ALBEN ALS LEADER

New Trombone (Prestige, 1957)

The Opener (Blue Note, 1957)

Blues-ette (Savoy, 1959)

The Magnificent Trombone Of Curtis Fuller (Epic, 1961)

Soul Trombone (Impulse!, 1961)

Smokin' (Mainstream, 1972)

Four On The Outside (Timeless, 1978)

I Will Tell Her (Capri, 2010)

ALS SIDEMAN

Bud Powell *Bud, The Amazing Bud Powell* (Blue Note, 1957)

John Coltrane *Blue Train* (Blue Note, 1957)

Jimmy Smith *House Party* (Blue Note, 1958)

Hank Mobley *A Caddy For Daddy* (Blue Note, 1967)

Jimmy Heath *Love And Understandig* (Muse, 1972)

Charles Tolliver *Music Inc.* (Strata East, 1971)

Woody Shaw *For Sure!* (Columbia, 1980)

—

Olaf Maikopf

Muhal Richard Abrams

IN DEM MOMENT, WO WIR IMPROVISIEREN, KOMPONIEREN WIR SCHON.

Muhal Richard Abrams (* 19. September 1930 in Chicago, Illinois) ist ein US-amerikanischer Pianist, Klarinettist und Komponist.

„Es geht doch um Musik, sonst nichts!", betont Muhal Richard Abrams, der vor dem Hochhaus an der Ecke 9. Avenue und 43. Straße in Manhattan wartet.

Sein Appartement soll privat bleiben. „Hier wohnen überwiegend Künstler, zum Beispiel auch Amina Claudine Myers, die ich damals in Chicago kennenlernte." Wir gehen in den Hof, der aus einem Basketballfeld und einem Spielplatz besteht. Als ich ihn fotografiere, kommt eine Nachbarin zu uns rüber, die gerade ihre Wäsche geholt hat, und fragt Abrams: „Sind Sie berühmt? Ich wohne hier schon länger, aber Sie habe ich hier noch nie gesehen." Abrams bleibt relaxt. „Ich bin Musiker. Das ist alles." Die Frau geht weiter und Abrams schmunzelt. „Man sollte im Leben neugierig bleiben, vor allem in der Musik. Ich habe mir selbst beigebracht, Klavier zu üben und zu spielen. Zum Glück erreicht man nie den Punkt, damit fertig zu sein und abzuschließen, denn es ist ein langer Prozess, bei dem man ständig neue Entdeckungen machen kann. Ich glaube, dass man nie aufhört zu lernen, denn man studiert nicht nur die Welt und das Leben, sondern auch sich selbst. Das ist ein Fulltimejob."

Abrams setzt sich auf eine Bank. Zwei kleine Jungen kommen aus dem Haus mit einem Basketball unterm Arm und spielen. In seiner Geburtsstadt Chicago hat Abrams als Jugendlicher selbst viel Sport gemacht. „Das waren die Dinge, die mich interessiert haben: Sport, Zeichnen und die visuellen Künste. Aber immer, wenn ich an einem Ort vorbeikam, wo Musiker spielten, war ich so fasziniert, dass ich einfach anhalten musste, weil ich verstehen wollte, wie diese Klänge produziert wurden. Deshalb habe ich mich dann entschieden, Musiker zu werden, und schrieb mich 1946 an der Roosevelt University für einen Musikkurs ein. Aber meine Zeit an der Uni war sehr kurz, weil das musikalische Angebot anders war als das, was ich in den Straßen von Chicago gehört hatte. Es wurde nur klassische Musik gelehrt, was an sich sehr gut ist, aber es gab dort niemanden, der Erfahrung mit der Musik hatte, die mich interessierte ... Musik, die in Verbindung mit deiner Umgebung steht."

Enttäuscht beendete Abrams sein Studium: „Ich entschied mich dazu, alleine Musik zu studieren. Schon damals war ich der Typ, der gerne selbst Dinge analysiert, erfindet oder herstellt. Ich begann, alle Bücher zu lesen, die ich nur finden konnte und die mir die musikalischen Grundlagen vermittelten. Dann kaufte ich mir ein kleines Spinet Piano und habe mir alles selbst beigebracht ... das hat viel Zeit, Arbeit und Schweiß gekostet. Ich hörte mir Platten von Bud Powell, Thelonious Monk, Charlie Parker, Art Tatum und vielen anderen an. Um mehr über Komposition zu lernen, konzentrierte ich mich auf Duke Ellington und Fletcher Henderson. Erst etwas später bekam ich ganze Arrangements in die Hand und beschäftigte mich mit klassischen Kompositionen, die ich ebenfalls auf dem Klavier übte. Eigentlich könnte man sagen, dass ich seitdem nichts anderes mache – ich übe ja jeden Tag."

Letztlich fand Abrams in Chicago doch noch zwei Musiker, die ihm etwas beibringen konnten: die Pianisten King Fleming und William E. Jackson. „Sie waren meine ersten richtigen Lehrer zu Beginn meiner musikalischen Entwicklung. Ich lernte von ihnen viel darüber, wie man Stücke arrangiert. Aber auch Literatur oder die visuellen Künste interessierten mich, es hat ja alles miteinander zu tun." In Chicago konnte Abrams die unterschiedlichsten Musiker in Clubs hören: Sun Ra, Johnny Griffin, Budd Johnson, Ahmad Jamal, Gene Ammons, Eddie Harris. An der South Side begann Abrams, an Jamsessions teilzunehmen. „Dort wurde von dir erwartet, dass du so spielst, wie du dich gerade fühlst – niemand hatte etwas dagegen. In den Jamsessions spielten wir Bebop und eiferten

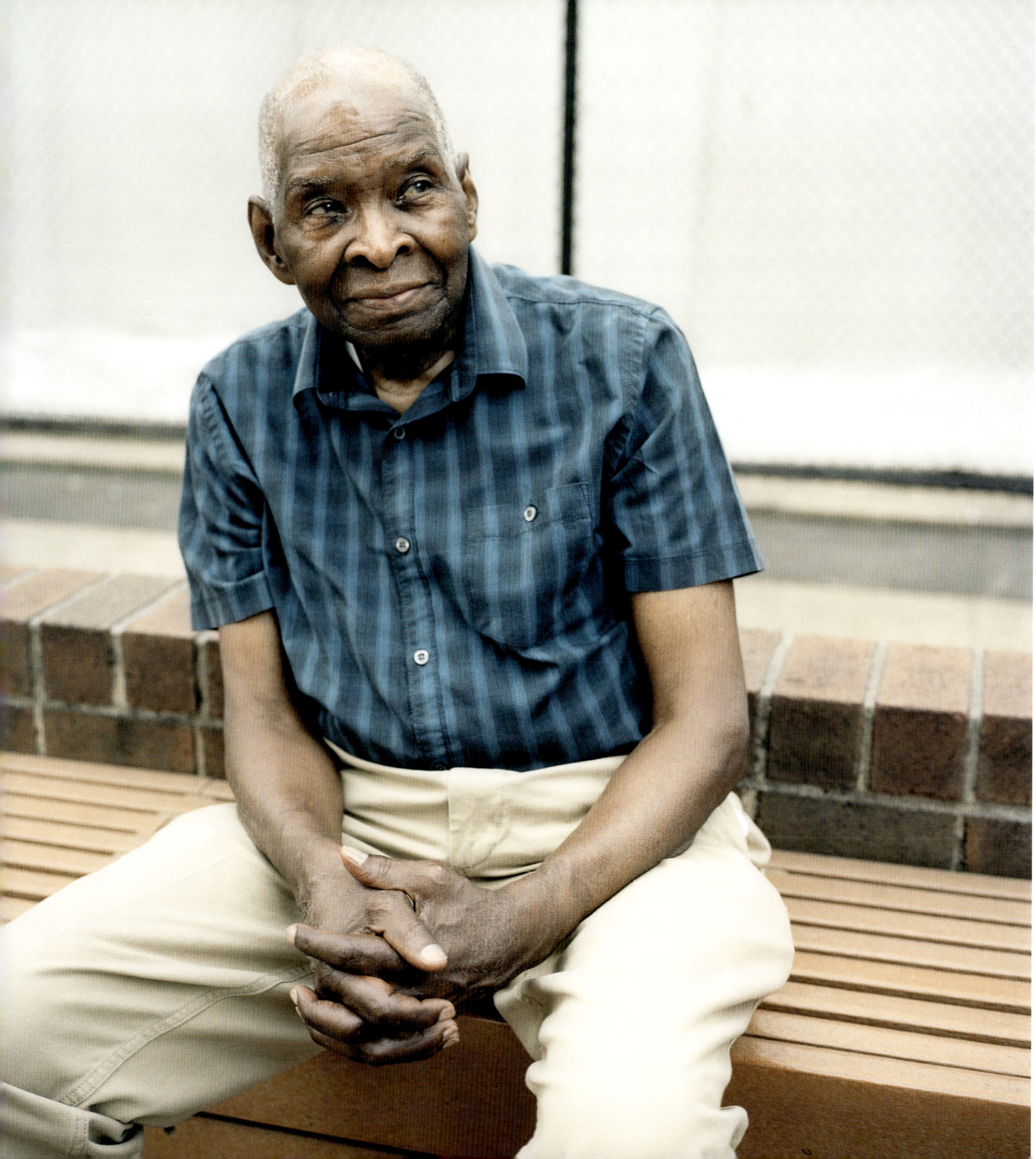

unseren Vorbildern Bird und Monk nach, aber es hat mich eigentlich nie interessiert, Musik zu kopieren. Viel wichtiger erschienen es mir, selbst zu komponieren und eigene Ideen zu entwickeln."

1961 gründete Abrams zusammen mit Eddie Harris und dem Trompeter Johnny Hines eine Band, in der lokale Musiker die Chance haben sollten, zusammen neue musikalische Wege auszuprobieren. Zu den Treffen kamen ungefähr hundert Musiker unterschiedlichen Alters. Die Band trennte sich jedoch nach einigen Monaten wieder und 1962 gründete Abrams die Experimental Band. „Die Idee für die Gründung war sehr einfach: Ich benötigte eine Plattform, damit ich meine eigenen Kompositionen spielen konnte, denn für Musiker, die experimenteller arbeiten wollten, gab es kaum Auftrittsmöglichkeiten. Viele Musiker hatten das gleiche Bedürfnis: Henry Threadgill, Joseph Jarman, Roscoe Mitchell, Jack DeJohnette, Malachi Favors, Donald Garrett, Victor Sproles, Charles Clark, Eddie Harris – sie alle wollten zusammen mit anderen Musikern frei spielen, da sie von dem typischen Standard-Jazz der 1960er-Jahre gelangweilt waren und ihn als einschränkend empfanden. Daher spielten wir keine Standards, sondern nur Eigenkompositionen."

Ich denke, dass Kunst die Aufgabe hat, dem Betrachter die abstrakte Welt zu vermitteln und klarer darzustellen.

1965 entstand die Idee, ein richtiges Non-Profit-Musikerkollektiv zu gründen, das unabhängig von Clubbetreibern selbst Konzerte organisieren könnte. Zusammen mit dem Trompeter Phil Cohran, dem Pianisten Jodie Christian und dem Schlagzeuger Steve McCall wurde im Mai die „Association for the Advancement of Creative Musicians", kurz AACM, gegründet. „Mit der Idee, eine noch größere, seriöse und staatlich anerkannte Organisation zu gründen, hatten wir die gleichen Ziele vor Augen: Wir wollten für die Mitglieder ein Forum für eigene Kompositionen und deren Aufführung entwickeln. In der geschaffenen Infrastruktur sollte jeder Musiker genügend Autonomie haben, sich selbst und seine Kompositionen zu entwickeln. Anstatt in verrauchten Nachtclubs zu spielen, haben wir oft Theater oder Lofts angemietet, in denen wir vor einem aufgeschlossenen Publikum auftreten konnten. Jeder kannte jeden und jeder wusste, woran der andere gerade arbeitet. Der Gemeinschaftsgeist war sehr ausgeprägt, wie in einer gut funktionierenden Nachbarschaft. Wir waren alle Schwarze und wollten mit unserer Musik auf die unterschiedlichen Stile der Great Black Music der USA aufmerksam machen. Die Black Community war sehr stolz auf uns, da wir uns auf eine selbstverständliche Art gegenseitig halfen. Wenn ein Mitglied ein Konzert gab, haben sich alle anderen um die Vorbereitung gekümmert. Das war alles nur möglich, weil wir viel Respekt füreinander hatten."

In den folgenden Jahren wurden neue Mitglieder wie Anthony Braxton, Leroy Jenkins, Wadada Leo Smith oder Maurice McIntyre im AACM aufgenommen und aus der Gruppe von Roscoe Mitchell entwickelte sich das Art Ensemble of Chicago. „Uns interessierten Musiker, die eine ganz individuelle Art hatten zu spielen und die Musik wieder etwas anders formten, als es bisher von unseren Mitgliedern gemacht wurde." Abrams wurde zum Präsidenten des AACM gewählt und 1969 erweiterte die Organisation seinen Aufgabenbereich im Sozialen: Mitglieder gaben Jugendlichen kostenlosen Unterricht, alte Musikinstrumente wurden repariert und an Kinder verschenkt und jeden Samstagabend wurde in einem Gebäude der South Side eine kostenlose Masterclass für fortgeschrittene Erwachsene gegeben.

Anstatt in verrauchten Nachtclubs zu spielen, haben wir von der AACM oft Theater oder Lofts angemietet, in denen wir vor einem aufgeschlossenen Publikum auftreten konnten.

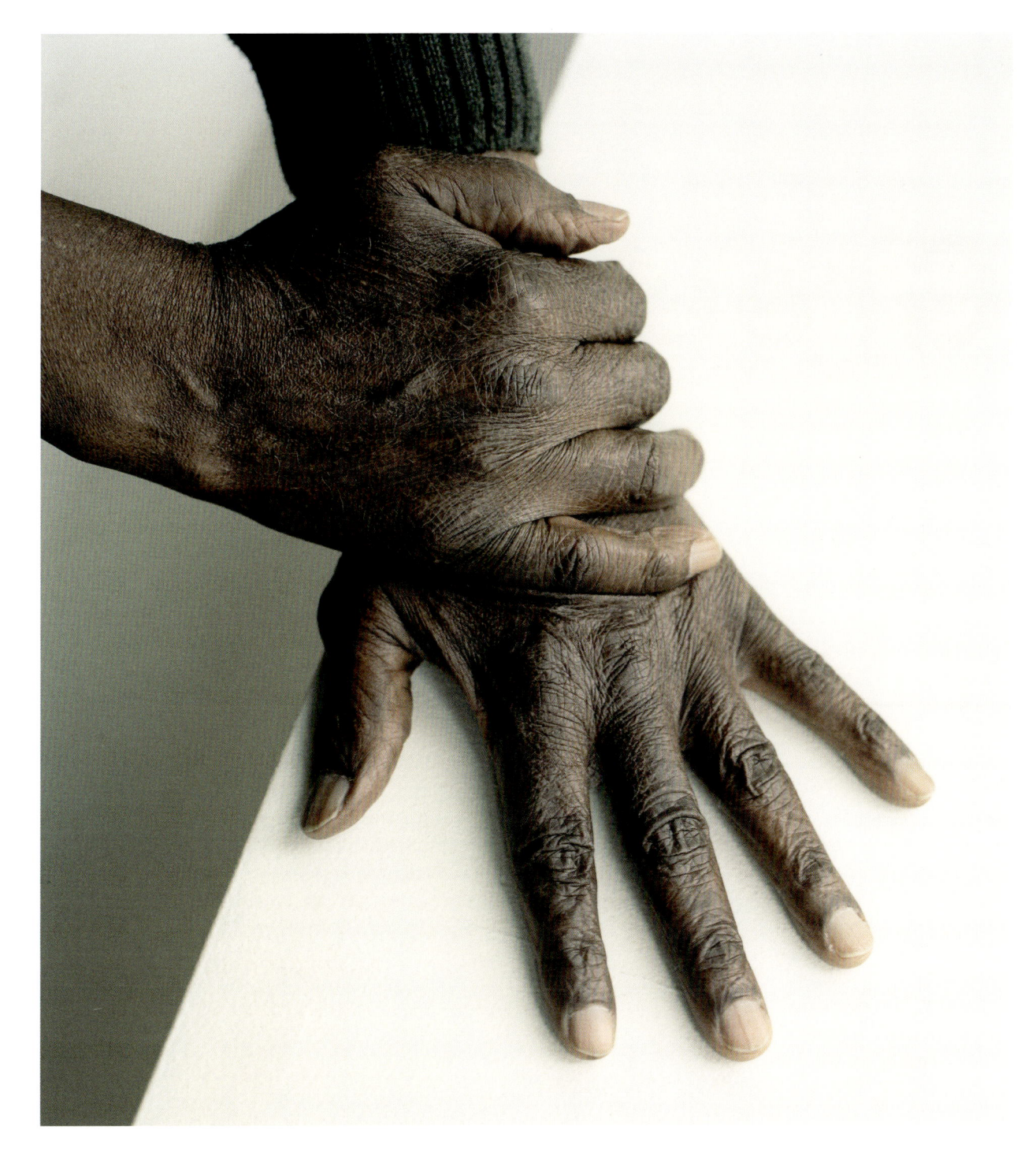

DIE WICHTIGSTEN ALBEN ALS LEADER

Levels And Degrees Of Light
(Delmark, 1967)

Young At Heart/Wise In Time
(Delmark, 1974)

Afrisong (India Navigation, 1975)

with Malachi Favors *Sightsong*
(Black Saint, 1976)

1-OQA+19 (Black Saint, 1978)

Spihumonesty (Black Saint, 1978)

Blues Forever (Black Saint, 1982)

Song For All (Black Saint, 1997)

One Line, Two Views
(New World, 1995)

with Marty Ehrlich *The Open Air Meeting*
(New World, 1996)

—

Wolf Kampmann

Nachdem der Produzent Chuck Nessa von der Plattenfirma Delmark Records in Chicago ein Konzert von Roscoe Mitchell gehört hatte, ergab es sich auch für Abrams, 1967 „Levels And Degrees Of Light", sein erstes Album als Leader bei diesem Label zu veröffentlichen. „In dem Moment, wo wir improvisieren, komponieren wir schon. Dabei überrasche ich mich selbst gerne. Zu Hause sitze ich an einem Tisch und schreibe die Musik auf. Nur wenn ich einen bestimmten Akkord hören will, stehe ich auf, gehe zum Klavier und höre ihn mir an. Wenn man für ein Orchester schreibt, ist die Struktur sehr wichtig. Die Struktur kann man fühlen, sie ist nicht abstrakt. Mit der Erfahrung entwickelt man ein Gefühl für die unterschiedliche Farbgebung der Musik, ohne sie zu hören. Wenn wir dann mit den Musikern meine Komposition zum ersten Mal proben, bin ich immer wieder überrascht, denn ich habe sie ja nie zuvor als Ganzes gehört. Dann höre ich Dinge, die mir gefallen, aber ebenso Dinge, dir mir musikalisch nicht gefallen. Aber ich ändere dann nichts, denn vielleicht gefallen sie mir ja später, wenn ich sie zum dritten oder vierten Mal höre. Es löst sich immer alles von selbst."

Die Gesundheit ist das Wichtigste, aber gleich danach kommt die Individualität des Musikers.

Abrams zog 1976 nach New York, nachdem es in Chicago für ihn nicht mehr die Arbeit gab, die er sich aufgebaut hatte. 1983 etablierte er den AACM auch in New York und feierte 2015 dessen 50-jähriges Jubiläum. „Anerkennung ist für jeden Künstler sehr wichtig. Ich möchte, dass meine Kompositionen gehört werden, denn ich schreibe ja nicht für die Schublade. Deshalb gebe ich gerne Konzerte, um dem interessierten Publikum meine Musik zu geben. Ich denke, dass Kunst die Aufgabe hat, dem Betrachter die abstrakte Welt zu vermitteln und klarer darzustellen. Neue Musik wird vom Zuhörer oft abgelehnt, weil er lieber das hören und genießen will, was er bereits kennt. Um das Neue zu verstehen und zu genießen, müssen sie warten und geduldig sein." Abrams steht auf, er will wieder zurück in sein Appartement, um weiterzuüben. „Natürlich verändere ich mich, weil ich mich ständig verbessern möchte. Die Gesundheit ist das Wichtigste, aber gleich danach kommt die Individualität des Musikers."

Bunky Green

ICH ERLEBE SEIT EINIGEN JAHREN MEINE EIGENE RENAISSANCE.

Vernice, genannt Bunky, Green (23. April 1935 in Milwaukee, Wisconsin) ist ein US-amerikanischer Saxofonist.*

„Willkommen in Florida!"

Bunky Green holt mich mit seinem Auto am Flughafen in Jacksonville ab. Seit er 1989 die Leitung der Jazz-Abteilung an der University of North Florida übernommen hat, wohnt er hier. 2011 wurde er in den Ruhestand verabschiedet. „Ich werde manchmal gefragt, wie ich auf meinem Saxofon so jung klingen kann. Aber ich hab mein ganzes Leben schon so gespielt, man muss sich nur meine frühen Einspielungen anhören. Um so wie ich outside spielen zu können, bedarf es einer Kontinuität und eines Wissens, damit es natürlich rüberkommt. Ich erlebe seit einigen Jahren meine eigene Renaissance, weil junge Saxofonisten auf mich zukommen und von mir lernen wollen. Steve Coleman, Greg Osby, Rudresh Mahanthappa – das sind meine Jungs und wir versuchen, die Musik nach vorne zu bewegen."

Nach einer halben Stunde erreichen wir sein Haus in der ruhigen Siedlung Atlantic Highlands. „Der Atlantik ist nur fünf Minuten entfernt. Vielleicht können wir nachher noch hinfahren." Von der geräumigen Garage kommt man direkt ins große Wohnzimmer, von dem rundherum viele kleine Zimmer abgehen. Eines davon ist Greens Übungsraum. Auf einer Liege mit Handtuch hat er die unterschiedlichsten Gegenstände wie zu einer Untersuchung ausgelegt: Lupe, Taschenmesser, Noten, Blätter fürs Mundstück und einen Zeitungsartikel über Sonny Rollins. „Mich hat immer interessiert, wie es Sonny ergeht. Diesen Zeitungsartikel haben mir ein paar Freunde zugeschickt. Darin steht, dass er aus gesundheitlichen Gründen Konzerte absagen musste. Es war ungefähr in den 1950er-Jahren, da hörte ich Sonny im Birdland mit Kenny Dorham, Max Roach und dem Pianisten Billy Wallace. An den Bassisten kann ich mich nicht erinnern. Sonny ließ mich bei einem Stück mitspielen, ich habe so viel von ihm gelernt!"

In einer Glasvitrine stehen Urkunden und Fotos, unter anderem von Charlie Parker. „Als kleiner Junge hörte ich Dexter Gordon, Gene Ammons und Wardell Grey. Ich spielte Tenorsaxofon und wollte wie sie klingen. Aber dann hat mir Frank Morgan, mit dem ich zusammen in der Junior-Highschool-Band in Milwaukee spielte, eine Platte von Parker geschenkt. Das war für mich die ultimative Erleuchtung! Mein Vater hat Schulden gemacht, nur um mir ein Altsaxofon zu kaufen, und ich bin immer in den Plattenladen gerannt und fragte nach neuen Aufnahmen von Bird. Am Anfang erschien es mir so, dass er zu viele Noten spielen würde, aber dann erkannte ich dahinter eine Struktur und hörte all die feinen Nuancen, auf die es ankommt. Aber die wichtigste Sache, die ich von Charlie Parker lernte, war dies: Wenn du erst mal richtig spielen kannst und unbedingt wie dein Vorbild sein willst, musst du versuchen, dich total von ihm abzuheben. Man muss sein eigener Rebell werden! In anderen Worten: Man muss seinen eigenen Stil finden! Also habe ich nach Bunky Green gesucht und ihn irgendwann gefunden. Jetzt verbringe ich viel Zeit mit ihm." Er lacht laut.

„Mit 17 besuchte ich zum ersten Mal New York und hörte im Small's Paradise Sonny Rollins, Max Roach und Cannonball Adderley. Mein Instrument hatte ich auch dabei, aber ich war ja vollkommen unbekannt, daher spielte ich auf kleineren Jamsessions und selbst da musste ich mich hinten in der Reihe anstellen, es gab einfach zu viele gute junge Musiker. Auf einem Boot, das den Hudson River hochfuhr, hörte ich Charlie Parker. Viele Leute standen um ihn herum und weil ich so klein war, konnte ich ihn leider nicht sehen. Deshalb lehnte ich mich an die Reling, schaute auf die Skyline von Manhattan und schmunzelte, als Bird passend zu diesem Moment ‚I'd Like To Get You On A Slow Boat To China' spielte. Nach dem Konzert stellte ich mich ihm kurz vor, sagte ihm, wie sehr ich seine Musik liebte, und fuhr mit dem Wissen nach Hause, dass ich noch eine Menge zu lernen hatte."

Bei seinem nächsten Besuch in New York traf Green einen weiteren Altsaxofonisten: „Ich war 23 Jahre alt und hörte Lou Donaldson in einem Club. Wir kannten uns,

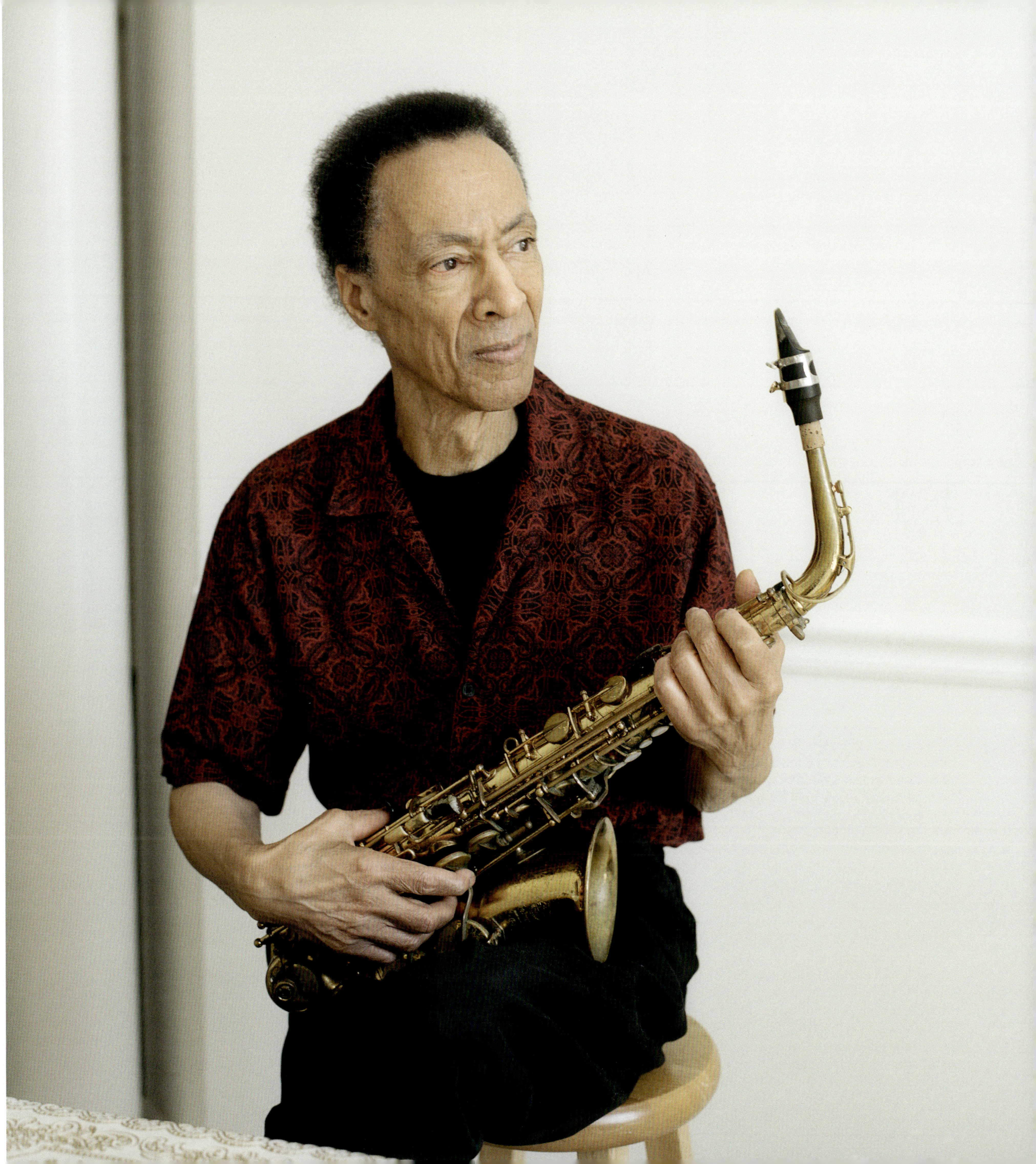

AMERICAN JAZZ HEROES II — BUNKY GREEN

DIE WICHTIGSTEN ALBEN
ALS LEADER UND SIDEMAN

Elvin Jones *Time Capsule* (Vanguard, 1977)

Another Place (Label Bleu, 2006)

The Salzau Quartet Live At Jazz Baltica
(Traumton, 2008)

My Babe (Exodus, 1966)

Rudresh Mahanthappa *Apex* (Pi Recordings, 2010)

Testifyin' Time (Argo, 1965)

Soul In The Night (mit Sonny Stitt, Cadet, 1966)

Transformations (Vanguard, 1976)

Visions (Vanguard, 1978)

Playin' For Keeps (Cadet, 1966)

Wolf Kampmann

weil wir gemeinsame Freunde hatten. Er empfahl mir einen anderen Club, weil dort Charlie Parker spielen würde, und da bin ich hingegangen. Endlich konnte ich Parker hören und sehen, was für ein Erlebnis! Das hat mich einfach umgehauen! Am nächsten Tag bekam ich einen Anruf von Charles Mingus: ‚Lou Donaldson hat mir von dir erzählt. Ich suche einen neuen Altsaxofonisten, weil Jackie McLean meine Band verlassen wird. Lou hat dich empfohlen. Komm doch gleich in meinem Appartement vorbei.' Er hat mir dann am Piano ein paar seiner Kompositionen vorgespielt, unter anderem ‚Pithecanthropus Erectus', und wollte, dass ich sie spiele. Ich fragte, ob er Noten dazu habe. Da wurde er ganz wild: ‚Wenn ich meine Kompositionen für die Musiker in meiner Gruppe aufschreiben würde, dann würde sie niemand richtig spielen. Du musst die Musik hören!' Sofort spielte er ein total schräges Intervall auf dem Piano, das ich genau so nachgespielt habe. Da sprang er begeistert auf: ‚O.k., du bist engagiert!' Mingus war wirklich ein schräger Typ!"

Eines der ersten Konzerte, das Bunky Green mit Mingus spielte, fand im legendären Village Vanguard statt: „Ich erinnere mich, dass Max Roach im Publikum saß. Mingus holte ihn für ein Stück auf die Bühne und wir spielten ‚Cherokee' in einem rasanten Tempo und Mingus gefiel es, dass ich so schnell spielen konnte. Danach sagte Max zu mir: ‚Hey, ich bin heute nur vorbeigekommen, um dich zu hören!' Mingus wollte dann einen weiteren Song mit Max am Schlagzeug spielen, aber als er dann ein noch schnelleres Tempo anzählte, legte Max die Stöcke aus der Hand und sagte zu Mingus: ‚Ich bin nicht vorbeigekommen, um zu arbeiten!', woraufhin Mingus diesen Song nur mit mir im Duo spielte. Aber so ein schnelles Tempo ist für mich keine Musik, das ist nur Technik, Leistung und Show und somit musikalisch vollkommen langweilig. Nach dem Konzert kam Randy Weston zu mir, der auch im Publikum war. Er meinte: ‚Bunky, ich möchte dir jemanden vorstellen.' Nach ein paar Minuten kam er mit einem großen Typen zurück und sagte: ‚Das ist John Coltrane!'"

Mit der Gruppe von Mingus ging Bunky Green 1958 auf Tour durch die USA bis zur Westküste. Als er im Hotel in Los Angeles in sein Zimmer ging, hörte er aus dem Nachbarraum den Sound von einem Tenorsaxofon. „So

etwas hatte ich noch nie gehört. Was war das und wer war das? Ich konnte die Komposition ‚Giant Steps' erkennen. Als ich mich beim Empfang nach diesem Gast erkundigen wollte, traf ich in der Lobby Cannonball Adderley und fragte ihn, ob er mit Miles unterwegs sei. Und er sagte ‚Ja', woraufhin ich fragte: ‚Und ist Trane auch dabei?' Und Cannonball sagte: ‚Ja, John ist auch hier.' Da wusste ich, wer nebenan spielte. Trane übte also ‚Giant Steps', weil er es bald aufnehmen würde. Sein Sound sprach Bände, er war immer auf der Suche und nie richtig zufrieden."

Lange blieb Green jedoch nicht in der Gruppe von Mingus: „Zusammen mit dem Posaunisten Willie Dennis bildeten wir die Frontline. Es war die Zeit, in der sich die Besetzung ständig änderte, weil die cholerischen Ausbrüche von Mingus zunahmen. Er war wirklich ein strenger Lehrer. Wenn du etwas nicht genau so spieltest, wie er es wollte, ist er ausgerastet. Da habe ich schnell begriffen, dass ich in seiner Band nicht lange bleiben würde. Ich wollte einfach nur gute Musik spielen, relaxen und nicht jeden Abend Angst davor haben, dass Mingus wieder durchdreht. Man hatte mir erzählt, dass sich Jackie McLean und Mingus auf der Bühne geschlagen hätten. In so eine Situation wollte ich gar nicht erst geraten, da ich viel zu klein und nicht so kräftig war. Eine Ausnahme war sein Schlagzeuger Dannie Richmond, der wusste, wie er mit Mingus umgehen konnte. Aber wenn man es nicht wusste, konnte sich das sehr schnell auf die Musik auswirken."

Dennoch schätzte Green den cholerischen Bandleader: „Ich habe viel von Mingus gelernt, zum Beispiel, wie ich mich selbst disziplinere innerhalb der musikalischen Freiheiten, die ich hatte. Mingus sagte mir immer: ‚Es gibt keine falsche Note, denn es hängt immer davon ab, in welche Richtung du dich nach dieser Note harmonisch bewegst.' Musik sollte immer aus einer Spannung entstehen, die man aufbaut, und die dann irgendwann eine Auflösung erfährt. Aber die Gestaltung davon ist ganz dir überlassen. Als wir nach den Konzerten Kalifornien wieder Richtung Osten verließen, kamen wir mit dem Auto an Chicago vorbei und ich sagte zu Mingus: ‚Du kannst mich hier rauslassen. Ich nehme den Bus nach Milwaukee, der braucht nur eine Stunde.' Mingus meinte: ‚O. k., aber vergiss nicht, dass wir in einer Woche im Studio in New York eine Platte aufnehmen.' Das war das letzte Mal, dass ich mit ihm gesprochen habe. Aber ich habe ihm eine Nachricht geschickt, dass ich nicht nach New York kommen werde. Es wäre sicherlich eine schöne Aufnahme geworden, aber ich musste die Band einfach verlassen, um mich selbst zu schützen. Als mein Nachfolger kam John Handy in die Band, der hat es länger mit Mingus ausgehalten."

Green ging nach Chicago und nahm für Vee-Jay Records seine erste eigene Platte „My Baby" auf: „Der Produzent Sid McCoy stellte mir eine Band zusammen, der ich nur zustimmen musste: Donald Byrd und Jimmy Heath! Die Rhythmusgruppe war von Miles Davis geliehen: Wynton Kelly, Paul Chambers und Jimmy Cobb. Leider trank Paul immer so viel Alkohol und ist mitten in der Aufnahme eingeschlafen. Es gibt ein paar Stücke, die wir mit ihm aufgenommen haben, die aber nie veröffentlicht wurden. Stattdessen hatte ich das Glück, kurzfristig Larry Ridley engagieren zu können, der zufällig gerade mit der Band von Slide Hampton ein Konzert in der Stadt gab." Zehn Tage nach dieser Einspielung wirkte Green beim Debütalbum „Blues Holiday" des Trompeters Paul Serrano mit, das bei Riverside erschien. „Cannonball Adderley war bei dem Label zuständig für Artist & Repertoire. Nach der Aufnahme sagte er begeistert zu mir: ‚Bunky, du swingst und du hast auch diesen Drive!' Wir sind dann gute Freunde geworden."

Bunky Green wollte Musik machen, aber eine Karriere als Jazzmusiker schien ihm Anfang der 1970er-Jahre zu unsicher. „Ich war auf dem besten Weg, bekannt zu werden, ständig auf Tour zu gehen und Platten einzuspielen, aber von diesem Honorar konnte ich nicht leben. Daher habe ich dann an der Uni meinen Master nachträglich absolviert und ab 1972 an der Chicago State University unterrichtet – dort hatten sie schon auf mich gewartet. Es gab damals kaum Universitäten, wo man Jazz studieren konnte, und es gibt auch viele Skeptiker, die immer sagen, dass man Jazz nicht studieren könne. Ab dem ersten Tag habe ich meinen Studenten gesagt, dass die wahre Schule draußen in den Straßen ist, in den Clubs, wo sie begreifen werden, dass es nicht nur um Noten geht, sondern um spontane Kreativität, um das Leben und wie sie die Welt sehen. Außerdem habe ich sie immer gefragt, ob sie die Dringlichkeit verspüren, sich mit der Musik auszudrücken. Es kam auch oft vor, dass die Studenten mich musikalisch überrascht haben, weil sie plötzlich etwas spielten, dass ich noch nie gehört hatte. Somit ist es also ein Geben und Nehmen. In all den Jahren habe ich gelernt, dass man immer offen für Neues sein muss. So gesehen bin ich selbst noch Student. Wenn deine musikalische Neugierde stirbt und du stehen bleibst, ist es vorbei. Man muss immer nach etwas streben."

Neben seiner Lehrtätigkeit hatte Bunky Green immer die Möglichkeit, Platten aufzunehmen, obwohl er von der Musikindustrie oft enttäuscht und sogar angewidert war. Er lebt zurückgezogen und konzentriert sich ganz auf seine Musik. Von Zeit zu Zeit lässt er sich jedoch aus der Reserve locken. 2006 überredete ihn Steve Coleman – diesmal in der Funktion des Produzenten –, die CD „Another Place" aufzunehmen. 2007 lud ihn Rainer Haarmann zu seinem ersten Konzert in Deutschland beim Festival JazzBaltica ein und 2010 überzeugte ihn Rudresh Mahanthappa, gemeinsam das Album „Apex" einzuspielen. „Die Hauptsache ist doch, dass ich eine Persönlichkeit bin, die sich musikalisch immer weiter bewegen möchte, und dass ich spielen kann, was ich in meinem Kopf höre. Am schönsten wäre es, wenn ich ein Werk hinterlassen könnte, das auch später noch für andere Musiker und die nächste Generation stilistisch interessant ist."

Junge Saxofonisten wollen von mir lernen. Steve Coleman, Greg Osby, Rudresh Mahanthappa – das sind meine Jungs, und wir versuchen, die Musik nach vorne zu bewegen.

Bobby Hutcherson

> MUSIK IST EIN VOLLKOMMENER KREIS, DER DIE GANZE WELT BEINHALTET.

Robert Howard, genannt Bobby, Hutcherson
(* 27. Januar 1941 in Los Angeles, Kalifornien) ist ein US-amerikanischer Vibrafonist und Komponist.

Warten auf die perfekte Welle: Im Pazifischen Ozean, nur eine halbe Stunde südlich von San Francisco, versammeln sich die Surfer im Wasser, liegen auf ihrem Brett und schwimmen immer wieder hinaus, den Wellen entgegen.

Es ist Spätsommer in Montara, einem kleinen Dorf an der kalifornischen Küste. Etwas landeinwärts liegt das Haus der Hutchersons. Drei Hunde springen mir bellend im Vorgarten entgegen. Rosemary Hutcherson kommt aus der Tür. „Das sind Rudy, Azula und Roscoe. Wie immer neugierig." Das Holzhaus ist im Stil einer Ranch gebaut. Auf der Rückseite erstreckt sich ein riesiger Garten. „Bobby hatte 1970 zusammen mit Harold Land die Platte ‚San Francisco' veröffentlicht. Darauf war auch die Komposition ‚Ummh', die ein Hit werden sollte. Von den Tantiemen hat er 1971 dieses Land gekauft, das Haus gebaut und ein Jahr später sind wir hier eingezogen. Es gab damals in der Gegend nur ein paar Pferde, vielleicht drei weitere Häuser, mehr nicht. Inzwischen ist fast alles zugebaut."

Wir gehen ins Wohnzimmer, wo Bobby Hutcherson an einem langen Tisch sitzt. Vor ihm steht eine Ampulle mit reinem Sauerstoff, der ihm über einen kleinen Schlauch durch die Nase zugeführt wird. 2007 hatte Hutcherson eine Lungenentzündung, konnte nur noch zwei Stunden täglich schlafen, verlor seinen Appetit und nahm 18 Kilo ab. „Ich war sehr skeptisch, als Rosemary die Idee hatte, im Nachbardorf einen Akupunkteur aufzusuchen. Nachdem er seine Nadeln in mein Ohr gestochen hatte, knurrte mein Magen und ich schlief ein. Als ich wieder aufwachte, fühlte ich mich viel besser. Zum Glück hab ich auch wieder etwas zugenommen." Hutcherson lacht. Obwohl er leise und langsam spricht, scheint es ihm gut zu gehen. „Vor einigen Tagen war ich auf dem Jazzfestival in Monterey, zwei Stunden südlich von hier. Zum 75-jährigen Jubiläum von Blue Note war ich als Gast für eine Podiumsdiskussion eingeladen. Ich glaube, sie haben über meine alten Geschichten gelacht."

Schon bei seinem ersten Konzert brachte Hutcherson das Publikum zum Lachen, jedoch eher ungewollt. „Es begann alles, als ich in Pasadena an einem Musikladen vorbeikam, da war ich 18. Der Ladenbesitzer spielte gerade ‚Bemsha Swing' von der LP ‚Miles Davis and the Modern Jazz Giants'. Als ich Milt Jackson am Vibrafon hörte, dachte ich: ‚Hey, das ist ja genau der Rhythmus, in dem ich gehe.' Ich hab die Platte gekauft und so oft abgespielt, bis sie nicht mehr hörbar war. Der Bassist Herbie Lewis, der ein Trio hatte, ging mit mir zur Schule. Als ich ihm erzählte, dass ich mir ein Vibrafon kaufen wollte, sagte er: ‚Fantastisch, dann kannst du mit uns spielen und wir klingen wie das Modern Jazz Quartet, verdienen Geld und treffen ein paar Mädchen.' Das hört sich gut an, dachte ich. Mein Vater war Maurer und ich arbeitete bei ihm, um Geld für das Vibrafon zu verdienen. Als ich das Instrument schließlich hatte, wollte Herbie sofort mit mir proben, denn an der Schule gab es zwei Wochen später ein Konzert, einen Wettbewerb, bei dem mehrere Bands spielten. Ich sagte ihm: ‚Aber Herbie, ich kann doch gar nicht spielen!' Doch das war ihm egal. Er hatte die Idee, den Ablauf der Noten in Form von Zahlen auf die Metallplatten des Vibrafons zu schreiben. Da wir drei Stücke spielten, hatte ich plötzlich über 300 Zahlen vor mir, denen ich bei der Probe kaum folgen konnte."

Dann kam der Tag des Konzerts. „Alle Schüler und natürlich auch meine Eltern waren gekommen. Meine Mutter war mein größter Fan. Und dann kam der Bühnenleiter zu uns: ‚Jungs, ihr seid jetzt gleich dran. Ach übrigens Bobby, auf dein Vibrafon hat jemand ganz viel Zeug draufgeschrieben. Ich habe ein Tuch genommen und alles schön abgewischt.' Ich konnte es nicht glauben! In dem Moment ging der Vorhang hoch. Ich traf die erste Note noch richtig, aber danach war es totales Chaos. Das Publikum lachte und brüllte und tobte, was für ein Desaster! Aber meine Mutter war dennoch ganz stolz auf mich, nur mein Vater sagte zu ihr: ‚Siehst du, ich hab doch gesagt, der Junge sollte besser Maurer werden!' Bobby Hutcherson erzählt so lebendig, als ob es erst gestern gewesen wäre. „Andere hätten nach so einer Blamage si-

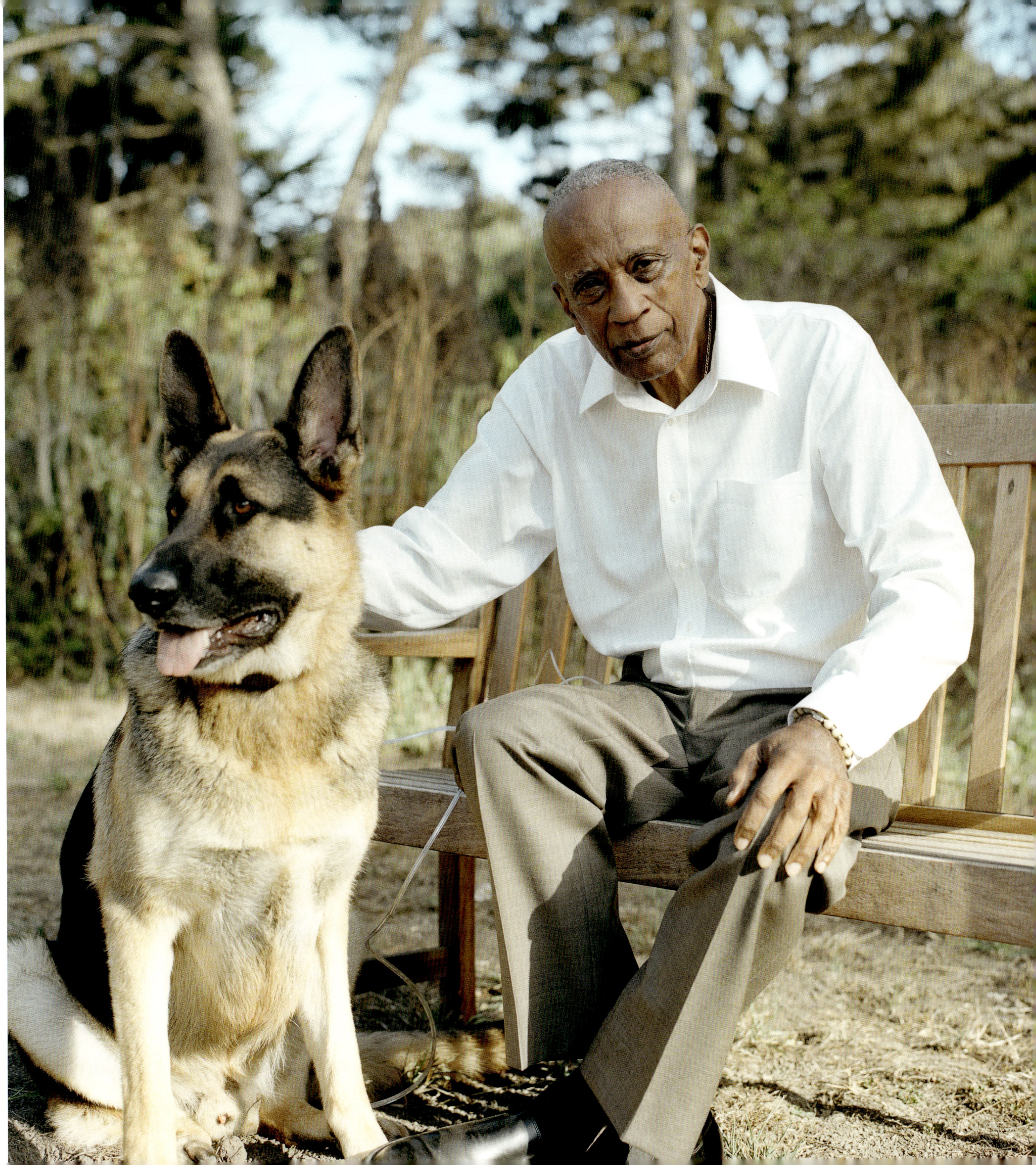

> Als ich Herbie Lewis erzählte, dass ich mir ein Vibrafon kaufen wollte, sagte er: „Fantastisch, dann kannst du mit uns spielen und wir klingen wie das Modern Jazz Quartet, verdienen Geld und treffen ein paar Mädchen."

cher aufgehört, aber für mich war es eine Herausforderung, das Instrument jetzt erst recht zu lernen. Viel wichtiger aber war, dass meine Mutter mir zu verstehen gab, dass sie mich bedingungslos liebte! Egal was ich machte, sie hielt zu mir. Was für eine großartige Erfahrung!"

In Los Angeles gab es laut Bobby Hutcherson in den 1950er-Jahren nicht nur eine West-Coast-Jazz-Szene. „Shorty Rogers und Bud Shank spielten drüben in Hollywood. Aber dann gab es noch den Hillcrest Club in Downtown L.A. Dort hörte ich Ornette Coleman, Paul Bley, Scott LaFaro, Billy Higgins, Dave Pike, Elmo Hope, Sonny Clark, Dexter und Mingus. Einmal spielte ich im Renaissance mit Curtis Amy, Carmell Jones und Frank Butler. Es war spät in der Nacht und fast alle waren gegangen, als plötzlich Marilyn Monroe mit Begleitung in den Club kam. Wir hörten alle auf zu spielen und gingen zu ihrem Tisch, um sie zu begrüßen, aber sie sagte nur ganz bescheiden: ‚Oh, hallo, hört doch nicht auf, spielt bitte weiter!' Als sie etwas später wieder ging, hörten wir wieder auf und schau-

ten ihr alle hinterher. Unglaublich, das war Marilyn Monroe!"

1963 kam Bobby Hutcherson nach New York. Dort spielte sein alter Schulfreund Herbie Lewis im Jazztet von Art Farmer und Benny Golson. „Herbie lud mich zu einer Jamsession in seinem Appartement ein. Grachan Moncur, mit dem er im Jazztet spielte, kam auch vorbei. Grachan war begeistert von der Musik und rief Jackie McLean an, der am nächsten Tag vorbeikam. Er hatte ein bevorstehendes Engagement im Coronet in Brooklyn und stellte die Band zusammen. Neben Grachan und mir holte er auch noch Tony Williams aus Boston. Tony war gerade mal sechzehn, hatte in seiner hinteren Hosentasche immer ein Comicheft dabei und um in die Clubs reinzukommen, malte er sich einen Schnurrbart auf die Oberlippe. Die Proben liefen sehr gut, waren aber zu kurz, daher hatten wir nur vier Stücke vorbereitet. Als wir Jackie daraufhin ansprachen, zeigte er sich ganz unbekümmert. Er wollte dieselben Stücke in unterschiedlicher Reihenfolge immer wieder spielen. Nach dem Konzert kam jemand

DIE WICHTIGSTEN ALBEN
ALS LEADER

Dialogue
(Blue Note, 1965)

Total Eclipse
(Blue Note, 1969)

Montara
(Blue Note, 1975)

Farewell Keystone
(Evidence, 1982)

Wise One
(Kind Of Blue, 2009)

ALS SIDEMAN

Eric Dolphy *Out To Lunch!*
(Blue Note, 1964)

Tony Williams *Life Time*
(Blue Note, 1964)

Archie Shepp
New Thing At Newport
(Impulse!, 1965)

McCoy Tyner
Manhattan Moods
(Blue Note, 1994)

SF Jazz Collective
SF Jazz Collective
(Nonesuch, 2005)

———

Ralf Dombrowski

> Unsere Musik reflektierte auch die Energie der Black Revolution, die damals in den USA stattfand. Ich hörte mir in Harlem immer die Reden von Malcolm X an, bevor ich Richtung Downtown zur Probe fuhr.

aus dem Publikum zu mir und sagte: ‚Weißt du, warum mir euer Konzert gefallen hat? Ihr wiederholt euch nicht!'"

Hutcherson lacht auch heute noch darüber. „Jackie rief Alfred Lion von Blue Note Records an, der ins Coronet kam, um uns zu hören. Bis dahin hatte ich traditionellen Bebop gespielt, aber in dieser Kombination waren wir plötzlich die Avantgarde! Weil ich zuvor mit so vielen unterschiedlichen Musikern gespielt hatte, fiel es mir leicht, mich in die musikalische Welt der anderen hineinzuversetzen. Unsere Musik reflektierte auch die Energie der Black Revolution, die damals in den USA stattfand. Ich hörte mir in Harlem immer die Reden von Malcolm X an, bevor ich Richtung Downtown zur Probe fuhr. Alfred jedenfalls verstand die Musik und holte uns direkt ins Studio. Daraus entstand dann Jackies Platte ‚One Step Beyond'. Nach der Aufnahme kam Alfred zu mir und bot mir einen Vertrag an: ‚Bobby, wann immer du ins Studio möchtest, ruf mich einfach an. Du kannst so viele Platten aufnehmen, wie du willst.'"

15 Jahre blieb Bobby Hutcherson bei Blue Note Records. Als Leader, aber auch als Sideman spielte er etliche Platten ein. „Einmal probten wir mit Andrew Hill im Studio von Lynn Oliver, erster Stock an der Ecke 89. Straße und Broadway. Andrews Noten hatten keine Taktstriche und jedes Mal, wenn er die Melodie spielte, spielte er sie anders. Wir kamen einfach nicht zusammen. Alfred und Frank ließen uns proben, gingen runter und holten sich einen Hotdog. Als Andrew und ich endlich einen Weg gefunden hatten, rannte Andrew runter und holte die beiden. Wir spielten zunächst die Melodie und Alfred sagte: ‚Das klingt super, aber was kommt jetzt? Wird es swingen? Wird es grooven?' Wir beruhigten ihn: ‚Keine Sorge, Alfred, wir sind doch erst beim Thema.'"

Hutcherson lacht. „Niemand liebte Jazz so sehr wie Alfred. Er hatte keine Ahnung, wie man Musik spielt. Alles, was er wissen wollte, war die Länge eines Songs, ob man die Rechte am Song hat, ob es einen eigenen Stil und Feeling haben wird. Manchmal legte er das Tempo fest, in dem wir spielen sollten, oder bestimmte die Reihenfolge der Soli. Alfred war bekannt dafür, dass er immer Bargeld bei sich trug. Oft kamen Musiker im Büro vorbei und fragten nach ein paar Dollars, die er ihnen bereitwillig gab. Einmal war ich im Büro von Blue Note, als er Stanley Turrentine etwas Geld gab. Eine Stunde später kam Stanley wieder vorbei und wollte noch mehr Geld haben. Er packte Alfred am Kragen, drückte ihn an die Wand und würgte ihn: ‚Ich brauche Geld, jetzt sofort!' Frank Wolff, Duke Pearson und ich standen fassungslos daneben und Alfred versuchte freizukommen: ‚Verdammt noch mal, Stanley, ich bin doch keine Bank!'" Wieder lacht er.

Zuletzt erzählt Bobby Hutcherson noch die kuriose Geschichte einer der wichtigsten Blue-Note-Alben, bei denen er mitspielte, Eric Dolphys „Out To Lunch". „Eric kannte ich noch aus meiner Kindheit, weil meine Schwester kurze Zeit mit ihm liiert war. Außerdem hörte er mich im Coronet mit Jackie. Wir probten also mit einem Trompeter, der Edward Armour hieß. Mitten im Stück brach Edward ab und sagte, wie sehr er die Musik, Eric und uns alle verabscheuen würde. Er warf sein Horn in den Koffer, nahm seinen Mantel und Hut und ging zur Tür. Wir waren alle perplex, schauten betroffen zu Boden, und noch bevor er den Raum verlassen konnte, sagte Eric plötzlich ganz ernst: ‚Eddie, wenn ich dir helfen kann, ruf mich bitte an! Ich bin immer für dich da, wenn du mich brauchst.' Wow! Da war sie wieder, diese uneingeschränkte Unterstützung, wie ich sie von meiner Mutter erfahren hatte. Das zeugte wirklich von innerer Größe! Als Ersatz kam zunächst Woody Shaw, der aber nicht immer Zeit für die Konzerte hatte, gefolgt von Freddie Hubbard, der letztlich die Platte mit uns aufnahm. Die Musik erreichte wirklich eine andere Ebene, wir waren alle begeistert. Jetzt hab ich aber

Es war spät in der Nacht und fast alle waren gegangen, als plötzlich Marilyn Monroe mit Begleitung in den Club kam.

genug alte Geschichten erzählt. Komm, lass uns noch an den Pazifik fahren. Dort kannst du auch ein paar Fotos machen."

Hutcherson nimmt die Ampulle mit Sauerstoff und den langen Schlauch in die Hand. Wir gehen zu seinem Auto. Die drei Hunde folgen und schauen uns hinterher, als wir losfahren. „Sie mögen es nicht, wenn ich wegfahre. Am liebsten würden sie immer mitkommen." Nach fünf Minuten steigen wir an der Küste aus. Die Surfer sind inzwischen alle gegangen. Hutcherson schaut auf den Horizont des Meeres. „Man entwickelt sich im Verlauf des Lebens. Du kannst denselben Song über Jahre immer wieder spielen, aber er klingt immer anders, weil du dich ja auch selbst verändert hast. Man spielt Jazz nicht, um reich zu werden, sondern wegen der Freude und Spannung des nächsten musikalischen Momentes. Als ich jünger war, dachte ich, dass Musik allein das Allerwichtigste im Leben sei. Aber jetzt, da ich älter werde, merke ich, dass Musik sehr viel mehr mit den Menschen, die ich liebe, zu tun hat. Musik ist ein vollkommener Kreis, der die ganze Welt beinhaltet."

Les McCann

MUSIK IST GOTT.

Leslie Coleman, genannt Les, McCann (23. September 1935 in Lexington, Kentucky) ist ein US-amerikanischer Pianist, Komponist und Sänger.*

„91 Freunde haben mich gestern angerufen. An einige konnte ich mich gar nicht mehr erinnern."

Les McCann liegt im Bett in seiner Zweiraumwohnung in Van Nuys, nördlich von Los Angeles, und erzählt von seinem Geburtstag. „John Coltrane, Ray Charles und Bruce Springsteen wurden übrigens am selben Tag geboren. Ich befinde mich also in guter Gesellschaft." Gleich neben dem Bett steht ein Rollstuhl. Seit einem zweiten Schlaganfall vor drei Jahren kann McCann nicht mehr laufen. „Ich habe auch Schmerzen in den Fingern, wenn ich Piano spiele oder einfach nur Gegenstände anfasse. Daher rauche ich jeden Tag etwas Gras, sonst wäre es unerträglich. Aber ich beschwere mich nicht. Mein ganzes Leben ist wie ein verdammter goldener Traum!" Er zieht am Strohhalm aus einem Literbecher. „Das ist Cola Light mit Eis, die reguläre Cola vertrage ich nicht mehr. Ich muss immer genügend Flüssigkeit zu mir nehmen."

Auf dem Bett liegen ein paar frische Windeln, ein Telefon und die Fernbedienung für den Fernseher, dessen Ton er lediglich ausgeschaltet hat. „Ich lasse das Gerät immer laufen, auch wenn ich ein paar Wochen auf Tour bin. Als ich vor drei Jahren aus dem Krankenhaus kam und gar nicht mehr spielen konnte, bekam ich einen Anruf von Javon Jackson. Ich hatte ihn in meinem ganzen Leben nur einmal getroffen, als er mit Art Blakey und den Jazz Messengers in Moskau spielte. Während des Konzerts gab es einen Stromausfall, aber Blakey spielte im Dunkeln weiter. Das Publikum war begeistert. Javon war gerade mal 25 und kam nach dem Konzert auf mich zu: ‚Mr. McCann, eines Tages werde ich meine eigene Band haben und Sie werden mein Pianist sein!' Als er dann anrief, hatte ich über 20 Jahre nichts von ihm gehört. Er wollte mich unbedingt in seiner Band haben und ich erzählte ihm, dass ich nur mit einer Hand spielen kann. Er ignorierte meine Bedenken und entgegnete nur: ‚Auch wenn du nur singst, ich will dich einfach dabeihaben!' Seitdem sind wir gemeinsam unterwegs. Dank einer Therapie und dank Javon spiele ich wieder aktiv. Musik ist das Wichtigste in meinem Leben. Musik ist Gott."

Seinen ersten Schlaganfall erlitt McCann 1995, als er auf Tour in Deutschland war. In einem Krankenhaus in Celle wurde er einen Monat lang gepflegt. „Das war die beste Zeit meines Lebens! Ich habe von den Menschen in Celle so viel Zuneigung erfahren wie nie zuvor. Sogar Oscar Peterson rief mich an, der ja auch einen Schlaganfall hatte. Das Risiko ist hoch bei denen, die Diabetes haben und übergewichtig sind. Wir sind nun mal mit viel Zucker aufgewachsen. Hast du meine Klobrille im Bad gesehen? Die ist extrabreit!" Er lacht, wird aber gleich wieder ernst. „Oscar war sehr wichtig für mich. Als ich sehr jung war, spielte ich im Blackhawk in San Francisco und Oscar war im Publikum. Ich ging zu ihm, schüttelte seine Hand und

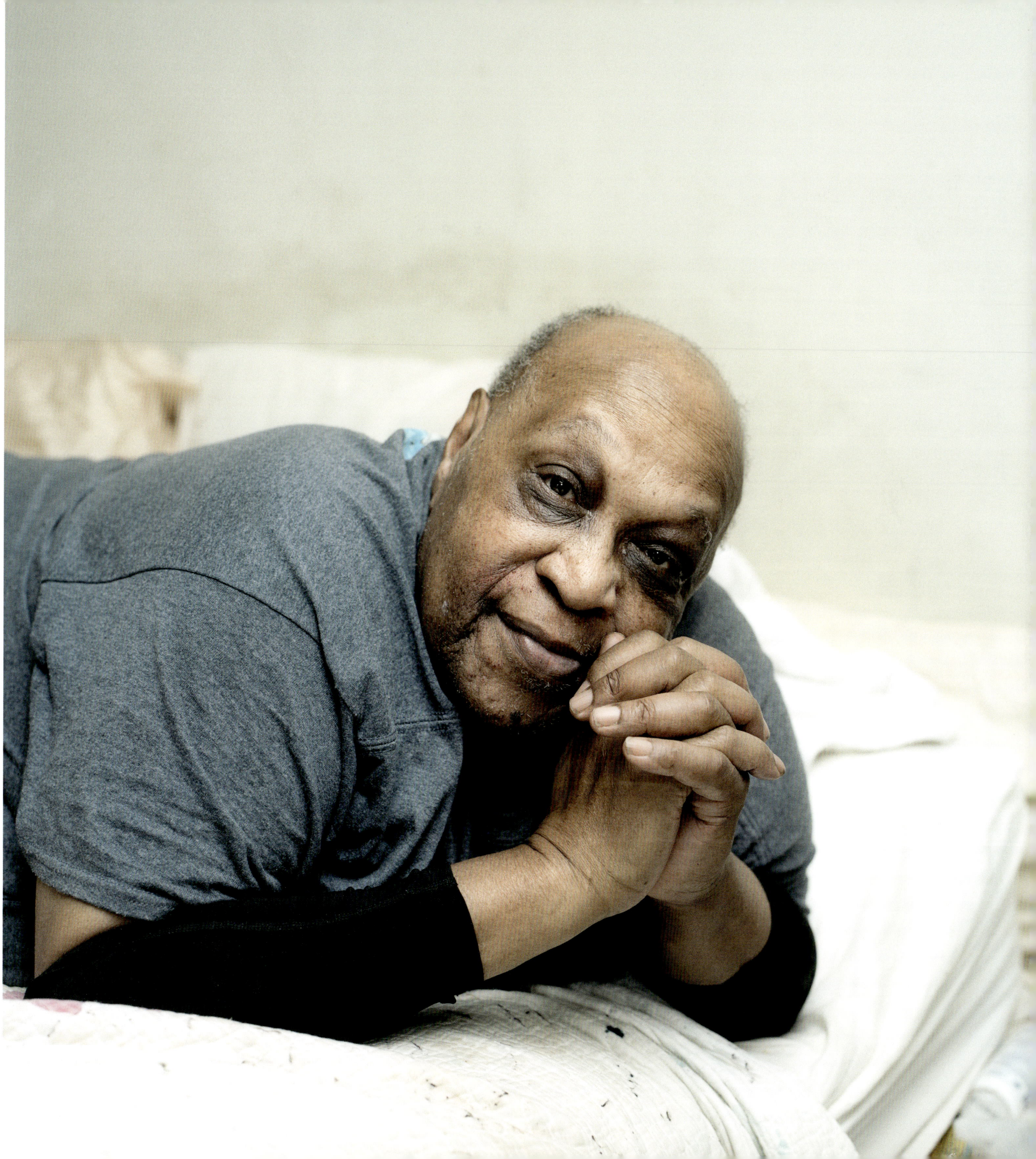

erzählte, wie nervös ich durch seine Anwesenheit sei. Aber Oscar beruhigte mich: ‚Ich bin gekommen, um dich und deine Musik zu hören, und nicht, um dich mit mir zu vergleichen!' Das war ein wunderbarer Moment, der mein Leben verändert hat. Danach war ich nie wieder nervös."

1959 traf Les McCann in L.A. bei einer Jamsession im Club The Renaissance Miles Davis. „Er war im Publikum, während ich spielte. Danach kam er zu mir und fragte, warum ich nicht mit ihm gespielt hätte. Ich antwortete, dass ich von seiner Anwesenheit ja nichts gewusst hätte und wie sehr ich seine Musik mochte. Er flog zurück nach New York und empfahl mich Cannonball Adderley, der gerade eine neue Gruppe zusammenstellte. Aber als Adderley mich anrief, musste ich ihm leider absagen, denn ich hatte gerade mein eigenes Trio gegründet, Les McCann Ltd., mit dem Bassisten Leroy Vinnegar und dem Schlagzeuger Ron Jefferson. Also engagierte er Bobby Timmons, eine sehr gute Entscheidung, denn Bobby wusste auch, wie man groovt! Ich habe in meiner Musik Gospel mit Swing verbunden, was damals als sehr radikal betrachtet wurde. Das war die Zeit, als das Wort Soul populär wurde. Musiker wie Ray Charles, Ramsey Lewis oder auch The Three Sounds, wir waren die Ersten, die so spielten. Bis heute geht es mir in meiner Musik darum, die Leute zum Tanzen zu bringen und sie glücklich zu machen. Miles Davis, John Coltrane und Bill Evans sagten mir, wie sehr sie meine Musik mochten, aber alle anderen Jazzmusiker empfanden sie als zu kommerziell, zu nahe am Pop. Auf der einen Seite akzeptierten sie mich nicht als Jazzer, der gut genug spielen konnte, aber auf der anderen Seite waren sie auch etwas neidisch, wie gut sich meine Alben verkauften."

Oscar Peterson beruhigte mich:
„Ich bin gekommen, um dich und deine Musik zu hören, und nicht, um dich mit mir zu vergleichen!"

Gleich die erste Platte von Les McCann, „The Truth" von 1960, wurde sehr erfolgreich. In derselben Nacht, in der er Miles Davis getroffen hatte, wurde McCann von dem Produzenten Nick Venet angesprochen, der für die Plattenfirma Pacific Jazz arbeitete. Venet war so begeistert, dass er McCann direkt unter Vertrag nahm, ohne sich mit seinem Vorgesetzten Richard Bock abzusprechen. Bock war die Musik von McCann zu radikal und er feuerte Venet daraufhin. Aber „The Truth" wurde zur bestverkauften Platte des Labels. McCann blieb bei Pacific Jazz. Für die Live-LP „In New York", die er am 28. Dezember 1961 im Village Gate aufnahm, holte er sich unter anderem Stanley Turrentine als Gast hinzu. Im Austausch spielte McCann nur wenige Tage später am 2. Januar 1962 auf Turrentines Platte „That's Where It's At" für Blue Note Records mit.

„Mir gefiel es nicht, dass auf den Blue-Note-Platten das Piano immer mit demselben Sound aufgenommen wurde. Rudy Van Gelder benutzte immer dasselbe Mikrofon am selben Flügel. Als ich in sein Studio kam, sagte ich ihm: ‚Ich möchte nicht mit diesem Mikrofon aufnehmen, gib mir ein anderes. Gib mir einen anderen Sound!' Rudy schaute mich verwirrt an: ‚Wovon sprichst du? Was meinst du?' Ich entgegnete: ‚Jede Platte, die du aufnimmst, klingt gleich. Alle Pianisten haben den gleichen Sound, obwohl sie ganz unterschiedlich spielen.' Daraufhin fragte er mich: ‚Ja und? Ist das schlimm?' Ich sagte nur noch: ‚Nicht wirklich, aber für mich schon!' Er verstand nicht, wovon ich sprach, er ist nun mal kein Musiker. Dabei ist das doch das Besondere im Jazz: Jeder Musiker spielt einzigartig. Daher sollte auch jeder anders klingen. Ich wollte nicht wie Horace Silver aufgenommen werden. Bei Sängern ist das auch ganz wichtig: Du musst das richtige Mikrofon finden, das deine Stimme am besten hervorbringt. – Sag mal, könntest du mir noch ein paar Eiswürfel aus der Küche holen?"

Die offene Küche und das Wohnzimmer sind komplett abgedunkelt und wirken wie eine Mischung aus Übungsraum und Museum. Verschiedene Keyboards sind von Kisten und Kleidungsstücken umringt. Mehrere Hüte stapeln sich neben Papierbergen aus Notenblättern. An den Wänden hängen unzählige Fotos von Musikern und Frauen, die Les McCann alle selbst gemacht hat. Vor einiger Zeit erschien sein erstes Fotobuch mit Porträts von Musikern aus den 1960er- und 70er-Jahren, das wie eine seiner Platten betitelt ist: „Invitation To Openness". Ich bringe ihm die Eiswürfel und er zeigt auf die Kartons, die neben seinem Bett stehen. „Da sind noch mehr Fotos drin. Kannst du gerne mal reinschauen. Aber das dauert ewig. Ich habe damals wirklich viel fotografiert. In Montreux

---

DIE WICHTIGSTEN ALBEN
ALS LEADER

The Shout
(Pacific Jazz, 1960)

with Eddie Harris *Swiss Movement*
(Atlantic, 1969)

Comment
(Atlantic, 1970)

with Eddie Harris *Second Movement*
(Atlantic, 1971)

Layers
(Atlantic, 1972)

Hustle To Survive
(Atlantic, 1975)

The Man
(A&M, 1978)

On The Soul Side
(Music Masters, 1994)

Listen Up!
(Music Masters, 1995)

Pump It Up
(ESC, 2002)

ALS SIDEMAN

Klaus Doldinger *Doldinger Jubilee '75*
(Atlantic, 1975)

Reinhard Köchl

lernte ich den Fotografen Giuseppe Pino kennen, der mir eine Kamera von Hasselblad empfahl. Pinos Fotos wurden als Cover für meine Alben ‚Swiss Movement' und ‚Live At Montreux' verwendet."

Die Platte „Swiss Movement" mit dem Hit „Compared To What" wurde zum großen Durchbruch für Les McCann. Es war die Aufzeichnung eines Konzertes vom 21. Juni 1969 beim Montreux Jazz Festival, die auf einer Idee von Produzent Joel Dorn basierte, der für Atlantic Records arbeitete. „Mit Joel verband mich eine enge Freundschaft und ein kreatives Arbeitsverhältnis. Er war ein so guter Produzent, weil er offen für neue Ideen war und sich zurückhielt. Im Jazz sagt man den Musikern sowieso nicht, was und wie sie spielen sollen."

1969 wurde die Band von Les McCann, aber auch die von Eddie Harris zum Jazz Festival in Montreux eingeladen: „Da Eddie genau wie ich bei Atlantic unter Vertrag war, hatte Joel uns gefragt, ob wir nicht auch gemeinsam beim Festival spielen wollten. Vor Ort zogen Eddie und ich von einer Jamsession zur nächsten, da wir noch einen Trompeter suchten. Uns gefiel das Spiel von Benny Bailey! Er wusste nicht, wer wir waren, aber wollte gerne mitspielen. Benny hatte mit vielen Bigbands in Europa gearbeitet und fragte, wann die Probe sein würde. Aber es gab keine Probe. Wir sagten ihm: ‚Keine Sorge, du musst nur über einen Akkord improvisieren.' Das war er nicht gewohnt, aber im Konzert hat er dann unglaublich gespielt. Insgesamt jedoch hatte ich nach dem Konzert den Eindruck, dass wir es vermasselt hatten. Vollkommen enttäuscht ging ich zurück ins Hotel, rief meine Frau in L.A. an und jammerte ihr 30 Minuten die Ohren voll. Als ich endlich aufgelegt hatte, bekam ich einen aufgeregten Anruf von unserem Schlagzeuger Donald Dean: ‚Les, komm sofort zurück zum Casino. Wir hören uns gerade die Aufnahme von unserem Konzert an!' Ich wollte das wirklich nicht hören müssen, ging dann aber doch und konnte es kaum glauben, wie sehr wir grooveten."

> Miles Davis, John Coltrane und Bill Evans sagten mir, wie sehr sie meine Musik mochten, aber alle anderen Jazzmusiker empfanden sie als zu kommerziell, zu nahe am Pop.

Les McCann ist vom Erzählen müde geworden. Seine gute Laune und sein Humor brauchen eine Pause. Nachdem ich ihm noch mehr Eiswürfel geholt habe, sagt er noch abschließend: „Heute ist es an der Zeit, dass die jungen Musiker den Jazz auf eine neue Ebene heben. Wenn man immer nur die Tradition bewahren will, wird sich der Jazz nirgendwo hin entwickeln. Leben bedeutet doch, fortlaufend Neues zu erschaffen und sich immer nach vorne zu bewegen!" Ich bahne mir meinen Weg zwischen ausgedienter Gehhilfe und Rollstuhl hinaus, vorbei am offenen Bad, CD-Regal und Kleiderschrank. „Du darfst die Tür nicht ins Schloss ziehen, sonst kann mich niemand mehr besuchen. In meinen alten Wohnungen wurde so oft eingebrochen, daher habe ich mir angewöhnt, die Tür nicht mehr abzuschließen. Hier gibt es eh nichts zu stehlen. Das Wertvollste in der Wohnung bin ich."

Freddie Redd

> DIE MUSIK SAGT DEINEM UNTERBEWUSSTSEIN, WELCHE RICHTUNGEN UND MÖGLICHKEITEN BESTEHEN, UND AB DA AN KOMMT DIE KREATIVITÄT INS SPIEL.

Freddie Redd
(* 29. Mai 1928 in Harlem, New York City) ist ein US-amerikanischer Pianist und Komponist.

„Wer mich wirklich hören will, wird mich schon finden", kommentiert Freddie Redd gelassen die Suche nach ihm.

Es ist gerade Pause in dem Jazzclub Smalls, Ecke 10. Straße und 7. Avenue in Greenwich Village. Redd spielt Klavier in der Band des Saxofonisten Chris Byars. „Bei Freddie weiß man nie, was morgen passiert. Hauptsache, er hat die Möglichkeit, Klavier zu spielen, dann geht es ihm gut." Im dem kleinen Club drängelt sich das Publikum. Freddie Redd ist nicht oft in New York zu hören. „Klar wäre es schön, mehr Konzerte zu spielen, aber es gibt nicht so viele Anfragen."

Redd trägt einen Hut, eine schwarze Trainingsjacke, braune Cordhose und dazu weiße, abgetragene Cowboystiefel. „Ich habe nie die Öffentlichkeit gesucht und wollte auch nie berühmt werden. Vielleicht hätte mir etwas Bekanntheit gefallen, aber ich bin niemandem hinterhergelaufen. Es ging mir einfach nur darum, Musik zu spielen und mit jedem Auftritt noch mehr Erfahrung zu sammeln und weiter zu lernen. Für das, was ich musikalisch geleistet habe, kam die entsprechende Anerkennung, deshalb fühle ich mich auch nicht unterbewertet. Ich brauche keine Fans, die mir folgen." Redd lacht laut. „Wo auch immer ich spiele, treffe ich Leute, die sich an mich erinnern. Ich will einfach nur ein guter Musiker sein!"

Diese Bescheidenheit in Kombination mit seiner langen Abwesenheit hat Freddie Redd zu einem Musiker gemacht, von dem man nie wusste, wo er sich gerade aufhält und ob er noch lebt. Durch seine Reiselust wohnte er an den unterschiedlichsten Orten in Amerika und in Europa, wodurch er nur schwer zu erreichen war. Ein echter Nomade des Jazz. „Ich kann nicht an einem Ort zu lange bleiben, für mich muss immer etwas passieren. In Harlem bin zwar aufgewachsen, aber ich wollte nie in meiner Heimatstadt bleiben. Da draußen war eine Welt, in der es sehr viel zu entdecken gab. Ich habe ein starkes Bedürfnis zu reisen und lasse die Leute nicht immer wissen, was ich gerade mache. Warum auch? Ich nehme die Arbeit, wie sie gerade kommt. Als ich in frühen Jahren Geld für meine Frau und meinen Sohn verdienen musste, habe ich auch Teller gewaschen, Böden geschrubbt und Klaviere bei Umzügen transportiert, aber ich musste nie eine Waffe benutzen, um eine Bank auszurauben – das ist mir zum Glück erspart geblieben."

Wieder lacht Redd. Einige junge Musiker aus dem Publikum unterhalten sich voller Bewunderung kurz mit dem Altmeister, bevor die Band die Pause beendet. „Weißt du, ich folge nicht dem aktuellen Geschehen und kenne kaum Musiker hier in New York. Ich bin jetzt 88 Jahre alt und alle meine alten Freunde sind längst verstorben. Viele von denen, die ich bewundert habe, sind nicht mehr da. Lebt Herbie Hancock eigentlich noch?" Chris Byars kommt hinzu und erzählt von Hancock, aber dann spielen sie wieder weiter. Nach dem Konzert verabreden wir uns für den übernächsten Vormittag in seiner Wohnung, wo er mit Byars eine Probe geplant hat. „Aber ruf mich vorher noch mal an. Es kommt bei mir immer auf die Tagesform an."

Einige Tage später. Die Probe und unser Treffen wurden immer wieder verschoben. Redd wohnt in Inwood, dem nördlichsten Teil von Manhattan, wo er sich zusammen mit dem Bassisten Ben Meigners ein kleines Appartement teilt. „Ich zahle 500 Dollar und es ist gar nicht so leicht, das zu bezahlen, wenn man nicht so oft gebucht wird." Nach Betreten der Wohnung steht man in einem kargen Raum mit Küchenzeile, in dem ein großer, brauner Flügel steht. Gleich dahinter eine schwarze Couch, sein Bett. „Mehr brauche ich nicht." Chris Byars, die Sängerin Irene und der Bassist Greg sind auch eingetroffen und sie proben einige Stücke. Manchmal spielt Redd nur zögerlich, weil er nicht sicher ist, an welcher Stelle sie sich befinden. Dennoch freut er sich und ist begeistert. „Klingt doch gut! Wir sollten versuchen, einen Gig zu bekommen." Chris lächelt. „Ich werde schauen, was ich machen kann. Ach übrigens, Freddie, ich habe dir zwei Tüten mit

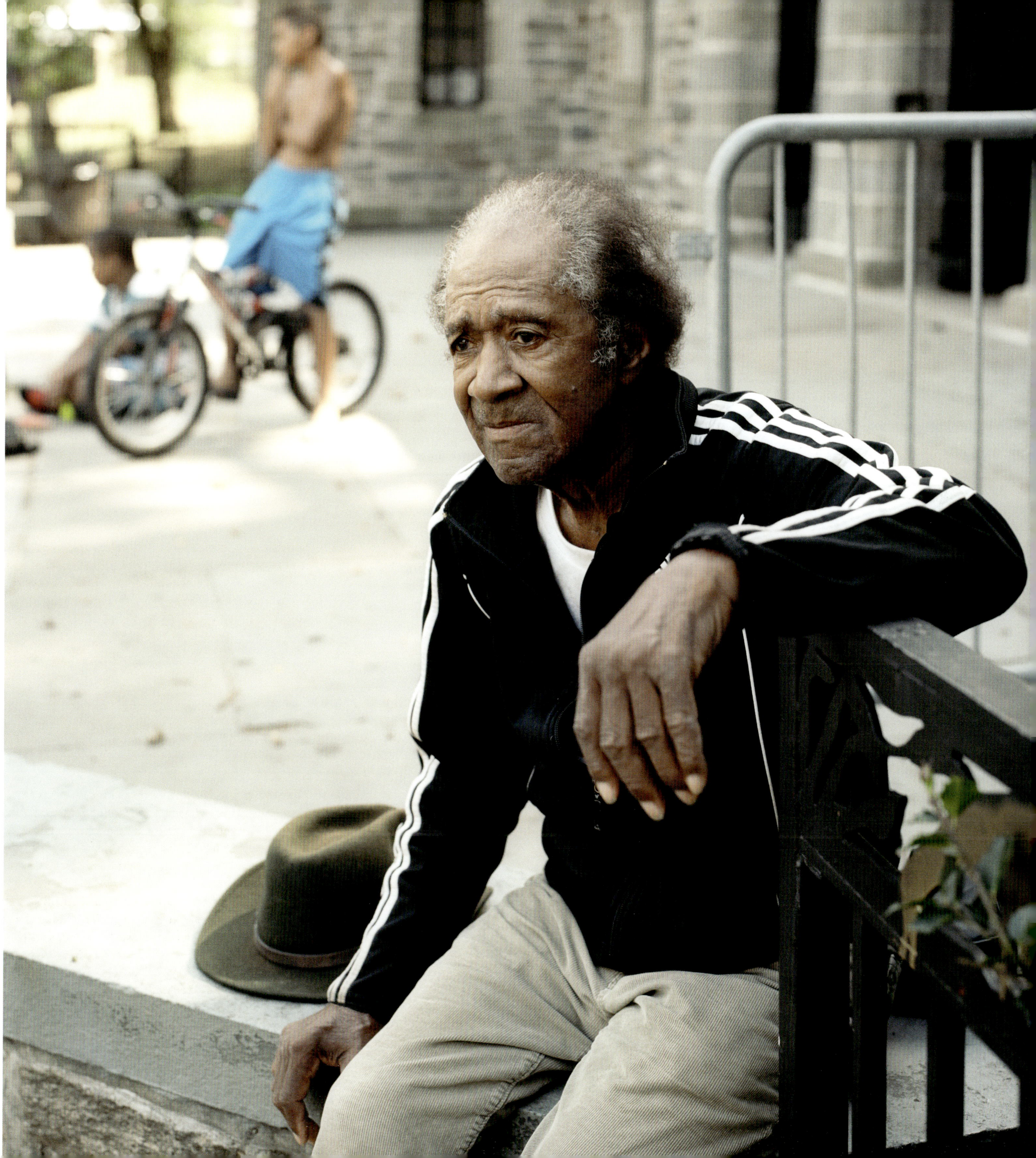

Lebensmitteln aus dem Supermarkt mitgebracht, die ich dort hingestellt habe. Vergiss nicht, sie in den Kühlschrank zu packen, o. k.?"

Nach zwei Stunden verlassen die jungen Musiker das Appartement und Redd übt weiter. „Jede Probe lerne ich etwas dazu. Aber man wird eine musikalische Phrase nie wieder so spielen, wie man es einmal gemacht hat. Die Musik sagt deinem Unterbewusstsein, welche Richtungen und Möglichkeiten bestehen, und ab da an kommt die Kreativität ins Spiel. Das Spielen hab ich mir selbst beigebracht, obwohl mein Vater Klavierlehrer war, aber er starb, als ich knapp zwei Jahre alt war. Ich habe nie ernsthaft darüber nachgedacht, Musiker zu werden, bis ein Freund mir das Stück ‚Shaw 'Nuff' von Charlie Parker und Dizzy Gillespie vorgespielt hat. Diese Musik hat mich so inspiriert – ich empfand sie wie eine Aufforderung. Da habe ich angefangen, Bebop zu spielen, und Bud Powell war mein größtes Vorbild. Später habe ich selbst einmal mit Parker gespielt. Das erzähle ich dir bei einem Spaziergang."

Wir gehen über den Broadway in den Inwood Hill Park, der gleich um die Ecke liegt. Redd geht sehr langsam und benutzt einen Stock. In New York spielte er 1952 mit Cootie Williams und im Jahr danach in einem Trio mit Oscar Pettiford am Cello und Charles Mingus am Bass. Im Februar 1955 nahm er mit dem Schlagzeuger Ron Jefferson und dem Bassisten John Ore im Studio von Rudy Van Gelder für das Prestige-Label seine erste Platte als Leader auf. Es folgten im selben Jahr Einspielungen mit Joe Roland, Art Farmer und Gene Ammons. Im Sommer 1956 spielte er in Schweden eine Tour mit Tommy Potter und Joe Harris und wurde dort zu Plattenaufnahmen mit Rolf Ericson und Benny Bailey eingeladen.

Zurück in den USA, nahm er in San Francisco eine Trio-Platte für Riverside auf. Redd blieb für zwei Jahre in der Westküstenstadt, nachdem er Charles Mingus' Band verlassen hatte. „Mingus hatte Probleme mit sich selbst. Wir sind 1957 mit seinem Jazz Workshop nach San Francisco gefahren. Wenn ihm musikalisch etwas nicht

Wenn Charlie Mingus musikalisch etwas nicht gefiel, hat er dir gedroht. Als es mir zu viel wurde, sagte ich ihm: „Ming, wenn du dich wieder mit mir streiten willst, werde ich dich erschießen!"

---

gefiel, hat er dir gedroht. Als es mir zu viel wurde, sagte ich ihm: ‚Ming, wenn du dich wieder mit mir streiten willst, werde ich dich erschießen!' Bevor wir Frisco mit dem Auto wieder Richtung Ostküste verließen, warnte mich sein Schlagzeuger Dannie Richmond: ‚Hey, Freddie, Mingus hat sich einen miesen Plan für dich ausgedacht. Er will mitten in der Wüste in Arizona den Wagen anhalten und dich fragen, ob du aussteigen kannst, um den hinteren Reifen zu überprüfen. Und dann will er losfahren und dich in der Wüste stehen lassen.' Deshalb entschied ich mich natürlich dafür, seine Band zu verlassen und in San Francisco zu bleiben. Jahre später trafen wir uns wieder und er hat sich bei mir entschuldigt. Dennoch habe ich ihm nie richtig getraut. Er war einfach ein unberechenbarer Typ, der gegen Ende seines Lebens gemerkt hat, dass viele Leute ihn nicht mochten. Aber dazu hat er selbst alles beigetragen."

Am bekanntesten wurde Freddie Redd 1959 durch seine Arbeit für das Theaterstück „The Connection" von Jack Gilbert, das in der 52. Straße am Living Theater einstudiert wurde. „In meiner Nähe wohnte Gary Godrow, einer

DIE WICHTIGSTEN ALBEN
ALS LEADER

with Hampton Hawes Piano East/West
(Prestige, 1955)

San Francisco Suite
(Riverside, 1957)

Music From ‚The Connection'
(Blue Note, 1960)

Shades Of Redd
(Blue Note, 1960)

Redd's Blues *(Blue Note, 1961,
veröffentlicht als LP 1988, als CD 2002)*

Movin'
(New Jazz, 1963)

Under Paris Skies
(Futura, 1971)

Everybody Loves A Winner
(Milestone, 1990)

ALS SIDEMAN

Art Farmer When Farmer Met Gryce
(Prestige, 1955)

Rolf Ericson
Rolf Ericson & The American All Stars
(Dragon, 1956)

———

Reinhard Köchl

der Darsteller. Er vermittelte mir den Job, die Musik für das Stück zu komponieren. Es war ein sehr ungewöhnliches Script und handelte von acht Junkies, die auf ihren Dealer mit neuem Stoff warteten, von denen vier Jazzmusiker waren. Als Altsaxofonisten konnte ich Jackie McLean gewinnen. Wir vier Musiker waren Teil des Stücks und spielten auf der Bühne mit, auch wenn wir kein Wort sagten. Das Stück war definitiv etwas Besonderes, da schwarze und weiße Schauspieler gleichwertige Rollen spielten und auch weil Gilbert sehr dreckige Dialoge mit vulgären Wörtern geschrieben hatte, die dem echten Junkie-Leben entnommen waren. Damit hatten die Broadway-Kritiker ihre Probleme. Aber langsam wurde das Stück immer erfolgreicher, und im Publikum sah ich Leute wie Leonard Bernstein und Salvador Dali."

Das Theaterstück lief 17 Monate lang, bis 1961, und tourte zum Schluss auch nach London. „Wenn ich mal nicht spielen konnte, ist Cecil Taylor für mich eingesprungen, aber er hat natürlich nicht meine Kompositionen gespielt, sondern spontan improvisiert. Wegen des großen Erfolgs machte Shirley Clark einen Film aus dem Theaterstück, in dem wir natürlich auch mitspielten. Den Soundtrack spielten wir für Blue Note ein. Danach nahm ich für Blue Note noch die Platte ‚Shades Of Redd' auf, aber bei der dritten Recording-Session kam Alfred Lion wütend ins Studio und beschwerte sich: ‚Ihr braucht zu lange!' Daraufhin sagte ich gelassen: ‚Lass uns doch einfach hier in Ruhe spielen.' Wir haben uns dann richtig gestritten und Alfred sagte zum Schluss: ‚Ich werde diese Aufnahme niemals veröffentlichen!' Deshalb erschien sie erst 1989 in einer Box."

Redd setzt sich auf eine Parkbank und erzählt noch von seiner Reise nach London, wo er Ende der 1960er-Jahre für einige Zeit wohnte. „In New York kam der britische Fotograf Michael Cooper in mein Konzert und wir wurden Freunde. In London durfte ich in seinem Studio leben. Er war gerade dabei, das Cover für die Beatles von ‚Sgt. Pepper's' zu fotografieren, das Peter Blake entworfen hatte. Er war mit den Rolling Stones befreundet, so lernte ich Mick Jagger, Marianne Faithfull und Keith Richards kennen, der uns in sein Haus im Süden von London einlud. Alle kannten Mick und Marianne, weshalb man eigentlich nirgends in der Stadt mit ihnen hingehen konnte ..., aber warte mal, wer ist der schwarze Typ da neben ihnen?" Freddie Redd lacht wieder. „Eines Tages kam James Taylor ins Studio. Er suchte noch einen Pianisten für eine Aufnahme. Am nächsten Tag trafen wir uns im Haus von Paul McCartney, der bei dem Song Bass spielen sollte. Wir probten ein paar Tage und nahmen dann ‚Carolina In My Mind' auf, wo ich Orgel spielte."

Später wohnte Redd auch für kurze Zeit in Berlin. Als er die Stadt mit seiner Freundin im Auto Richtung Paris verlassen wollte, fuhr er versehentlich in die falsche Richtung, verstand die Schilder „Verboten" nicht und wurde an der russischen Grenze als amerikanischer Spion festgenommen. Zum Glück konnten seine Schallplatten, die zufällig im Auto lagen, helfen zu beweisen, dass er nur ein amerikanischer Jazzmusiker war. Und wie war nun die Session mit Charlie Parker? „Das war am 31. Dezember 1954. Parker kam bei mir vorbei und bemerkte, dass ich an jenem Abend keinen Job hatte. Er sagte: ‚Moment mal! Jeder Musiker arbeitet am Neujahrsabend!' Er ging um

———

Als ich in frühen Jahren Geld für meine Frau und meinen Sohn verdienen musste, habe ich auch Teller gewaschen, Böden geschrubbt und Klaviere bei Umzügen transportiert, aber ich musste nie eine Waffe benutzen, um eine Bank auszurauben.

———

die Ecke zu dem Club Montmartre, kam zurück und fragte mich, ob ich einen Schlagzeuger organisieren könne. Ich rief Ron Jefferson an und sagte: ‚Wir haben einen Auftritt mit Bird!' Ron kam, so schnell er konnte. Wir spielten also in jener Nacht und in der hintersten Ecke saß Cecil Taylor, der ganz begeistert davon war, dass ich mit Bird spielte. Und ich erst recht."

Horace Parlan

MEINE EIGENE MUSIK HÖRE ICH MIR NICHT MEHR AN, DENN SIE INSPIRIERT MICH NICHT.

Horace Lumont Parlan
(* 19. Januar 1931 in Pittsburgh, Pennsylvania) ist ein US-amerikanischer Pianist und Komponist.

Die Schiebetür des großen Zimmers öffnet sich:

Dahinter sitzt Horace Parlan in einem Rollstuhl und hört über Kopfhörer Musik. Zusammen mit Ursula Dieterich-Pedersen, einer Freundin von ihm, besuchen wir den Pianisten in einem Pflegeheim in Korsør, das eine Stunde westlich von Kopenhagen direkt am Storebælt liegt. Parlan setzt den Kopfhörer ab und begrüßt uns: „Hej, hvordan går det med jer?" Nachdem er 1972 nach Kopenhagen gezogen war, hat er nicht nur die dänische Staatsbürgerschaft angenommen, sondern auch die Sprache fließend gelernt. All die Einschränkungen der letzten Jahre konnten seiner herzlichen Umgangsform nichts antun: Er ist blind geworden und kann aufgrund seiner Kinderlähmung nicht mehr Piano spielen. Auf dem Tisch steht ein altes Foto von ihm und seiner dänischen Frau Norma, die 2013 verstarb. Davor liegen mehrere Stapel mit CDs, darunter Alben von Jesper Lundgaard, Alex Riel und Hank Jones. Gerade hat er sich noch Thomas Clausen angehört.

„Meine eigene Musik höre ich mir nicht mehr an, denn sie inspiriert mich nicht. Aber ich habe da hinten im Regal die unterschiedlichsten CDs und höre mir ständig Musik an, manchmal auch mit einem Freund, der für ein paar Stunden vorbeikommt. Einige Freunde schicken mir ihre neuesten CDs, aber ich höre mir auch die alten Sachen an, denn damit bin ich ja aufgewachsen. Es gibt im dänischen Radio einen Sender, der auch alten Jazz spielt von Musikern, die ein wichtiger Teil in der Geschichte des Jazz sind, und mit denen ich früher auch zusammengearbeitet habe, und das macht mich dann sehr stolz."

Es ist ein Wunder, dass Parlan mit seiner Erkrankung überhaupt Pianist werden konnte. „Als ich fünf Jahre alt war, bekam ich Poliomyelitis, und die rechte Seite meines ganzen Körpers war für zehn Tage komplett gelähmt. So schnell es gekommen war, so schnell ging es auch wieder, aber die Beweglichkeit war auch danach noch eingeschränkt. Meine Eltern dachten, dass Klavierspielen eine gute Therapie wäre. Als ich acht war, hatte ich eine Lehrerin, die eine gute klassische Pianistin war, aber sie konnte nicht gut unterrichten und nach drei Monaten gab ich auf. Aber nachdem ich den charismatischen Vladimir Horowitz gesehen hatte, war ich entschlossen, es weiter zu versuchen. Mein zweiter Lehrer ermutigte mich und erarbeitete mit mir eine eigene Technik für die Probleme, die ich infolge von Polio hatte. An meiner rechten Hand konnte ich den Mittel- und den Ringfinger nicht richtig benutzen. Deshalb musste ich die linke Hand stärker entwickeln, die sehr schnell wurde und die schwache rechte Hand immer spielerisch unterstützen musste."

Parlan wuchs in seiner Geburtsstadt Pittsburgh auf, genau wie Ahmad Jamal. Sie hatten denselben Lehrer. „Ich war ungefähr zwölf Jahre alt und Ahmad war nur sechs Monate älter als ich. Er holte mich immer zu Hause ab, und dann sind wir zusammen in der Straßenbahn zum Unterricht gefahren. Erst war ich dran, anschließend er. Wir haben uns beide gegenseitig zugeschaut. Ahmad war natürlich viel weiter als ich. Mir war bewusst, dass ich nie so wie meine Vorbilder Oscar Peterson oder Art Tatum würde spielen können. Stattdessen musste ich meinen eigenen Groove finden. Der Schlüssel dazu war eine gewisse Einfachheit im Spiel. Das lernte ich von Ahmad, der technisch sehr versiert war, aber ganz bewusst nicht sein Können in den Vordergrund stellte, sondern der Musik Raum gab."

Nicht nur Jamal, auch Art Blakey, Kenny Clarke, Ray Brown, Dodo Marmarosa, Sonny Clark, Erroll Garner, Earl Hines und auch die Brüder Tommy und Stanley Turrentine kamen aus Pittsburgh. „Der Anfang war sehr schwierig für mich: Weil ich die Akkorde anders spielte, wurde ich von anderen Musikern nicht respektiert. Für sie klang es zunächst befremdlich und nicht wirklich professionell." Dennoch bekam Parlan immer wieder die Chance, professionell aufzutreten. Als James Brown 1956 in die Stadt kam, spielte er einen Abend lang mit ihm. Dizzy Gillespie reiste bald darauf mit Sonny Stitt, aber ohne

> Meine Entscheidung, nach Dänemark zu gehen, hat vielleicht mein Leben gerettet.

seinen Pianisten Wynton Kelly an. „Sonny kannte mich und konnte Dizzy überzeugen, dass ich einspringe. Wir haben dann eine ganze Woche zusammengespielt! Auch Charlie Mingus kam 1956 nach Pittsburgh, in der Gruppe des Vibrafonisten Teddy Charles. Er fragte, ob ich mitspielen wolle. Warum nicht? Wir spielten zwei Stunden und es gefiel ihm. Danach sagte er zu mir: ‚Du musst nach New York kommen!' und gab mir seine Karte."

Parlan brach sein Jurastudium nach nur 18 Monaten ab und spielte 1957 sein erstes Konzert mit Sonny Stitt in Washington und folgte ihm weiter nach New York. „Als ich mit meinem Auto dort ankam, fuhr ich als Erstes zum Alvin Hotel, wo damals viele Musiker abstiegen. Ich brachte meine Sachen in die Lobby und wer kam auf dem Bürgersteig vorbei? Charles Mingus mit Art Taylor. Er sagte, er stelle gerade eine neue Band zusammen und ich solle am nächsten Tag in sein Appartement zur Probe kommen. Mingus lebte damals Ecke 51. Straße und 9. Avenue, glaube ich. In der Band waren noch Shafi Hadi, Dannie Richmond und Jimmy Knepper. Ab Oktober 1957 spielten wir für fünf Monate im Half Note. Mingus änderte oft das Repertoire und experimentierte gerne, deshalb nannte er die Band ‚The Jazz Workshop'. Manchmal stoppte er die Gruppe in der Mitte eines Songs, korrigierte seine Mitspieler und anschließend gingen wir ein paar Takte zurück und spielten es noch mal. So arbeitete er. Und das während des Konzerts! Ich konnte Mingus noch überzeugen, Booker Ervin zu engagieren, den ich in Pittsburgh getroffen hatte, wo er durch einen Gig mit Chet Baker hängen geblieben war, da Chet nach dem ersten Wochenende mit der ganzen Gage verschwand. Booker musste sich also das Geld für seine Fahrkarte in einem Club erst erspielen."

Zusammen mit Booker Ervin, Jackie McLean, Pepper Adams und noch einigen anderen Musikern nahm Parlan für Atlantic Records im Februar 1959 das Mingus-Album „Blues & Roots" auf. „Mingus war es wichtig, dass alle Musiker seine Kompositionen nach Gehör lernten.

Er spielte sie entweder am Piano oder am Bass vor oder aber er sang für den jeweiligen Spieler dessen Melodielinie. Dabei war ihm die korrekte Phrasierung immer sehr wichtig. Eigentlich war das eine gute Methode, denn so wurde die Musik im Spiel persönlicher. Mingus hatte immer eine freie Herangehensweise an Musik, ohne dabei Free Jazz zu spielen, und das war gut für mich, denn dadurch eröffneten sich neue Möglichkeiten am Klavier. Wir nahmen noch zusammen die Platte ‚Ah Um' auf, aber bald verließ ich seine Gruppe, denn wir spielten immer nur seine Kompositionen, und das wurde auf Dauer doch etwas einseitig."

Im Sommer 1959 stellte Lou Donaldson ein neues Quartett zusammen und rief Parlan an, denn er kannte ihn noch aus Pittsburgh. „Mit Lou zu arbeiten, war eine ganz andere Erfahrung, denn er kam aus der Bebop-Tradition und wir spielten viel Standardrepertoire aus dem American Songbook, das ich später gut anwenden konnte. Wir gingen auf Tour und nahmen für Blue Note die Platten ‚The Time Is Right', ‚Sunny Side Up' und zuletzt ‚Midnight Sun' auf, die jedoch erst 20 Jahre später veröffentlicht wurde. So lernte ich Alfred Lion und Francis Wolff kennen. Sie haben einfach sehr viel aus der Liebe zur Musik produziert, aber natürlich ging es den beiden auch darum, Geld zu verdienen, indem sie einige Titel als Single pressen ließen, die dann in den Jukeboxes liefen oder von DJs im Radio gespielt wurden. Lou war wirklich begeistert von mir und überzeugte Alfred Lion, mir meine erste eigene Produktion bei Blue Note zu ermöglichen."

Eine Pflegerin kommt herein, die Parlan zum Mittagessen abholen will. Wir bewegen uns auf derselben Ebene Richtung Speisesaal. „Die kochen hier wirklich gut!" Beim Essen erzählt er weiter von dem Beginn seiner Zeit bei Blue Note. „Für meine erste Platte im Trio wollte ich am Bass George Tucker und Al Harewood am Schlagzeug dabeihaben. Aber Alfred bestand auf Sam Jones als Bassisten, weil dieser durch seine Zusammenarbeit mit Cannonball Adderley bekannter war. Blue Note hatte mit Rudy Van Gelder einen tollen Tonmeister, der ursprünglich im Wohnzimmer seiner Eltern angefangen hatte, für das Label Prestige Recording-Sessions aufzunehmen. Dann gab er seinen Job als Optiker auf und baute sich sein eigenes Studio. Es gab immer genug zu essen und zu trinken und die Sessions dauerten ungefähr fünf bis sechs Stunden. Manchmal haben wir von einem Titel eine gesonderte Aufnahme gemacht und ihn in der Länge angepasst, damit er auf eine EP für die Jukebox passte. Für die Proben mietete Alfred am Tag vor der Aufnahme ein Studio in New York an. Und die Proben wurden sogar bezahlt! Vor der Aufnahme wurden dann Verträge gemacht und wir mussten nicht lange auf unser Honorar warten, sondern bekamen noch am selben Tag unseren Scheck."

Parlans Vertrag mit Blue Note lief über drei Jahre, in denen er sechs Platten aufnahm. „Wenn Alfred mal nicht glücklich mit einem Take war, haben wir einfach noch einen eingespielt. Nur wenige Monate später nahm ich ‚Us Three' auf, diesmal mit meinem richtigen Trio. Normalerweise dauerte es drei Monate, bis eine Platte erschien, weil Blue Note so viele Produktionen gleichzeitig veröffentlichte. Schade war nur, dass ich weder mit dem Trio noch im Quintett auf Tour gehen konnte, weil es dafür kein Geld gab. In einem Interview mit dem ‚Metronome Magazine' hatte ich geäußert, dass ich etwas unzufrieden war, weil Blue Note nicht genügend Werbung für meine Alben machte. Das hatte Alfred zufällig gelesen, war sehr wütend geworden und hat daraufhin unseren Vertrag aufgelöst. Eigentlich hätte ich noch zwei weitere Platten aufnehmen sollen. Na ja, es war nicht so schlimm und ich bin selber schuld, weil ich meinen Mund nicht halten konnte. So bin ich eben."

Nach dem Mittagessen gehen wir noch zum Meer, das direkt vor der Haustür liegt. „Riechst du das Salz in der Luft?", fragt Parlan. In seiner Zeit bei Blue Note nahm sein Trio noch mit Dexter Gordon und Stanley Turrentine auf, ebenso war er an Plattensessions von Johnny Griffin, Roland Kirk, Dave Bailey, Clark Terry, Irene Kral und Tubby Hayes beteiligt. Aber Ende der 1960er-Jahre gab es immer weniger Jobs für Parlan und nachdem er in New York zweimal überfallen worden war, entschied er sich für Kopenhagen als neue Heimat. „Für mich war es klar, dass man in einer Umgebung mit Spannungen und Drogen und Verbrechen in den Straßen keine gute Musik produzieren konnte. Ich kam 1970 mit Miriam Makeba zum ersten Mal hierher und es hat mir gleich gefallen. Schon damals lebten einige Freunde von mir hier: Dexter Gordon, Ben Webster, Kenny Drew, Sahib Shihab. Meine Entscheidung, nach Dänemark zu gehen, hat vielleicht mein Leben gerettet."

DIE WICHTIGSTEN ALBEN
ALS LEADER

Movin' & Groovin' (Blue Note, 1960)

Us Three (Blue Note, 1960)

Arrival (SteepleChase, 1974)

Little Esther (Soul Note, 1987)

Relaxin' With Horace (Stunt, 2004)

ALS SIDEMAN

Charles Mingus *Mingus In Wonderland*
(Atlantic, 1959)

Lou Donaldson *The Time Is Right*
(Blue Note, 1959)

Charles Mingus *Blues & Roots*
(Atlantic, 1960)

Booker Ervin *That's It!* (Candid, 1961)

Stanley Turrentine *Salt Song* (CTI, 1971)

Archie Shepp *Goin' Home*
(SteepleChase, 1977)

Johnny Griffin *Close Your Eyes*
(Minor Music, 2000)

Reinhard Köchl

Sonny Simmons

NUR MEIN HORN HAT MICH AM LEBEN GEHALTEN.

Huey, genannt Sonny, Simmons (* 4. August 1933 auf Sicily Island, Louisiana) ist ein US-amerikanischer Saxofonist und Komponist.

„Ich mag vielleicht alt geworden sein, aber ich kann immer noch wie Feuer spielen."

Nach einem Unfall verbringt Sonny Simmons seine Tage vorübergehend in einem Rehabilitationszentrum in Uptown Manhattan. Seine Frau Janet Janke kommt täglich vorbei und bringt ihm alles, was er braucht. Auf einem kleinen Fernsehgerät sieht er sich alte Konzertmitschnitte seiner Band an und freut sich über die Musik. Neben seinem Bett liegt eine kleine Broschüre, die über den Ablauf der Trauerfeier des verstorbenen Ornette Coleman informiert. „Ich wollte unbedingt zu der Beerdigung von Ornette, um meinen Respekt auszudrücken. Dort traf ich nach sehr vielen Jahren auch Sonny Rollins wieder, aber es gab leider keine Zeit für ein kurzes Gespräch, dabei hätten wir uns sicherlich viel zu erzählen." Rollins hatte damals die erste Platte „The Cry" von Simmons gehört und war sehr beeindruckt von ihm. Als Simmons 1963 nach New York kam, nahm Rollins ihn für drei Tage in Beschlag.

„Ich spielte mit Sonny im Village Gate, zusammen mit seiner Rhythmusgruppe, Henry Grimes und Charles Moffett. Rollins bewegte sich damals ein wenig in die Richtung der Avantgarde und war von meinem freien, energetischen Spiel sehr angetan. Als ich in seinem Appartement zum Üben vorbeikam, hat er mich nicht mehr gehen lassen. Meine Frau rief bei ihm an, aber Sonny ließ mich nicht mal mit ihr reden. Die Geschichte entwickelte sich zu einem Drama und war das Stadtgespräch in New York: ,Sonny Rollins entführt Sonny Simmons für drei Tage!' Rollins' Telefon klingelte ständig, Leute klopften an seiner Tür. Einmal kam Freddie Hubbard vorbei, aber Rollins hat auch ihn total ignoriert. Und ich konnte nichts machen, denn es war seine Appartementtür und ich konnte sie nicht einfach öffnen. Aber Rollins hatte auch etwas Angst vor mir, denn er verstand nicht, wie jemand, der keine Drogen nahm, so wie ich spielen konnte, dabei hat mich lediglich die Spiritualität der Musik geleitet."

Dieses Drei-Tage-Drama fand wenig später in etwas abgeschwächter Form eine Fortsetzung – in den drei Monaten, die Rollins mit Simmons zusammen im Wald übte. „Jeden Tag hat er mich in Manhattan an der Ecke 4. Straße und 2. Avenue abgeholt – und das um fünf Uhr morgens! Ich hatte noch nicht einmal gefrühstückt. Rollins fuhr einen nagelneuen Mietwagen. Er hatte Geld, weil er damals bei RCA Victor unter Vertrag war. Wir fuhren dann zusammen über die George-Washington-Brücke nach Englewood, New Jersey, in den Wald und spielten zusammen. Manchmal habe ich ihn gefragt: ,Hey, Newk, wann machen wir Mittagspause?' Aber Rollins sah mich nur an und hat sein Horn nicht aus dem Mund genommen. Wir spielten ungefähr bis 17 Uhr, dann fragte ich ihn wieder und wir gingen endlich etwas essen. Er hat mich einfach getestet, wie lange ich mit ihm durchhalten würde. Ich lernte so viel von ihm, und er sagte mir, dass er von mir lernen würde! Er war eine große Hilfe für mich in meiner Anfangszeit in New York. Rollins wollte mich auch bei einer Plattenaufnahme für RCA dabeihaben, aber der Produzent George Avakian hatte Rollins zuvor schon mit Don Cherry aufgenommen – das war genug Avantgarde für ihn. Avakian stritt sich mit Rollins und unsere Session wurde abgebrochen. Ich weiß nicht, ob diese Bänder noch in irgendwelchen Archiven lagern."

Ab seinem 13. Lebensjahr wuchs Sonny Simmons in Oakland, Kalifornien, auf und hörte sich nicht nur Jazzkonzerte von Duke Ellington, Cab Calloway, Lena Horne, Lester Young und Louis Jordan an, sondern auch jede Menge Country-Musik. Als er 1949 Charlie Parker mit „Jazz At The Philharmonic" sah, wechselte er vom Englischhorn zum Saxofon. Seine Eltern hatten kein Geld für Unterricht, weshalb Simmons sich selbst beibrachte, das Instrument zu spielen, und zu Schallplatten übte. „1961 kam Charles Mingus nach San Francisco und spielte im Jazz Workshop. In seiner Band waren auch Charles McPherson und Lonnie Hillyer, ebenso Roland Kirk, den er am Ende der Probe mal wieder feuerte. Mingus wollte, dass ich Kirks Position in der Gruppe übernehme, aber ich wollte niemandem den Job klauen, den ich bewunderte! Ich hatte die Platten von Kirk gekauft und sehr viel Respekt vor ihm …, ich meine, Kirk war blind und spielte drei Instrumente gleichzeitig! Er war ein absoluter Innovator! Ich war jung, sehr ehrfürchtig und wollte mich dieser Herausforderung nicht stellen. Das habe ich versucht, Mingus zu erklären, und lehnte ab. Aber Mingus war total genervt: ‚Niemand hat je das Angebot abgelehnt, mit mir zu arbeiten!' Er hat mich einfach nicht verstanden."

In seiner Anfangszeit spielte Simmons mit Dexter Gordon, Sonny Stitt, Cal Tjader und freundete sich mit dem Saxofonisten William „Prince" Lasha an, einem Jugendfreund von Ornette Coleman aus Texas, der 1954 an die Westküste gekommen war. 1962 ging Simmons nach Los Angeles und suchte den Produzenten Lester Koenig auf, der auf seinem Label Contemporary Records die ersten beiden Platten von Ornette Coleman veröffentlicht hatte. „Koenig verstand meine Musik, die in jeglicher Hinsicht anders war als jene von Ornette, und wir nahmen im November 1962 die LP ‚The Cry' auf, mit Prince Lasha, Gary Peacock, Marc Proctor und Gene Stone – zwei Bassisten und kein Pianist! 1963 schickte mich Koenig nach New York, um die Platte zu bewerben. Als ich in New York ankam, konnte ich es kaum glauben, mit welcher Anerkennung die Musiker mich empfingen. Sie waren alle meine Helden und plötzlich bewunderten sie mich. Ich war damals nur ein Baby, aber weil ich so viel geübt hatte, war ich bei meiner Ankunft bereit."

Simmons schaut aus dem Fenster über die Stadt, in der er inzwischen seit fast 50 Jahren lebt. „In einem Loft spielte ich eine Session mit Don Cherry, Charles Moffett, Grachan Moncur, Richard Davis, Clifford Jordan und Prince Lasha. Wir probten gerade eine neue Komposition von mir, ‚Music Matador', als plötzlich Eric Dolphy reinkam – mir wäre fast mein Horn runtergefallen! Eric war mein absoluter Held und ihm gefiel meine Komposition, vermutlich weil er genau wie ich auch an der Westküste aufgewachsen war, wo man an jeder Ecke Musik aus Mexiko hören konnte. Er hat mich dann für seine Plattenaufnahme von ‚Conversations' eingeladen. Während der Aufnahme kam der 18-jährige Woody Shaw ins Studio und spielte spontan mit. Danach holte Eric mich oft in seinem VW-Käfer ab. Wir fuhren zu seinem Loft in Lower Manhattan und haben geübt. Ich war wirklich überwältigt, denn auch Eric sagte zu mir: ‚Sonny, ich lerne von dir genauso wie du von mir!'"

Im selben Jahr nahm Simmons mit Elvin Jones die Platte „Illumination!" für Impulse! auf. „Die komplette Rhythmusgruppe von Coltrane war dabei: Tyner, Garrison und natürlich Jones! Bei der Komposition ‚Oriental Flower' spielte ich Englischhorn. Diese Platte hat mir noch mehr Anerkennung in New York eingebracht. In Manhattan wohnte ich in der Nähe von Jimi Hendrix, den ich besuchte, weil er mich Englischhorn spielen hören wollte – Saxofon gefiel ihm generell nicht so gut. Wir haben auch einmal zusammengespielt, als ich 1969 in einer Künstlerkommune in Woodstock lebte."

1964 heiratete Sonny Simmons die Trompeterin Barbara Donald, die auch bei seinen Plattenaufnahmen für ESP Records mitspielte. „Der Bebop-Trompeter Benny Harris hatte Barbara mir empfohlen. Sie war zuerst meine Studentin und wurde später meine erste Frau. Barbara war wirklich heiß, aber das hat mir eine Menge Probleme bereitet: Ich, schwarzer Saxofonist, stehe auf der Bühne, neben mir meine attraktive Frau, die weiß ist, einen Minirock trägt und super Trompete spielt. So etwas hatte es in der Musikgeschichte bis dahin noch nicht gegeben. Das hat den Musikern in New York gar nicht gefallen, ich glaube, es hat ihr Ego angekratzt. Wir waren Rebellen und sie mochten uns nicht."

Ich wurde ein arbeitsloser, obdachloser Junkie – 15 Jahre lang! Ich lebte auf der Straße wie ein Hund, hatte nur mein Saxofon und spielte von 9 Uhr bis 23 Uhr. Ich habe es gehasst!

1969 ging Simmons mit seiner Familie an die Westküste, weil er dort eine Einladung für ein Konzert hatte. Seine Schwiegereltern wohnten auch in Kalifornien und wollten, dass ihre Tochter Barbara mit Simmons dort bliebe, obwohl Simmons dagegen war. „Das war der Abstieg in meiner Karriere, denn inzwischen hasste ich Kalifornien – die Jazz-Szene war doch in New York! Ich musste zwei Jobs annehmen, um Geld für meine Frau und meine Kinder ranzuschaffen. Ich wollte meine Familie nicht verlassen, so etwas macht man nicht, man kümmert sich um seine Familie. Ich war ungefähr 41 und packte mein brandneues Selmer-Horn in die Ecke, wo es verstaubte. 1974 hatte ich angefangen zu trinken, weil ich durch die zwei Jobs fast die ganze Nacht wach war. Dann fing ich auch noch an, Drogen zu nehmen. Meine Frau Barbara hatte die Idee, unbedingt nach Olympia, Washington, umzuziehen. Sie hat so sehr gedrängt und darauf bestanden, dass ich schließlich nachgab. Also packte ich alles in meinen roten VW-Bus. In Olympia hat sie mich dann verlassen. Ich kam nach Hause, drehte den Schlüssel der Tür um und alle meine Sachen waren weg. Sie ist mit unseren beiden Kindern einfach abgehauen, das hat mir das Herz zerrissen, denn ich wollte doch sehen, wie meine Kinder aufwachsen!"

Simmons atmet tief durch. „Ich bin dann zurück nach San Francisco gegangen. Mein Saxofon hatte ich noch, aber ich konnte keine Arbeit finden. Ich wurde ein arbeitsloser, obdachloser Junkie – 15 Jahre lang! Ich lebte auf der Straße wie ein Hund, hatte nur mein Saxofon und spielte von 9 Uhr bis 23 Uhr. Das glaubt mir immer keiner, aber so war es. Ich habe es gehasst! Die Leute haben mich angesprochen: ‚So gut wie du spielst – wieso arbeitest du auf der Straße?' Ich habe niemandem meinen echten Namen gesagt. Ich nannte mich Black Jack Pleasanton. Einmal kam jemand aus Europa vorbei und fragte: ‚Bist du nicht Sonny Simmons?' Ich habe es verneint und gesagt: ‚Nein, ich bin Black Jack Pleasanton.' Danach verbreitete sich das Gerücht, dass ich auf der Straße in San Francisco spielen würde. Niemand kennt den Schmerz und den Mist, den ich durchgemacht habe. Nur mein Horn hat mich am Leben gehalten. Ich war manisch-depressiv, aber ich liebte die Musik und ich liebte es, mein Instrument zu spielen!"

Simmons schaut wieder aus dem Fenster. Seine harte Geschichte erzählt er ganz sachlich. Anfang der 1990er-Jahre kamen zwei Franzosen nach San Francisco, die einen Club eröffneten und Simmons zur Eröffnung einige Monate anstellten. „Das war der Beginn meines Revivals. 1994 bekam ich einen Plattenvertrag und nahm ‚Ancient Ritual' auf. Das veränderte meine Karriere, ich ging 1995 nach Paris, wo ich in dem Club La Ville spielte. Im Jahr 2000 kam ich zurück nach New York. Die ganze Musikszene hatte sich verändert. Ich war einer der Väter der Avantgarde, aber habe keine Jobs mehr bekommen und auch keinen neuen Plattenvertrag. Jegliche Form der Anerkennung fehlte. Dennoch habe ich bei einigen unabhängigen Labels CDs herausgebracht und spielte mit unterschiedlichen Musikern." Simmons schaut mich an. „Meine Schwäche war, dass ich es nicht verkraftet habe, meine Kinder verlassen zu haben. Aber vielleicht war das auch eine Stärke."

DIE WICHTIGSTEN ALBEN ALS LEADER

Music From The Spheres (ESP, 1966)

Burning Spirits (Contemporary, 1970)

Staying On The Watch (ESP, 1966)

Rumasuma (Contemporary, 1969)

Backwoods Suite (Westwood, 1982)

American Jungle (Qwest, 1997)

ALS SIDEMAN

Prince Lasha: *The Cry!* (Contemporary, 1962)

Elvin Jones / Jimmy Garrison: *Illumination!* (Impulse!, 1963)

Eric Dolphy: *Iron Man* (Douglas, 1963)

Prince Lasha: *Firebirds* (Contemporary, 1967)

Wolf Kampmann

Carla Bley & Steve Swallow

WIR KOMPONIEREN NIE ZUSAMMEN, ABER WIR SPRECHEN DRÜBER.

Lovella Mae, genannt Carla, Bley, geborene Borg
(* 11. Mai 1936 in Oakland, Kalifornien) ist eine US-amerikanische Komponistin, Pianistin und Organistin.

Stephen W., genannt Steve, Swallow
(* 4. Oktober 1940 in Fair Lawn, New Jersey) ist ein US-amerikanischer Bassist und Komponist.

„Auch wenn es nicht so aussehen mag, wir sind gleich da."

Steve Swallow fährt mit seinem Auto mitten in einen Wald hinein. Im Ort Willow in der Nähe von Woodstock in Upstate New York wohnt er zusammen mit Carla Bley. „In dieser Gegend leben so einige Musiker: Jack DeJohnette, Dave Holland, Pat Metheny. Und in Woodstock leben Al Foster, Sonny Rollins und Karl Berger, aber Carla und ich treffen unsere Nachbarn nie, weil wir uns in dieser Abgeschiedenheit lieber auf unsere Musik konzentrieren, dafür ist der Ort ideal. Wir haben hier keine Freunde außer uns selbst. Der nächste Supermarkt ist 20 Minuten entfernt. Dort traf ich neulich Jack. Wir mussten lachen, da wir beide im Einkaufswagen die gleichen Tabletten liegen hatten. Wir werden eben älter." Wie angekündigt, erreichen wir nach wenigen Minuten ein Haus, das ganz aus Holz gebaut ist. Die Räume auf den drei Ebenen sind sehr verschachtelt. Im Untergeschoss sind im Musikzimmer Flügel, Orgel und Bass aufgebaut. Gleich daneben stehen im Archiv alle Partituren, die Carla Bley geschrieben hat, ebenso die Kompositionen von Swallow.

„Wir beide brauchen die Musik in unserem Leben. Üben, Komponieren oder auch über die Musik zu sprechen sind gleichbedeutend geworden wie Essen und Trinken. Ich bin der Bassist, der auch komponiert, und Carla ist die Komponistin, die auch spielt. Im Laufe der Jahre hat sie aus mir einen besseren Komponisten gemacht und ich aus ihr eine bessere Musikerin. Wir komponieren nie zusammen, aber wir sprechen drüber. Ich würde mir nie erlauben, ihr vorzuschlagen, eine Note auszutauschen. Es hat alles sehr viel mit Selbstmotivation und Disziplin zu tun. Carla hat diese Qualitäten. Als Musiker bewege ich mich nur langsam nach vorne. In einem konstanten Prozess geht es um Sound, Phrasierung und wie man die Musik singen und atmen lässt. Ich wünschte, ich hätte mit 20 eine größere Dringlichkeit verspürt. Es hat lange gedauert, bis ich fokussierter wurde. Ich war ein Spätentwickler."

In einem Regal stehen ordentlich aufgereiht die Schallplatten, die Bley und Swallow veröffentlicht haben, darunter auch seine frühen Aufnahmen mit Paul Bley. Als Junge hatte Swallow Trompete und Piano gelernt, bevorzugte später jedoch den Bass als Instrument. Dennoch begann er zunächst an der renommierten Yale University im Hauptfach Latein und Literatur zu studieren. „Ich war mit Ian Underwood befreundet, der später bei den Mothers of Invention spielte. Er rief mich an und sagte, dass

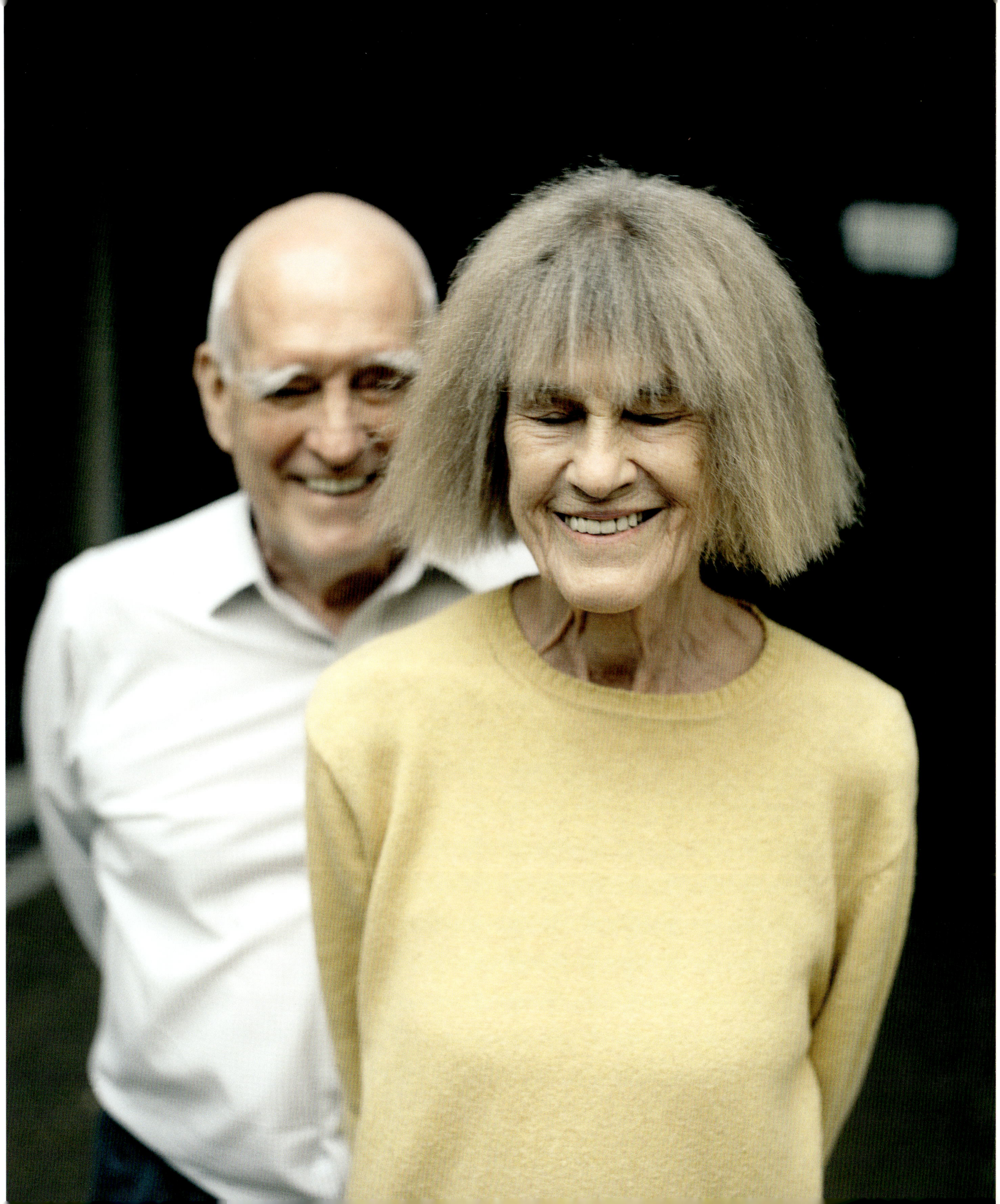

DIE WICHTIGSTEN ALBEN
GEMEINSAM

Duets (WATT, 1988)

Go Together (WATT, 1992)

Are We There Yet (WATT, 1999)

CARLA BLEY

Escalator Over The Hill (WATT, 1971)

Dinner Music (WATT, 1977)

The Lost Chords Find Paolo Fresu (WATT, 2007)

Trios (WATT, 2013)

STEVE SWALLOW

Steve Swallow/Gary Burton
Hotel Hello (ECM, 1975)

Real Book (ECM, 1993)

STEVE SWALLOW ALS SIDEMAN

Paul Bley Trio *Closer*
(ESP-Disk, 1966)

Gary Burton Quintet *Dreams So Real*
(ECM, 1976)

Paul Motian *Trio + 1*
(Winter & Winter, 1997)

John Scofield Trio *Shinola*
(enja, 1981)

—

Martin Laurentius

> Als ich neulich Jack DeJohnette
> im Supermarkt traf, mussten wir lachen,
> da wir beide im Einkaufswagen die gleichen
> Tabletten liegen hatten.
> Wir werden eben älter.

es da einen Pianisten gäbe, der für einen Abend einen Bassisten suchte, am Bard College beim Hudson River. So traf ich Paul Bley und Carla, die damals mit ihm verheiratet war. Es gab keine Probe, daher fragte ich Paul: ‚Was werden wir spielen?' Und er antwortete: ‚Das wirst du schon sehen.'"

Swallow lacht. „Ich hatte zuvor Bebop und Dixieland gespielt und plötzlich erlebte ich mit Paul in einem ganz neuen Kontext Avantgarde-Jazz, das war wie eine Befreiung für mich. Jede Note aus meinem Instrument schien richtig zu sein. Danach fuhr ich zurück nach Yale ins Studentenwohnheim und bekam eine Grippe, hatte hohes Fieber und musste vier Tage im Bett bleiben. Als ich wieder gesund war, habe ich mich exmatrikuliert, bin nach New York gefahren, klingelte bei Paul und Carla und sagte: ‚O.k. da bin ich!', und wurde mit offenen Armen empfangen. Diesen Schritt habe ich nie bereut. Das war ungefähr 1960. Wenn man Jazzmusiker sein wollte, hatte man nicht so viele Optionen wie heute. Man packte seine Sachen und ging nach New York."

Er nahm sich eine Wohnung, die ihn damals 40 Dollar im Monat kostete, was er sich durch die verschiedenen Auftritte ohne Probleme verdienen konnte. „Für einen Job bekam man fünf Dollar und ein warmes Essen – davon gab es endlos viele Angebote. Ich brauchte also nur acht Mal aufzutreten und hatte meine Miete drin. New York war damals die perfekte Umgebung, um sich als junger Musiker zu entwickeln und mit Paul hatte ich einen fantastischen Lehrer gefunden. Es hätte nicht besser laufen können." Im Sextett von George Russell begegnete Swallow Eric Dolphy. „George schrieb die Stücke und spielte Klavier, aber wenn es zu Fragen der Phrasierung und der Artikulation kam, dann war es Eric, der die Musik in eine bestimmte Richtung lenkte, denn er hatte als Ältester in der Band am meisten Erfahrung. Sein Nachfolger war Thad Jones, der ebenfalls diese Rolle übernahm."

Swallow spielte zusammen mit Paul Bley im Trio von Jimmy Giuffre, trat mit Thelonious Monk beim Monterey Jazz Festival auf und arbeitete mit João Gilberto, Benny Goodman, Marian McPartland, Zoot Sims, Chico Hamilton, Clark Terry, Al Cohn und Bob Brookmeyer. 1962 nahm er mit Sheila Jordan ihre Platte „Portrait Of Sheila" auf – veröffentlicht von Blue Note Records, für die er ebenso 1965 die LP „Basra" des Schlagzeugers Pete LaRoca einspielte. „Wir hatten uns in der Band von Art Farmer kennengelernt, mit dem wir auf Tour gingen. Damals hatte man noch nicht sein eigenes Zimmer, deshalb teilte ich mir eins mit Pete. Wir sind nach den Konzerten noch lange wach geblieben, haben uns unterhalten, und ich habe viel über Musiktheorie und Komposition geredet. Als wir dann für drei Wochen in einem Club in Berlin gastierten, hatte Pete genug und sagte: ‚Hör auf, darüber zu reden, schreib endlich selbst einen Song!' Ich bin dann für vier Nachmittage in den Club gegangen, um am Klavier zu arbeiten, und dabei kam meine erste Komposition ‚Eiderdown' heraus. Ich zeigte sie Art, sie gefiel ihm und wir spielten sie mit der Band. Mit diesem ersten Song hatte ich Glück gehabt und erlag der Illusion, dass Komponieren leicht sei und dass es jeder kann. Im Verlauf der folgenden Jahrzehnte merkte ich dann aber, dass es auch ein quälender Prozess sein kann, denn manchmal muss man warten, dass die Musik zu einem kommt."

Wir gehen eine Etage höher in den Wohnbereich, wo sich auch das Büro befindet. Dort sitzt Carla Bley und sieht sich den Plan einer bevorstehenden Tour an. Früher konnte sie ihre Kompositionen mit Orchestern aufführen und wurde eingeladen, mit den Bigbands von deutschen Radiosendern zu spielen. „Alle Kompositionen, die ich in den letzten fünf Jahren geschrieben habe, wurden bisher nicht aufgenommen und vielleicht kommt es auch nie dazu. Das kann sich heute kaum noch jemand leisten. Natürlich hat es auch mit dem einbrechenden Musikmarkt zu tun, wie jeder weiß. Seinerzeit hat man eine orchestrale Aufnahme für ungefähr 25.000 Dollar planen und durchführen können. Gute Musiker, gute Abmischung und so weiter. Aber dann verkauft man vielleicht 400 Platten und verdient 4.000 Dollar, und das war's dann. Davon kann keiner mehr leben. Aus Kostengründen sind Steve und ich dann im Duo aufgetreten, aber ich kann nicht die ganze Zeit solo spielen, deshalb haben wir uns den Tenorsaxofonisten Andy Sheppard hinzugeholt. Ich wünschte, ich hätte als Kind richtig gelernt, Klavier zu spielen.

Wenn man Jazzmusiker sein wollte, hatte man 1960 nicht so viele Optionen wie heute. Man packte seine Sachen und ging nach New York.

Das hole ich jetzt nach. Ich hänge ungefähr 20 Jahre hinterher. Steve unterrichtet mich. Bisher habe ich noch keine Klischees gespielt, aber ich arbeite daran." Steve ergänzt: „Ja, darauf warte ich noch!" Beide lachen. Bley: „Ich komponiere und arrangiere lieber, aber was soll's, irgendjemand muss ja auf die Bühne und meine Stücke spielen."

Bley kam aus Oakland in Kalifornien, das gleich neben San Francisco liegt, und ging mit 17 nach New York, wo sie im Birdland als „Cigarette Girl" arbeitete. „Ich sah dort wirklich jeden: Clifford Brown, Count Basie, Lester Young, nur Charlie Parker habe ich nie erlebt. Als Paul Bley reinkam, erkannte er, dass ich eher an der Musik als am Zigarettenverkauf interessiert war. Ich hatte dieses Tablett mit einem Band um meinen Hals, aber anstatt rumzugehen, setzte ich mich hin und hörte der Musik zu. Wenn jemand eine Packung Lucky Strike von mir kaufen wollte, sagte ich: ‚Pst, bist du verrückt! Erst nach dem Solo!' Paul kaufte mir eine Packung ab, obwohl er gar nicht rauchte. Tja, einige Verehrer schenken dir eine Rose, andere kaufen dir stattdessen Zigaretten ab!" Carla Bley ist bekannt für ihren trockenen Humor. Sie selbst lacht selten nach ihren Scherzen, wodurch sie noch mehr Wirkung erzielen. „Mit Paul und seinem Trio haben wir New York verlassen, weil er einen Gig in Las Vegas hatte, wo er aber nach zwei Tagen gefeuert wurde. Weil die Westküste näher lag, haben wir uns in Los Angeles niedergelassen. Paul trat im Hillcrest Club auf, zuerst mit Dave Pike, der dann aber durch Ornette Coleman und Don Cherry ersetzt wurde. Ich fing an, kleine Melodien zu schreiben, die entweder Paul oder Scott LaFaro gespielt haben, und hatte erste Auftritte in Coffeeshops, wofür man nicht gut Klavier spielen können musste. Als dann die Green Card von Paul auslief, haben wir 1957 geheiratet, damit er nicht zurück nach Kanada musste. Es passierte damals so viel in so kurzer Zeit und die Musik war immer eine Inspiration."

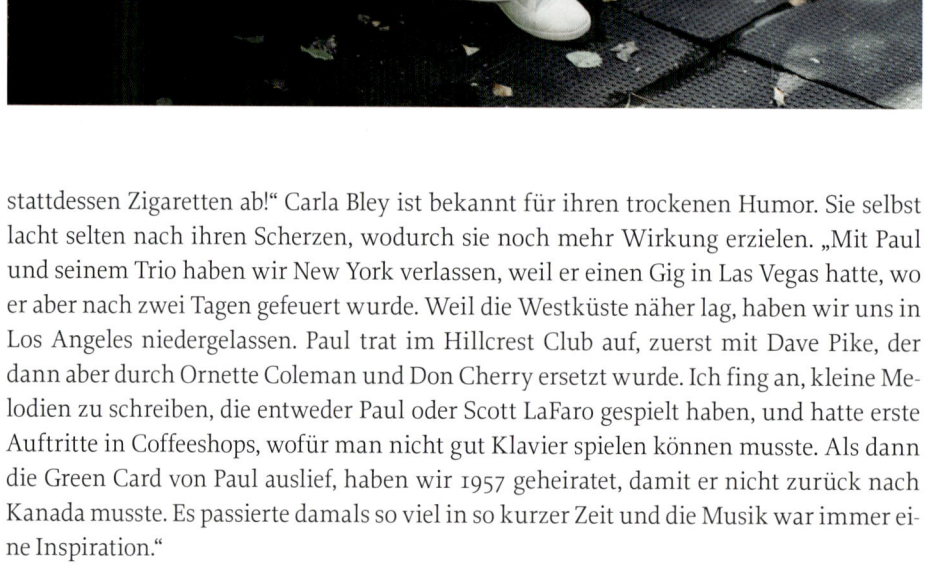

Zu dritt gehen wir in die Küche, wo Carla einen Tee für uns aufsetzt. „Paul und ich sind dann Ornette Coleman nach New York gefolgt. Dabei machten wir einen Abstecher zur Lenox School of Jazz in Massachusetts, wo wir keinen Ort zum Übernachten hatten, weshalb wir unter dem Piano auf der Bühne schliefen. John Lewis hat uns rausgeworfen, weil wir offiziell keine Studenten waren. Wir durften nicht mal die Kantine benutzen. Deshalb sind wir nach drei Tagen weiter nach New York gefahren, wo wir Ornette im Five Spot hörten, der mich mit seiner atonalen Spielweise sehr beeinflusst hat. Als Paul ‚Solemn Meditation' aufnahm, fragte er mich, ob ich etwas für ihn komponieren könnte, also schrieb ich ‚O Plus One'. Danach kamen andere Musiker, die mich ebenfalls für Kompositionen beauftragten: Steve Kuhn, Tony Williams, Art Farmer, Jimmy Giuffre, George Russell. Aus eigenem Antrieb habe ich auch Stücke für Cannonball Adderley oder Sonny Rollins geschrieben, dem Paul meine Noten überreichen konnte, aber sie haben diese natürlich nie aufgenommen. Auch für Johnny Cash habe ich einen Song geschrieben, aber den konnte ich ihm leider nie zukommen lassen. Irgendwann habe ich dann meine Naivität verloren und Stücke geschrieben, die zugänglicher waren."

1965 wurde Carla Bley von Cecil Taylor angeboten, in die Jazz Composers Guild einzutreten, die im Vorjahr von Bill Dixon gegründet worden war, mit der Idee, bessere Arbeits- und Vergütungsmöglichkeiten für Avantgarde-Musiker zu erreichen. „Ich war die einzige Frau! Die anderen Mitglieder waren Sun Ra, John Tchicai, Roswell Rudd, Archie Shepp, Milford Graves, Giuseppi Logan und der Österreicher Michael Mantler. Die Guild brach nach ein paar Monaten auseinander, aber Michael und ich hielten das Orchestra der Guild am Leben, das eigentlich eine Bigband war. Mit Michael war es das Gleiche wie mit Paul. Seine Green Card lief ab und er fragte mich, ob ich ihn heiraten wollte. Ich sagte: ‚Klar, ich heirate jeden, wenn es weiterhilft.' Aus keinem anderen Grund hatte ich diese zwei Ehen mit Paul und Michael." Steve und Carla lachen, denn obwohl sie mit Steve seit 1985 zusammenlebt, haben sie bewusst nicht geheiratet. „Ich heirate keine Amerikaner. Auf diese Weise kann ich jederzeit wieder jemandem helfen, hier zu leben, obwohl Amerika inzwischen ein schreckliches Land geworden ist. Ich bin also noch zu haben!"

Mit Michael bekam Carla Bley 1966 eine Tochter, Karen Mantler, und 1972 ein Guggenheim-Stipendium, mit dem sie die Firma WATT Records gründeten. „Ich hatte ein politisches Bewusstsein über Fairness in der Musikwelt entwickelt und wollte revolutionär sein. Mir war es immer wichtig, alle Rechte an meiner Musik zu behalten und nicht an große Firmen zu geben, die einen irgendwann fallen lassen, wenn man nicht genügend Geld einspielt. Ich mochte die Idee, Geschäfte zu machen, aber ich bin absolut keine Geschäftsfrau. Es ist eben doch ein Unterschied, Geld oder Kunst zu machen. Karen hat neulich eine CD auf dem Label veröffentlicht. Im Magazin Downbeat bekam sie eine Rezension mit viereinhalb Sternen! So viele habe ich nie bekommen. Seitdem rede ich nicht mehr mit ihr." Steve lacht, aber Carla verzieht mal wieder keinen Mundwinkel.

Swallow tourte von 1965 bis 1967 mit dem Quartett von Stan Getz, in dem auch Gary Burton spielte, in dessen Band er in Folge einstieg. „Ich stellte den Kontakt zwischen Gary und Carla her, und er nahm daraufhin 1968 das Album ‚A Genuine Tong Funeral' mit ihren Kompositionen auf." Bley: „Als Charlie Haden das Burton-Album hörte, wollte er mich für sein Liberation Music Orchestra haben." 1968 hatte Bley auch angefangen, an der Jazzoper „Escalator Over The Hill" zu arbeiten, die 1971 auf drei Schallplatten erschien und die erste Veröffentlichung unter ihrem Namen wurde. Das Werk wurde ihre bekannteste Komposition.

Der letzte Bus nach New York wartet. Steve und ich steigen wieder in sein Auto. Carla kommt hinterher. „Jetzt konntest du unseren Gemüsegarten gar nicht bewundern." Sie überreicht mir eine Tüte mit Tomaten. „Hier, für die Rückreise. Damit du durchhältst, bis du in New York ankommst."

Im Magazin Downbeat bekam meine Tochter Karen neulich eine Rezension mit viereinhalb Sternen! So viele habe ich nie bekommen. Seitdem rede ich nicht mehr mit ihr.

Sunny Murray

WENN MAN NICHT WEITER IM SYSTEM FUNKTIONIERT, IST MAN SCHNELL VERGESSEN.

James Marcellus Arthur, genannt Sunny, Murray (* 21. September 1936 in Idabel, Oklahoma) ist ein US-amerikanischer Schlagzeuger und Komponist.

„Ich glaube, man hat mich vergessen." – Sunny Murray lacht.

Er sitzt auf dem Bett seiner kleinen Einzimmerwohnung in Paris, 13. Arrondissement. Seine Stimmung schwankt zwischen humorvoll und traurig hin und her. Seit einigen Jahren ruft ihn niemand mehr mit einem Jobangebot an, die Trommeln seines Schlagzeugs stehen neben dem Schreibtisch. Er verbringt die Tage vor dem Fernseher, telefoniert oder raucht amerikanische Zigaretten, eine Packung im Monat. Schon von 1968 bis 1973 hielt er sich immer wieder länger in Paris auf, um Platten aufzunehmen und Konzerte zu spielen. 1992 entschied er sich zu bleiben, obwohl er sein Ticket für den Rückflug schon in der Hand hielt.

„Ich war über 50, da war es schwierig, in New York Jobs für Konzerte und Plattenaufnahmen zu bekommen, weil die jungen Nachwuchsmusiker gefragt waren. Wenn man nicht weiter im System funktioniert, ist man schnell vergessen. Ich fühlte mich wie ein Fremder in meiner eigenen Stadt. In Amerika wird man nie den gebührenden Respekt erhalten, der einem in Europa begegnet. Hier in Frankreich bekomme ich jeden Monat Sozialhilfe, eine finanzielle Unterstützung für die Miete, eine Krankenversicherung und kostenfreie Medikamente. Außerdem hatte ich gerade eine Scheidung hinter mir und ich wollte nicht dieser typische Vater sein, der seine Kinder nur am Wochenende sehen darf. Stattdessen versuchte ich, auf mich allein gestellt zu sein, am Leben zu wachsen, und wollte den zweiten Teil meiner Karriere hier verbringen. In Paris hatte ich Isabelle kennengelernt, mit der ich bis heute zusammen bin. Wir haben sieben Jahre zusammen in einer Wohnung gelebt, aber es hat nicht funktioniert. Nun hat jeder von uns sein eigenes Appartement, und das ist o.k. Sie kommt jeden Abend nach der Arbeit bei mir vorbei."

Murray erzählt mit ruhiger, ernster Stimme, egal ob Schicksalsschlag oder Anekdote. „Ein Teil von mir ist schon in Philly begraben." Damit verweist er auf seine jungen Jahre, als er in Philadelphia aufwuchs. Mit 16 Jahren wurde er erstmalig Vater und nahm die unterschiedlichsten Jobs an, um Geld für die Familie zu verdienen. „Ich arbeitete in dieser Fabrik an einer Schneidemaschine, die offensichtlich nicht mehr gut funktionierte. Aber ich war schwarz, also gab mir mein Chef eine kurze Einführung, und das war's. Irgendwann ist es dann passiert, ich habe es gar nicht richtig mitbekommen, denn die Klinge war ja aus kaltem Stahl, und ich habe mir an meiner rechten Hand drei Fingerspitzen abgeschnitten. Die landeten dann im Mülleimer. Hey, das war 1956, damals hat man noch nicht versucht, sie wieder anzunähen. Aber das hat mich nie davon abgehalten, weiter Schlagzeug zu spielen. Ich sah diesen Vorfall als schlechtes Omen, verließ Philadelphia und zog in den Big Apple."

In New York lebte Murray zeitweilig auf der Straße oder in schäbigen Hotels, wo er 35 Cent für eine Nacht zahlte. Er schlug sich mit Gelegenheitsjobs durch, bis ein Freund ihm ein Schlagzeug schenkte, das nach einer Razzia der Polizei in einem Loft übrig geblieben war. „Ich schleppte alle Trommeln und Becken runter bis zur 3. Avenue, wo ich einen kleinen Raum angemietet hatte. Kaum hatte ich das Drumset aufgebaut, legte ich eine Schallplatte von Max Roach auf, drehte die Anlage so laut wie möglich und spielte dazu. Den New Yorkern ist es egal, wenn du laut übst." Murray begann mit Henry „Red" Allen und Willie „The Lion" Smith zu spielen. Der Tenorsaxofonist Rocky Boyd, mit dem er sich eine Wohnung teilte, vermittelte ihm einen Job mit Jackie McLean. Weiter spielte er Sessions mit James Moody, Donald Byrd, Doug Watkins und Jimmy Lyons. 1959 lernte er Cecil Taylor kennen. „Ich traf ihn bei einer Session im Café Rouge, wo wir eine Woche zusammen spielten. Zufällig wohnten wir beide im selben Loft, aber wussten nichts davon. Als wir uns dann im Flur begegneten, sagte er: ‚Du bist doch der Schlagzeuger? Bring dein Set zu mir rüber und lass uns spielen!' Mit Cecil hatte ich Zeit, unterschiedliche Dinge auszuprobieren, und fand stilistisch einen Weg, ihn passend zu begleiten, der hip war."

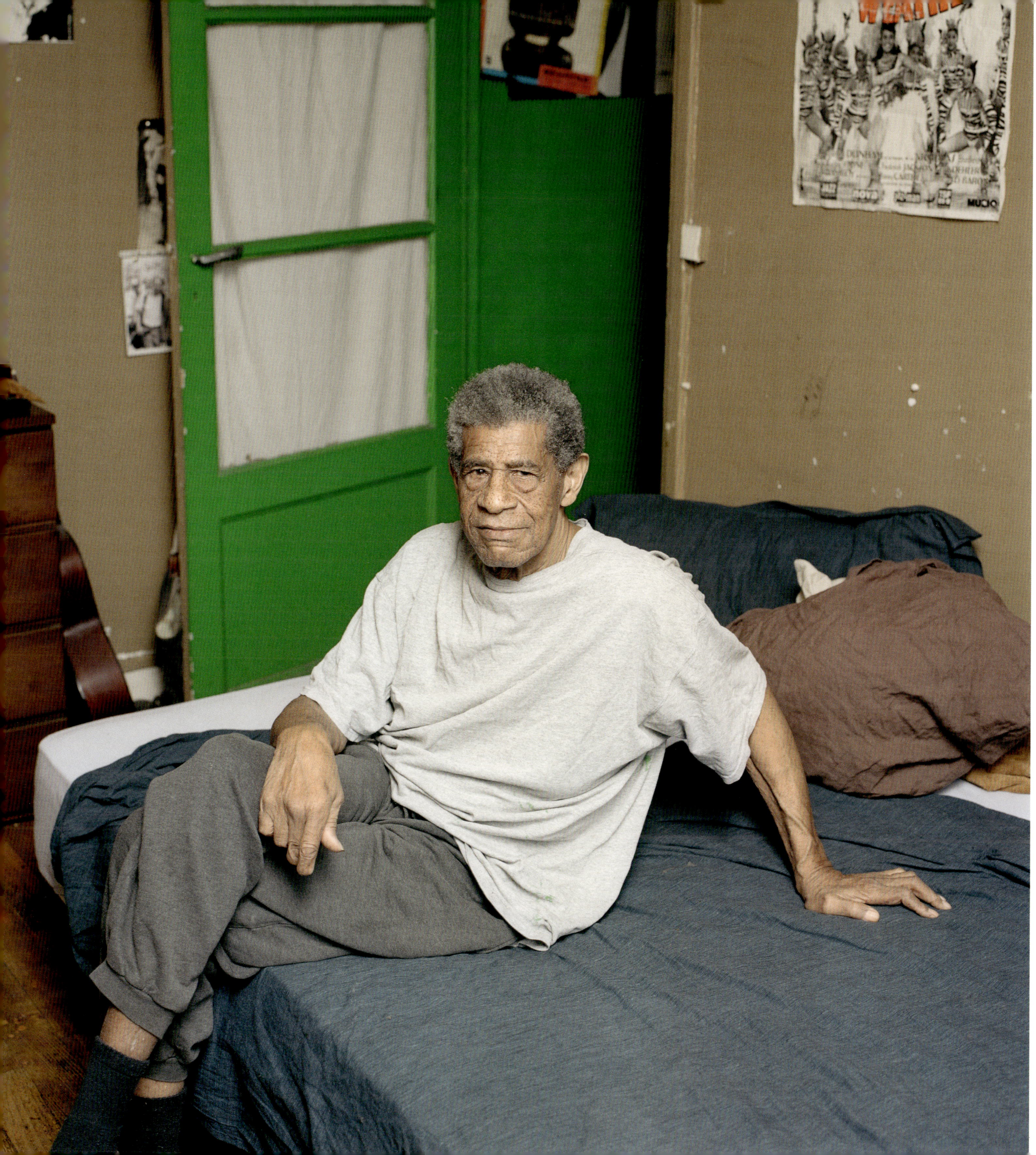

Sunny Murray entwickelte einen Stil, bei dem es nicht mehr darum ging, das Tempo vorzugeben, sondern stattdessen metrenfrei ein Rhythmusgewebe zu spielen, das sich durch kontinuierliches Beckenspiel und Betonungen auf der Bass Drum und Akzente auf der Snare Drum auszeichnete. „Als junger Schlagzeuger spielte ich Bebop. Wenn du nicht swingen konntest, hat sich niemand für dich interessiert. Du musst einfach die Grundlagen beherrschen. Das ist wie bei einem Haus, das ein Fundament braucht. Als ich an-

Murrays Blick schweift zum Fenster: „Unsere Musik war wie eine Befreiung, aber das Wort Avantgarde existierte damals gar nicht. Die traditionelle Avantgarde hat auch einen gewissen Swing, deshalb sollte man sie Free Bop nennen. Wir konnten nur in Coffeeshops am Sonntagnachmittag oder montags spielen, denn die Clubs buchten nur die großen Stars des Jazz. Unsere Musik war zu radikal; auf der einen Seite fühlten wir uns wie Außenseiter, die Spaß am nächsten Moment hatten, auf der anderen Seite hatten

---

Auf der einen Seite fühlten wir uns in der Band mit Cecil Taylor wie Außenseiter, die Spaß am nächsten Moment hatten, auf der anderen Seite hatten wir Angst, unsere Karrieren zu ruinieren.

---

fing, mit Cecil zu arbeiten, spielten wir beispielsweise ‚Love For Sale' oder ‚Flamingo', bevor er seinen eigenen Stil entwickelte. Wir haben ein Jahr lang immer wieder zwischen fünf und acht Stunden zusammen geprobt, in einem Raum in der Dye Street. Später kam dann noch Jimmy Lyons hinzu. Niemand hat uns gestört, wir spielten, was wir wollten, und ich wusste nicht, in welche Richtung wir uns entwickeln würden, deshalb war es auch so wichtig, eine gute Technik als Basis zu haben, sodass man sich vollkommen auf einen neuen musikalischen Moment einlassen konnte. Cecils Musik verlangte mehr als nur eine Taktart, aber ich wollte nicht viele verschiedene Taktarten spielen, sondern aus einer mehr herausholen als nur einen Beat. Daher beschäftigte ich mich mit den natürlichen Sounds meines Instruments und der Pulsierung, die ich darin entdeckte. Der Rhythmus ist im Sound und nicht im Beat! Ich begann, nicht mehr die Takteinheiten zu betonen, und konnte mich dadurch musikalisch viel fließender bewegen."

wir Angst, unsere Karrieren zu ruinieren. Wenn man damals beispielsweise das Thema von einem Standard wie ‚'Round Midnight' nicht so gespielt hat, wie es geschrieben war, dachte das Publikum, dass man es nicht draufhat. Heute hingegen kannst du nur zwei oder drei Noten einer Melodie spielen und es wird als Statement akzeptiert." Er lacht, wie sich alles verändert hat. „Jede Epoche braucht eine Leitfigur. Cecil erfüllte diese Rolle für mich, aber auch für viele andere."

Zu Cecil Taylor und Jimmy Lyons holte Sunny Murray noch Archie Shepp und Henry Grimes hinzu, die 1961 einige Stücke für das Album ‚Into The Hot' unter der Leitung von Gil Evans aufnahmen. „Mit dieser Band spielten wir im Five Spot und im Publikum waren Trane, Mingus und Dolphy. Aber auch die Schlagzeuger, die ich verehrte, kamen, um uns zu hören. Als wir für einen Monat in dem Club Take 3 spielten, flüsterte Cecil während des Konzertes mir zu: ‚Pst, hey Sunny, sieh mal, wer da in der ersten Reihe sitzt:

Max Roach!' Mir wären vor Nervosität fast die Stöcke aus der Hand gefallen! In der folgenden Nacht kam Roy Haynes und setzte sich genau hinter mich! Das hab ich nicht ausgehalten und bat ihn, sich doch nach vorne zu setzen. Ich hatte viel Respekt vor diesen Bebop Cats. Hier in Paris freundete ich mich mit Kenny Clarke an, der ja auch hier lebte. Er teilte sich mit Arthur Taylor einen Übungsraum und zeigte mir einige Techniken am Schlagzeug, die ich noch zu perfektionieren hatte."

Im Oktober 1962 spielte Sunny Murray mit Cecil Taylor in Stockholm und lernte dort Albert Ayler kennen. Er folgte ihm nach Kopenhagen, wo sie für das dänische Fernsehen ein Konzert aufzeichneten, wovon leider nur noch die Tonspur erhalten ist, aber nicht das Bildmaterial. In den folgenden Jahren spielten Ayler und Murray oft zusammen und nahmen Platten auf: „Albert gab mir die Möglichkeit, mein Spiel auf dem Schlagzeug weiterzuentwickeln. Er war einer der nettesten

Menschen, die ich je getroffen habe, er strahlte in so vielen Farben, wie ein Pfau! Deshalb halte ich die Gerüchte um einen Selbstmord auch für absurd! Er war durch die Drogen auf die schiefe Bahn geraten. Sein anderer Schlagzeuger, Beaver Harris, musste sich zusätzlich Geld verdienen und fuhr Taxi, genau wie ich. Einmal sah er Albert die Straße entlanggehen und er trug eine 38-mm-Pistole bei sich. Das passte gar nicht zu ihm, das war nicht der Albert, wie ich ihn kannte."

Murray fällt es nicht immer leicht, über verlorene Freunde zu sprechen: „Man hat Albert in den Hudson River geschubst, wo er ertrank. Ornette Coleman rief mich an, weil er den Leichnam identifizieren sollte, aber er war kurz davor, New York wegen einiger Konzerte zu verlassen. Aber auch ich war durch meine Familie eingebunden und rief Alberts Freundin an, die lange am Telefon weinte. Vielleicht verstehst du jetzt, warum es mir schwerfällt, über die alten Zeiten zu reden. Das einzig Positive an Alberts Tod war, dass er in den

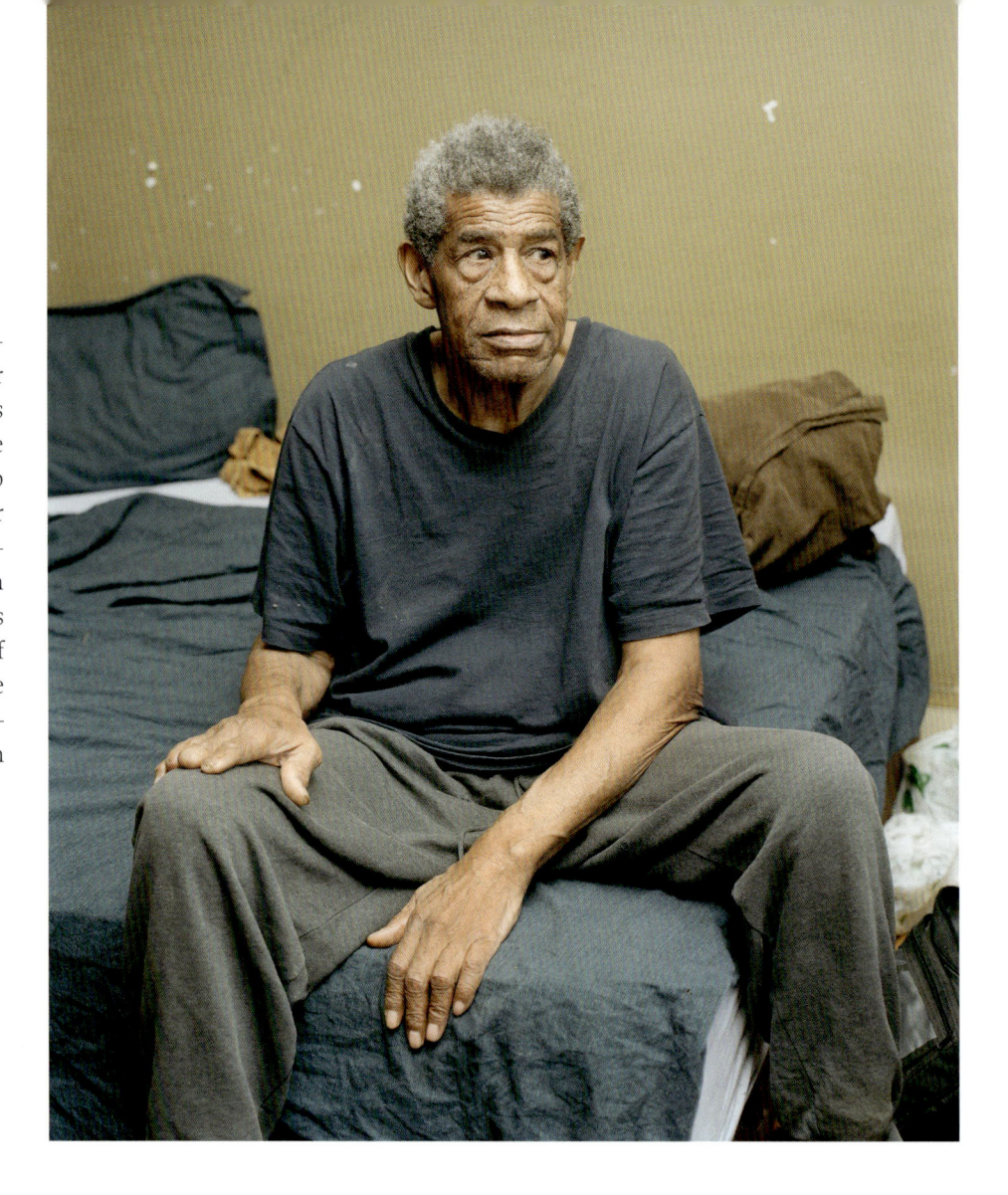

> Ich spielte Tranes Musik schneller und besser als Elvin und das Publikum tobte! Danach haben mich John und Elvin auf ihre Schultern gehoben und durch den Club getragen und mich gefeiert.

West River und nicht in den East River gestoßen wurde, denn sonst wäre seine Leiche in den Atlantik rausgeschwemmt worden. Vermutlich hätte man ihn nie gefunden. Mein Tod wird vermutlich ganz normal ablaufen. Ich habe eine Freundin, die sich um mich kümmert. Es ist nicht wichtig, dass viele Menschen zu deiner Beerdigung kommen, das ist nur Dekoration. Viele Menschen besitzen viele Sachen, aber darauf kommt es nicht an. Viel wichtiger ist das Gefühl, geliebt zu werden!"

Kaum spricht er von Isabelle, kommt ein Anruf von ihr. Sie erkundigt sich, wie es ihm geht, und sagt, dass sie bald vorbeikommen wird. Murray will zuvor noch zum Supermarkt, um ein paar Lebensmittel einzukaufen. „Let's go!" Wir gehen die Treppen runter zur Straße, wo die Kinder aus der Nachbarschaft seinen Namen rufen und winken: „Sunny, Sunny!" Der Supermarkt ist gleich um die Ecke. Er drückt mir den Einkaufskorb in die Hand und wir wandern zwischen den Regalen entlang. An der Kasse spricht er Englisch, aber der junge Verkäufer versteht ihn nicht, weshalb Murray ein paar Worte Französisch spricht. „Die Franzosen sind genauso faul wie die Amerikaner, wenn es darum geht, eine neue Sprache zu lernen. Sie denken, sie sind der Nabel der Welt. Das denken wir Amerikaner ja auch. Immerhin kann ich ein wenig Französisch sprechen, natürlich auch wegen Isabelle. Komm, du kannst mir die schweren Taschen noch in meine Wohnung tragen."

Auf dem Rückweg frage ich ihn noch nach seiner Zeit mit John Coltrane. Sunny Murray schmunzelt. „Trane scherzte oft: ‚Weißt du, Sunny, Innovatoren sind die Letzten, die Geld verdienen!' Dabei war er ja gerade selbst auf der Suche und veränderte seine Musik. Man sah ihn nicht oft in den Clubs, denn er war populär und ständig auf Tour. Mit Cecil hatte er die Platte ‚Hard Driving' aufgenommen und kam zu einem seiner Konzerte, wo er mich spielen hörte. Wir wurden gute Freunde und zu Weihnachten schickte er mir Geld für meine Familie."

An ein Konzert kann sich Murray besonders gut erinnern: „Da war dieser eine Abend, als Trane mit seinem Quartett im Half Note spielte. Albert Ayler und ich waren im Publikum. Bei einem Stück ging Elvin Jones einfach von der Bühne, weil er an der Tür des Clubs seine Lady erblickt hatte, die ihm immer Drogen brachte. Jimmy Garrison zischte ihm noch zu: ‚Jonsi, bleib sitzen, Mann!' Aber Elvin ging einfach. Trane kam zu Albert und mir rüber und fragte mich, ob ich spielen wolle. Albert lachte und fragte mich: ‚Na, bist du nervös?' Ich bestellte noch einen Wein und dann ging es los. Wow, ich spielte Tranes Musik schneller und besser als Elvin und das Publikum tobte! Danach haben mich John und Elvin auf ihre Schultern gehoben und durch den Club getragen und mich gefeiert. Wirklich wahr! Grachan Moncur war dabei, der erzählt die Geschichte heute noch. Ich habe immer darauf gewartet, dass John mir den Job in seiner Gruppe anbieten würde, denn ich wollte weder sein zweiter Schlagzeuger sein, noch ein Ersatz, der manchmal einspringt. Aber ich wollte John auch nicht drängen ... leider hat er mich nie gefragt. Manchmal ist das Leben doch so, wie schon Mick Jagger gesungen hat: ‚You can't always get what you want.'"

DIE WICHTIGSTEN ALBEN
ALS LEADER UND SIDEMAN

Cecil Taylor
Nefertiti, The Beautiful One Has Come
(Fontana, 1962)

Bill Dixon/Archie Shepp
Bill Dixon/Archie Shepp (Savoy, 1962)

Albert Ayler Bells (ESP, 1965)

Sunny Murray Sunny Murray (ESP, 1966)

Sunny Murray Sunshine (BYG, 1969)

Archie Shepp Black Gipsy (America, 1969)

Sunny Murray Live At Moers Festival
(Moers Music, 1979)

Alexander von Schlippenbach/Sunny Murray
Smoke (FMP, 1989)

David Murray A Sanctuary Within
(Black Saint, 1991)

Sunny Murray We Are Not At The Opera
(Eremite, 1998)

Christian Broecking

Mike Mainieri

DAS WICHTIGSTE IST, DASS EIN KÜNSTLER AN SICH SELBST GLAUBT.

Michael T., genannt Mike, Mainieri (4. Juli 1938) ist ein US-amerikanischer Vibrafonist und Komponist.*

„Da drüben kann man fast das Dakota sehen, wo John Lennon mit Yoko gewohnt hat."

Mike Mainieri zeigt aus dem Fenster seines Wohnzimmers. Sein New Yorker Appartement liegt an der Ecke Broadway und 72. Straße mit einem weiten Ausblick aus dem zehnten Stock. Am Boden stehen drei Behälter mit bunten Schlegeln, die an einen Blumenstrauß erinnern. In dem großen Raum stehen ein Vibrafon, ein Flügel und die Harfe seiner zweiten Ehefrau Dee Carstensen. „Als Dee 1989 aus Rochester nach New York kam, suchte sie einen Produzenten für ihre CD. Sie kannte zufällig meinen alten Freund Steve Gadd, der ihr riet, sich an mich zu wenden. Sie schrieb Songs, spielte Harfe und sang dazu. Bei der Produktion haben wir uns kennengelernt. 1992 haben wir geheiratet und ein Jahr später erschien ihre erste CD." Mainieri erzählt von ihrer Krebserkrankung und davon, wie er sie in den letzten Jahren bei all den Behandlungen und Operationen begleitet hat. „Aber die gute Nachricht ist, dass es ihr jetzt wirklich sehr viel besser geht." Es ist 14 Uhr und Mainieri ist gerade erst aufgestanden, weil er am Tag zuvor von einer Tour aus Europa zurück gekommen ist, wo er im Duo mit Bobo Stenson gespielt hat. „Ich muss erstmal etwas frühstücken. Am einfachsten ist es wohl, wenn wir runter zu dem Diner gehen, in dem ich seit langem Stammgast bin."

Mainieri bestellt Toast, Bohnen, Eier und einen Kaffee. Trotz Müdigkeit sieht er recht entspannt aus und wirkt viel jünger als 77. „Ich hatte immer ein jungenhaftes Gesicht und werde daher auch ständig für jünger gehalten. Aber das ist ja kein Problem, besser als anders herum!" Mainieri schmunzelt. Er erzählt aus seiner Jugend, als Buddy Rich sich über den 19-jährigen Vibrafonisten lustig machte und ihn auf die Probe stellte. „Ein Freund hatte Buddy Rich von mir erzählt. Rich stellte gerade eine neue Band zusammen, die im Village Gate spielte, und ich sollte beim Abschluss des Konzerts auf die Bühne kommen. Mein Vater half mir, mein Vibrafon dorthin zu schleppen. Am Ende des dritten Sets kündigte Rich mich schließlich an: ‚Wir haben hier einen Jungen, der so aussieht, als ob er den Anzug seines Vaters tragen würde.' Ich war dünn und klein und sah viel jünger aus, als ich war. Rich hat dann absichtlich ein ganz schnelles Tempo angezählt – ich glaube, es war ‚Cherokee' –, weil er mich testen wollte. Er hat mich in meinem Solo ungefähr 45 Chorusse spielen lassen, nur um zu sehen, ob meine Arme abfallen. Das Publikum stand vor Begeisterung auf und applaudierte. Nach dem Konzert kam er zu mir und sagte: ‚Der letzte Vibrafonist, der in meiner Band war, hat mich verrückt gemacht. Sein Name war Terry Gibbs.' Ich bekam den Job, denn wenn man sich verausgabte, war Buddy zufrieden."

Beide kamen gut miteinander zurecht: „Ich war wie der Sohn, den er nie hatte. Im Lauf der Jahre, die ich mit ihm spielte, engagierte ich Musiker für seine Band und fing auch an zu arrangieren. Wir waren ein Sextett und seine Anweisung war: ‚Lass es wie eine Bigband klingen!' In seinem Mercedes 300 SL habe ich ihn überall hingefahren. Musiker waren damals wie Filmstars, vor allem Sängerinnen. Natürlich war Buddy auch mit Hollywood-Stars befreundet wie Frank Sinatra, dem ganzen Rat Pack und mit Jerry Lewis, dem Komiker. Als ich nach einem unserer Konzerte aus dem Birdland kam und Buddy mich Jerry Lewis vorstellen wollte, hat Lewis mich zur Begrüßung in den Bauch geboxt und gesagt: ‚Niemand sollte so jung so gut spielen wie du eben gerade!' Einmal hatten wir auch einen Auftritt in der TV-Serie Playboy's Penthouse. Danach gab es eine After-Show-Party ... du kannst dir ja vorstellen, was da alles passierte. Auf einer State Department Tour in den Fernen Osten spielten wir in Kabul, Bangalore, Madras, Saigon und Teheran, um die amerikanische Kultur zu repräsentieren. In jeder Stadt mussten wir uns vom Botschafter oder vom Prinzen lange Reden anhören. Das war Buddy zu langweilig. Er hat sich einfach davongeschlichen und dann musste ich mich als Buddy Rich ausgeben. Die Leute wussten damals eh nicht, wie Bud-

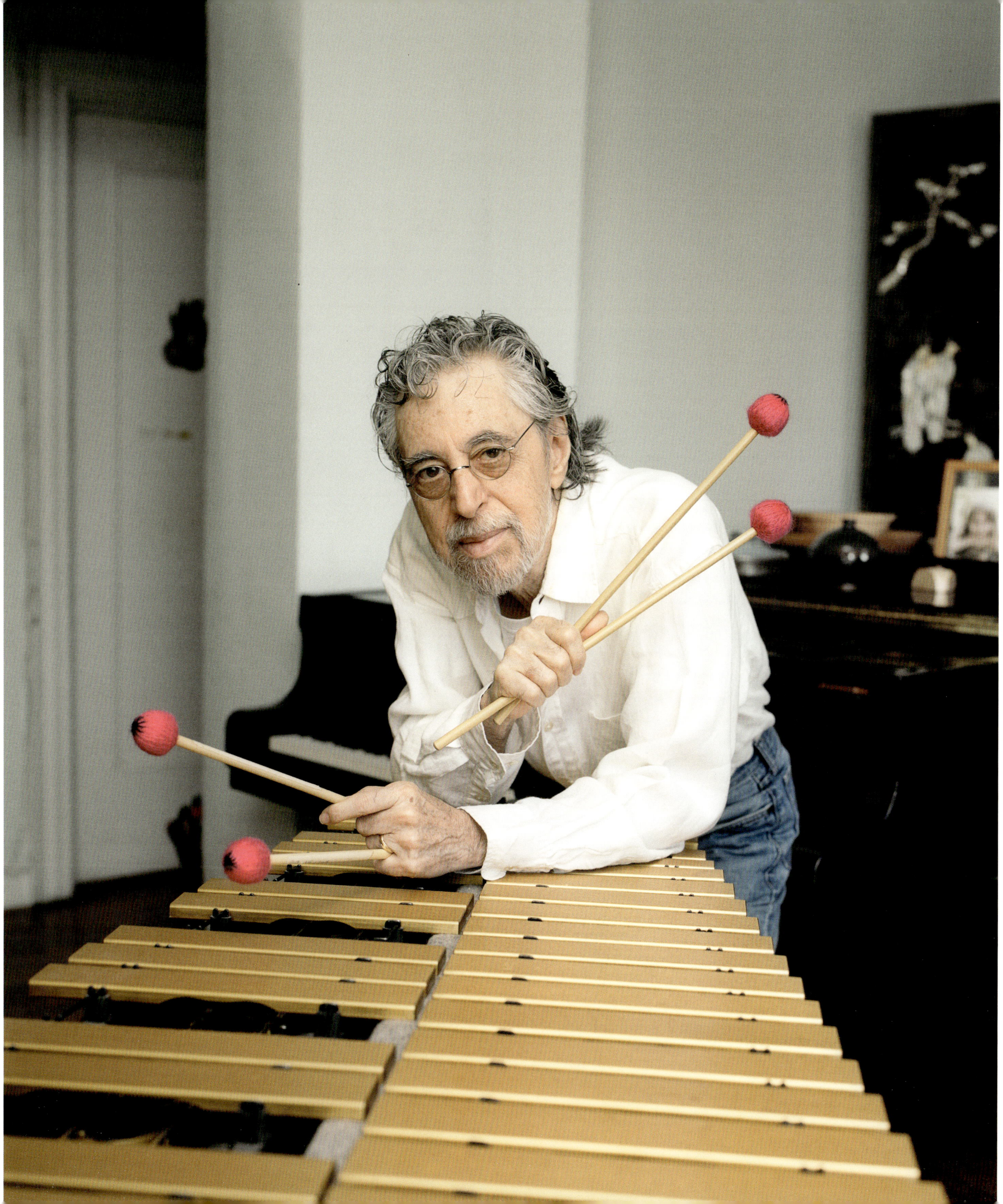

dy aussah. Erst vor ein paar Jahren habe ich hier in New York in einer Bar einen Typen aus Indien getroffen, der mir sagte: ‚Ich habe dich 1961 in New Delhi gesehen und ich wusste, dass du nicht Buddy Rich bist!'"

Damals nahm Buddy Rich für Chess Records auf. Deren Sublabel Argo gab Mike Mainieri 1962 die Gelegenheit, sein erstes Album unter seinem Namen zu veröffentlichen. „Wenn man als Vibrafonist erfolgreich sein will, muss man zwangsläufig zum Bandleader werden. Das habe ich schon früh gelernt. Wenn eine Band neu formiert wird, ist das Vibrafon immer nur das fünfte oder sechste Instrument. Deshalb sollte man nicht warten, bis das Telefon klingelt, denn dann hat man verloren, sondern sollte selbst eine

erste Frau geheiratet, die schwanger war. „Ich begann, mich mehr im Village aufzuhalten, und lernte Eddie Gomez kennen, mit dem ich ab 1962 in der Band ‚Jeremy and the Satyrs' von Jeremy Steig spielte. Wir spielten elektrisch! In jener Zeit änderte sich die Musik. Es wurde viel Rock gespielt und der Jazz wurde frei, was den Musikern, die Straight-Ahead-Jazz spielten, weniger gefiel. Mit Jeremys Band waren wir eine Woche für das Village Vanguard gebucht worden. Für dieselbe Woche sollte nach uns immer die Band von Roland Kirk spielen. Nun ja, was soll ich sagen ..., unsere Band war weiß, seine Band war schwarz und Kirk war leicht militant. Er weigerte sich, nach uns aufzutreten, weil er unsere Musik nicht mochte, und sagte dem Clubbesitzer Max Gordon, dass er nicht

---

Am Ende des dritten Sets kündigte Buddy Rich mich schließlich an: „Wir haben hier einen Jungen, der so aussieht, als ob er den Anzug seines Vaters tragen würde."

Band gründen. Mein erstes eigenes Trio hatte ich mit 13. Dafür engagierte ich bewusst immer Musiker, die älter waren als ich, weil ich von ihnen lernen wollte. Die Vibrafonisten, die ich bewunderte, zum Beispiel Lionel Hampton und Red Norvo, hatten auch ihre eigenen Bands. Milt Jackson war vielleicht eher ein Sideman, aber er war der wichtigste Solist im Modern Jazz Quartet. Als ich meine erste Platte aufnahm, wollten die Produzenten, dass ich genau wie Milt Jackson spiele. Mit dem Ergebnis ‚Blues On The Other Side', das wir bei Rudy Van Gelder aufgenommen hatten, war ich musikalisch nicht zufrieden."

1964 verließ Mainieri die Band von Buddy Rich, weil er nicht mehr so viel reisen wollte, denn er hatte inzwischen seine

spielen würde, wenn wir blieben. Es war eine schwierige Situation für Max, denn er liebte die Band von Jeremy, der ja im Vanguard auch schon mit Bill Evans gespielt hatte. Max war ein Gentleman, aber wegen Kirk bat er uns zu gehen. So war damals die Priorität."

Mainieri fragt nach der Rechnung und wir gehen wieder in sein Appartement. Seine Tochter Ruby Anna sitzt am Küchentisch und macht ihre Hausaufgaben. Auch Dee ist inzwischen angekommen. Ihr kleiner Hund Loki will des fremden Gastes wegen nicht aufhören zu bellen, weshalb Mainieri seine Frau fragt: „Dee, wir nehmen hier noch ein Interview auf. Könntest du mit Loki eine Runde um den Block gehen?" Danach führt er mich in sein hinteres Zimmer, das er sich mit einem Marimbafon und einem weiteren Vibrafon als kleines Studio eingerichtet hat. An einer Wand hängen sehr viele Goldene Schallplatten. „Es soll nicht angeberisch klingen, aber es war gar nicht genügend Platz, um alle aufzuhängen." Ein Foto von Paul McCartney, mit dem er auch aufgenommen hat, steht im Regal, gleich daneben ein weiteres Foto von Michael Brecker. An der Wand hängt eines seiner gemalten Bilder, welches als Cover für die Platte „N.Y.C." seiner Gruppe Steps Ahead benutzt wurde. Und auf dem Marimbafon liegt ein bestickter Stoff, den man auf dem Cover der Doppel-LP „White Elephant" wiederfindet.

> Als Farmbesitzer in Woodstock habe ich mich nur um die Ernte im September gekümmert, ich war so etwas wie ein Wochenend-Bauer, weil ich ja auch noch Musik spielen wollte.

„In den späten 1960er-Jahren zog ich wie viele andere in die Nähe von Woodstock, wo ich eine Farm kaufte. Es gab dort den wunderbaren Club The Joyous Lake, wo auch Pat Metheny oder Gary Burton sehr oft aufgetreten sind. Als Farmbesitzer habe ich mich nur um die Ernte im September gekümmert, ich war so etwas wie ein Wochenend-Bauer, weil ich ja auch noch Musik spielen wollte. Ich hatte einen kleinen VW-Käfer und wir hatten nicht mal einen Fernseher. Wir waren Hippies. Trotzdem hatte ich noch ein kleines Appartement in New York. Über einen Freund hatte ich die Erlaubnis, in der Nacht ein Studio in Manhattan zu benutzen, wenn dort niemand arbeitete. Dort habe ich mit Musikern Sessions veranstaltet und diese aufgenommen. Manchmal waren wir 25 Leute, denn sie hatten ihre Frauen mitgebracht und wir rauchten Dope – hey, es war die Hippie-Ära! Aus diesen Sessions von 1969 bis 1971 ist die Platte ‚White Elephant' hervorgegangen. Mit dabei waren Lew Soloff, Jon Faddis, Ronnie Cuber, Joe Beck, aber auch Randy und Michael Brecker. Die Brecker Brothers gründeten 1977 den Jazzclub Seventh Avenue South, wo man Art Blakey, aber auch die jungen Marsalis-Brüder treffen konnte. Für diesen Club gründete ich 1979 die Gruppe Steps mit Eddie Gomez, Don Grolnick, Steve Gadd und Michael Brecker. Leider hatte sich schon eine andere Band aus North Carolina den Namen Steps schützen lassen, weshalb ich die Band später in Steps Ahead umbenennen musste."

Das Quintett Steps Ahead wurde Mainieris bekannteste Gruppe, deren Besetzung sich im Laufe der Jahre immer wieder änderte. Es folgten Schlagzeuger wie Peter Erskine, Steve Smith und Omar Hakim. Als Don Grolnick die Band verließ, um mit Linda Ronstadt zu spielen, kam Eliane Elias. Über 50 Musiker haben die Band bisher durchlaufen. Ab 1992 veröffentlicht Mainieri seine Musik, aber auch die von anderen Musikern, auf seinem eigenen Label NYC Records. „Das Wichtigste ist, dass ein Künstler an sich selbst glaubt", sagt Mainieri und fügt lächelnd hinzu: „Solange ich mich noch vertikal bewegen kann, möchte ich noch viel Musik veröffentlichen."

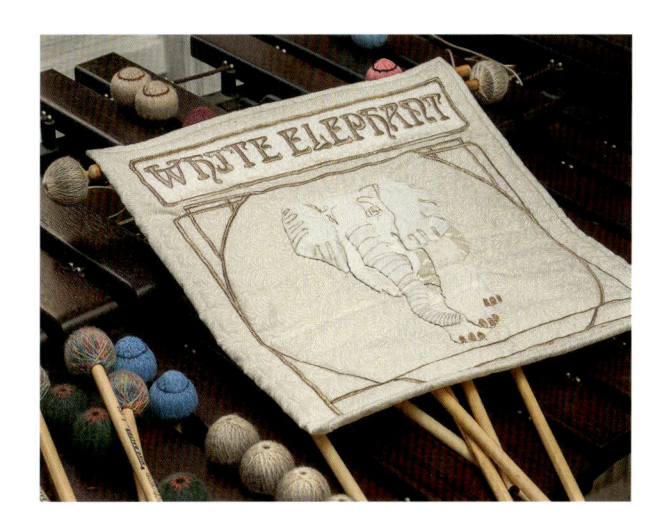

DIE WICHTIGSTEN ALBEN ALS LEADER UND SIDEMAN

The Mike Mainieri Quartet
Blues On The Other Side (Argo, 1962)

Manny Albam
The Soul Of The City (Solid State, 1966)

Journey Thru An Electric Tube (Solid State, 1968)

Loveplay (Arista, 1977)

Bob James
Heads (Tappan Zee, 1977)

Michael Franks
Tiger In The Rain (Warner Brothers, 1979)

Wanderlust (Warner Brothers, 1981)

Steps
Smokin' In The Pit (Better Days, 1981)

Steps Ahead *Steps Ahead* (Elektra, 1983)

An American Diary (NYC Music, 1994)

Crescent (NYC Music, 2010)

Götz Bühler

Ernie Watts

MUSIK IST EIN LEBENSSTIL, WENN MAN SIE LIEBT.

Ernest James, genannt Ernie, Watts
(* 23. Oktober 1945 in Norfolk, Virginia)
ist ein US-amerikanischer Saxofonist und Komponist.

„Ich muss noch meine Post abholen."

Ernie Watts hat ein kleines Schließfach im Postamt des Dorfes Cambria, Kalifornien, wo er seit 2005 mit seiner Frau Patricia lebt. Wir fahren noch zur Bank und zum Supermarkt, bevor wir an seinem Haus ankommen, das etwas höher in der hügeligen Landschaft liegt. Im Wohnzimmer ist ein kleines Areal mit einem Zaun abgeteilt, dahinter ein Kaninchen. „Delevan wohnt erst seit Kurzem bei uns." Watts ist gerade von einer Tour aus Europa zurückgekommen, wo er mit seinem deutschen Quartett gespielt hat. „Drei Wochen unterwegs zu sein, ist o.k., aber bei zwei Monaten wird es anstrengend. Na ja, Hauptsache, die Musik ist gut!" Er schmunzelt und setzt sich in seinen Sessel. „Es ist ein entspanntes Leben hier an der Westküste. Ich wollte nie nach New York wie die meisten Musiker. Dort erwartet dich das alltägliche Drama ja schon vor deiner Haustür!"

In Los Angeles, vier Stunden südlich von Cambria, hat Ernie Watts immer noch ein kleines Appartement, um dort übernachten zu können, wenn er mal wieder in der Stadt arbeitet. 1968 kam er in die Metropole an der Westküste und wusste nicht, was ihn erwartet. „Kalifornien schien mir als Ort zum Leben sehr attraktiv, aber ich hatte keine Ahnung von dem Studiosystem. Ich dachte, ich könne einfach in einer der vielen Bands anfangen und tatsächlich stieg ich bei Gerald Wilson und Oliver Nelson ein. Mit Oliver habe ich gespielt, bis er 1975 verstarb. 1969 haben wir eine State Department Tour nach Afrika unternommen und seine Kompositionen von der Platte ‚The Blues And The Abstract Truth' gespielt. In der Band waren sieben Musiker. Zeitgleich begann ich mit Jobs, bei denen ich als Aushilfe für andere Musiker einsprang, wenn die keine Zeit hatten, das waren zum Beispiel Buddy Colette, Bill Green oder Plas Johnson. Danach empfahlen mich die Musiker und die Studios riefen mich direkt an, weil ich die unterschiedlichsten Grooves auf den unterschiedlichsten Instrumenten spielen konnte: Bariton-, Tenor-, Alt- und Sopransaxofon, Piccolo- und Altflöte, Klarinette und Bassklarinette, Oboe und Englischhorn. Ich war ein guter Musiker, der zuverlässig und pünktlich war und Verantwortungsgefühl hatte."

So ergaben sich für Watts in den folgenden 25 Jahren sehr viele Studiotermine. „Motown war von Detroit nach L.A. gezogen, wodurch ich oft für deren Produktionen gebucht wurde. Ich arbeitete mit Musikern wie Marvin Gaye, Diana Ross, The Temptations, Aretha Franklin, Steely Dan, Earth Wind and Fire, Quincy Jones, James Brown, Frank Zappa – die Liste ist lang. Mit den Jackson Five habe ich ebenso aufgenommen und es war schon damals ersichtlich, dass Michael der Talentierteste unter ihnen war. Aber ich habe auch viel fürs Fernsehen gearbeitet. Wenn Johnny Carson mit seiner Tonight Show dreimal im Jahr von New York nach L.A. kam, spielte ich in der Live-Band der Show. Als Carsons Show permanent nach L.A. verlegt wurde, habe ich 20 Jahre lang für sie gearbeitet. Natürlich war ich auch bei vielen Soundtracks dabei, zum Beispiel spielte ich Klarinette bei ‚Die Farbe Lila' von Spielberg. Nebenbei hatte ich auch mein Quartett, mit dem ich eigene Kompositionen spielte, aber es war etwas frustrierend, denn durch die Studiojobs hatte ich kaum Zeit dafür ... dabei hatte mit dem Jazz doch alles angefangen!"

Watts kommt nicht aus einem musikalischen Elternhaus. Im Radio liefen Bill Haley, Little Richard und Elvis. „Das einzige Saxofon, das ich hörte, war von King Curtis, weil er bei The Platters spielte. Dann war da noch Duane Eddy, der hatte auch einen Saxofonisten in seiner Band. Und Earl Bostic, der diesen Hit ‚Flamingo' hatte. Ich war 13 Jahre alt, übte Saxofon und mein Nachbar hörte mich durch die Wand. Er war ein totaler Jazzfan und hat mir Schallplatten ausgeliehen. Die erste Platte war von Dave Brubeck ‚Jazz Goes To College' und ich konnte bald das Solo von Paul Desmond nachspielen. Später hörte ich Charlie Parker und Eric Dolphy und dachte ‚Aha!'"

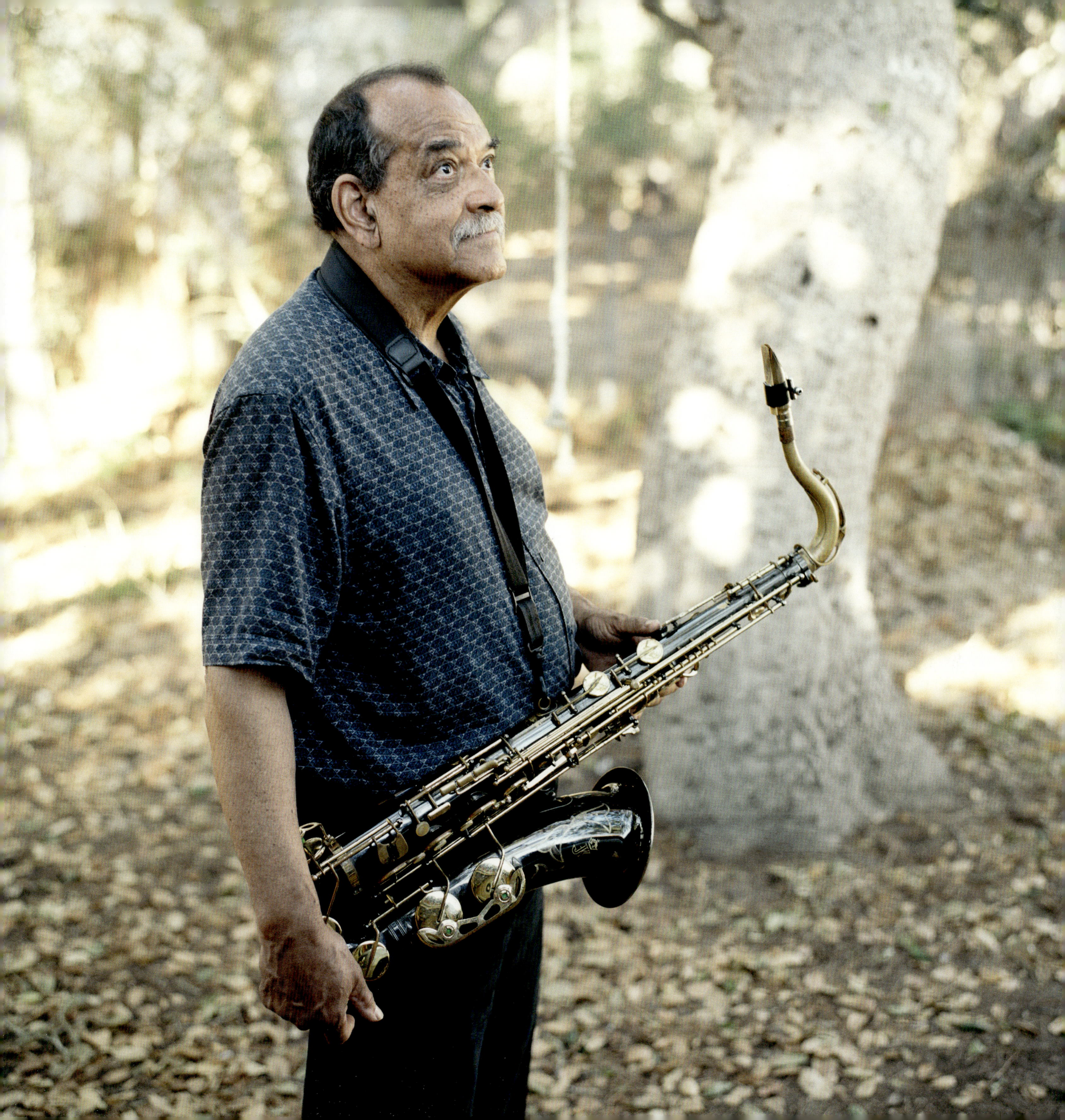

Sein Nachbar nahm den jungen Ernie zu Konzerten mit, zum Beispiel zu Stan Kenton, wo die Leute tanzten. Als Count Basie mit seiner Band spielte, ergab sich für Watts die Möglichkeit mitzuspielen: „Sein Saxofonist Marshall Royal war krank geworden und ich sprang für ihn ein – da war ich ungefähr 16 oder 17 Jahre alt. Ich saß direkt neben Frank Wess und wir spielten sechs Stücke. Die Noten konnte ich lesen, weil ich nach klassischer Musik gelernt hatte, denn Jazz gab es damals nicht … Jazz hatte ich mir lediglich durch das Anhören der Schallplatten selbst beigebracht. Ebenso hörte ich das Cannonball Adderley Sextet mit seinem Bruder Nat, Yusef Lateef, Joe Zawinul, Sam Jones und Louis Hayes. Nach dem Konzert traf ich alle Musiker hinter der Bühne und ich durfte Cannonballs Saxofon ausprobieren. Er hatte einen sehr warmen und klaren Sound und ich wollte verstehen, wie sich das anfühlte – deshalb wollte ich sein Horn spielen. Später durfte ich auch das Sopransaxofon von Grover Washington jr. testen. Cannonball war mir deshalb so wichtig, weil er bei ‚Kind Of Blue' von Miles Davis mitgespielt hat und diese Platte war der Auslöser dafür, dass ich professioneller Musiker werden wollte. Als Cannonball später bei Capitol unter Vertrag war und er von David Axelrod produziert wurde, war ich bei den Aufnahmen dabei."

1968 spielte Watts mit Thelonious Monk bei den Aufnahmen für die Platte „Monk's Blues" mit. „Monk war sehr freundlich, sprach aber nicht viel. In seiner Band traf ich Charlie Rouse, der mich sehr beeindruckt hat. Ein paar Jahre davor, im November 1965, besuchte ich ein Konzert von John Coltrane im Jazz Workshop in Boston. Es war so inspirierend, dass ich nicht wusste, was ich mit ihm reden sollte. Stattdessen unterhielt ich mich mit McCoy Tyner. In der Gruppe waren Pharoah Sanders, Rashied Ali und Jimmy Garrison. Sie spielten eineinhalb Stunden lang ‚My Favorite Things' – und dieses eine Stück war das ganze Universum! Ich weiß nicht, ob so etwas heute noch in einem Club möglich wäre."

Nachdem Watts ein Stipendium bekommen hatte, begann er am Berklee College of Music in Boston zu studieren, wo ihm sein Lehrer Phil Woods ein überraschendes Angebot machte. „Phil fragte mich, ob ich in der Bigband von Buddy Rich spielen wolle. Rich suchte einen Ersatz für Gene Quill. Es waren gute Leute in der Band: Bobby Shew, Chuck Findley, Don Menza oder auch Pat LaBarbera. Natürlich sagte ich zu, obwohl Rich für seine Wutausbrüche bekannt war. Aber dafür hatte er immer einen Grund. Sein Motto war: ‚Wir verbringen 24 Stunden des Tages miteinander, aber davon bin ich nur vier Stunden für euch verantwortlich. Was ihr mit dem Rest der Zeit macht, ist eure Angelegenheit.'"

Watts versteht die Einstellung von Rich. „Einige Mitglieder der Band kamen immer zu spät oder konnten ihre ausgeschriebenen Stimmen nicht spielen oder haben sich nicht richtig gekleidet. Das waren alles Dinge, die nicht gut für Buddy waren, denn er wollte, dass seine Bigband super klang und dabei sehr gut aussah. In Las Vegas spielten wir nach Frank Sinatra oder Tony Bennett und trafen auf andere Bigbands jener Zeit: Woody Herman, Stan Kenton, Count Basie, Duke Ellington oder Harry James. Solche Bands gibt es heute nicht mehr. Der Grund, warum ich die Band verließ, war typisch für Buddy Rich: Wir spielten die Komposition ‚Alfie', die damals sehr populär war. Es war eine wunderschöne Ballade, aber Buddy mochte eigentlich keine Balladen, deshalb hat er das Tempo von Abend zu Abend immer schneller angezählt. An einem Abend sagte ich zu ihm: ‚Buddy, wenn wir diese Ballade so schnell spielen, macht es keinen Sinn mehr, dann sollten wir sie besser aus dem Programm streichen.' Seine Antwort

---

Coltrane und seine Band spielten eineinhalb Stunden lang „My Favorite Things" – und dieses eine Stück war das ganze Universum!

---

war: ‚In zwei Wochen verlässt du die Band.' Er feuerte mich also wegen dieser Anmerkung. Nach diesen zwei Wochen wollte er plötzlich, dass ich bleibe, aber ich hatte mich schon dazu entschieden, nach L.A. zu gehen. Fast zwei Jahre lang war ich bei ihm, von 1966 bis 1968 – das reichte. Ich brauchte eine Abwechslung."

Wir gehen in den Garten, wo sich ein winziges Häuschen, das wie eine Gartenlaube aussieht, als sein Übungsraum und Studio entpuppt. Watts kramt in einer Kiste mit alten Fotos, von denen ihn die meisten mit Charlie Haden

DIE WICHTIGSTEN ALBEN

The Ernie Watts Encounter
<u>The Wonder Bag</u> *(Vault, 1972)*

Ernie Watts
<u>Fourtune</u> *(Realtime, 1981)*

Charlie Haden Quartet West
<u>In Angel City</u> *(Verve, 1988)*

Charlie Haden Quartet West
<u>Always Say Goodbye</u> *(Gitanes, 1993)*

Charlie Haden Quartet West
<u>Sophisticated Ladies</u> *(EmArcy, 2010)*

ZEHN SKURRILE SIDEMAN-JOBS

The Rolling Stones
<u>Still Life</u> *(Virgin, 1982)*

James Brown
<u>Soul on Top</u> *(King, 1970)*

Frank Zappa
<u>The Grand Wazoo</u> *(Reprise, 1973)*

James Taylor
<u>In The Pocket</u> *(Warner, 1976)*

Alice Cooper
<u>Lace & Whiskey</u> *(Warner, 1977)*

Tim Curry
<u>Read My Lips</u> *(A&M, 1978)*

*Commander Cody
& his Lost Planet Airmen*
<u>Flying Dreams</u>
(Arista, 1978)

Ndugu & the Chocolate Jam Co.
<u>The Spread Of The Future</u>
(Epic, 1979)

Ethel Merman
<u>The Ethel Merman Disco Album</u>
(A&M, 1979)

Johnny van Zant
<u>No More Dirty Deals</u>
(Polydor, 1981)

———

Rolf Thomas

zeigen. „Die lange Zusammenarbeit mit Charlie hat mir in der Jazzwelt sehr viel Anerkennung eingebracht. Mit unserem Pianisten Alan Broadbent hatte ich zusammen in Berklee studiert. Als Schlagzeuger wollte Charlie eigentlich Billy Higgins dabeihaben, aber der konnte nicht und empfahl Larance Marable, der schon mit Miles und Bird gespielt hatte. Charlie wusste, bevor er uns engagierte, was er musikalisch von uns erwarten konnte. Deshalb musste er uns nie sagen, was wir spielen sollten, da wir alle das Gleiche hören wollten und auch ähnliche Wertvorstellungen hatten – deshalb haben wir nie geprobt. Wir haben unsere Musik nie auf die gleiche Art und Weise gespielt. Jazz ist nie langweilig, weil die Musik jeden Abend anders klingt. Ich denke, Charlie war ein guter Leader, weil er jedem in der Band ausreichend Freiheit gegeben hat. Wir haben zusammengespielt bis er nicht mehr konnte. Er hatte als Kind Poliomyelitis und das kam im Alter zurück."

Mit seinem Auto fahren wir zu einem Restaurant an der Küste. Die Lage mit Ausblick auf den Pazifik ist sehr beliebt, weshalb die Gäste am Eingang warten, um einen Tisch zu bekommen. Wir melden uns an und nutzen die Wartezeit für einen kurzen Spaziergang am Strand, bei dem ich Watts noch auf seine Tour 1981 mit den Rolling Stones anspreche. „Die Stones waren bereits auf Tour, aber ihr Saxofonist passte nicht zu ihnen. Mick fragte Quincy Jones, der mich empfahl. Dann traf ich Keith, Charlie und Mick und sie gaben mir ihre Schallplatten zum Anhören. Die meisten Stücke waren Blues in E, G oder A. Auch wenn sie ein Teil der Weltkultur sind, klang ihre Musik gar nicht so gut, aber das war natürlich beabsichtigt, sie war eher rau, aber so mögen es die Fans der Stones. Mein Vorspiel geschah während eines Konzerts in San Diego vor 80.000 Besuchern. Sie haben mich super behandelt, gut bezahlt und ich flog auch in ihrem privaten Jet mit. Es war eine tolle Erfahrung und auch die Musik funktionierte."

Sich diese Offenheit für andere musikalische Genres zu bewahren, war Watts immer wichtig. „Ich habe kein Problem, mit anderen Musikern eine andere Musik zu spielen. Rhythm & Blues und Rock'n'Roll sind cool, Popmusik auch, obwohl die Harmonien dieser Musikstile sehr simpel sind, sodass man nicht sehr kreativ sein kann. Ich habe wirklich schon jede Art von Musik gespielt. Aber jetzt muss es weitergehen, denn jedes Leben hat einzelne Kapitel. Ich habe ja die Freiheit, das zu spielen, was ich möchte, und ich bin in meinem Leben an einem Punkt angelangt, wo ich Musik nach meinen eigenen Regeln spielen will. Musik ist ein Lebensstil, wenn man sie liebt."

Roscoe Mitchell

MAN KANN NICHT DIE GANZE MUSIK-GESCHICHTE AUS DEM FENSTER WERFEN.

Roscoe Mitchell
(* 3. August 1940 in Chicago, Illinois) ist ein
US-amerikanischer Komponist und Saxofonist.

Wenn man San Francisco östlich über die Bay Bridge verlässt, landet man in Oakland, wo sich das Mills College befindet.

Auf dem riesigen grünen Areal, wo jede Studienrichtung ihr eigenes Gebäude hat, ist es noch ruhig, da das Semester erst in vier Wochen beginnt. Roscoe Mitchell wohnt mit seiner Frau Wendy Nelson auf dem Campusgelände. Seit 2007 hat er die Darius-Milhaud-Professur und gibt Kurse in Komposition, Improvisation und Orchestration. In Hemd, Krawatte und Anzug wartet er vor dem Hauptportal der Musikfakultät, einen Koffer mit seinem Sopransaxofon in der Hand. „Als ich anfing, habe ich Klarinette gelernt, aber ich bin froh, dass ich mich danach auch noch mit vielen anderen Instrumenten gequält habe." Mitchell lacht. „Man muss immer 100 Prozent geben und es fühlt sich gut an, wenn man sich verbessert. Ich merke, dass ich auf dem Tenorsaxofon und der Flöte einen richtigen Sound entwickle. Musiker leben heute länger als früher, somit hat man etwas mehr Zeit, um mehr Instrumente zu lernen!"

Neben diversen Blasinstrumenten wurde Mitchell auch für seinen selbstgebauten Percussion Cage bekannt, von dem ein altes Foto in seinem Büro hängt. Darauf sieht man ihn umringt von diversen Schlaginstrumenten, die er aus den unterschiedlichsten Ländern zusammengetragen hat: China, Tibet, Australien, der Schweiz, Deutschland, Italien und der Türkei. Weil er diesen Käfig nicht immer auf Tour mitnehmen konnte, baute er sich als Alternative für Reisen einige Tische, auf denen sich die unterschiedlichsten Perkussionsinstrumente vereinen. Sehr auffällig und bunt stehen sie am Fenster. „Kein Konzerthaus kann mir so etwas zur Verfügung stellen, weshalb ich sie selbst entworfen habe. Während ich sie gebaut habe, sind immer noch weitere Teile hinzugekommen, die klanglich passten. Sie sind schon um die ganze Welt gereist und jetzt stehen sie hier und warten auf ihren nächsten Einsatz."

An der Wand hängen Bilder des Art Ensemble of Chicago und Werbeposter für seine Platten „The Solo Concert" und „Nonaah", die 1977 bei dem Label Nessa erschien, mit der gleichnamigen atonalen Komposition von Mitchell, die er immer wieder einspielt. „Anscheinend komme ich nicht los von dem Song, vielleicht ist es mein Hit? Ich bin damals von Chicago aufs Land gezogen, weil ich einfach raus aus der Stadt wollte, um konzentrierter komponieren und üben zu können. Als ich mich dort im Spiegel ansah, konnte ich nichts erkennen. Dennoch entstand in jener Phase ‚Nonaah'. Diese Komposition für Solo-Saxofon sollte so klingen, als ob sie von mehreren Instrumenten gespielt wird. Deshalb entschied ich mich für die drei unterschiedlichen Register des Altsaxofons und große Intervalle. Der Song scheint den Leuten immer noch zu gefallen."

Für seine Zeit in der US-Army von 1958 bis 1961 verließ Roscoe Mitchell seine Geburtsstadt Chicago und ging nach Heidelberg. In Deutschland nahm er Unterricht bei einem Klarinettisten der Heidelberger Symphoniker, traf aber auch Albert Ayler. „Er war damals in Orléans in

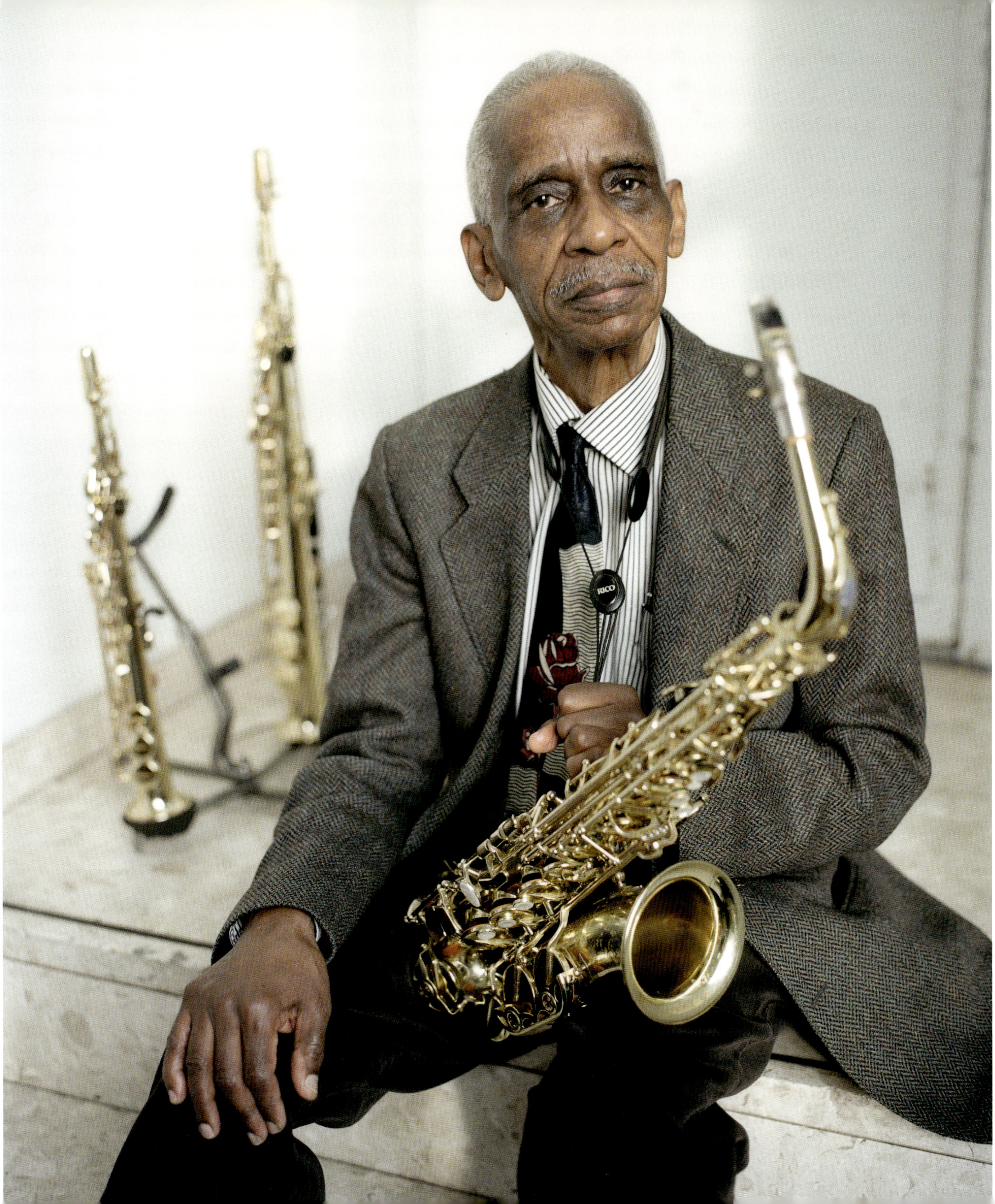
RICO

AMERICAN JAZZ HEROES II — ROSCOE MITCHELL

Frankreich stationiert und wir haben uns oft in Berlin getroffen, wo wir bei diesen großen Paraden spielten. Danach gab es immer Jamsessions. Ich hatte zwar kurz davor zum ersten Mal eine Platte von Ornette Coleman gehört, aber ich verstand nicht, was Albert da mit seinem Saxofon machte. Als Saxofonist bemerkte ich lediglich, dass er einen enormen Sound hatte. Wir spielten zusammen einen Blues, erst das Thema, und danach hat Albert wirklich out gespielt, was mich irgendwie ansprach. Diese Jamsessions fanden meistens im Cave 54 statt, wo ich auch Musiker traf wie Albert Mangelsdorff, Karl Berger oder Bent Jaedig. Als ich aus der Army nach Chicago zurückkehrte, spielte ich zunächst immer noch relativ konventionell in einem Hardbop-Sextett. Aber dann hörte ich die Platte ‚Coltrane', mit den Titeln ‚Out Of This World' und ‚Inch Worm', bei denen er modal spielte. Ab da an öffnete ich mich und begann, bei Musik wirklich genauer zuzuhören."

Es gibt so viel, was ich musikalisch gerne lernen würde, dafür brauche ich ein weiteres Leben!

Mitchells Stil änderte sich entscheidend, als er dem Pianisten Muhal Richard Abrams begegnete, der ihn zum Komponieren ermutigte und in dessen Experimental Band er 1962 Mitglied wurde. Als Abrams 1965 den AACM gründete, eine unabhängige Musikervereinigung, die selbst Konzerte organisierte und mehr Kontrolle über ihre Musik haben wollte, war auch Mitchell bald wieder dabei. Zusammen mit anderen AACM-Mitgliedern wie Lester Bowie, Malachi Favors und gelegentlich Joseph Jarman trat Mitchell zunächst unter dem Namen Roscoe Mitchell Art Ensemble auf. Nachdem 1966 der Produzent Chuck Nessa auf ihn aufmerksam geworden war, veröffentlichte Mitchell auf dessen Label Delmark die Platte „Sound". Jedoch änderte sich nicht nur der Name der Band, sondern auch das Kollektiv. „Meine Gruppe musste sich 1969 umorganisieren, damit wir überhaupt zusammenbleiben konnten. Jeder von uns hatte die gleiche Vision und investierte sehr viel Zeit in das Ensemble, also lag es nah, eine Kooperative zu gründen, die auch nicht mehr meinen alleinigen Namen trug. Außerdem bezahlte ich die Musiker, obwohl wir kaum Auftritte hatten, und das konnte ich mir nicht mehr leisten. Wir hatten einfach eine größere Chance, als Band zu überleben, indem wir uns zusammentaten. Damit wollten wir eine Situation herstellen, in der wir viele Prozesse selbst kontrollieren und lenken konnten. Dieses Prinzip hatten wir ja vom AACM gelernt. Es ist wie eine Philosophie: gemeinsam tätig werden! Zuerst nannten wir uns einfach Art Ensemble, aber als wir dann nach Europa gingen, wurden wir zum Art Ensemble of Chicago. Wir entschieden uns für diese Ergänzung, damit die Leute in Europa wussten, woher wir kommen."

Damals die USA verlassen zu haben, sieht Mitchell nach wie vor als Notwendigkeit. „Mit dem Art Ensemble waren wir mehrmals an der West Coast und hatten bereits in sehr vielen Orten in den USA gespielt, das hatte sich etwas erschöpft. Auch in Kanada waren wir schon aufgetreten. Damals hatten wir uns ausgerechnet, dass es vielleicht 20 Jahre dauern könnte, bis wir bekannter sein würden – es gab damals ja auch kein Internet. Deshalb war für uns der nächste logische Schritt, nach Europa zu gehen. Wir suchten nach neuen Arbeitsmöglichkeiten. Lester Bowie hat all seine Möbel verkauft, um uns alle bei den Flugkosten zu unterstützen. Wir lebten zuerst in Paris, nahmen Platten für das Label Pathé

> Dann hörte ich die Platte „Coltrane" mit den Titeln „Out Of This World" und „Inch Worm", bei denen er modal spielte. Ab da öffnete ich mich und begann, bei Musik wirklich genauer zuzuhören.

Marconi auf und von dem Honorar mieteten wir ein Haus, 24 Kilometer nördlich von Paris, in Saint-Leu-la-Forêt, wo wir wie eine Familie lebten. Unsere Touren führten uns durch Frankreich, Schweden, Dänemark und Deutschland. Bis 1971 blieben wir dort. Eigentlich wollte ich in Paris an der Sorbonne Französisch lernen, aber dafür gab es der Konzerte wegen keine Zeit."

> Zeit ist für mich momentan am wertvollsten.

Europa als Beschleuniger zu nutzen, um die Musik und die Ideen des Art Ensemble of Chicago bekannter zu machen, glückte: Sie wurden die wohl populärste Avantgarde-Gruppe der 1970er-Jahre. „Wir sind eine Gruppe von Individualisten und dennoch eine Einheit, die ständig Musik studiert und versucht hat, Musik immer wieder anders zu spielen. Dadurch entwickelt man im Laufe der Jahre ein Vokabular, welches man ständig ausweiten und ergänzen kann. Niemand hat dem anderen gesagt, wie er spielen soll. Wenn ich zurückschaue, gab es damals Dinge, die ich nicht spielen konnte, weil mir das Wissen und die Erfahrung fehlten. Zum Beispiel wurde ich durch Roland Kirk auf die Zirkularatmung aufmerksam. Sie hat eine lange Tradition in Ägypten und in Australien. Kirk beherrschte diese Technik – und das sogar mit drei Saxofonen gleichzeitig! Er hat mich wirklich beeindruckt und ich sagte zu ihm: ‚Kirk, du inspirierst mich.' Woraufhin er immer sagte: ‚Nein, Roscoe, du inspirierst mich!'"

Mitchell lacht. „Ich habe mir die Zirkularatmung dann beigebracht und sie eröffnete mir neue Möglichkeiten. Und darum geht es mir: Ich möchte ständig etwas Neues lernen. Wenn ich an einem Abend einen Titel gespielt habe, versuche ich am nächsten Abend, ihn etwas anders zu spielen, um so etwas Neues zu entdecken. Ich wäre am liebsten ein Super-Musiker, also jemand, der sich frei bewegen kann und in jedem musikalischen Kontext funktioniert. Aber das geht nur, wenn man viel Erfahrung und Kenntnisse gesammelt hat. Wenn ich als Zuhörer in einem Konzert auf der Bühne einen Musiker erlebe, der etwas spielt, was mir wirklich gefällt, aber ich nicht weiß, wie ich das selbst hinbekommen könnte, ist das für mich schwer erträglich. Es ist eine Herausforderung und eine Motivation zugleich, ich will wissen, wie das geht. Es gibt so viel, was ich musikalisch gerne lernen würde, dafür brauche ich ein weiteres Leben! Mein Kopf explodiert vor lauter Ideen! Daher ist momentan Zeit für mich am wertvollsten."

Abschließend verdeutlicht Roscoe Mitchell noch seine These, dass Komposition und Improvisation immer gleichzeitig stattfinden. „Richtig gute Improvisation ist spontane Komposition, aber man muss erst mal auf dieses Level kommen, um so spontan spielen zu können. Dazu benötigt man beispielsweise ein vielseitiges Vokabular. Man kann nicht die ganze Musikgeschichte aus dem Fenster werfen. Wenn du den Regeln der Musik nicht folgst, verlierst du. Aber wenn du verstanden hast, wie man komponiert, dann wirst du auch in der Lage sein zu improvisieren. Wenn man eine aufgeschriebene Komposition spielt, lernt man sie, Note für Note, und gibt ihr eine Form. Dasselbe Prinzip funktioniert auch bei einer Improvisation, aber in dem Moment sollte das Wissen bereits im Kopf sein."

Weil Mitchell noch üben will, verlassen wir sein Büro wieder. Im Flur begrüßt er Kollegen, mit denen er noch einen Small Talk hält, und verabschiedet mich dann. „Es geht mir wirklich darum, mich musikalisch weiterzuentwickeln. Für mich ist Musik eine Lebensaufgabe. Je mehr Musik man spielt, umso besser wird man."

DIE WICHTIGSTEN ALBEN ALS LEADER

Sound (Delmark, 1966)

Solo Saxophone Concerts (Sackville, 1974)

Duets With Anthony Braxton (Sackville, 1977)

The Flow Of Things (Black Saint, 1986)

Nine To Get Ready (ECM, 1999)

Far Side (ECM, 2010)

MIT DEM ART ENSEMBLE OF CHICAGO

Coming Home Jamaica (Atlantic, 1966)

Urban Bushmen (ECM, 1980)

Full Force (ECM, 1980)

———

Martin Laurentius

Mickey Roker

WEISST DU: IM JAZZ SPIELST DU MIT DEINEN FREUNDEN.

Granville William, genannt Mickey, Roker
(* 9. März 1932 in Miami, Florida)
ist ein US-amerikanischer Schlagzeuger.

Ein Eckhaus aus roten Ziegelsteinen direkt am Hawthorne Park in South Philadelphia …

Mickey Roker öffnet die Tür und bittet herein. „Ich erhole mich immer noch von einem zweiwöchigen Krankenhausaufenthalt. Meine Stimmbänder hatten Krebs, der wurde entfernt. Danach klang meine Stimme wie die von Miles Davis. Und dann hat meine Lunge nicht mehr funktioniert, ich wäre fast gestorben. Ich brauchte viel Sauerstoff und musste neu lernen, zu atmen und mit einer Sauerstoffmaske zu schlafen, aber jetzt bin ich wieder o. k. Jeder Mensch hat im hohen Alter gesundheitliche Beschwerden. Wenn man wie ich über 80 ist, dann ist nichts mehr so, wie es früher einmal war, und die Freunde um dich herum fangen an zu sterben. Jetzt muss ich mich bewegen und mache täglich einen Spaziergang. Ich gehe immer vier Häuserblöcke, das ist ungefähr eine Meile. Dann komme ich zurück und habe also zwei Meilen hinter mir. Das ist wie ein Wettrennen, aber meine sportlichen Tage sind längst vorbei."

Wir gehen in sein großes Wohnzimmer, wo eine Bibel neben einem Gitarrenlehrbuch und einer Trompete liegt. „Als Schlagzeuger habe ich mich zur Ruhe gesetzt. Über 50 Jahre habe ich gespielt und bin um die ganze Welt gereist. Es hat mir viel Spaß gemacht, aber seit 9/11 ist das Reisen so anstrengend geworden. Da habe ich mir gesagt: O.k., das war's für mich, da müssen die jungen Musiker jetzt durch. Aber meine Liebe zur Musik ist so groß, dass ich mich einfach immer damit beschäftigen möchte, deshalb bringe ich mir jetzt selbst ein paar neue Instrumente bei. Mit der Trompete war es zu anstrengend, da ist die Gitarre schon besser. Ich möchte einfach ein paar Melodien lernen. Was soll ich auch sonst den ganzen Tag machen? Meine Frau ist vor einigen Jahren gestorben und mein Sohn auch. Nur meine Tochter kommt manchmal vorbei, sie wohnt gleich um die Ecke. Dies ist übrigens das Haus, in dem ich auch aufgewachsen bin. In diesem Raum fand jeden Sonntag eine Jamsession mit Musikern aus Philadelphia statt. Da wo du jetzt stehst, hat McCoy Tyner Piano gespielt. Lee Morgan kam auch vorbei, Odean Pope, Arthur Hopper, Kenny Barron, Reggie Workman, Sonny Fortune, Eddie Campbell, Dave Jackson, Jymie Merritt und Leon Grimes, der Bruder von Henry."

Wir setzen uns und Mickey Roker blättert in einem alten Fotoalbum. „Schau mal, das bin ich mit meinem ersten Schlagzeug, da war ich 16. Ich bin in armen Verhältnissen in Miami, Florida, aufgewachsen. Mein Vater hat unsere Familie früh verlassen und meine Mutter starb, als ich neun Jahre alt war. Deshalb bin ich nach Philadelphia gegangen, weil ich hier von meinem Onkel und meiner Großmutter aufgezogen wurde. Aber mein Onkel war gerade mal ein paar Jahre älter als ich. Ich musste Geld für die ganze Familie verdienen, weshalb ich mit 16 die Schule abgebrochen habe – davor war ein Abbruch nicht erlaubt. Ich habe mir in Clubs immer die Schlagzeuger genau angehört und darauf geachtet, wie sie mit Dynamik arbeiten, wie sie swingen und Ideen umsetzen. All diese Nuancen habe ich mir gemerkt und dann zu Hause geübt. So gesehen hat das Schlagzeug mich vor dem Gefängnis bewahrt, denn es gab in Philadelphia etliche Straßengangs, aber ich war ja ständig daheim und habe wie ein Wahnsinniger geübt!"

In seiner Heimatstadt traf Roker etliche interessante Musiker: „Mein Lieblingsschlagzeuger war Philly Joe Jones, weil er immer so melodisch gespielt hat. Am Anfang spielte ich noch Rhythm & Blues, aber Jazz interessierte mich mehr, weil ich andere Taktformen lernen wollte: 3/4, 6/8 oder 5/4. Ich war mit Albert Heath befreundet, der mit J.J. Johnson auf Tour ging, und lernte über ihn seinen Bruder Jimmy Heath kennen. Der war fünf Jahre im Gefängnis und als er rauskam, nahm er mich mit nach New York zu einer Recording Session, damit ich mir das mal ansehen konnte. Jimmy wollte mich in seiner Band haben, obwohl ich noch nicht richtig spielen konnte, aber ich hatte einen guten Beat und konnte swingen! Jimmy hat mich auch mit Milt Jackson be-

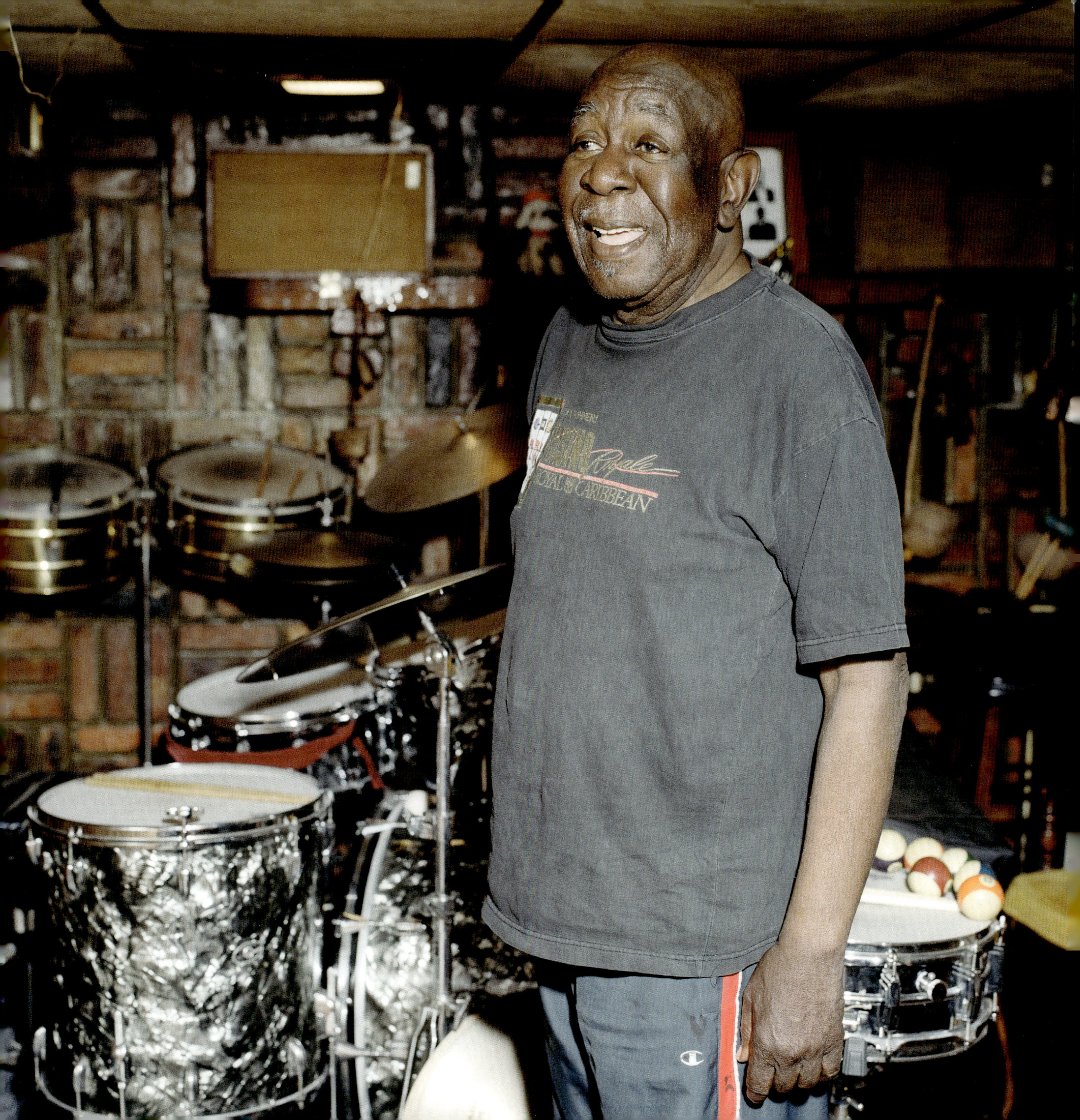
ROYAL CARIBBEAN

kannt gemacht, denn Milt und ich waren beide begeisterte Billardspieler! Wir haben oft im Keller von Milt mit ein paar anderen Freunden Billard gespielt und ich habe immer gewonnen. Nur der Saxofonist Billy Mitchell konnte mich schlagen, der Typ war echt zu viel für mich! Er war fast so gut wie Willie Mosconi, der Weltmeister, der ja auch aus Philadelphia kam."

1957 ging Mickey Roker nach New York und bekam dort zahlreiche Jobs angeboten. „Als Schlagzeuger hatte ich keine gute Technik, aber ich konnte swingen! Ich bin einfach ein Swinger der Old School. Mir ist es wichtiger, kontinuierlich das Tempo durchzuhalten, als meine Kunst in einem Solo zu demonstrieren. Deshalb habe ich so viele Jobs angeboten bekommen, weil ein guter Instrumentalist genau das braucht: einen Drummer, der das Tempo hält. Aber ich konnte keine Noten lesen, sondern habe immer nach Gehör gespielt. Ich bin ein guter Zuhörer, aber dann habe ich mir für sechs Monate einen Lehrer genommen, um endlich lesen zu können, was ich sowieso schon spielte. Danach habe ich noch mehr Jobs bekommen."

Das Schlagzeug hat mich vor dem Gefängnis bewahrt, denn es gab in Philadelphia etliche Straßengangs, aber ich war ja ständig daheim und habe wie ein Wahnsinniger geübt!

Eine der ersten Bands, in der Mickey Roker spielte, war das Quartett von Gigi Gryce. „Wir haben drei Platten zusammen eingespielt, am Piano war Richard Wyands. Aber wir hatten nicht viele Auftritte mit Gigi, da die Industrie gegen ihn war. Gigi hatte Jura studiert und brachte anderen Musikern bei, wie sie ihren eigenen Musikverlag gründen konnten. Dadurch konnten die Firmen nicht mehr so viel Gewinn mit den Kompositionen von Musikern erzielen. Sie haben durch Gigi Geld verloren und ihm keine Jobs mehr gegeben. Diese verdammte Gier nach Geld lässt Menschen wirklich grauenvolle Sachen anstellen. Heute wird die Qualität eines Musikers danach bewertet, wie viele Alben er verkauft. Das ist doch verrückt! Viele Menschen wissen einfach zu wenig über Musik. In Europa ist das anders, da wird Jazz noch als Kunstform geschätzt, aber hier in den USA ... dieses Land ist doch Fastfood-Territorium."

Roker blättert weiter in dem Fotoalbum und zeigt auf ein Bild des Pianisten Ray Bryant. „Damals blieb ich nur zwei Jahre in einer Band, weil ich lieber neue Musik spielen wollte. Nach zwei Jahren bei Gigi spielte ich zwei Jahre mit Ray. Am Bass war Arthur Harper. Bei einem Konzert in Chicago spielte vor uns die Band von Walter Perkins, MJT+3, mit Harold Mabern, Frank Strozier, Willie Thomas und Bob Cranshaw. Als unser Trio anfangen wollte zu spielen, kam Arthur Harper nicht, weil er betrunken war. Bob sagte: ‚Ich kenne das Repertoire, das ihr spielt, ich kann einspringen.' So lernte ich Bob Cranshaw kennen. Er ist bis heute mein bester Freund, wir sind wie Brüder und haben damals bei vielen Plattenaufnahmen zusammengespielt, vor allem für Blue Note."

Das Telefon klingelt. Eine automatische Stimme meldet, dass ein Medikament nun in der Apotheke abholbereit ist. „Ah, da fahre ich später vorbei." Roker schaut kurz zur Küchenuhr und zurück auf die Fotos. Nachdem er in den Gruppen von Wes Montgomery, Junior Mance und Mary Lou Williams gespielt hatte, wurde der Pianist Duke Pearson auf ihn aufmerksam. „Da ich inzwischen Noten lesen konnte, spielte ich mit Duke nicht nur in seinen kleineren Ensembles, sondern auch mit seiner Bigband. Wir haben viele Platten zusammen aufgenommen. Nach dem Tod von Ike Quebec wurde Duke musikalischer Direktor bei Blue Note. In dieser Funktion hat er verschiedene Schlagzeuger für Plattenaufnahmen angerufen: Billy Higgins, Al Foster, Al Harewood und mich. Wir haben immer Mittwoch und Donnerstag im Studio von Lynn Oliver geprobt, etwa drei oder vier Stunden am Tag, und am Freitag haben wir dann im Studio von Rudy Van Gelder in New Jer-

DIE WICHTIGSTEN ALBEN ALS SIDEMAN

Joe Williams *At Newport '63* (RCA Victor, 1963)

McCoy Tyner *Live At Newport* (Impulse!, 1963)

Sonny Rollins *On Impulse!* (Impulse!, 1965)

Duke Pearson *Sweet Honey Bee*
(Blue Note, 1966)

Herbie Hancock *Speak Like A Child*
(Blue Note, 1968)

Milt Jackson
Milt Jackson And The Hip String Quartet
(Verve, 1968)

Roy Ayers *Daddy Bug* (Atlantic, 1969)

Cedar Walton *The Electric Boogaloo Song*
(Prestige, 1969)

Horace Silver *In Pursuit Of The 27th Man*
(Blue Note, 1973)

Dizzy Gillespie
Afro-Cuban Jazz Moods With Machito
(Pablo, 1975)

Götz Bühler

sey aufgenommen. Dort gab es ein Schlagzeug, deshalb musste ich nur meine Becken und meine Stöcke mitbringen. Da wir ja geprobt hatten, lief die Aufnahme einer Komposition nach der ersten Einspielung wunderbar und war abgeschlossen. Deshalb existieren auch nicht so viele ‚alternate takes'. Bei weiteren Versuchen wurde es eher schlechter als besser."

Meine Liebe zur Musik ist so groß, dass ich mich einfach immer damit beschäftigen möchte, deshalb bringe ich mir jetzt selbst ein paar neue Instrumente bei.

Unter all den Blue-Note-Aufnahmen von Mickey Roker befinden sich auch Herbie Hancocks LP „Speak Like A Child" und diverse LPs mit Stanley Turrentine und Shirley Scott. „Stanley hat so rhythmisch und beseelt gespielt, dass man eine Kirche hätte aufsuchen wollen. Die Musik war damals einfach so aufregend, ich konnte es kaum erwarten, mein Schlagzeug aufzubauen und mit ihm und Shirley zu spielen. Die beiden waren ja verheiratet und Shirley war eine attraktive, selbstbewusste Frau. Stanley war oft eifersüchtig wegen all der anderen Männer, von denen sie umgeben war. Als wir für zwei Wochen im Plugged Nickel in Chicago spielten, haben sie sich auf der Bühne gestritten. Das kam leider häufiger vor, deshalb habe ich die beiden verlassen. Ich wollte auf der Bühne keinen Streit erleben, sondern meinen Spaß haben."

1965 wurde Mickey Roker von McCoy Tyner gefragt, ob er als Nachfolger von Elvin Jones mit John Coltrane spielen wolle. Gleichzeitig hatte Roker ein Angebot von Sonny Rollins bekommen. „Ein Schlagzeuger muss immer perfekt mit dem Bassisten einer Band zusammen spielen können. Den Bass bei Coltrane spielte damals Jimmy Garrison, den ich sehr mochte. Aber bei Sonny Rollins spielte mein Freund Bob Cranshaw und wir funktionierten wirklich fantastisch zusammen. Deshalb entschied ich mich für Sonny. Außerdem bewegte sich Trane Richtung Avantgarde und das war nicht mein Weg. Ich wollte weiter swingen! Als ich dann zum Studio von Rudy kam, um die Platte ‚On Impulse' mit Sonny aufzunehmen, war Bob leider gar nicht da. Er war auf Tour mit Carmen McRae gegangen. Stattdessen spielte Walter Booker Bass." An seine andere Platte mit Sonny Rollins, „There Will Never Be Another You", kann sich Roker auch noch gut erinnern. „Wir spielten ein Konzert vor dem Museum of Modern Art. Während ich mein Schlagzeug aufbaute, sah ich Billy Higgins, der das Gleiche tat. Wir sahen uns beide verwundert an und kamen zu dem Schluss, dass Sonny das Konzert mit zwei Schlagzeugern spielen wollte. Wir haben uns dann jeden Chorus abgewechselt: Erst spielte ich die Basis und Billy schmückte alles andere aus, dann anders herum. Es war ein Open-Air-Konzert mitten im Sommer und die ganze Zeit regnete es. Der Regen prasselte auf die Cymbals. Erst nach der letzten Note kam die Sonne hervor. Die Platte erschien erst 13 Jahre später, nachdem eine Technologie erfunden worden war, um das Rauschen des Regens herauszufiltern."

Mickey Roker steht auf und geht zu einer Tür. „Komm mit, ich zeige dir den Keller." Wir steigen die Treppen hinab zu seinem Hobbykeller: Schlagzeug, Stereoanlage mit Schallplattenspieler und ein Billardtisch. „Lass uns eine Runde spielen." Er legt die Schallplatte „Galaxy" von Burt Collins und Joe Shepley auf, bei der er mitspielt, dreht die Lautstärke sehr hoch, bringt die Kugeln auf dem Tisch in Position und stößt mit seinem Queue die weiße Kugel an. An den Wänden hängen jede Menge Erinnerungsfotos. Ein Bild zeigt Roker in der Band von Lee Morgan, gleich daneben ein Bild von Roker und Dizzy Gillespie, zwischen ihnen ein kleines Mädchen: Terri Lyne Carrington. „Mit niemand anderem habe ich so lange gespielt wie mit Dizzy! Von 1970 bis 1979 sind wir ständig auf Tour gewesen. Es war eine tolle Zeit, obwohl ich musikalisch etwas enttäuscht war, denn Dizzy spielte immer den Clown und er spielte Conga, obwohl er das nicht so gut konnte. Ich dachte immer: Mensch, Diz, ich bin in deiner Band, weil du so einzigartig Trompete spielst! Außerdem spielte er immer Songs, die einen Rock- oder Bossa-Nova-Beat hatten, aber ich wollte doch Jazz spielen!" Nach einigem Hin und Her versenkt Roker die schwarze 8. „Weißt du, im Jazz spielst du mit deinen Freunden, sie rufen dich wegen Konzerten an, sie empfehlen dich weiter, man hat eine persönliche Beziehung. Das ist anders als in der klassischen Musik, wo so viele Musiker in einem Orchester nebeneinandersitzen und nicht miteinander reden. Das gibt der Musik eine Wärme und macht sie so herzlich. Deshalb liebe ich Jazz."

James Blood Ulmer

MEINE FRAGE „ARE YOU GLAD TO BE IN AMERICA?" WIRD WOHL EWIG UNBEANTWORTET BLEIBEN.

James, genannt Blood, Ulmer
(* 8. Februar 1940 in St. Matthews, South Carolina) ist ein US-amerikanischer Gitarrist, Sänger und Komponist.

An der Ecke Spring Street und Mercer Street im New Yorker Stadtteil Soho lebt James Blood Ulmer in einem Loft.

Der riesige helle Raum mit fünf großen Fenstern vereint alle Funktionen: Wohnzimmer mit Fernsehgerät und Sitzecke, Küche, Schlafzimmer und natürlich Übungsraum. Mehrere Gitarren warten auf ihren Ständern. „Warum sollte ich noch täglich auf diesen verdammten Gitarren üben? Immerhin spiele ich seit meinem vierten Lebensjahr! Jetzt arbeite ich an meiner Musik, ich komponiere sehr viel. Es ist so viel Musik, dass ich es selbst nicht mehr schaffen werde, alles davon zu spielen, dafür bin ich zu alt. Aber ich hoffe, dass sich ihr andere Musiker irgendwann mal annehmen werden." Ulmer setzt sich wieder auf sein Sofa und lehnt sich zurück. Neben den Notenpapieren fällt auf, dass es keine abspielbare Musik in seinem Loft gibt. „Ich hatte schon damals keinen Plattenspieler und bis heute habe ich von niemandem irgendwelche Platten. Warum sollte ich mir Muddy Waters anhören, wenn ich mir sein Spiel sowieso nicht aneignen darf – es gehört doch ihm! Wenn ich mir manchmal Musik anhöre, dann nur, um ihr Konzept und ihren Ansatz zu verstehen. Man spielt nicht Musik, denn die existierte ja schon vorher, sondern man spielt das Konzept, also die Idee einer Musik."

In dem kleinen Dorf St. Matthews in South Carolina, wo James Ulmer aufwuchs, gab es nicht so viele Möglichkeiten, den Blues zu hören, denn seine Eltern erzogen ihn streng christlich nach der Bibel. „Der Blues war für sie die Musik des Teufels, und sie wollten keine Teufel im Haus haben. Wenn ich den Blues hören wollte, musste ich mich aus dem Haus schleichen, um die einzigen zwei Männer zu hören, die in unserem Dorf den Blues spielten. Und wenn ich dann versuchte, den Blues nachzuspielen, hat meine Mutter mir den Hintern versohlt. Stattdessen spielte und sang ich viele Jahre in einem Gospelquartett, The Southern Sons, mit dem ich von Kirche zu Kirche zog. Im Radio lief damals nur Hillbilly- oder Countrymusik, das kannte man also, ob man wollte oder nicht, so wie heute Fahrstuhlmusik, der man auch gnadenlos ausgesetzt ist. Um endlich den Blues spielen zu können, habe ich nach Abschluss der Highschool mein Elternhaus verlassen und bin 1959 nach Pittsburgh gezogen."

Dort arbeitete Ulmer zunächst mit einer Doo-Wop-Gruppe, aber fand sich auch schnell in nächtlichen Jamsessions im Orgeltrio mit Richard „Groove" Holmes oder Jimmy Smith wieder, mit denen er Jazz und Rhythm & Blues spielte. „Im Blues geht es um die Geschichte, die du erzählst, auch wenn andere Musiker schon vor dir mit der gleichen Story zu hören waren. Muddy Waters und Howlin' Wolf haben nicht immer ihre eigenen Songs gesungen, sondern auch viele von Willie Dixon, trotzdem ging es um ihre Geschichte. Der Komponist eines Songs ist nicht automatisch der, der diesen Song dann auch am besten spielen kann. Wenn man den Blues lebt und ehrlich singt, wird sich das von alleine vermitteln. Der Blues ist die Seele eines Mannes. Jeder hat seinen eigenen Bluesstil, man klingt nie wie ein anderer Musiker. Und das Gitarrenspiel hat immer umschrieben, worum es in deinem Song ging. Wenn ich über einen Güterzug singe, klingt meine Gitarre eben nach einem Güterzug. Damals haben die Bluesmusiker nicht 15 Chorusse lang ein Solo gespielt, denn es ging überhaupt nicht darum, ihr Können auf dem Instrument unter Beweis zu stellen. Man hat sich einfach nur selbst auf der Gitarre begleitet. Wenn man sich die alten Songs anhört, wird schnell deutlich, dass es um die Botschaft des Blues ging und nicht um versierte Gitarristen."

In Pittsburgh wurde Ulmer 1961 Mitglied im Trio von Ernie Goldsmith und freundete sich mit George Benson an. „Er hat wirklich alles aus seiner Gitarre rausgeholt und konnte alles spielen, sodass ich mich fragte: ‚Verdammt, wann hat er denn die Zeit, das alles zu üben?' Er war drei Jahre jünger als ich, spielte mit Jack McDuff und ich begriff einfach nicht, wo und wie er sich das alles beige-

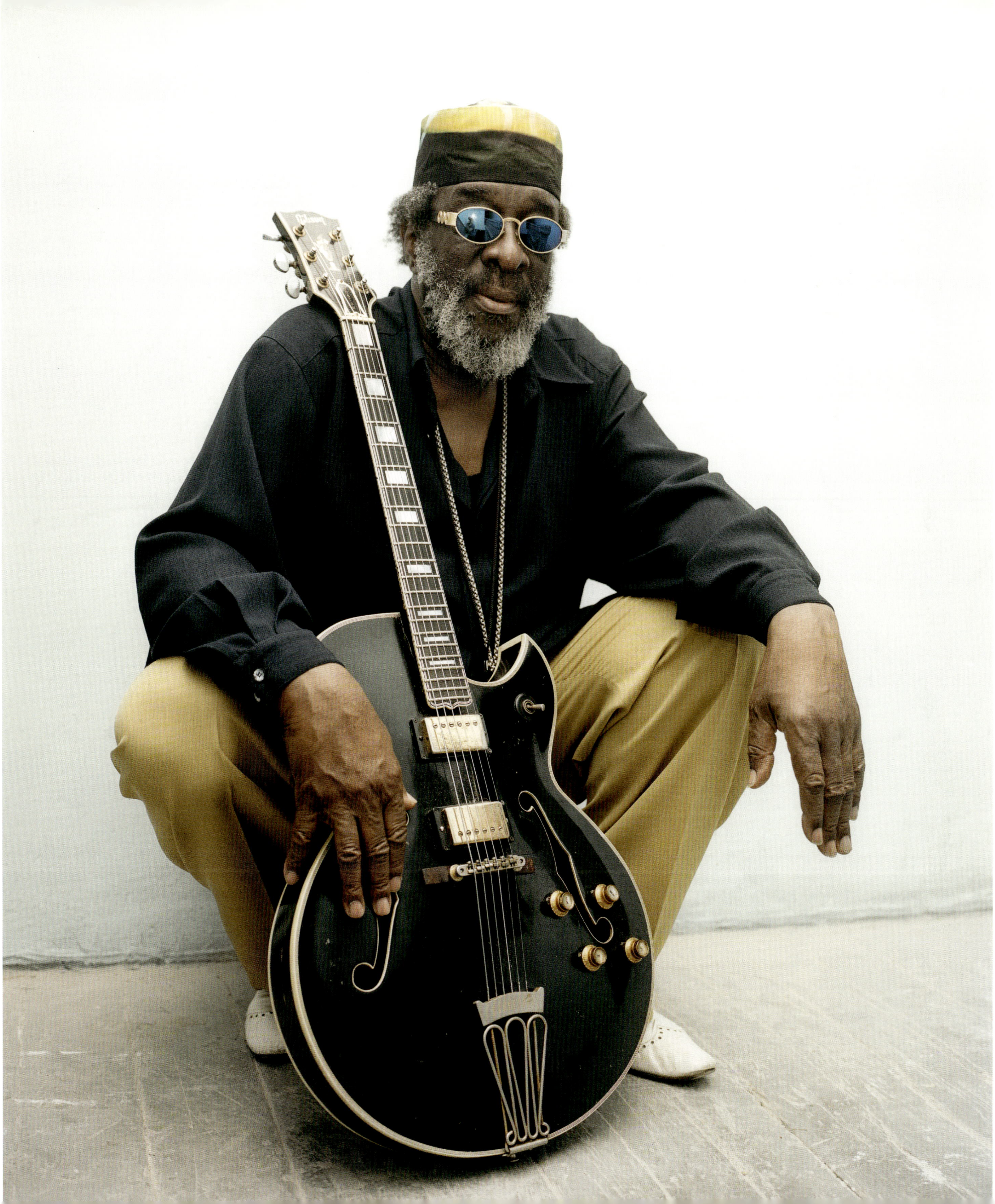

bracht hatte. Ich sah für mich keine Chance, das alles aufzuholen, und entschied mich, einen anderen Weg zu gehen."

Das gemeinsame Vorbild von Benson und Ulmer war Wes Montgomery. Nachdem Ulmer 1965 nach Columbus, Ohio, gezogen war, bekam er einen Job in der Gruppe des Organisten Hank Marr, in der auch George Adams spielte. Zusammen tourten sie durch die USA und nach Europa und nahmen 1964 für King Records „Sounds From The Marr-Ket Place" auf. Wenn die Gruppe von Marr pausierte, spielte Ulmer mit seiner eigenen Band, The Blood Brothers, mit der er auch im Hubbub Club in Indianapolis, der Geburtsstadt von Wes Montgomery, auftrat. „Er war für mich wie ein Schlüssel zur Musik. Auch wenn ich nicht dieselben Noten wie er spielte, musizierte ich doch mit dem gleichen Feeling. Während einer meiner Auftritte kam Wes herein und stand den ganzen Abend an der Bar. Mit den unterschiedlichsten Mitteln habe ich versucht, seine Aufmerksamkeit zu gewinnen, und nach dem Konzert stellte ich mich direkt neben ihn, aber er hat kein Wort gesagt. Sein Schweigen habe ich als Aufforderung verstanden, dass ich meinen eigenen Stil finden sollte. Deshalb entschied ich mich nach dieser Nacht dazu, nicht mehr wie Wes klingen zu wollen. Ich begann andere, alternative Formen in der Musik zu suchen als jene Standards des Westens und versuchte, die konventionellen Akkordwechsel zu vermeiden und keine Skalen zu spielen."

> Warum sollte ich noch täglich auf diesen verdammten Gitarren üben? Immerhin spiele ich seit meinem vierten Lebensjahr!

Seine Suche nach Gleichgesinnten in der progressiven Musik veranlasste Ulmer, 1967 nach Detroit zu ziehen. Er trat mit Marcus Belgrave, Larry Smith und Charles Moore auf und begann in der experimentellen Band Focus Novii zu spielen. Gleichzeitig hatte er ein Trio, mit dem er Mainstream-Jazz spielte und im 20 Grand Club auftrat. Die andere Hausband war Parliament. 1969 nahm Ulmer mit John Patton „Accent On The Blues" für Blue Note auf und Patton war auch einer der Gründe, warum Ulmer 1971 schließlich nach New York ging. „Sie spielten dort richtigen Jazz! Ich liebte die neuen Möglichkeiten der Musik, aber warum lud niemand die Gitarre auf die

DIE WICHTIGSTEN ALBEN
ALS LEADER UND SIDEMAN

Joe Henderson *Multiple* (Milestone, 1973)

Tales Of Captain Black (Artists House, 1978)

Are You Glad To Be In America?
(Rough Trade, 1980)

Odyssey (Columbia, 1984)

David Murray *Children* (Black Saint, 1986)

Harmolodic Guitar With Strings (DIW, 1993)

Forbidden Blues (DIW, 1998)

Jayne Cortez *Borders Of Disorderly Time*
(Bola Press, 2003)

James Carter *Out Of Nowhere*
(Half Note, 2005)

World Saxophone Quartet
Political Blues (Justin Time, 2006)

———

Christian Broecking

Party ein? Ich spielte mit Art Blakey und den Jazz Messengers und Woody Shaw, der in der Band war, sagte mir ganz ehrlich, dass er lieber keinen Gitarristen in der Gruppe haben wolle. Aber warum? Das ist die 1-Million-Dollar-Frage! Warum dachten alle, dass die Gitarre nichts anderes spielen kann außer Rock 'n' Roll? Diese Frage hat mich mein ganzes Leben lang beschäftigt."

Ulmer entschuldigt sich kurz, steht auf, setzt sich an den Tisch am Fenster und kontrolliert seinen Blutzucker. Seit 20 Jahren ist er Diabetiker. Als er damals in New York ankam, mietete er in Brooklyn in der Nähe seiner Wohnung einen Laden an und stellte ein Schlagzeug hinein, auf dem die Kinder aus der Nachbarschaft spielen konnten. Dabei begleitete er sie auf der Gitarre mit der Idee: Wenn ich mit den ungezügelten Kids spielen kann, kann ich mit jedem spielen. „Eines Tages kam Billy Higgins vorbei. Nachdem wir zusammen gespielt hatten, sagte er: ‚Ich muss dir unbedingt Ornette Coleman vorstellen!'" Ulmer hatte noch nie von Coleman gehört, aber war sehr beeindruckt von seinem Spiel und seinem Konzept, das er „Harmolodics" nannte, bei dem der Unterschied zwischen Solist und begleitender Band aufgehoben wurde und jede Melodielinie gleichberechtigt war. 1972 zog Ulmer in Colemans Appartement ein und sie spielten jeden Tag miteinander. Dabei rief Coleman ungewöhnliche Akkordwechsel auf, die der harmolodischen Gitarrenmodulation entsprachen und die Ulmer spielen sollte.

Diese ständige Herausforderung ließ ihn schlecht schlafen. „Nach sechs Monaten hatte ich einen Traum, der mich befreite! Ich träumte, dass alle Seiten meiner Gitarre so gestimmt waren, dass es keine Skalen und Akkorde mehr gab. Ich wachte auf und begann, meine Gitarre entsprechend auf eine Tonart zu stimmen. Und es funktionierte! Als Ornette dann eine B-Flat von mir hören wollte, sagte ich: ‚Sorry, ich habe keine B-Flat.' Dann fragte er mich nach einer E-Minor-Seventh. Aber auch diese Tonart konnte ich ihm nicht vorspielen. Wir spielten dann einfach zusammen und ich bewegte mich musikalisch in ganz neuen Bereichen, weil die alten Muster aufgehoben waren. Plötzlich spielte ich harmolodische Gitarre und Ornette gab mir das Gefühl, dass ich und mein Spiel sehr wichtig seien. Diese Anerkennung war die beste Inspiration, die ich bekommen konnte. Natürlich war ich dafür, dass Skalen und Akkorde weiterhin existieren sollten, denn sonst hätte es ja nichts gegeben, wovon ich mich musikalisch hätte abheben können."

Ulmer lacht kurz. Coleman nahm ihn in seiner Band auf, in der Billy Higgins, Dewey Redman, Don Cherry und Charlie Haden spielten. Innerhalb eines Jahres gab es eine Umbesetzung und Ulmer spielte mit Colemans Sohn Denardo am Schlagzeug und dem Bassisten Sirone Jones. Diese Band, die durch Amerika und Europa tourte, hat leider nie eine offizielle Platte aufgenommen. „Nach einiger Zeit hat Ornette mich dann gefeuert und seine Band Prime Time formiert, in der zwei neue Gitarristen spielten. Danach war ich auf mich allein gestellt. Die Coleman-Schule war vorbei, mein Zeugnis hatte er mir ja gegeben."

———

> Man spielt nicht Musik, denn die existierte ja schon vorher, sondern man spielt das Konzept, also die Idee einer Musik.

———

Ulmers Solokarriere begann 1978 mit seinem Album „Tales Of Captain Black", bei dem auch Ornette Coleman mitspielte. 1980 folgte seine bekannte LP „Are You Glad To Be In America?". Er steht auf und schaltet das Fernsehgerät wieder ein. „Ich sehe mich selbst als politischen Bluesmusiker, denn alle meine Songs haben einen Bezug zu ihrer Entstehungszeit. Wenn man wie ich in den Südstaaten aufgewachsen ist und die Segregation miterlebt hat und davon geprägt wurde, bleibt das nicht aus. Meine Frage ‚Are you glad to be in America?' wird wohl ewig unbeantwortet bleiben. Jedesmal, wenn ich den Fernseher einschalte, hoffe und warte ich darauf, dass mir jemand die Frage endlich beantwortet und sagt: ‚Yeah, I'm glad to be in America, James Blood!'"

Junior Mance

> ICH HATTE ERST RICHTIGEN ERFOLG, ALS ICH BEGANN, ICH SELBST ZU SEIN.

Julian Clifford jr., genannt Junior, Mance (* 10. Oktober 1928 in Evanston, Illinois) ist ein US-amerikanischer Pianist und Komponist.

Manhattan, 14. Straße, nahe dem Union Square.

Gleich über einem Tattoo-Studio wohnt Junior Mance mit seiner Frau Gloria. Von seinem Balkon aus kann man direkt in die Fenster der New School blicken, wo Mance 23 Jahre lang bis 2011 unterrichtet hat. Zu seinen Studenten gehörten Brad Mehldau und Larry Goldings. „In der New School war ich vermutlich der einzige Lehrer, der nie einen Stundenplan rausgegeben hat. Einmal hab ich es versucht, aber mich selbst nie an den Plan gehalten. Wenn ich zum Unterricht gegangen bin, wusste ich also nie, was mich erwartet, aber zum Schluss gab es immer ein schönes musikalisches Ergebnis. Es war so wie ein Jazzworkshop. Der Saxofonist Arnie Lawrence war einer der Gründer des Jazzprogramms an der New School. Er fragte mich, ob ich mir vorstellen könnte zu unterrichten. Ich war sehr unsicher, da ich noch nie zuvor gelehrt hatte, aber Chico Hamilton, der auch an der Fakultät war, ermutigte mich: ‚Wenn es dir nach zwei Wochen nicht gefällt, kannst du auch wieder gehen.' Aber vom ersten Tag an liebte ich es und die Studenten waren wundervoll. Anstatt zu reden, muss jeder Student gleich loslegen und spielen. Und mal ehrlich: Wieviel akademisches Wissen kann man in den Blues packen? Wörter sind beim Blues keine Hilfe, man muss ihn fühlen! Ich will mich nicht selbst loben, aber jedes Semester gab es für meine Blues-Klasse eine lange Warteliste von Studenten. Wenn ich mal keine Zeit hatte, weil ich auf Tour war, ist Houston Person für mich eingesprungen. Aber ich habe auch viel von den jungen Studenten gelernt, denn sie verfolgen, wohin sich der Jazz entwickelt. Von den aktuellen Trends bekomme ich nicht so viel mit, weil ich zu sehr mit meiner eigenen Musik beschäftigt bin."

Mance greift zu einem Wasserglas, das Gloria ihm gebracht hat. „1965 habe ich mit Benny Carter in New York einen Soundtrack für einen Film aufgenommen. Nach den Aufnahmen hat sich Benny ein Konzert von Ornette Coleman angehört. Ein Musiker fragte ihn: ‚Benny, ich bin überrascht, dich hier zu sehen! Das ist doch gar nicht deine Art von Musik!' Benny wurde etwas wütend: ‚Wenn du aufhörst, anderen zuzuhören, hast du ein Problem. Was ich hier höre, muss mir weder gefallen, noch muss ich es in meiner Musik anwenden. Aber ich will mir doch darüber bewusst sein, dass diese Musik existiert und was die jungen Musiker spielen.' Und genauso geht es mir auch. Es könnte in der Avantgardemusik etwas geben, was ich in mein Spiel aufnehme – das kann man doch nie wissen."

Im Wohnzimmer steht ein großer Flügel und im Hintergrund läuft ein Radiosender, der den ganzen Tag Jazz spielt. In den Regalen stehen Schallplatten, die Mance nicht mehr hört. „Früher hatte ich all die alten Platten, aber ich habe sie bei der Scheidung von meiner zweiten Frau verloren. Die Platten waren das Einzige, worum wir uns bei der Scheidung gestritten haben." Er lacht

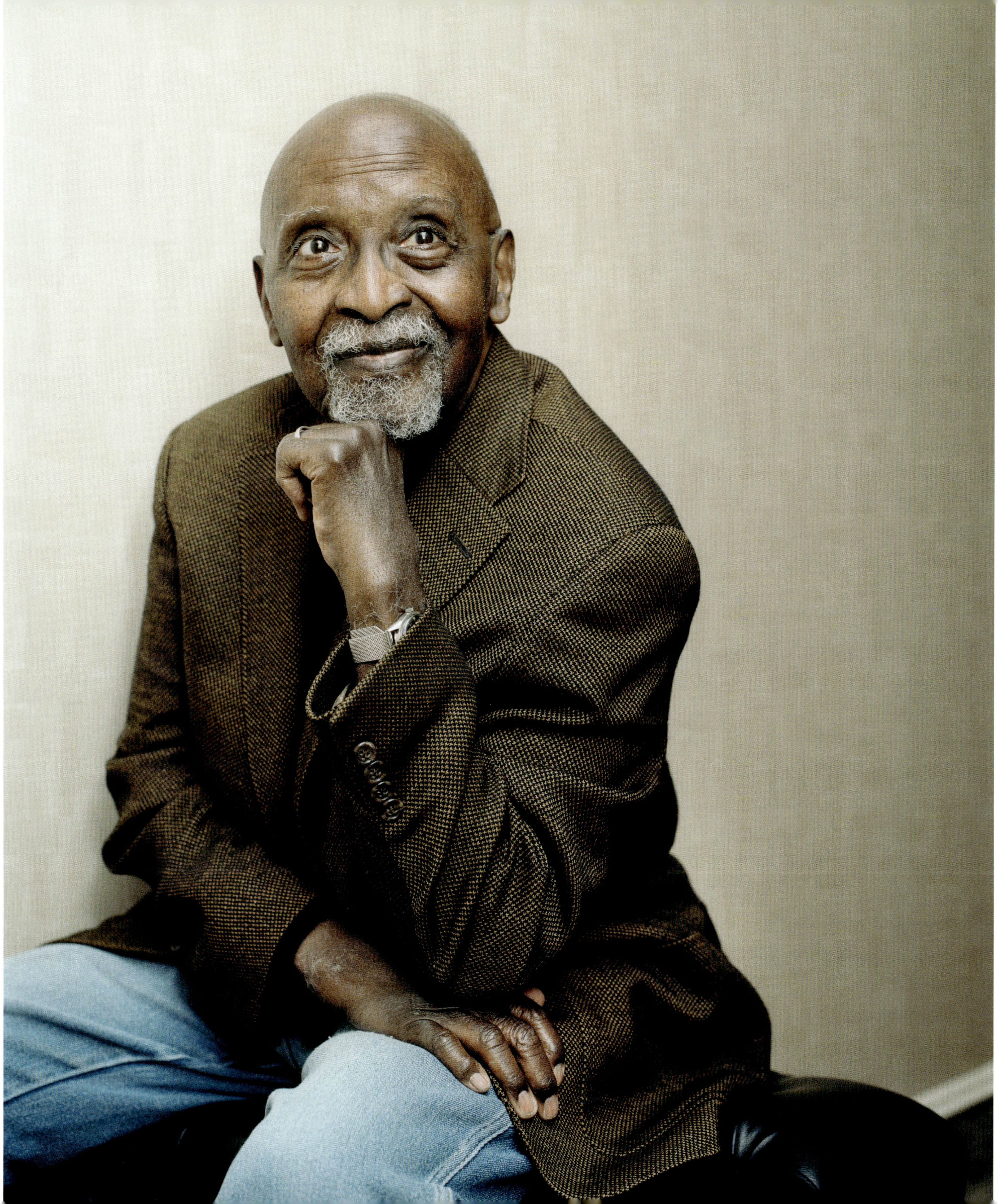

und sieht wieder rüber zur New School. Sein eigenes Musikstudium in Chicago hatte Mance 1947 nach einem Jahr abgebrochen, weil sich die Möglichkeit ergab, mit Gene Ammons zu spielen, der gerade aus der Billy Eckstine Band kam.

„1949 kam Lester Young nach Chicago. Sein Pianist Bud Powell hatte den Flug verpasst. Lester kam in den Congo Club, wo ich mit Gene spielte. Er wollte mich in seiner Band haben und Gene hatte kein Problem damit, denn er wollte seine Band sowieso auflösen, weil er am selben Tag von Woody Herman gefragt wurde, ob er als Nachfolger von Stan Getz einspringen könne. In der Gruppe von Lester Young spielte ich mit Roy Haynes, Jesse Drake, Leroy Jackson und Jerry Elliot. Wir haben eine Platte für Savoy aufgenommen, aber Lester hat nie geprobt. Deshalb war ich immer sehr nervös, aber habe das nie gezeigt. Als ich jünger war, habe ich einmal – als ich mich mitten in einem Solo verspielt hatte – laut ‚verdammt!' gerufen und mir wurde geraten, das nicht mehr zu tun, sondern in Zukunft einfach durchzuspielen. Nach einem Jahr ging Lester dann mit Norman Granz auf JATP-Tour."

1951 wurde Junior Mance eingezogen und war in Fort Knox, Kentucky, stationiert. Seine Kompanie mit 200 Soldaten wurde in den Koreakrieg geschickt, nur Mance gelang zwei Wochen vor Abflug der Wechsel in die Army-Band. „Das habe ich nur Cannonball Adderley zu verdanken, der die Band leitete. Er hat mich mit falschen Papieren aus meiner Kompanie geholt. Ich habe ihm wirklich mein Leben zu verdanken, denn von den 200 Soldaten sind nur fünf Männer zurückgekehrt." Plötzlich hört man ein lautes Geräusch. Die Schildkröte im Aquarium hat es sich auf der Sonnenbank bequem gemacht. „Die gehört eigentlich Gloria, aber ich füttere sie auch gerne."

Nach seiner Zeit in der Army kehrte Junior Mance 1953 zurück nach Chicago und wurde Hauspianist in dem Club Bee Hive, wo er im Trio mit Israel Crosby und Buddy Smith spielte. Jeden Monat kam ein anderer Gastsolist vorbei: Coleman Hawkins, Charlie Parker, Eddie „Lockjaw" Davis, Sonny Stitt und noch mal Lester Young. Im selben Jahr ging Junior Mance schließlich nach New York, wo er einen

---

Cannonball Adderley hat mich mit falschen Papieren aus meiner Kompanie geholt. Ich habe ihm wirklich mein Leben zu verdanken, denn von den 200 Soldaten sind nur fünf Männer aus dem Koreakrieg zurückgekehrt.

Anruf von Dinah Washington bekam. „Sie hatte mich in Chicago gehört, wo sie selbst aufgewachsen war. Dinah suchte einen neuen Pianisten, weil Wynton Kelly zum Militärdienst eingezogen wurde. Sie hatte es mit Andrew Hill versucht, der aber nur eine Woche blieb. Dinah konnte selbst Piano spielen, hatte das perfekte Gehör und kannte viele Songs, deshalb war jeder Konzertabend mit ihr anders. Ich habe bei ihr gelernt, wie man Sängerinnen begleitet. Ihr Arrangeur Jimmy Jones hatte mir gesagt: ‚Stell dir bei deiner Zusammenarbeit mit Sängerinnen einfach vor, dass sie das Zentrum eines Gemäldes sind. Und was benötigt ein Porträt? Einen Rahmen! Und das bist du.' Als Begleiter lernte ich, Dinah musikalisch noch besser klingen zu lassen und sie zu unterstützen, ohne ihr dabei in die Quere zu kommen. Wir haben zusammen an vielen Abenden After-Hours-Clubs besucht. Sie wollte mich als ihren Begleiter immer dabeihaben, für den Fall, dass sie spontan auf der Bühne singen würde. Wir sind in die besten Clubs gegangen, Dinah hat immer für alles gezahlt, und sie wurde mit sehr viel Respekt empfangen: ‚Die Queen ist soeben eingetreten!'"

Mance kann sich gut an die bekannteste Aufnahmesession von Miss Washington erinnern, „Dinah Jams", die er im August 1954 in den Capitol Studios in Hollywood mit ihr für Emarcy aufnahm. „Dinah wollte Abwechslung. Sie buchte zwei Studios, lud 50 Freunde ein, die alle Jazzfans waren, und hatte für ein Büffet und Wein gesorgt. Ihr war es wichtig, für die Recording-Session eine gute Live-Atmosphäre herzustellen, weil man dann anders auftritt. Der Applaus der Aufnahme war also echt. Aber es waren ja auch so fantastische Musiker beteiligt: Clifford Brown, Maynard Ferguson, Clark Terry, Herb Geller, Harold Land, Keeter Betts, George Morrow, Max Roach und Richie Powell, der Bruder von Bud. Es war einer der besten Momente meiner Karriere und wirklich eine Party! Ich habe Dinah nur verlassen, weil sie sich mit meiner ersten Frau gestritten hat, die mir ein Ultimatum gab: Entweder ich sollte Dinah oder aber sie verlassen. Natürlich entschied ich mich für meine Frau, aber es ist vermutlich unnötig zu erwähnen, dass die Ehe dennoch nicht lange anhielt."

Ab 1956 spielte Mance für zwei Jahre in der Gruppe seines alten Freundes Cannonball Adderley, zusammen mit dessen Bruder Nat, Sam Jones und Jimmy Cobb. Kurz nachdem Adderley die Band auflöste, um mit Miles Davis zu spielen, traf Mance am Broadway Dizzy Gillespie. „Nachdem ich Dizzy von der Auflösung erzählt hatte, waren seine nächsten Worte: ‚Probe, nächste Woche Donnerstag um 14 Uhr in meinem Haus.'" Mance lacht. „Dizzy wohnte in Corona, Queens, nur zehn Minuten von mir entfernt. Er stellte eine neue Band zusammen. Als ich zu seinem Haus kam, war noch ein anderer Pianist dort, Hale Smith, es war also ein Vorspiel, aber ich bekam den Job. Zuerst war noch Sonny Stitt in der Band, aber er wollte zu viel Geld. Nach ihm kam Junior Cook, der aber bald zu Horace Silver ging, und stattdessen kam Les Spann. Dizzys Drummer Jimmy Cobb ging zu Miles und ihm folgte Lex Humphries."

Auch Gillespie wurde für Mance zu einem wichtigen Lehrer. „Von Dizzy habe ich mehr gelernt als von irgendjemand anderem, einfach indem ich ihm zugesehen habe: Wie man als Bandleader arbeitet, wie man mit dem Publikum kommuniziert und wie man der Musik Raum lässt und eben nicht immer alles spielt, was man weiß. Er hatte eine Vorliebe für Songs, für die sich niemand sonst interessierte, zum Beispiel ‚My Heart Belongs To Daddy', das wir für die Platte ‚Have Trumpet, Will Excite!' aufnahmen. Er hatte für den Song eine Idee, setzte sich ans Piano und zeigte mir, was ich spielen sollte. Mit Dizzy bin ich auch zum ersten Mal nach Europa gereist. In Düsseldorf trafen wir zufällig auf die Ellington-Bigband. Als wir einen Tag frei hatten, sind wir mit Clark Terry, Paul Gonsalves und einigen anderen zur Besichtigung einer Brauerei gegangen ..., du kannst dir ja vorstellen, wie das endete."

Junior Mance lacht wieder. Drei Jahre blieb er bei Gillespie, bevor er 1961 mit der Band von Johnny Griffin und Eddie „Lockjaw" Davis spielte. „Bei meiner letzten Recording-Session für Dizzy sah ich ihn, wie er mit Norman Granz über mich redete. Ich dachte schon, ich hätte etwas vermasselt, aber dann kam Granz zu mir rüber und fragte, ob ich meine erste LP für Verve aufnehmen wolle! Natürlich wollte ich! Ich habe mich dann getraut, ins kalte Wasser zu springen, verließ Dizzy und arbeitete als Bandleader. Am Anfang war es schwierig, meine Platten waren eher ein Geheimtipp, aber ich habe diesen Schritt nie bereut. Ich hatte erst richtigen Erfolg, als ich begann, ich selbst zu sein."

Wir gehen raus auf den Balkon. Vom zweiten Stock hört man die lauten Straßengeräusche der 14. Straße. „Ich hatte mal eine Mittelohrentzündung, wodurch ich einen 40-prozentigen Hörverlust erlitt, aber das hat sich nie auf meine Musik ausgewirkt, stattdessen kann ich leichter einschlafen." Er lacht und schaut auf die Straße. „Als ich vor 40 Jahren hierherzog, gab es dieses Tattoo-Studio natürlich noch nicht. Ein sonderbarer Trend. Ich mag die Energie von New York. Es ist gut, so zentral zu wohnen, denn ich habe keinen Führerschein. Von hier aus kann ich überall hingehen, auch zum Café Loup, wo ich seit 2006 jeden Sonntag mit meinem Trio auftrete."

DIE WICHTIGSTEN ALBEN ALS LEADER

The Soulful Piano of Junior Mance (Jazzland, 1960)

Junior's Blues (Riverside, 1962)

Happy Time (Jazzland, 1962)

I Believe To My Soul (Atlantic, 1968)

Mance Featuring Etta Jones And Lou Donaldson (Chiaroscuro, 2000)

ALS SIDEMAN

Julian „Cannonball" Adderley *Cannonball's Sharpshooters* (Mercury, 1958)

Dizzy Gillespie *Have Trumpet, Will Excite!* (Verve, 1959)

Gene Ammons *The Boss Is Back!* (Prestige, 1969)

Dexter Gordon with Junior Mance *At Montreux* (Prestige, 1970)

José James *The Dreamer* (Brownswood, 2008)

Götz Bühler

Oliver Lake

ES GING DARUM, NICHT DARAUF ZU WARTEN, DASS ETWAS PASSIERT, SONDERN SELBST AKTIV ZU WERDEN.

*Oliver Eugene Lake
(* 14. September 1942 in Marianna, Arkansas) ist ein US-amerikanischer Saxofonist und Komponist.*

„Encore!", ruft das Publikum im Village Vanguard und applaudiert.

Das Trio 3 von Oliver Lake mit Reggie Workman und Andrew Cyrille lässt sich nicht lange bitten und spielt noch eine Zugabe. Danach gehen die Drei in den hintersten Raum des Clubs, der auch gleichzeitig als Küche dient, und unterhalten sich mit ein paar Freunden. Es ist Mitternacht. Die Musiker sind nach zwei Konzerten an diesem Abend ein wenig erschöpft, aber zufrieden. „Mein Ziel in der Musik ist eine direkte, ehrliche Kommunikation mit dem Publikum", erläutert Lake. „Im Gegenzug gibt mir das Publikum Energie, daher ist es also wie ein Austausch. Es gibt in unserer Welt so viel Aufruhr und Musik ist eine Möglichkeit, unseren gesunden Menschenverstand zu erhalten. Ehrlich gesagt: Eine Welt ohne Musik, egal welche, kann ich mir gar nicht vorstellen." Er lockert den S-Bogen seines Saxofons und legt es in seinen Koffer. „Als wir dieses Trio 1991 gegründet haben, war es von Anfang an Teil des Konzepts, dass wir gelegentlich auch mit einem Gast spielen. Dabei suchen wir nach Musikern, die ähnliche Ideen haben, aber nicht unbedingt einen bestimmten Sound. Bisher waren die Gäste immer Pianisten: Geri Allen, Vijay Iyer, Jason Moran, Ethan Iverson. Die jüngeren Musiker sind oft eine große Inspiration, mir gefällt die Mischung aus unterschiedlichen Altersklassen."

Das historische Village Vanguard ist für Lake ein wichtiger Ort. „Auf derselben Bühne zu stehen, auf der auch schon Mingus, Coltrane und all die anderen aufgetreten sind, hat definitiv eine Bedeutung für mich. Als ich noch zur Highschool ging, kam Coltrane nach St. Louis, wo ich aufgewachsen bin. Aber ich war noch zu jung und durfte in keinen Club, wo Alkohol verkauft wurde. Deshalb habe ich mir einen großen Mantel und einen Hut angezogen, damit ich wie 21 aussah. Und es klappte! Coltrane spielte mit McCoy Tyner, Elvin Jones und Jimmy Garrison. Ich war so begeistert, dass ich ihn fragen wollte, ob er mir vielleicht am nächsten Tag eine Stunde Unterricht geben könnte. Nach dem ersten Set ging er hinter die Bühne und übte, wobei ich ihn nicht stören wollte. Nach dem zweiten Set hat er wieder geübt. Erst nach dem dritten Set konnte ich ihn endlich fragen. Aber der folgende Tag war ein Sonntag und Trane sagte: ‚Am Sonntag treffe ich nie jemanden, da ruhe ich mich aus.' Das war Pech, aber auch nicht so schlimm, denn sein Konzert mit all dieser Energie allein verdeutlichte mir, dass ich noch viel an mir arbeiten musste."

Am nächsten Nachmittag besuche ich Lake in seinem Haus in Montclair, New Jersey. An den Wänden hängen von Lake gemalte Bilder – ein Hobby von ihm, dem er in seinem Keller nachgeht. Seine Frau Marion besitzt in der Nähe einen Laden, in dem sie Kleidung verkauft, die sie selbst entwirft und produziert. Sie sitzt in ihrer Werkstatt an einer Nähmaschine, umringt von Regalen mit Stoffballen. „Genau darum geht es", sagt Lake. „Selbst die Dinge in Angriff zu nehmen." Lakes Andeutung zielt auf die Gründung der Black Artists Group 1968 in St. Louis. „In den Clubs von damals wurde traditioneller Jazz gespielt, deshalb gab es keinen Ort, wo ich meine Kompositionen aufführen konnte. Stattdessen trafen wir uns für Jamsessions im Forest Park, gleich hinter dem Museum in St. Louis. Unter den Musikern waren Julius Hemphill, Jerome Harris, J. D. Parran, Baikida Carroll, Philip Wilson und Floyd LeFlore. In dieser Zeit unternahm ich eine Reise nach Chicago, um Lester Bowie zu besuchen, der Mitglied des AACM war, und ich war beeindruckt, wie gut diese Vereinigung organisiert war. Ich kam mit der Idee zurück, eine Art Zweigstelle des AACM in St. Louis zu gründen, aber da es schon erste Kontakte und Versammlungen zwischen Musikern, Schauspielern, Tänzern und bildenden Künstlern gegeben hatte, sagte Julius Hemphill zu mir: ‚Warum gründen wir nicht unsere eigene Gruppe?'"

So entstand schließlich die BAG, die Black Artists Group. „Der Name passte einfach und war nicht rassistisch gemeint, wir wollten uns lediglich selbst definieren. Es gab

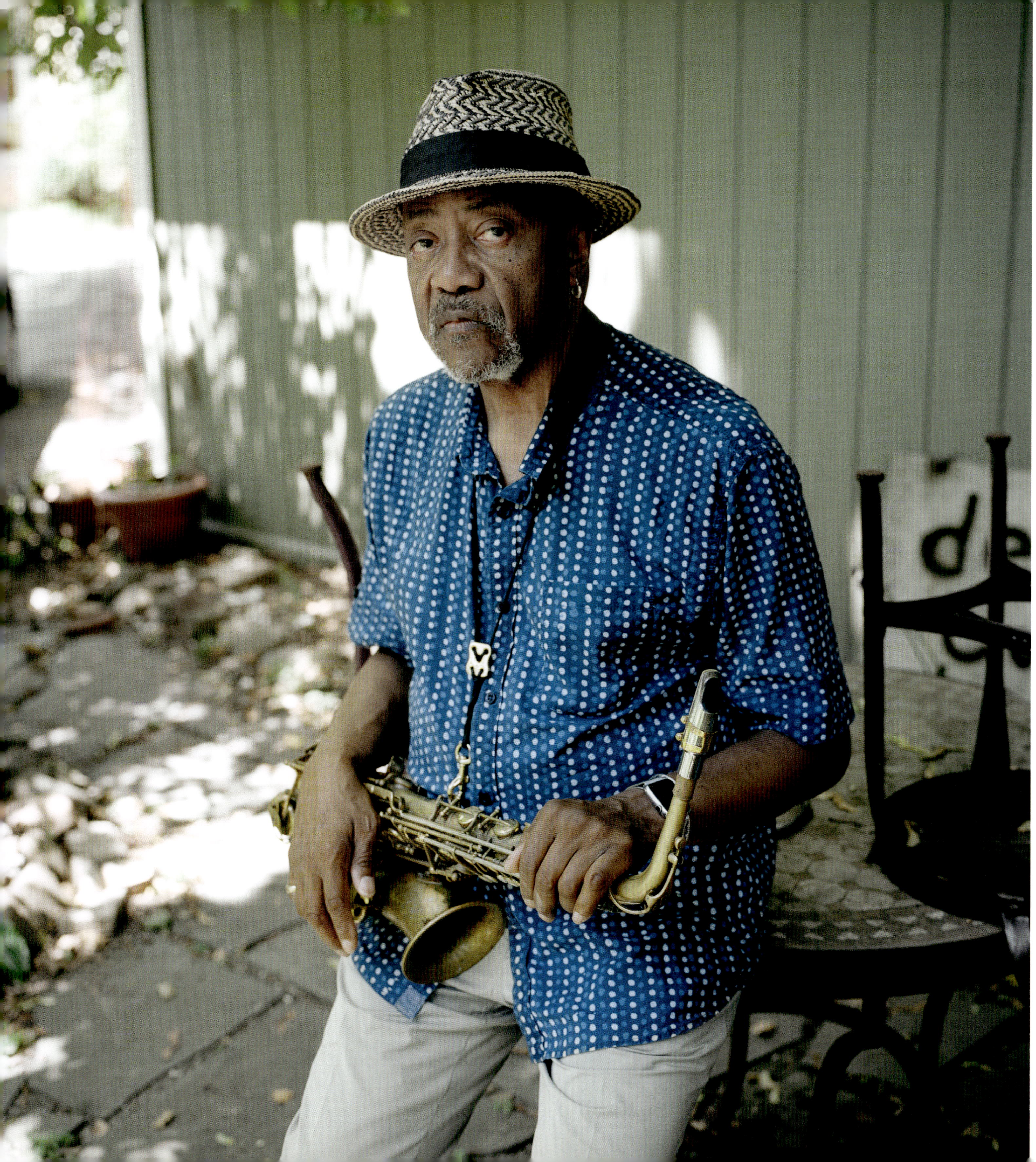

damals in New York schwarze Künstlergruppen, die keine Weißen bei ihren Aufführungen duldeten. Aber so extrem waren wir nicht, wir haben jeden eingeladen vorbeizukommen. Jedoch konnten Weiße nicht Mitglied in der BAG werden, aber wir spielten mit ihnen zusammen, zum Beispiel spielte Marty Ehrlich mit uns auf einigen Jamsessions. Unsere Gruppe bestand ungefähr aus 50 Künstlern. Der Austausch untereinander war sehr wichtig. Mal habe ich einen Schriftsteller bei einer Lesung begleitet, dann habe ich eine Komposition für Tänzer geschrieben oder für eine Bigband arrangiert. Wir haben unser eigenes Plattenlabel gegründet, Orte für Konzerte organisiert und sogar ein eigenes Theater bespielt. Man sollte das Musikgeschäft kennen, um überleben zu können. Ich wollte einfach Kontrolle über meine Musik haben. Es war damals die Zeit, wo man beweisen wollte, dass man selbst die Fähigkeit und die Energie für diesen Aktionismus hatte. Wir nannten das damals Black Power Movement. Es gab dann auch mit dem AACM einen Austausch: Mal ist ein Bus voller Musiker aus Chicago bei uns für ein Konzert angereist und umgekehrt. Das war ungefähr 1969 oder 1970. Wir haben uns gegenseitig inspiriert und eigentlich besteht dieser Austausch bis heute, denn gerade erst habe ich eine Tour mit Roscoe Mitchell abgeschlossen."

Nach einem Interessenkonflikt mit den Schauspielern der Gruppe löste sich die BAG 1972 auf und Lake ging mit einigen Musikern nach Paris, wo sich bereits das Art Ensemble of Chicago vorübergehend niedergelassen hatte. „Das Ensemble beendete seine Zeit in Paris und kam bei uns in St. Louis vorbei. Die Künstler schwärmten von der Stadt und gaben uns alle ihre Kontakte. Mit der BAG hatten wir im Mittleren Westen in allen Orten zwischen St. Louis, Kansas City und Chicago gespielt. So entschlossen sich vier von uns aus der BAG-Gruppe, darunter Joseph Bowie, der Bruder von Lester, es ebenfalls in Paris zu versuchen. Das war schon ein sehr großer Sprung: Eben spielten wir noch in kleinen Gebäuden in St. Louis und plötzlich standen wir auf großen Konzertbühnen in Paris, die wir uns mit Weather Report oder Miles Davis an einem Abend teilten, ohne dass wir jemals zuvor in New York gespielt hatten. Wir sammelten viele gute Erfahrungen in Paris und spielten auf Jamsessions auch mit französischen Musikern zusammen, zum Beispiel mit Daniel Humair. Und ich war eng mit Steve Lacy befreundet, der mich sehr beeinflusst hat. Aber es war in Paris nicht immer leicht, denn wir hatten auch viele Pausen, in denen wir nicht auftreten konnten. Nach zwei Jahren war es Zeit, den nächsten Schritt zu gehen."

> Ich glaube, wenn wir den Jazz, den man später „Loft-Jazz" nannte, in irgendeiner Hütte gespielt hätten, wäre es vermutlich „Hütten-Jazz" geworden.

1974 beendete Lake seine Zeit in Paris und zog nach New York. „Ich habe diese Stadt immer als Zentrum für Musik betrachtet – nur habe ich einen kleinen Umweg gemacht: St. Louis, Paris, New York." Er lacht. In New York versuchte Lake, die Grundeinstellung der BAG weiter beizubehalten. „Nach sechs Monaten in New York konnte ich nirgendwo einsteigen und mitspielen. Nichts passierte. Enttäuscht fuhr ich zurück nach St. Louis und dachte: ‚Was mache ich nur falsch?' Aber dann hatte ich eine simple Erleuchtung. Ich musste es einfach nur so angehen wie die BAG. Es ging darum, nicht darauf zu warten, dass etwas passiert, sondern selbst aktiv zu werden. In New York lebte ich in Downtown, Ecke 1. Straße und 1. Avenue. Die Jazzclubs im Village konnte ich leicht zu Fuß erreichen. Gleichzeitig gab es in der Nähe auch ein paar Lofts von Musikern, zum Beispiel von Sam Rivers oder dem Sänger Joe Lee Wilson. Einige Musiker lebten in den Lofts, andere mieteten ein Loft nur für eine Nacht, um dort ein selbstproduziertes Konzert zu spielen. Ich spielte oft in diesen Lofts, weshalb ich mit der Bewegung des sogenannten Loft-Jazz in Verbindung gebracht wurde. Ich glaube, wenn wir den Jazz in irgendeiner Hütte gespielt hätten, wäre es vermutlich ‚Hütten-Jazz' genannt worden." Er lacht kurz. „Für mich hat sich musikalisch durch die Lofts nichts verändert. Genauso hätte ich auf dem Bürgersteig, im Park oder in einem Club spielen können. Mein Anliegen war und ist es, mich als Musiker ständig weiterzuentwickeln."

Im selben Jahr kam es auch zu einem Treffen mit Miles Davis. „Als ich Miles in Paris getroffen hatte, gab es nicht wirklich eine Möglichkeit, mit ihm zu reden. Eigentlich muss ich in meiner Erzählung noch einen Schritt zurückgehen, denn Miles kam ja auch aus St. Louis und ich bin auf dasselbe College wie seine Tochter gegangen. Nach den Ferien habe ich sie immer ausgefragt, mit wem ihr Vater gerade gespielt hat und all solche Sachen. Als ich dann in New York lebte, wollte ich in der Band von Miles spielen und kam zu einem Vorspiel bei ihm vorbei. An der Klingel stand das Schild: ‚Wenn du mich nicht kennst, klingel nicht, sondern verschwinde wieder!' Das hatte mich etwas eingeschüchtert und ich wollte gerade schon wieder gehen, da öffnete Miles zufällig die Tür. Er ließ einen Kassettenrecorder mit seiner Rhythmusgruppe laufen und sagte: ‚Spiel dazu!' Also spielte ich und es gefiel ihm, er meinte: ‚Ja, du kannst echt spielen!' Aber dann klopfte eine Frau an seiner Tür, mit der er im Nebenzimmer verschwand. Er kam nicht zurück, also habe ich sein Appartement einfach verlassen."

Lake zeigt mir seinen Arbeitsraum, wo in einer Ecke alte Fotos des World Saxophone Quartet hängen, das er 1976 zusammen mit Julius Hemphill, Hamiet Bluiett und David Murray gründete. „Wir hatten 1976 unseren ersten Auftritt. Die Idee kam von Ed Jordan, der an der New Orleans Southern University die Musikabteilung leitete. Er hatte uns in unseren

Sein Sohn Jahi kommt mit seiner Freundin aus dem ersten Stock herunter und geht in die Küche. Jahi lebt in L. A., arbeitet als DJ und ist für einen Auftritt nach New York gekommen. Zwei CDs hat er gemeinsam mit seinem Vater aufgenommen, beide wurden auf Lakes Label „Passin' Thru" veröffentlicht. „Selbst die Musik von Lee Morgan oder John Coltrane wurde schon für Werbung benutzt. Für mich ist es wichtig, die Kontrolle über meine Musik zu haben. Wenn ich mal nicht mehr auf diesem Planeten bin, hat meine Familie die Rechte daran – so soll es sein."

DIE WICHTIGSTEN ALBEN
ALS LEADER

Heavy Spirits
(Arista Freedom, 1975)

NTU
Point From Which Creation Begins
(Arista Freedom, 1976)

Holding Together
(Black Saint, 1976)

Life Dance of Is
(Arista Novus, 1978)

Oliver Lake/Donal Leonellis Fox
Boston Duets
(Music And Arts Programs Of America, Inc., 1992)

ALS SIDEMAN

Black Artists Group
in Paris, Aries 1973 (BAG, 1973)

World Saxophone Quartet
Steppin' With The ... (Black Saint, 1978)

James Blood Ulmer
Are You Glad To Be In America?
(Rough Trade, 1980)

Abbey Lincoln Who Used To Dance
(Gitanes Jazz, 1996)

Trio 3 + Jason Moran (Intakt, 2013)

———

Götz Bühler

An Miles' Klingel stand das Schild:
„Wenn du mich nicht kennst, klingel nicht,
sondern verschwinde wieder!"
Das hatte mich etwas eingeschüchtert.

---

jeweiligen Gruppen gehört und brachte uns alle für ein Konzert zusammen. Die Reaktion des Publikums war so überwältigend, dass wir uns dazu entschlossen, als Gruppe zusammenzubleiben. Der Name New York Saxophone Quartet war leider schon vergeben, also entschieden wir uns für World Saxophone Quartet, auch deshalb, weil wir mit dem Quartett gerne in der ganzen Welt auftreten wollten. Ab 1986 waren wir bei dem Label Elektra, bei dem auch Björk unter Vertrag war. Sie wollte das Quartett für ihr erstes Soloalbum ‚Debut' engagieren, aber wir verlangten ein zu hohes Honorar, weshalb daraus nichts wurde. Etwas später fragte mich Björk, ob ich für ihre Platte ein Arrangement für drei Bläser schreiben könnte. Ich flog für die Aufnahme nach London, wo ich mit zwei weiteren, britischen Bläsern drei Titel einspielte. Die Platte wurde sehr erfolgreich und wir sind dann bei MTV Unplugged aufgetreten." Lake spielt gerne mit Musikern aus anderen Genres, so auch mit Mos Def, Lou Reed, A Tribe Called Quest oder dem String Trio of New York, diese Offenheit war ihm immer wichtig.

Billy Hart

MIT ZWEI ALTEN 78ER-PLATTEN VON CHARLIE PARKER HAT ALLES ANGEFANGEN.

William, genannt Billy, Hart (* 29. November 1940 in Washington, D.C.) ist ein US-amerikanischer Schlagzeuger.

„Ich spring noch schnell unter die Dusche!", lässt mich Billy Hart am Telefon wissen, während ich im Zug von New York nach Montclair, New Jersey, sitze.

Es ist schwierig, Billy Hart daheim zu erwischen, da er ständig Konzerte spielt oder unterrichtet. An diesem Tag ist es nicht anders: Letzte Nacht ist er von einer Tour mit Johannes Enders aus Deutschland zurückgekommen, am nächsten Morgen fliegt er nach Oberlin, Ohio, wo er am Konservatorium unterrichtet. Unseren Termin hat er auf neun Uhr festgelegt. Noch mit einem Handtuch in der Hand öffnet er die Tür. In seinem Flur hängen alte Konzertplakate und Erinnerungsfotos der ganzen Familie. Seine Kinder Chris und Imke sind inzwischen ausgezogen.

„Ich liebe meine Familie, aber ich bin leider nie hier. Das Schlimmste ist, wenn sie nichts sagen. Sie haben ihren Umgang damit gefunden. Mir wäre es lieber, sie würden sich beschweren. Egal, wo ich auf der Welt gerade Konzerte spiele, ich rufe sie jeden Tag an. Meine Tochter ist gerade 18 geworden und fängt an zu studieren. Heute bin ich ganz alleine hier, weil meine Frau für ein paar Tage in Philadelphia arbeitet. Leider hat sich vor ein paar Tagen mein linkes Auge entzündet. Du bist der Einzige, der mir die Augentropfen geben kann, bevor du nachher wieder gehst. Auf meinem rechten Auge kann ich wegen meiner Diabetes sowieso kaum noch sehen."

Hart führt mich in den Keller, der bis auf den großen Billardtisch ein kompletter Musikraum ist: In der Mitte stehen zwei Schlagzeuge, sodass er seine privaten Schüler unterrichten kann. An den Regalen mit CDs lehnen weitere Cymbals, der kleine Schreibtisch mit dem Computer wirkt eher nebensächlich, stattdessen dominiert eine ganze Regalwand mit alten Schallplatten den Raum. Über 700 Aufnahmen hat er bereits selbst eingespielt.

„Mit zwei alten 78er-Platten von Charlie Parker hat alles angefangen. Als ich in Washington, D.C., aufwuchs, spielte ich in Rock-'n'-Roll-Bands oder mit Otis Redding und hörte mir all die Schlagzeuger ganz genau an, die im Howard Theater vorbeikamen: Idris Muhammad spielte mit den Impressions, Earl Palmer spielte bei Ray Charles und Clayton Filliard spielte bei James Brown. Über meine Großmutter lernte ich den Tenorsaxofonisten Roger Buck Hill kennen, der mir ‚Charlie Parker With Strings' schenkte, und eine 78er, auf der Parker ‚Star Eyes' und ‚Au Privave' spielte. Das hat mich vollkommen umgehauen und ich habe nur noch zu den Platten geübt. Ich hatte immer improvisierte Musik spielen wollen. Die Soli von Parker konnte ich alle mitsingen. Buck hat mich engagiert, da war ich gerade 17. Immer am Wochenende spielten wir in dem Club Abart's – neun Monate lang. Am Bass war Butch Warren, mit dem ich zusammen zur Highschool gegangen bin. Buck Hill konnte nicht von seiner Musik leben und arbeitete bei der Post. Später habe ich ihm als Dank seine erste Recording-Session unter seinem Namen bei SteepleChase vermittelt – da war er bereits 50 Jahre alt."

Während Billy Hart in seiner Sammlung die LP sucht, erzählt er weiter. „Buck kannte alle Musiker in Washington. Durch ihn habe ich Shirley Horn kennengelernt. Es gab in Washington wirklich viele gute Schlagzeuger und in Shirleys Trio spielte Harry Saunders. Aber sie erkannte mein Talent und sagte zu mir: ‚O.k., es wird Zeit, dass du mit mir spielst.'"

Hart ging mit Horn auf Tour und spielte 1961 auch im Village Vanguard in New York. „Nach uns spielte das Quintett von Miles Davis mit Hank Mobley, Wynton Kelly, Paul Chambers und Jimmy Cobb. Ganz hinten im Publikum standen Herbie Hancock, Freddie Hubbard und Joe Henderson. Sie waren alle sehr jung, zwischen 20 und 23 Jahre alt, und sie kannten sich nicht. Aber ich kannte Joe, weil er während seiner Zeit bei der Army in Washington stationiert war und wir bei einigen Sessions zusammengespielt hatten. Und Herbie hatte ich auf der Platte ‚Royal Flush' von Donald Byrd gehört, bei der auch

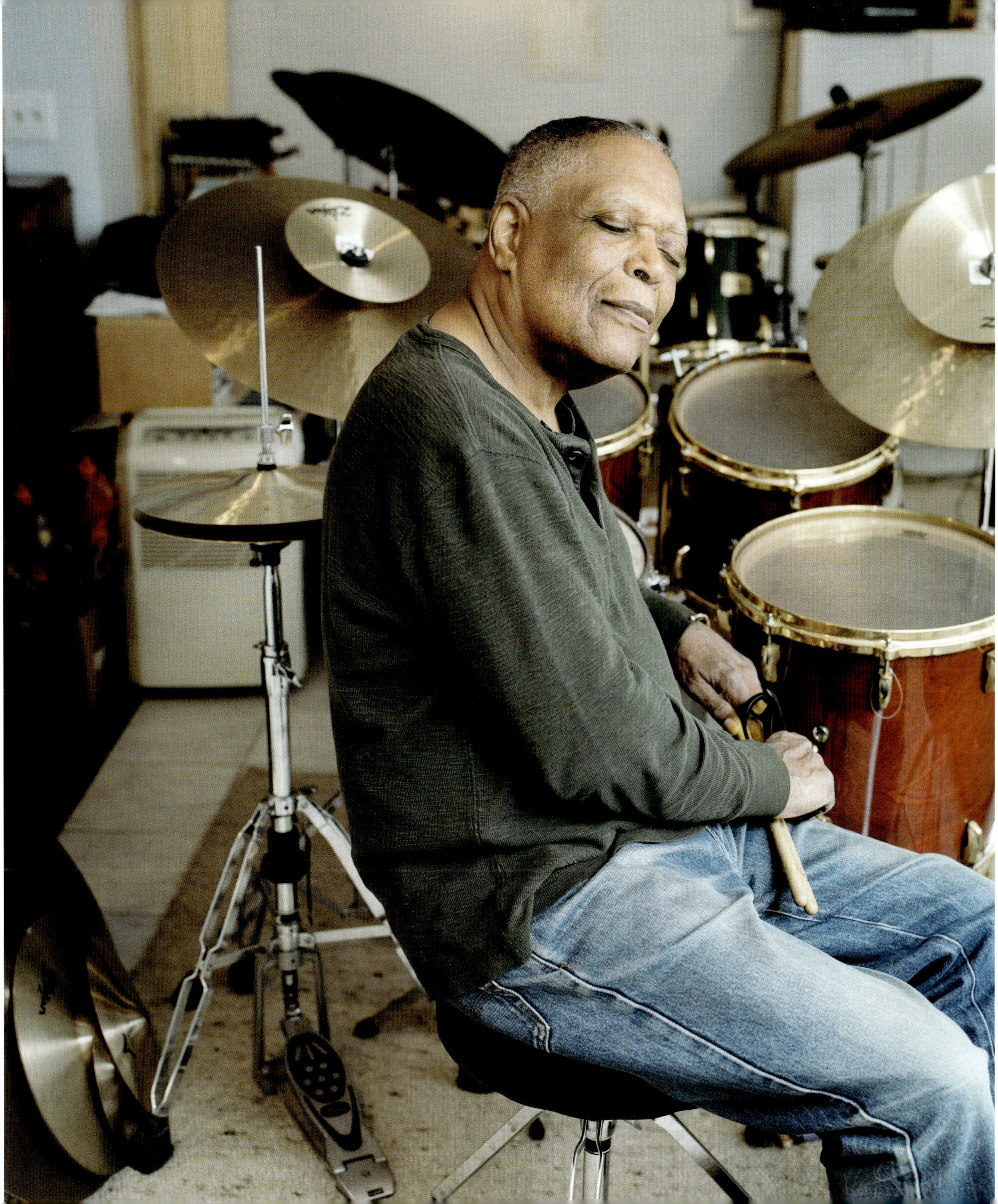

Ich hatte so viel Respekt vor John Coltrane und seiner Musik, dass ich sein Angebot ablehnte.

DIE WICHTIGSTEN ALBEN
ALS LEADER

Enchance (Horizon, 1977)

Oshumare (Gramavision, 1985)

One Is The Other (ECM, 2014)

ALS SIDEMAN

Miles Davis *On The Corner*
(Columbia, 1972)

Herbie Hancock *Crossings*
(Warner, 1972)

Charles Lloyd *Lift Every Voice*
(ECM, 2002)

Pat Martino *Exit* (Muse, 1978)

Pharoah Sanders *Karma* (Impulse!, 1969)

Joe Zawinul *Zawinul* (Atlantic, 1971)

MIT QUEST

II (Storyville, 1987)

———

Martin Laurentius

Miles hatte keine Noten, stattdessen fragte er mich: „Kennst du irgendwelche James-Brown-Beats?" Ich sagte: „Ja, klar."

Butch Warren mitspielte. Ich ging zu Herbie rüber und sagte ihm, wie sehr mich sein Pianospiel begeistert habe. Er war überrascht, dass ich die Platte überhaupt kannte, und bedankte sich für das Kompliment. Dann sagte ich ihm noch, dass ich mir gut vorstellen könne, dass er der nächste Pianist von Miles Davis wird. Da hat er mich nur ganz unsicher angesehen und gefragt: ‚Meinst du das wirklich?' Nach dem Konzert kam Miles zu uns rüber und wollte sich mit mir über die Boxerszene in Washington unterhalten, aber davon hatte ich keine Ahnung. Enttäuscht und mit einem Kopfschütteln drehte er sich um und ging wieder. Freddie sagte nur: ‚Punch that motherfucker.'"

Billy Hart schmunzelt heute noch über den Vorfall. „Aber zurück zu Shirley: Sie hatte zwar nicht so eine großartige Technik wie Art Tatum, aber ihr Konzept war eine Kombination aus Ahmad Jamal und Oscar Peterson. Ihre Art zu spielen hat mehr Pianisten beeinflusst, als man vielleicht denkt. Natürlich gab es auch Bill Evans, aber der klang ganz anders als Shirley. Hör dir mal die Intro von Herbie an, wie er bei ‚My Funny Valentine' mit Miles live im Lincoln Center spielt. Das kommt eindeutig von Shirley! Miles hat sie immer verehrt, aber Shirley war damals unbekannt und hatte Angst, sich nicht in der Jazzwelt durchsetzen zu können. Sie war von der Plattenindustrie so sehr enttäuscht, dass sie zu spielen aufhörte. Stattdessen kümmerte sie sich um ihr Kind und ihr Mann schaffte mit seiner Arbeit das Geld heran. Ich war es, der ihr Comeback 1978 in die Wege geleitet hat – als Dank, weil sie sich in meinen frühen Jahren um mich gekümmert hat."

Billy Hart musste jedoch zunächst beide Seiten überzeugen. „Nils Winther von SteepleChase Records nahm nie Sängerinnen auf und Shirley wollte auch nach 13 Jahren Pause nichts mit der Plattenindustrie zu tun haben, aber irgendwie gelang es mir dann doch, beide für das Projekt zu gewinnen. Als Bassisten holte ich Buster Williams. Am Tag der Aufnahme kam ich von einem Konzert aus Connecticut mit Gerry Mulligan, stand mit meinem Wagen im Stau und hatte die Recording-Session vor lauter Stress total vergessen. Auch Buster kam zu spät. Nils Winther hatte sechs Stunden im Studio gebucht. Als wir schließlich ankamen, waren nur noch drei Stunden übrig. Shirley kannte Buster nicht und es gab auch keine Probe. Sie fragte ihn lediglich: ‚Kennst du die Komposition ‚I'm Old Fashioned'?' Buster kannte den Song natürlich, weil er mit vielen Sängerinnen zusammengearbeitet hatte. Also zählte Shirley das Stück recht schnell an, obwohl es eigentlich eine Ballade ist, und das wurde dann der erste Song der Platte."

Sein Telefon klingelt. Es ist der Trompeter David Weiss, in dessen Band „The Cookers" er spielt. Nach dem Telefonat erklärt Hart mir: „Ich bekomme ständig Anrufe von Musikern, die mit mir spielen wollen, und ich habe Probleme damit, ihnen abzusagen, denn meistens ist die Musik so interessant, dass ich unbedingt mitspielen will. Weil ich nicht ‚Nein' sagen kann, gehe ich oft lieber gar nicht erst ans Telefon. Wo waren wir? Ah ja, ich wollte dir unbedingt diese Aufnahme von Shirley vorspielen." Er holt die CD „A Lazy Afternoon" hervor und spielt sie ab. „Klingt immer noch gut, oder? Das war der Beginn ihres Comebacks, bevor sie dann bei Verve unter Vertrag genommen wurde."

1964 erhielt Billy Hart zur selben Zeit einen Anruf von James Brown und von Jimmy Smith. Beide wollten den jungen Schlagzeuger in ihrer Band dabeihaben. Weil Hart bereits früh mit Musikern der James-Brown-Band gespielt hatte und er mehr über Jazztradition und Bebop lernen wollte, entschied er sich für Jimmy Smith, mit dem er über zwei Jahre spielte, bevor er von Wes Montgomery engagiert wurde. 1965 fragte ihn John Coltrane, ob er zusammen mit Rashied Ali in seiner Gruppe spielen wolle.

„John war unter anderem deshalb an mir interessiert, da er selbst in der ersten Band von Jimmy Smith gespielt hatte. Elvin Jones hatte Tranes Quartett verlassen und nun wollte John ihn mit zwei Schlagzeugern ersetzen: Ein Drummer sollte etwas freier spielen können und der andere Drummer sollte so wie Elvin swingen können. John Coltrane ist bis heute meine größte Inspiration. All seinen Platten bin ich immer gefolgt, egal in welche Richtung er sich entwickelte. Ich hatte so viel Respekt vor ihm und seiner Musik, dass ich sein Angebot ablehnte. Für seine musikalische Vision sah ich mich nicht als qualifiziert genug. Dabei hätte ich mich von ihm ganz einfach auf die Reise mitnehmen lassen sollen, um die Dinge aus seiner Perspektive zu betrachten. Außerdem dachte ich, dass ich später immer noch mit Trane spielen könne. Niemand hätte gedacht, dass er mit gerade mal 40 Jahren sterben würde."

In der hintersten Ecke des Raumes steht ein altes, verstaubtes Farbfoto, auf dem Billy Hart in der Mwandishi-Band von Herbie Hancock zu sehen ist, in der er von 1969 bis 1973 spielte. „Von all den Formationen, in denen ich bis heute gespielt habe, ist dies vielleicht meine Lieblingsband. Die Entwicklung dieser Gruppe von Herbie ist eine lange Geschichte, die ich nur kurz erzählen kann ..., da ist schon ein ganzes Buch drüber geschrieben worden!"

Hart erläutert die Entwicklung der Band. „Herbies Schlagzeuger für ‚Speak Like A Child' war Mickey Roker, der dann aber in Dizzys Band spielte. Dann kam Pete LaRoca, der jedoch immer zu spät zu den Proben kam. Deshalb folgte Albert ‚Tootie' Heath, der auf ‚The Prisoner' zu hören ist, und erst dann kam ich. Empfohlen hatte mich Buster Williams, der mit Herbie in Miles' Band gespielt hatte. Zunächst waren Joe Henderson und Woody Shaw in der Band, die dann ihre eigene Gruppe starteten und durch Bennie Maupin und Eddie Henderson ersetzt wurden. Herbie hat damals viel mit dem elektrischen Piano ausprobiert. Er war ein wirklicher Innovator, musikalisch und technisch, weshalb jeder ihn hören wollte. Zu einem Konzert im Village Vanguard kamen all die Bandmitglieder von Weather Report, vom Mahavishnu Orchestra oder von Return to Forever. Miles kam natürlich auch vorbei. Nach dem Konzert war ich so erschöpft vom Spielen, dass ich kaum sehen konnte und mir erst die Augen wischen musste, deshalb hatte ich nicht gemerkt, dass Miles das ganze Konzert direkt neben dem Schlagzeug gesessen hatte. Erst als er anfing zu reden, bemerkte ich ihn. Ihm gefiel, was ich gespielt hatte. Er redete über Musik und erklärte mir den Unterschied, wie man vor dem Beat, auf dem Beat oder nach dem Beat spielen kann, wovon ich bis dahin noch nie gehört hatte. Er verabschiedete sich mit den Worten: ‚Wenn ich das nächste Mal einen Drummer brauche, rufe ich dich an.'"

Wieder klingelt das Telefon. Diesmal ist es seine Frau. „Alles o. k. bei dir? Ich rufe dich gleich zurück." Billy Hart erzählt noch, dass Miles Davis ihn ein paar Monate später tatsächlich anrief und ins Studio bestellte. „Wir spielten gerade ein paar Tage mit dem Sextett von Herbie in Philadelphia. Zum Glück hatte ich ein zweites Drum-Set in New York. Ich fuhr also von Philadelphia nach New York, holte mein Schlagzeug und fuhr dann sofort ins Studio. Miles hatte keine Noten, stattdessen fragte er mich ‚Kennst du irgendwelche James-Brown-Beats?' Ich sagte ‚Ja, klar.' Wir spielten ein paar Wochen später noch ein paar Tage im Studio und die Aufnahmen wurden dann auf seinem Album ‚On The Corner' veröffentlicht. Herbie war auch bei der Session dabei, kam zu mir rüber und fragte mich: ‚Was hast du denn da gerade gespielt?' Also spielte ich es ihm ganz langsam vor. Hier, ich zeig es dir mal."

Billy Hart setzt sich an sein Schlagzeug und spielt den Rhythmus, wieder ganz langsam. „Nur aus diesem Rhythmus heraus hat Herbie dann ‚Hidden Shadows' komponiert. Nach der Recording-Session wollte mich Miles fest in seiner Band haben, aber ich wollte Herbie nicht verlassen. Als sich kurz danach Herbies Band

Ich liebe meine Familie, aber ich bin leider nie hier. Das Schlimmste ist, wenn sie nichts sagen. Mir wäre es lieber, sie würden sich beschweren.

---

auflöste, hatte Miles bereits Al Foster in seiner Gruppe." Noch mal klingelt sein Telefon. Diesmal nimmt er den Anruf nicht an: „Das ist ein Musiker, der wissen will, ob ich in ein paar Tagen mit ihm in New York spielen kann. Aber ich fliege ja morgen früh los zum Unterricht. Jetzt muss ich dringend meinen Koffer auspacken und wieder neu packen." Wir gehen die Treppe hoch in seine Küche. Billy Hart setzt sich hin, lehnt seinen Kopf zurück und gibt mir die kleine Flasche mit den Augentropfen: „Drei Tropfen."

Kirk Lightsey

DAS IST JA DAS SCHÖNE AN MUSIK – MAN ENTWICKELT STÄNDIG ETWAS NEUES.

Kirkland, genannt Kirk, Lightsey (*15. Februar 1937 in Detroit, Michigan) ist ein US-amerikanischer Pianist und Komponist.

Der Beginn des großen Boulevard de Charonne in Paris ist eine kleine Seitenstraße, direkt an der Place de la Nation.

Im vierten Stock eines alten Hauses wohnt der Pianist Kirk Lightsey. Seine Tochter öffnet die Tür. Lightsey sitzt im Wohnzimmer an einem Tisch, vor sich ein Glas Wein, und hört eine CD von Glenn Gould. „Als ich noch jung war, habe ich einige Zeit nur klassische Musik gehört und wollte klassischer Pianist werden. Aber dann sah ich mich im Spiegel an und sagte zu mir selbst: ‚Moment mal, bist du verrückt?' Als Schwarzer wäre ich in der klassischen Welt niemals ernst genommen worden."

In dem vollgestopften Bücherregal findet sich eine Etage nur mit Musikliteratur – Miles Davis, Duke Ellington, John Coltrane, Dexter Gordon, Charlie Mingus, Peter King, Harry Belafonte und wieder Glenn Gould. Gleich daneben hängen an der gelben Wand jede Menge Familienbilder, aber auch Porträts von seinen Musikerfreunden Benny Golson und Johnny Griffin, der in Südfrankreich lebte. 1992 zog Lightsey nach Paris, weil es in New York nicht mehr genügend Arbeit für ihn gab. „Die ganze Dynamik hatte sich verändert, Clubbesitzer starben, neue junge Musiker spielten kostenlos oder zahlten sogar dafür, dass sie spielen durften. Es war Zeit, zu gehen. Paris hatte ich auf vielen Europatourneen besucht und liebte diese Stadt. Die Lebensqualität ist hier einfach besser: Lebensmittel, die medizinische Versorgung und so weiter. In diesem Haus lebe ich mit meiner Frau nun schon seit 22 Jahren."

An der Wand steht ein elektrisches Piano, mit Stapeln von Noten bedeckt. „Damit stört man die Nachbarn wenigstens nicht. Ich habe auch einen großen Flügel, aber der steht immer noch bei einem Freund in New York." Im schwarzen Instrumentenkoffer neben dem Cello befindet sich eine Bassklarinette. „Eine Leihgabe von meinem Freund David Murray. Er hat sich inzwischen eine andere gekauft. David lebt ja auch in Paris. Ich probiere mich gerne an dem Instrument aus, denn die Klarinette war sehr wichtig in meiner Jugend."

Lightsey erzählt von seiner Geburtsstadt Detroit, wo er zunächst Klavierunterricht bei Johnson Flanagan, dem Bruder von Tommy, hatte. Als Flanagan auf Tour ging und keine Zeit mehr hatte, schickte er Lightsey zu der Lehrerin seines Bruders, die auch Barry Harris und Alice McLeod unterrichtete, die spätere Frau von John Coltrane. „Ich hatte gute Ohren, denn wenn sie mir etwas vorgespielt hatte, spielte ich es einfach nach, nur nach Gehör. Sie hat es irgendwann bemerkt, weshalb sich meine Mutter mit mir zu Hause hinsetzte, auf eine Note zeigte, die ich spielen sollte und mir so etwas schmerzvoll beibrachte, Noten zu lesen. In meiner Schule gab es eine Band. Hey, eine Band an meiner Schule ohne mich? Das konnte ich mir nicht vorstellen! Einen Pianisten brauch-

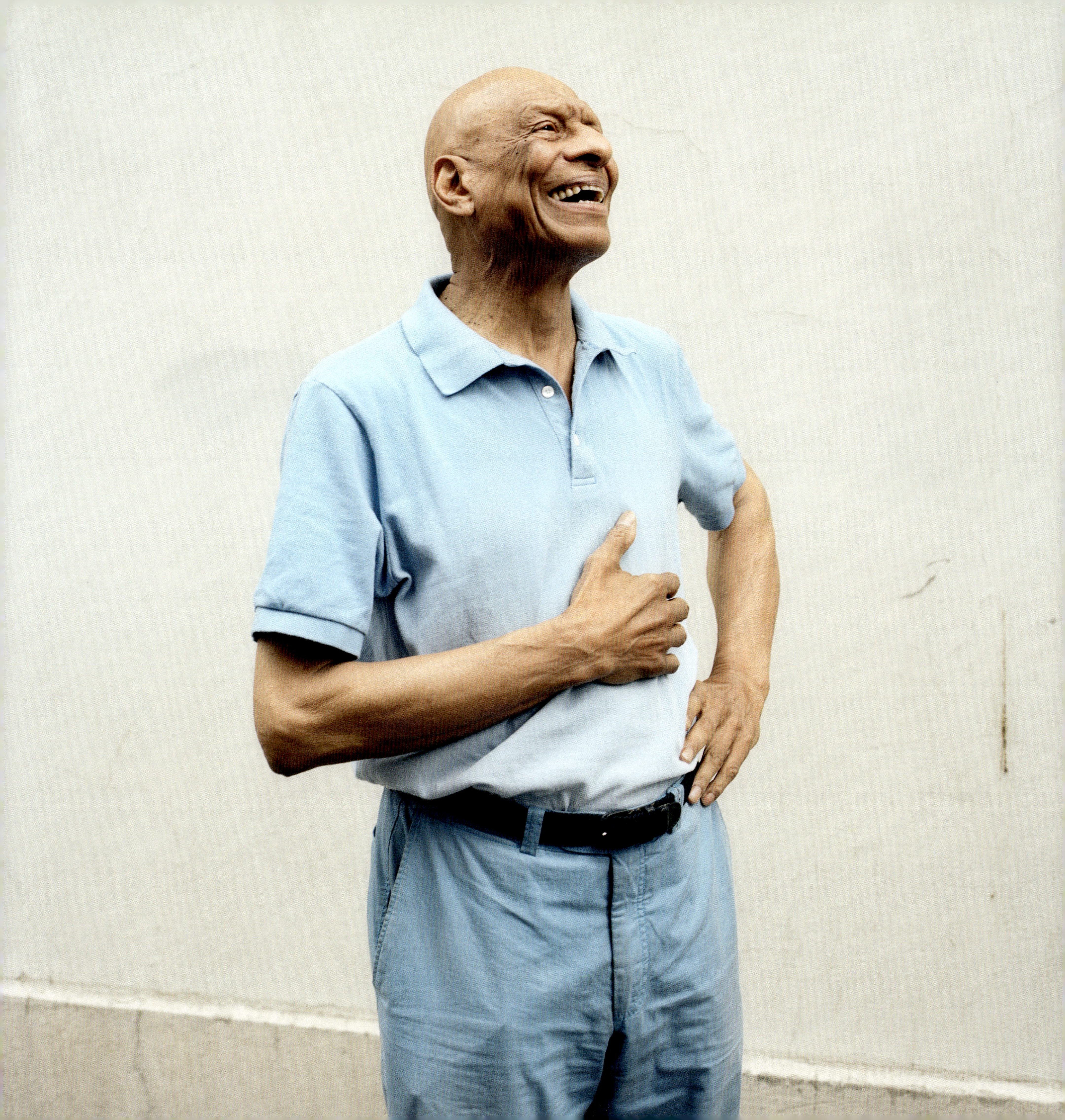

ten sie nicht, deshalb fragte ich nach einem Saxofon, aber der Leiter gab mir eine Klarinette. Die habe ich dann in meiner ganzen Schulzeit gespielt, ebenso in meiner Zeit bei der Army. Auch mein erstes eigenes Geld habe ich mit der Klarinette verdient. Im Orchester der Highschool spielten auch Ron Carter, ebenso Kiane Zawadi, der damals noch Bernard McKinney hieß, Hugh Lawson und Paul Chambers! Paul und ich sind denselben Mädchen hinterhergelaufen und haben danach immer viel gelacht. Leider musste Paul aus familiären Gründen die Schule früh verlassen, und stattdessen musste ich dann Bass spielen."

In Detroit arbeitete Lightsey in den unterschiedlichsten Jazzclubs. „In der Frolic Show Bar spielte ich mit Betty Carter und Dinah Washington. Das war die Zeit, als ich mich endgültig dafür entschied, Musiker zu werden und meinen Job als Schuhverkäufer aufzugeben. Außerdem gab es noch die bekannte Klein's Show Bar. Dort spielte Yusef Lateef fünf Jahre mit Kenny Burrell, Tommy Flanagan, Paul Chambers und Elvin Jones zusammen. Elvin hat mich einfach umgehauen, ich liebte sein Spiel! Seine Brüder Hank und Thad waren zu der Zeit bereits in New York."

1957 spielte Lightsey für eine Woche mit Yusef Lateef in einem Hotel am Stadtrand von Detroit, in Dearborn, nahe der Henry-Ford-Fabrik. „In der Band waren Terry Pollard, Roy Brooks, Alvin Jackson und ich. In derselben Woche spielte Miles Davis mit seiner Band in Detroit und wir dachten, dass Miles nach seinem Konzert noch zu uns rüberkommen würde. Wir waren eine After-Hours-Band und fingen erst um zwei Uhr nachts an zu spielen. Leider kam Miles nicht, aber ich merkte, wie mir plötzlich jemand von hinten über die Schulter sah und dann in mein Ohr flüsterte: ‚Welches Stück willst du als nächstes spielen?' Das war John Coltrane, der mit Miles unterwegs war. Ich fragte etwas unsicher: ‚Wie wäre es mit ‚On Green Dolphin Street'?' Und Coltrane sagte: ‚Oh nein, das habe ich mit Miles vorhin schon zweimal gespielt.' Yusef kündigte dem Publikum Coltrane als Gast an und wir spielten einen Blues, ungefähr eine Stunde lang. Coltrane war immer eine Inspiration. Jahre später, als ich in New York lebte, bin ich oft mit Bennie Maupin zu Coltranes Haus gefahren, um ihn zu besuchen, aber er war leider nie da, sondern immer auf Tour. Dennoch hat seine Frau Naima uns reingelassen und uns die Tonbänder vorgespielt, die Trane von sich beim Üben aufgenommen hatte. Das war fantastisch! Wir hörten Aufnahmen, die sonst nie jemand gehört hatte."

In den folgenden 20 Jahren pendelte Kirk Lightsey zwischen Detroit, Los Angeles und New York, weil er von den unterschiedlichsten Musikern des Jazz, des Rhythm & Blues oder des Soul engagiert wurde. „Ich war nie so ein strenger Bebopper, wie Barry Harris es war. Der hätte das elektrische Piano nie angerührt. Aber ich gehörte in Detroit zu den Pianisten, die für Jobs angerufen wurden, zum Beispiel von Motown – für drei oder vier Jahre. Mit den Four Tops ging ich für drei Monate nach Las Vegas, Joe Henderson war auch in der Band."

Zurück in Detroit traf Kirk Lightsey 1958 die Posaunistin Melba Liston. „Am letzten Abend ihrer Konzerte in der Stadt spielte ich mit ihr. Ihr Pianist war Vater geworden und sie suchte einen Ersatz für ihre Konzerte in New York. Das war ein Angebot, auf das alle Musiker in Detroit

---

Ich glaube, Chet Baker war während der ganzen Aufnahme high, aber davon hat man nichts gemerkt, er spielte wie immer wunderbar!

---

immer gewartet haben: mit einem Gig nach New York zu gehen. An jenem Abend spielten wir bis drei Uhr in der Nacht und ich fragte: ‚Wann reist ihr morgen ab?‘ Ihre Antwort war: ‚Morgens um neun‘." Lightsey nimmt sein Weinglas und lacht wieder. Er ist gut gelaunt und wühlt in seinen Erinnerungen. Nach seinen drei Wochen mit Melba Liston suchte er nach weiteren Auftrittsmöglichkeiten. Der Manager von Liston, Oscar Treadwell, vermittelte ihm eine Tour mit der Sängerin Ernestine Anderson. „Sie war mit Art Farmer verheiratet und hatte gerade ein Kind bekommen. Durch Art lernte ich dann sehr viele Jazzmusiker in New York kennen."

Seine Zeit in der Army verbrachte Lightsey von 1960 bis 1962 in Fort Knox, Kentucky, wo er mit Cecil McBee und Rudolph Johnson in einem Trio spielte. Mit McBee trat Lightsey danach für zwei Jahre in der Hobby Bar in Detroit auf und Rudolph Johnson engagierte ihn 1973 für sein Album „The Second Coming". Ein Sänger der Four Tops hatte Lightsey an die Sängerin Damita Jo vermittelt, mit der er fünf Jahre unterwegs war. „Unsere erste Station auf der Tour außerhalb der USA war Japan und sie war gerade im siebten Monat schwanger – das war ein Abenteuer! 1965 traten wir in Atlantic City auf. In der Band spielte auch mein alter Freund aus Detroit, der Schlagzeuger Roy Brooks, der mir und dem Bassisten Herman Wright eine Recording-Session mit Chet Baker vermittelt hatte. Das war etwas verrückt, denn wir spielten mit Damita Jo bis spät in die Nacht, schliefen drei Stunden und fuhren anschließend von Atlantic City nach New York, um mit Chet aufzunehmen, drei Tage lang. Chet spielte nur, um an Drogen zu kommen. Ich glaube, er war während der ganzen Aufnahme high, aber davon hat man nichts gemerkt, er spielte wie immer wunderbar! Der Saxofonist war George Coleman. Er hatte Chet noch nie zuvor getroffen, aber sie funktionierten sehr gut zusammen, obwohl es keine Probe gab und beide die Stücke nicht kannten. Die Session wurde auf fünf Alben von Chet veröffentlicht."

Nur wenige Tage danach nahm Lightsey mit derselben Rhythmusgruppe für Sonny Stitt das Album „Pow" auf: „Wir hatten so viel Material eingespielt, dass man zwei Alben daraus hätte machen können. Diese Aufnahmen von Chet und Sonny sind der Grund,

DIE WICHTIGSTEN ALBEN
ALS LEADER

Isotope (Criss Cross, 1983)

Lightsey Live (Sunnyside, 1986)

Kirk Lightsey Quintet featuring Marcus Belgrave *Kirk'n Marcus* (Criss Cross, 1989)

From Kirk To Nat (Criss Cross, 1991)

Lightsey To Gladden (Criss Cross, 2008)

ALS SIDEMAN

Chet Baker *Groovin' With The Chet Baker Quintet* (Prestige, 1966)

Clifford Jordan *Two Tenor Winner* (Criss Cross, 1984)

Jim Pepper *Dakota Song* (enja, 1987)

The Leaders *Unforeseen Blessings* (Black Saint, 1989)

Lakatos / Foster / Lightsey / Elekes *Recycling* (Jazzline, 1993)

Roots *Saying Something* (In + Out, 1995)

―

Ssirus W. Pakzad

warum ich in der Jazzwelt überhaupt bekannt wurde. Chet habe ich später oft wiedergetroffen. Als ich in den 1980er-Jahren in New York im Bradley's spielte, kam er oft vorbei, nahm seine Trompete aus einer Papiertüte, setzte sich hin und spielte mit uns – so schön, dass die Leute im Publikum geweint haben. Wenn Chet in Paris war, haben wir uns auf einen Kaffee getroffen. In Europa bekam er mehr Anerkennung als in den USA. Dort wurde er wie ein Junkie behandelt, was er ja auch war, aber in Europa hat man weniger auf seine Drogensucht geachtet als darauf, wie schön er spielte. 1983 lud ich Chet für eine Plattenaufnahme in Holland ein. Wir vereinbarten, dass jeder von uns Noten ins Studio mitbringt. Als ich ihn vor Ort nach seinen Noten fragte, legte er mir ein kleines Stück Papier aufs Piano, auf dem lediglich der Text von ‚Everything Happens To Me' stand, aber keine Noten." Lightsey lacht wieder. „Chet war echt ein spezieller Typ, aber ein toller Musiker!"

Wegen seiner Engagements in den Gruppen der Sänger O. C. Smith und Lovelace Watkins, mit denen er jeweils fünf Jahre spielte, zog Lightsey für neun Jahre nach L. A., wo er auch mit dem Quintett von Harold Land und Blue Mitchell 1977 das Album „Mapenzi" aufnahm. „In L.A. traf ich Dexter Gordon wieder, den ich erstmalig 1979 in Schweden getroffen hatte, wo ich mit O. C. Smith auf Tour war. Er spielte mit Eddie Gladden, Rufus Reid und George Cables, der die Band verlassen wollte. Deshalb vereinbarten wir, dass ich mit seiner Band bei einem bevorstehenden Gig im Village Vanguard spielen sollte. So bin ich wieder zurück nach New York gekommen. In der ersten Woche spielte Dexter mit dem Pianisten Albert Dailey, aber nachdem sie sich gestritten hatten, stieg ich in die Band ein. Nach fünf Jahren musste Dexter die Gruppe 1984 aus gesundheitlichen Problemen auflösen."

Lightsey träufelt sich ein paar Tropfen in sein linkes Auge und öffnet die Glastür zu seinem kleinen Balkon, von dem man auf die Baumkronen der Place des Antilles schauen kann. „So lange mit der Gesundheit alles gut ist, kann ich auch weiterspielen. Das ist ja das Schöne an Musik – man entwickelt ständig etwas Neues."

Archie Shepp

IN DEN USA HAT MAN MICH FAST VERGESSEN.

Vernon, genannt Archie, Shepp
(24 Mai 1937 in Fort Lauderdale, Florida)*
ist ein US-amerikanischer Saxofonist,
Komponist, Dichter und Autor.

„Bonjour, Monsieur!" Monette Berthomier, die Frau von Archie Shepp, bittet herein.

Seit über 20 Jahren wohnt sie mit Archie Shepp in Ivry-sur-Seine, sieben Kilometer südlich von Paris, in einem weißen Reihenhaus, in dem sie den größten Teil des Jahres verbringen. „Entré!" ruft auch Shepp, der fließend Französisch spricht, aus dem Wohnzimmer. Er sitzt im hellen Jackett und mit dunklem Hut auf seinem roten Sofa. „Ich bin in dieser Tradition aufgewachsen, wo man sich gut gekleidet hat. Leute wie Ellington, Earl Hines, Miles Davis, Roy Haynes, Max Roach waren meine Vorbilder. Sie haben nicht nur schöne Musik gemacht, sondern sahen dabei auch noch sehr gut aus! Das gehörte zum Ambiente der Musik." An den Wänden hängen Bilder des Illustrators Wozniak, die auch als Cover von Shepps CDs benutzt wurden, die seit 2004 bei seinem eigenen Label „Archieball" erscheinen. Auch jüngeren, afroamerikanischen Nachwuchsmusikern gibt er auf diesem Label eine Chance.

Shepp zieht an seiner Pfeife. Ivry-sur-Seine hat sich im Laufe der Jahre zu seinem ersten Wohnsitz entwickelt. „Wir haben zwar noch ein kleines Haus in Hadley, Massachusetts, weil ich 30 Jahre lang an der University of Massachusetts in Amherst unterrichtet habe, aber überwiegend leben wir in Ivry. Hier in Europa hat mein Name mehr Gewicht. In den USA hat man mich fast vergessen. Ich werde dort kaum gebucht. Die USA und im Speziellen die Schwarzen haben ein geringes Bewusstsein für ihre Tradition und ihre Geschichte. Die hinterlassenen Spuren der Sklaverei wurden mit Macht verwischt. Dabei ist es doch unerlässlich, auf die Wurzeln unserer Kultur zu schauen: Afrikaner wurden nach Amerika verschleppt. Daher kommen Gospels, Spirituals, Blues und Jazz – das alles ist verbunden mit Hip-Hop und Rap. Jazz ist heute eigentlich tot – man findet ihn an der Universität, im Museum oder im kommerziellen Bereich. Früher hätte ich mich noch richtig darüber aufgeregt, da war ich noch ein zorniger junger Mann. Jetzt bin ich ein zorniger alter Mann!" Er lacht.

Archie Shepp hat in den 1960er- und 70er-Jahren mit seinen politischen und sozialen Statements immer das neue schwarze Selbstbewusstsein in den USA betont und bezeichnete sein Saxofon einst als „Maschinengewehr des Vietcong". Er sah sich als Freiheitskämpfer, der mit seiner Musik der afroamerikanischen Bevölkerung eine Stimme geben wollte. Als Pionier des Free Jazz war seine Musik jedoch weniger abstrakt als die seiner Avantgarde-Kollegen aus jener Zeit. Stattdessen bezog sich Shepp immer deutlich auf die Tradition des Blues und mit seinem emotionalen Sound auf Swing-Legenden wie Coleman Hawkins und Ben Webster.

„Der Trompeter Bill Dixon und ich gegründeten 1962 eine Band, nachdem ich zwei Jahre bei Cecil Taylor gespielt hatte. Unsere erste Aufnahme im Gulf Sound Studio in New York verkauften wir an Herman Lubinsky von Savoy Records. Bill war wie ein älterer Bruder für mich. Wir hatten beide kein Geld und suchten nach Auftrittsmöglichkeiten. Während Bill und ich aufnahmen, habe ich verzweifelt nach meinem eigenen Sound geforscht. Ich hatte alle meine Vorbilder im Kopf: John Coltrane, Sonny Rollins, Lucky Thompson. Mir war mein Sound zu dünn, er war einfach noch nicht da. Dann haben wir den Song ‚Somewhere' von Leonard Bernstein aufgenommen und ich entschied mich dazu, lockerzulassen und einfach so zu spielen, wie ich mich fühlte. Ich dachte: ‚Was soll's – was ich hier versuche, gefällt mir nicht, dann kann ich auch wie ich selbst klingen.' Als ich mir danach die Aufnahmen anhörte, hatte ich auf meinem Instrument einen klassischen Saxofon-Sound, ungefähr so wie Ben Webster, aber mir gefiel dieser Sound und so klinge ich heute noch."

In einer Ecke des Wohnzimmers steht ein Klavier mit aufgeschlagenen Noten, darüber hängt ein Poster mit Jazzfotos von Jean-Pierre Leloir, gleich daneben ein Konzertfoto von Archie Shepp. „Ich war musikalisch ein sehr konservativer Typ, der aus Philadelphia kam und brav Klavier und Klarinette gelernt hatte. Cecil Taylor hat mich musi-

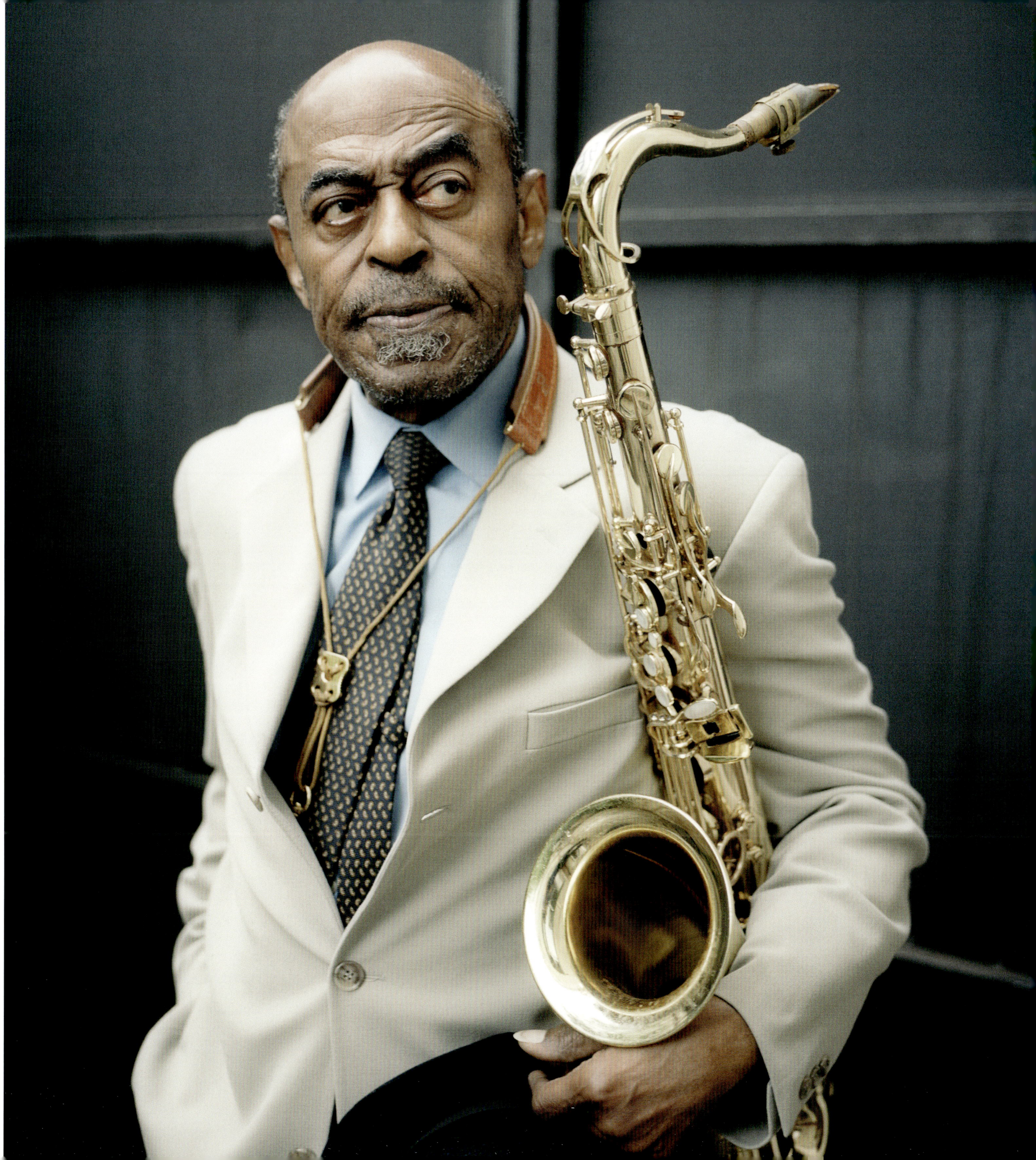

kalisch radikalisiert. Ich hatte ihn 1960 in Greenwich Village auf der Straße getroffen und fing an, in seiner Band zu spielen. Es war eine komplette Transformation meiner musikalischen Identität. Die ganze musikalische Lehre, mit der ich aufgewachsen war, wurde aus dem Fenster geworfen. Ich habe viel von ihm gelernt. Sein Sinn für Freiheit kannte keine Para-

> Jazz ist heute eigentlich tot – man findet ihn an der Universität, im Museum oder im kommerziellen Bereich.

meter oder Grenzen. Cecil hat mir wirklich die Augen geöffnet für eine andere Musik, von der ich noch nicht einmal geträumt hatte. Im Grunde genommen zeigte er mir Wege, mithilfe unterschiedlicher Skalen und Modi außerhalb von Akkordstrukturen zu spielen. Außerdem zeigte er mir, dass Musik durchaus Verbindungen zu unserer Gesellschaft haben kann und es eine soziale Bedeutung gibt. Wir redeten in seinem Studio in der Day Street und er gab mir einen Einblick in die Implikationen der ‚Negro Music' – wie kraftvoll und mächtig diese sind und wie wir, wenn wir es richtig fördern, diese für uns nutzen können."

Vor Shepp auf einem Tisch häuft sich eine ganze Pfeifensammlung, daneben Blätter für sein Mundstück und ein Heft mit den Noten zu „A Love Supreme" von John Coltrane, bei dessen ersten Aufnahmesitzungen er mitspielte, die aber nie auf dem finalen Album landeten, sondern erst 2002 auf einer CD mit unveröffentlichten Titeln erschienen. Während ihrer Freundschaft engagierte Coltrane Archie Shepp 1965 für die Einspielung von „Ascension" und im selben Jahr erschienen sie beide mit ihrer jeweiligen Gruppe auf der Live-LP „New Thing at Newport". Kennengelernt hatten sie sich schon Jahre vorher. „Während ich am Goddard College Literaturwissenschaften studierte, bin ich 1957 in den Semesterferien nach New York gefahren und habe mir jeden Abend im Five Spot Monk mit Coltrane angehört. Ich hatte die Idee, dass Trane mir etwas auf dem Saxofon beibringen könnte, deshalb sprach ich ihn an, er schrieb mir seine Adresse auf und am nächsten Morgen um zehn besuchte ich ihn in der Columbus Avenue. Dabei hatte ich nicht berücksichtigt, dass er sein Konzert im Five Spot erst um fünf Uhr morgens beendet hatte. Außerdem hatte er die Angewohnheit, noch zu üben, bevor er ins Bett ging. Vermutlich war er erst um sieben eingeschlafen."

Shepp zündet seine Pfeife an. „Seine Frau Naima öffnete mir die Tür und ich wartete geduldig bis 13:30 Uhr, als John aufstand. Er trug ein T-Shirt und da sah ich erst, wie stark er war. In einer Ecke des Zimmers lagen Gewichte, mit denen er trainierte, weil er seinen Körper wieder in Form bringen wollte, nachdem er mit den Drogen aufgehört hatte. Sein Horn lag auf dem Sofa, er hatte es nicht in den Koffer gepackt. Er fing sofort an, zu spielen, ungefähr zehn Minuten. Dann fragte er mich: ‚Möchtest du mir etwas vorspielen?' Damals habe ich noch Altsaxofon gespielt. Er zeigte mir verschiedene Dinge, zum Beispiel riet er mir, meine Finger näher an den Klappen zu halten. Wir haben den ganzen Tag über Musik geredet und er hat mir von seinem neuen musikalischen Ansatz erzählt. Es war sehr inspirierend."

Coltrane unterstützte Shepp und überzeugte den Produzenten Bob Thiele bei Impulse!, 1964 mit dem jungen Saxofonisten die Platte „Four for Trane" aufzuneh-

> Am nächsten Morgen um zehn besuchte ich Coltrane in der Columbus Avenue. Dabei hatte ich nicht berücksichtigt, dass er sein Konzert im Five Spot erst um fünf Uhr morgens beendet hatte. Außerdem hatte er die Angewohnheit, noch zu üben, bevor er ins Bett ging. Vermutlich war er erst um sieben eingeschlafen.

men. „Thiele war mir gegenüber am Anfang immer sehr abweisend. Monatelang hatte ich versucht, ihn telefonisch zu erreichen, aber seine Sekretärin Lilian erzählte mir immer, dass Bob entweder Mittagspause habe oder für den Rest des Tages nicht mehr im Büro sei. Bob wollte keinen Free Jazzer auf seinem Label, was ich aber gar nicht war – ich kam doch vom Blues! Coltrane hat bei Bob ein gutes Wort für mich eingelegt und siehe da: Lilian sagte plötzlich, dass Bob mich in einer Stunde zurückrufen würde. Bob sagte mir ganz deutlich, dass er jemanden suche, der die Musik von John Coltrane spielt. Daran hatte ich sowieso schon gearbeitet und ich sagte ihm: ‚Kein Problem, ich liebe Johns Musik!' Bis zuletzt war er sehr skeptisch und gegen die Aufnahme."

Die Pfeife ist ausgegangen, Shepp stopft nach und entzündet sie erneut. „Die Recording-Session begann relativ spät im Studio von Rudy Van Gelder. Bob war am anderen Ende des Studios, als wir das erste Stück aufnahmen, und seine Pfeife qualmte wie ein Schornstein. Nach dem dritten Stück sagte er plötzlich: ‚Das klingt gar nicht so schlecht!' Die Musik war nicht frei, nicht so wie die von Ayler oder Coleman, stattdessen hatte ich eine ganz klare Vorstellung davon, wie ich den sogenannten Standard-Jazz mit dem New Thing verbinden wollte. Beim vierten Stück rief Bob bei John Coltrane an und sagte ihm begeistert, dass er unbedingt ins Studio kommen solle, um sich die Musik anzuhören. Da war es ungefähr 23 Uhr und John lebte in Long Island und brauchte eine Weile, bis er im Studio ankam. Auf dem Coverfoto der Platte von Charles Stewart kann man sehen, dass John keine Socken trug, weil er schon im Bett war, als ihn der Anruf von Bob erreichte. Es waren vier Kompositionen von John und eine von mir, die wir aufnahmen. Mein Stück ist das einzige echte Avantgarde-Stück auf der Platte. Bob Thiele sagte zu John: ‚Ich mag alles außer diesem letzten Song, den Archie geschrieben hat. Meinst du, wir sollten den rausnehmen?' John sagte: ‚Nein, Bob, ich denke, wir sollten ihn behalten.' Ich hatte den Eindruck, John war zufrieden mit der gesamten Aufnahme."

Shepps politische Prägung durch sein Elternhaus und seine Haltung haben sich auch immer in den Titeln seiner Alben wiedergefunden: „Things Have Got To Change" oder „The Cry Of My People" oder „Attica Blues", das er nach einem Aufstand von Häftlingen benannte, die bessere Haftbedingungen forderten. „Titel sind sehr wichtig. Sie erklären die soziale Bedeutung der Musik für etwas, das außerhalb der Noten liegt. ‚Attica Blues' ist ein sehr literarisches Stück, das versucht, die Geschichte der Menschen am Rande der Gesellschaft zu erzählen. Als junger Mann war ich in den 1960er-Jahren Teil des Civil Rights Movement, womit diese Platte sehr viel zu tun hat. Es war mein erstes Album, bei dem ich für ein großes Orchester arrangiert habe."

Die Veränderung von Shepps Musik hatte Gründe: „Vom musikalischen Standpunkt aus wollte ich für dieses Album Stücke schreiben, die sich am Blues und an Balladen orientieren. Der Hintergrund für diesen Wechsel war unter anderem meine Mutter, die mich kurz vor ihrem frühen Tod fragte: ‚Na, mein Sohn, spielst du immer noch diese Songs, die keine Melodie haben?' Das hatte mir zu denken gegeben. Nach ihrer Beerdigung fragte mich eine ihrer Freundinnen: ‚Wann wirst du etwas aufnehmen, das ich verstehen kann?' Daher kam mir der Gedanke, in meiner Musik die Erfahrung meiner Jugend aufzunehmen, und das war nun mal der Blues – etwas, was die Leute verstehen würden. Natürlich ging es auch darum, mit meiner Musik ein größeres Publikum zu erreichen, aber dabei sollte sie trotzdem politisch bleiben. Als ich aufwuchs, haben meine Eltern ständig über Politik diskutiert. Ich bin mitten in der Apartheid aufgewachsen – das waren harte Zeiten, was Rasse und Religion betrifft. Toiletten, Parkbänke – alles war getrennt für ‚colored' oder ‚white people'. Seitdem hat es viele Veränderungen gegeben, aber fundamental, denke ich, ist Amerika gleich geblieben. Wir haben noch einen langen Weg vor uns."

DIE WICHTIGSTEN ALBEN

Four for Trane (Impulse!, 1964)

New Thing at Newport (Impulse!, 1965)

Fire Music (Impulse!, 1965)

Mama Too Tight (Impulse!, 1966)

On This Night (Impulse!, 1966)

Black Gipsy (America, 1969)

The Way Ahead (Impulse!, 1969)

Attica Blues (Impulse!, 1972)

The Cry Of My People (Impulse!, 1973)

Archie Shepp with Dollar Brand – Duet (Denon, 1978)

—

Christian Broecking

Jack DeJohnette

WENN DU MIT ANDEREN MENSCHEN MUSIZIERST, ENTWICKELST DU EINE NAHEZU UNAUFLÖSBARE BINDUNG.

Jack DeJohnette
(* 9. August 1942 in Chicago, Illinois)
ist ein US-amerikanischer Schlagzeuger
und Komponist.

Gleich hinter Woodstock in Upstate New York liegt das Dorf Willow.

Jack DeJohnette wartet in seinem weißen Audi A5 an der Bushaltestelle. „German Engineering! Die deutschen Autos gefallen mir immer noch am besten." Wir fahren einen Weg in den Wald hinein. Wenige Minuten später hält er an einer kleinen Holzhütte, die wie ein Geräteschuppen aussieht, sich jedoch als Poststelle entpuppt. „So ist das auf dem Land. Meine Post hole ich hier alle paar Tage ab. Bin gleich wieder da." Er kommt mit ein paar Briefen zurück, darunter auch einer von ECM Records, für die er schon seit über 40 Jahren aufnimmt. „Neulich habe ich eine Live-CD eingespielt, die direkt auf meine musikalischen Anfänge in meiner Geburtsstadt Chicago verweist. Dafür hatte ich mir ein paar alte Freunde eingeladen. Mit Roscoe Mitchell bin ich zum College gegangen. Wir haben uns abwechselnd zu Hause besucht, stundenlang improvisiert und uns gegenseitig inspiriert. Gleichzeitig lernte ich Henry Threadgill, Joseph Jarman und Malachi Favors kennen. Es waren die frühen 1960er-Jahre, in denen viel experimentiert wurde. Alles veränderte sich und wir suchten nach einem neuen, freien Zugang zur Musik und waren gleichzeitig aktive Komponisten."

DeJohnette macht eine gedankliche Zäsur. „Die Möglichkeiten für alternative Konzerte waren eingeschränkt, also spielten wir beispielsweise in Lofts. Joseph sagte mal, dass ich schuld daran gewesen sei, dass seine Frau sich von ihm getrennt habe, denn ich konnte ihn damals überzeugen, mehrere Konzerte auf seinem Dachboden zu spielen, für die wir sogar Eintritt nahmen … ich glaube, seiner Frau gefiel die Musik nicht sonderlich. Damals war Muhal Richard Abrams mein Mentor. Ich spielte in seiner Experimental Band. Er verstand, dass wir einen Raum und eine Organisation benötigten. 1965 gründete er das Musikerkollektiv AACM, die Association for the Advancement of Creative Musicians, und mietete ein Gebäude auf der 39. Straße im Süden von Chicago an, welches der neuen Bewegung endlich eine Bühne bot. Es war eine fantastische Möglichkeit zu spielen, sich auszutauschen und von den Ideen der anderen zu lernen. Wenn du mit anderen Menschen musizierst, entwickelst du eine nahezu unauflösbare Bindung."

Nach einigen Kilometern erreichen wir sein Haus, das ganz aus Holz gebaut ist, passend zur Lage mitten im Wald. Das Grundstück hat er vor vielen Jahren gekauft. Im geräumigen Wohnzimmer steht ein Flügel. DeJohnette setzt sich und spielt ein wenig. „Das Piano war mein erstes Instrument. Ich hatte ein Trio und der Schlagzeuger ließ seine Trommeln einfach bei uns im Keller stehen. Also setzte ich mich hin und brachte es mir selbst bei. Vier Stunden Piano üben, danach vier Stunden Schlagzeug üben, so verbrachte ich sechs Monate im Keller. Ich wollte einfach das Beste aus mir herausholen. Meine ersten Konzerte außerhalb von Chicago waren mit Eddie Harris, als ich für seinen Schlagzeuger Harold Jones einsprang. Eddie riet mir: ‚Jack, du spielst wirklich gut Piano und genauso gut Schlagzeug. Aber du musst dich entscheiden, welches zu

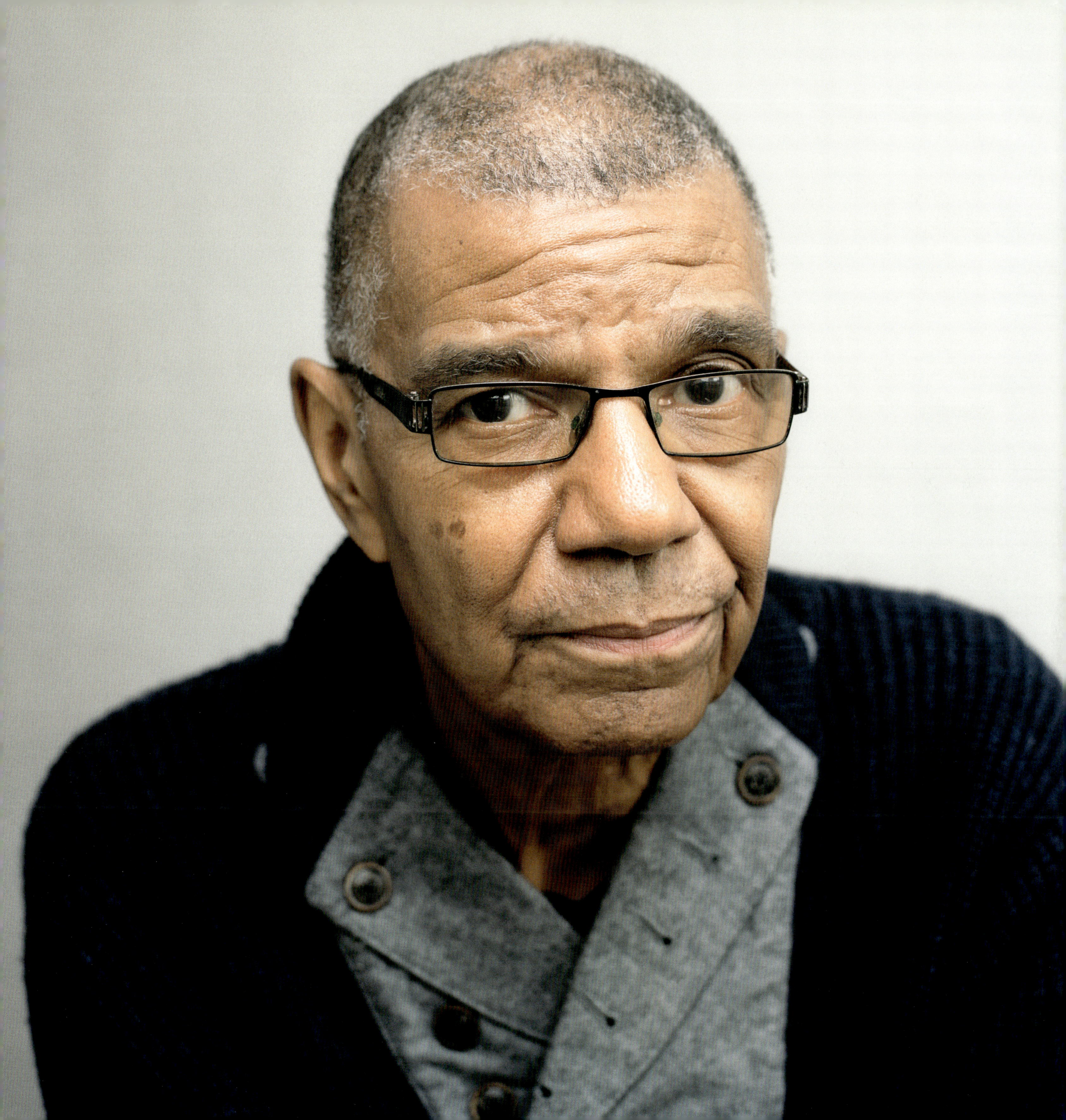

deinem Hauptinstrument werden soll. Ich glaube, wenn du dich für das Schlagzeug entscheidest, wirst du es weit bringen.' Seinen Rat nahm ich sehr ernst, denn Eddie spielte selbst Piano und Posaune, aber er hatte sich für Saxofon entschieden. Also übte ich weiter Schlagzeug und wurde auf dem Instrument letztlich besser als auf dem Piano."

DeJohnettes diszipliniertes Üben bereitete ihn auf einen unerwarteten Moment vor, als John Coltrane mit seinem Quartett nach Chicago kam. „Jeden Montag spielte ich bei den Jamsessions in McKie Fitzhugh's Lounge. Als Coltrane dort 1962 auftrat, war der Club voll, nicht alle konnten rein. Nach der Pause kam Elvin Jones nicht zurück. McKie, der Besitzer des Clubs, sagte zu Trane: ‚Lass Jack spielen. Er ist ein guter Schlagzeuger.' Zu meiner Überraschung nickte Coltrane mit dem Kopf, also ging ich auf die Bühne, wo McCoy Tyner und Jimmy Garrison schon warteten. Es war fantastisch! Wir spielten drei Stücke, die ich alle kannte, da ich ja immer zu den Schallplatten von Trane geübt hatte. Dieser Auftritt hat mir so viel Selbstvertrauen gegeben! 1966 hab ich noch mal mit ihm gespielt, als er die neue Gruppe mit Alice, Pharoah Sanders und Rashied Ali zusammengestellt hatte: zwei Tenorsaxofonisten und zwei Schlagzeuger. Das war phänomenal!"

Wir gehen eine steile Treppe hinab in den Keller Richtung Übungsraum. Unten empfängt uns eine Schallplattensammlung: „Die alten Scheiben bedeuten mir immer noch viel. Oft nehme ich eine LP mit nach oben und höre sie mir in Ruhe an. Nachlen oft dieselben Schlagzeuger. Tony Williams hat er auch in meiner Band entdeckt.' Ein paar Jahre später, 1969, rief Miles mich dann wirklich an. Da spielte ich gerade seit sechs Monaten im Trio von Bill Evans. Auch wenn mir die Musik von Bill sehr am Herzen lag, war sie doch etwas vorhersehbar geworden, daher kam der Anruf von Miles gerade recht."

Es wirkt, als würde er auf einmal noch aufrechter sitzen. „Mit Miles veränderte sich die Musik in jedem Konzert, das wir spielten. Er gab keine Anweisungen, sondern leitete seine Gruppe einfach mit sei-

---

Als wir einmal im Slug's spielten, kam Miles Davis vorbei, weil er mich hören wollte. In der Pause kam Jackie McLean zu mir und sagte: „Miles wird dich eines Tages engagieren, denn uns gefallen oft dieselben Schlagzeuger."

---

dem ich 1964 nach New York gezogen war, spielte ich mit Jackie McLean meine ersten Aufnahmen im Studio für Blue Note ein. Jackie hat sich damals um mich gekümmert. Als wir einmal im Slug's spielten, kam Miles Davis vorbei, weil er mich hören wollte. In der Pause kam Jackie zu mir und sagte: ‚Miles wird dich eines Tages engagieren, denn uns gefalnem Spiel. Es gefiel ihm, wie ich mit einem Groove die Basis für seine Musik bauen konnte. Gleichzeitig konnte ich so abstrakt spielen, wie ich wollte, solange es groovte, und Miles liebte es, über diesen Groove zu spielen. Ich hatte sowohl die Technik als auch die Vision, die er für seine Musik wollte. Bei der ‚Bitches Brew'-Session hatte er nur ein paar Skizzen als

Grundlage. Wichtig war, dass die Musik immer weiterlief und alles aufgezeichnet wurde. Danach nahm der Produzent Teo Macero die Bänder, schnitt die Stellen raus, die ihm nicht gefielen, mischte sie neu ab und schickte sie Miles zum Anhören. Miles hatte nicht die Geduld für so eine Arbeit, er schaute immer nach vorn in allem, was er tat. Die Musik von ‚Bitches Brew' ist nicht wirklich komplizierte Musik, aber sie war ihrer Zeit voraus, weil sie mysteriöse Sounds hatte, beispielsweise durch die Bassklarinette, und klangtechnische Effekte benutzte. Und sie reflektiert auch die damaligen Veränderungen, die in Amerika stattfanden."

Man muss offen sein für Neues, die Herausforderung suchen und Risiken eingehen. Und dabei Spaß haben! Das ist mir wichtig.

In seinem Übungsraum entdeckt DeJohnette winzige Papierschnipsel am Boden: „Ach verdammt, hier haben sich wieder ein paar Mäuse ausgetobt. Warte, ich hole einen Staubsauger." Neben den unterschiedlichsten Trommeln aus aller Welt steht ein altes Vibrafon, an den Wänden hängen alte Plakate von seiner Gruppe New Directions und vom Keith Jarrett Trio, das seit über 30 Jahren besteht. DeJohnette kommt mit einem Staubsauger zurück, schaltet ihn ein und erzählt weiter: „Keith hörte ich zum ersten Mal im Five Spot, als er mit Art Blakey und den Jazz Messengers spielte, da hat er mich sehr beeindruckt. Kurz danach bekam ich einen Anruf von Charles Lloyd, das war 1966. Er stellte ein neues Quartett zusammen, engagierte mich und fragte, ob ich einen guten Pianisten kennen würde. Charles hatte Keith in Boston gesehen und wir hatten beide die Idee, ihn zu fragen. Als Bassist empfahl ich ihm Cecil McBee."

Das Charles Lloyd Quartet war eine sehr intensive musikalische Erfahrung für ihn. „Wir waren eine der ersten Crossover Jazz Bands und spielten sehr experimentell, haben aber dennoch mit dem Publikum kommuniziert. Das war mitten in den 1960er-Jahren zuzeiten der Bürgerrechtsbewegung und der Flower-Power-Generation. Bill Graham war ein Konzertveranstalter, der in San Francisco das Fillmore West und später das Fillmore East in New York eröffnete. Er organisierte Konzerte, bei denen an einem Abend eine Jazzband und eine Rockband auftraten. Dort spielten wir vor einem riesigen Publikum unsere Hits ‚Forest Flower' und ‚Sombrero Sam'. Schon unser erstes Album ‚Dream Weaver' wurde mehr als eine Million mal verkauft." DeJohnette schaltet den Staubsauger aus. Über uns hören wir Schritte. „Ah, meine Frau Lydia ist mit dem Hund zurückgekommen. Ich fahre dich jetzt mal wieder zur Bushaltestelle."

Dort angekommen, warten wir gemeinsam im Auto auf den Bus. DeJohnette erzählt von seiner musikalischen Neugier, die ihn immer wieder antreibt. „Bei all den musikalischen Stationen, von denen ich dir erzählt habe, ging es mir immer darum, mich selbst in neue Situation zu bringen, in denen ich etwas spiele, das ich nie zuvor gespielt habe. Man muss offen sein für Neues, die Herausforderung suchen und Risiken eingehen. Und dabei Spaß haben! Das ist mir wichtig."

DIE WICHTIGSTEN ALBEN
ALS LEADER

Gateway (ECM, 1977)

New Directions (ECM, 1978)

Jack DeJohnette's Special Edition (ECM, 1980)

The Jack DeJohnette Piano Album (Landmark, 1985)

Sound Travels (Golden Beams, 2012)

Made In Chicago (ECM, 2015)

ALS SIDEMAN

Charles Lloyd *Forest Flower* (Atlantic, 1966)

Miles Davis *Bitches Brew* (Columbia, 1969)

Pat Metheny *80/81* (ECM, 1980)

Keith Jarrett Trio *Standards Vol I and II* (ECM, 1983)

Pat Metheny/Ornette Coleman
Song X (Nonesuch, 1985)

Herbie Hancock *The New Standard* (Verve, 1996)

Reinhard Köchl

Marshall Allen

WENN DU EINE BESSERE WELT WILLST, MUSST DU BESSERE MUSIK SPIELEN.

Marshall Belford Allen
(* 25. Mai 1924 in Louisville, Kentucky)
ist ein US-amerikanischer Altsaxofonist
und Komponist.

„Marshall wartet schon!" Es ist Sonntagmorgen in Downtown Philadelphia.

Der Saxofonist Danny Thompson holt mich mit seinem Auto vom Bus ab. Seit 1967 ist er mit Marshall Allen befreundet und spielt mit ihm zusammen im Sun Ra Arkestra. Nebenbei betreibt er noch einen privaten Shuttle Service und fährt Reisende zwischen dem New Yorker Flughafen und Philadelphia hin und her. „Von der Musik alleine könnte ich nie leben. Aber ich mache den Job gerne. Heute früh habe ich schon eine alte Dame aus New York abgeholt."

Wir fahren 20 Minuten nördlich nach Germantown, wo Marshall Allen in einem Diner auf uns wartet. Jeden Morgen kommt er hierher, um zu frühstücken. Es herrscht reger Betrieb und Allen freut sich, dass ein Tisch für uns frei wird. Die Bedienung kennt ihren Stammgast, begrüßt ihn mit einer herzlichen Umarmung und fragt: „Wie immer?" Beide unterhalten sich kurz über das Wetter und die Gäste, bevor sie zum nächsten Tisch weitergeht. Allen ist entspannt, genießt seinen Kaffee und seinen Toast, der ihm kurz danach gebracht wird. Seit wann lebt er in Philadelphia? „Ich bin von meiner Geburtsstadt Louisville, Kentucky, hierhin gezogen. Aber dann musste ich als Soldat 1945 nach Europa, wo ich noch das Ende des Zweiten Weltkriegs miterlebt habe. Ich spielte in der Army Band und traf bei Jamsessions auf Don Byas, James Moody und Art Simmons. Damals hab ich noch Klarinette gespielt, weil ich so begeistert von Benny Goodman war, genauso wie von all den anderen Bigbands: Duke Ellington, Fletcher Henderson, Count Basie. Das Altsaxofon kam erst später, als ich 1949 aus der Armee entlassen wurde und in Paris drei Jahre am Konservatorium Musik studiert habe. Danach bin ich wieder zurück in die Staaten, 1952. Oder war es 1953? Ich weiß es nicht mehr ganz genau. Mit 91 Jahren kann man schon mal ein paar Zahlen verwechseln. Jedenfalls bin ich nach Chicago gezogen, weil meine Mutter dort lebte. Und dort begann alles mit Sun Ra."

Wir verlassen das Diner und gehen zum nahe gelegenen Spielplatz im Vernon Park, wo mir Allen und Thompson ein sehr langes Mosaik an einer Mauer zeigen, welches Sun Ra und seinen musikalischen Kosmos darstellt. Thompson ist sichtlich stolz: „Das hat der Künstler Josey Stamm im Jahr 2000 im Auftrag der Stadt umgesetzt, zum Wechsel ins 21. Jahrhundert, auf das uns Sun Ra musikalisch immer vorbereiten wollte. Aber lass uns zu Marshalls Haus fahren, da gibt es noch viel mehr zu sehen." Das unscheinbare Reihenhaus in der Morton Street mit drei Etagen wirkt nach Betreten wie ein lebendiges Museum. Im Erdgeschoss erstreckt sich ein länglicher Raum, an dessen Wänden unzählige alte Fotos, Urkunden, Preise und Konzertposter hängen.

Neben dem Piano stehen ein Schlagzeug, ein Bass und viele Notenständer. „Hier haben wir mit Sun Ra geprobt, Platten aufgenommen, aber auch Platten hergestellt. Er lebte in New York an der Ecke 4. Avenue und East 3. Straße, aber das Haus wurde 1968 verkauft, und er musste umziehen. Da ich dieses Haus von meinem Vater geerbt

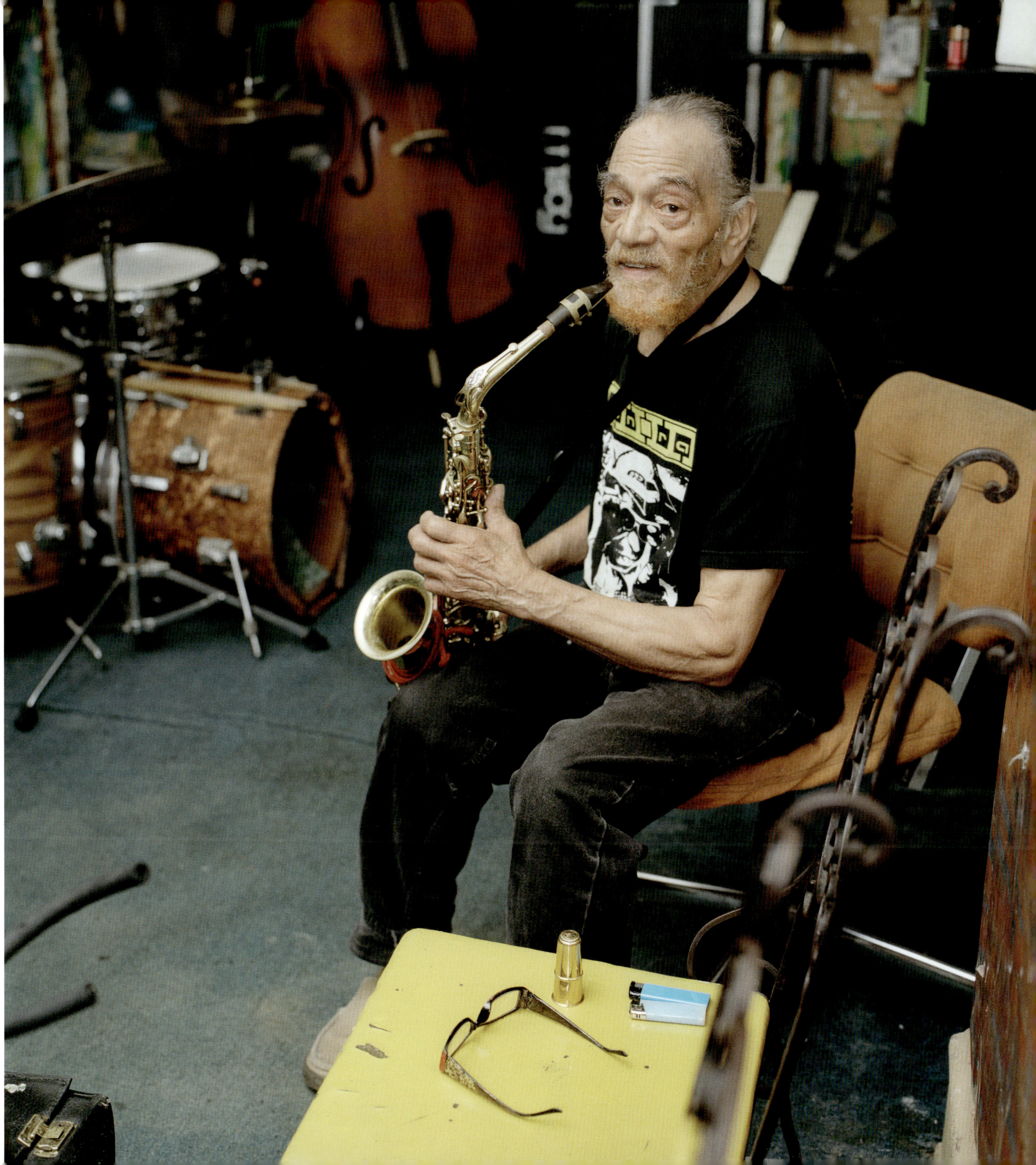

hatte, bot ich es ihm kostenlos an, um hier zu leben und zu arbeiten. Er brauchte über zwei Jahre für den Umzug. Immer wieder holte er mit einem Transporter weitere Sachen. Und als dann all die Musiker eingezogen waren, wurde es zu einer Kommune, einer Wohngemeinschaft. Das war wichtig für die Musik, denn wenn man sich kennt, spielt man besser zusammen. John Gilmore und ich hatten hier im Erdgeschoss unsere Zimmer und ständig kamen Gastmusiker zu den Proben vorbei und einer hat immer für alle gekocht. Wir haben immer geprobt, sieben Tage die Woche. Das war schon früher in Chicago so."

> Sun Ra war enttäuscht, weil ich alles so richtig gespielt hatte. Er hörte, dass ich einen schönen Ton hatte, aber darum ging es ihm nicht.

In den 1950er-Jahren spielte Marshall Allen in einer kleinen Band in Chicago und ging oft in einen Plattenladen, der Joe Segal gehörte. „Er gab mir eine Demo-Platte von Sun Ra, die ich mir zu Hause anhörte. Die Musik hat mich wirklich überwältigt, sie klang so anders als alles, was ich bisher kannte, also ging ich am nächsten Tag wieder zu Joe und fragte, ob er noch mehr Platten von Sun Ra habe. Er sagte: ‚Leider nicht, aber seine Band probt täglich auf der South Side und sie suchen immer neue Musiker.' Ich wohnte damals in der Nähe von Sun Ra und kam zum Vorspielen bei ihm vorbei. Er war enttäuscht, weil ich alles so richtig gespielt hatte. Er hörte, dass ich einen schönen Ton hatte, aber darum ging es ihm nicht. Er suchte jemanden, der bereit war, jenseits der vorgelegten Noten zu spielen und erklärte mir, dass es unendlich viele Möglichkeiten gibt, eine Note zu spielen. Ich war irritiert. Ihm war es wichtiger, dass ich einen Fehler nach dem nächsten mache, ohne dabei kalkulierend zu denken, was dann wiederum zu etwas Richtigem führen konnte. So wollte er mir ganz neue Töne entlocken. Wenn man diese Haltung erst mal begriffen und akzeptiert hat, war sie der Schlüssel zu all seiner spirituellen Musik, die er uns lehrte."

Allen hält einen Moment lang inne und lacht. „Als ich dann zur Probe kam, gab es schon genügend Altsaxofonisten. Sun Ra wollte, dass ich mir eine Flöte kaufte. Nur so bin ich schließlich 1958 in die Band gekommen. Bei den Proben redete er mehrere Stunden über das alte Ägypten und die alten Griechen, die Bibel, das Universum, Saturn, die Reise zum Mond, all die Dinge, die Teil seiner Philosophie waren. Er sah in die Zukunft, aber gleichzeitig auch zurück auf die Geschichte und wir haben ihm gebannt zugehört, obwohl wir nicht alles verstanden haben, weil es so neu und faszinierend war. Sun Ra lehrte uns, neue Wege in der Musik zu gehen und kreativ zu sein. Zusammen mit anderen etwas erschaffen – dazu gehört sehr viel Disziplin und Präzision. Ich hatte immer Mitglied in einer großen Band sein wollen und durch Sun Ra ist mein ganzes Leben ein Teil seiner Bigband geworden."

1959 gingen viele Mitglieder des Sun Ra Arkestra nach New York, wodurch Marshall Allen endlich Altsaxofon in der verbleibenden Gruppe spielen konnte: „Plötzlich waren wir nur noch vier: Sun Ra, John Gilmore, Ronnie Boykins und ich. Aber wir probten natürlich immer weiter. Im Juli 1961 sollten wir ein Konzert in Kanada spielen, also luden wir den Bass und das Schlagzeug ins Auto und fuhren los. Es war sehr eng mit all den Instrumenten. Ronnie Boykins hatte als Einziger einen Führerschein und fuhr die ganze Strecke von Chicago nach Montreal alleine durch, 13 Stunden ohne Pause. Als wir ankamen, fiel er aus dem Auto. Wir waren gerade noch pünktlich zu unserem Konzert gekommen, aber Ronnie war so erschöpft, dass er in der ersten Hälfte nicht mitspielen konnte. Da wir in Montreal an mehreren Orten spielen konnten, blieben wir ein paar Wochen. Auf dem Weg zurück haben wir einen Abstecher nach New York gemacht, um alte Freunde zu besuchen. Aber in New York wurde Ronnies Auto von einem Taxi gerammt, daher konnten wir mit dem Wagen nicht weiterfahren und warteten ein Jahr auf eine Entschädi-

und sagte schon in den 1950er-Jahren, dass wir die Musik des 21. Jahrhunderts spielten. Außerdem verstand sich das Arkestra als Showband, weshalb wir in Kostümen mit grellen Farben aufgetreten sind. Die bekamen wir aus dem Fundus der Oper oder wir haben sie uns selbst genäht."

Das arkestrale Konzept war weit mehr als Show. „Sun Ra lehrte uns auch die geschäftliche Seite der Musik, wie man Verträge richtig liest, damit nicht irgendwel-

Wir gehen in den zweiten Stock, wo zwei kleine Räume so vollgestellt sind, dass man sich nur vorsichtig vorwärts bewegen kann. Danny Thompson ist von seiner frühen Fahrt müde, legt sich auf ein Sofa und schläft ein. Marshall Allen setzt sich auf seinen Stuhl am elektrischen Piano und dreht sich eine Zigarette. An den Wänden hängen die unterschiedlichsten Instrumente aus aller Welt, die Sun Ra von Reisen mitgebracht hat. Neben Büchern, Videokassetten und Zeitschriften

liegen riesige Stapel von Notenblättern. „Auf der Bühne haben wir immer ohne Noten gespielt, genauso wie Duke Ellington, damit wir uns ganz offen auf den Augenblick der Musik konzentrieren konnten. Dadurch kann viel Neues entstehen, was aber auch eine große Herausforderung ist. Auf diese Art leite ich das Arkestra auch heute noch – ganz im Sinne von Sun Ra. Wenn du eine bessere Welt willst, musst du bessere Musik spielen. So einfach ist das!"

Da ich dieses Haus von meinem Vater geerbt hatte, bot ich es Sun Ra kostenlos an, um hier zu leben und zu arbeiten. Er brauchte über zwei Jahre für den Umzug. Immer wieder holte er mit einem Transporter weitere Sachen. Und als dann all die Musiker eingezogen waren, wurde es zu einer Kommune.

---

gung vom Taxiunternehmen. So ergab es sich, dass wir einfach in New York geblieben sind." Marshall Allen lacht darüber, wie sich alles spontan entwickelte. „Chicago war eigentlich die Stadt des Swing und New York das Zentrum der Avantgarde. Unser Stil hat sich in New York verändert, wir spielten freier und die kollektive Improvisation nahm mehr Raum ein."

Mit seinem Konzept von Swing, Bop und Avantgarde verfolgte Sun Ra einen neuen Ansatz in der Bigbandmusik. Als ein früher Wegbereiter des Free Jazz experimentierte er erstmalig auch mit elektronischer Musik. „Als der Jazz sich selbst befreite und zum Free Jazz wurde, hat das Publikum nicht sofort verstanden, worum es ging. Vermutlich haben einige gedacht, dass die Band auf der Bühne sich noch einspielt oder dass die Musik nur Lärm war. Aber dieses Missverständnis lag daran, dass viele Leute eine genaue Vorstellung davon hatten, wie Jazz in ihren Ohren zu klingen hatte. Sun Ra lebte in der Zukunft

che Manager den größten Anteil des Honorars bekommen, sondern die Musiker. Er hatte als einer der ersten Musiker seine eigene Plattenfirma und wir haben die LPs pressen lassen, Labels aufgeklebt und die Hüllen bemalt. Das sind heute echte Sammlerstücke. Man hatte also keine Zeit zu verlieren, denn es gab immer etwas zu lernen. Nur davon leben konnte ich nicht, weshalb ich während des Tages in einer Kamerafirma gearbeitet habe und abends zu den Proben kam. Sun Ra probte ja den ganzen Tag, mittags spielten andere Musiker als abends. Und er schrieb jeden Tag eine neue Komposition. Er hat mich mit all seinen musikalischen Ideen immer überrascht, deshalb bin auch so lange in seinem Arkestra geblieben – bis heute." Nachdem Sun Ra 1993 an den Folgen eines Schlaganfalls verstarb, übernahm Marshall Allen zwei Jahre später die Leitung des Arkestra. „Wir proben hier drei Tage die Woche und sind viel auf Tour. Ich bin wirklich selten zu Hause. Komm, ich zeige dir noch meinen Arbeitsraum."

DIE WICHTIGSTEN ALBEN
ALS LEADER UND SIDEMAN

Sun Ra
Cosmic Tones For Mental Therapy
(Poppydisc, 1963)

Sun Ra
The Heliocentric Worlds Of Sun Ra
(ESP, 1965)

Sun Ra
Magic City
(Saturn, 1965)

The Sensational Guitars
Of Dan And Dale (Sun Ra)
Batman And Robin
(Tifton, 1966)

Sun Ra
Atlantis
(Saturn, 1969)

Sun Ra
Space Is The Place
(Blue Thumb, 1972)

Sun Ra
The Antique Blacks
(Saturn, 1978)

Sun Ra
Sleeping Beauty
(Saturn, 1979)

Medeski Martin & Wood
The Dropper
(Blue Note, 2000)

Night Logic
(Rogue Art, 2010)

Wolf Kampmann

Jon Hendricks

> DIE NOTEN AUF DEM PAPIER SIND JA NICHT DIE MUSIK. DIE MUSIK KOMMT AUS DEM HERZEN.

John Carl, genannt Jon, Hendricks (*16. September 1921 in Newark, Ohio) ist ein US-amerikanischer Sänger, Textdichter und Komponist.

In der Nähe des World Trade Centers in Manhattan wohnt Jon Hendricks mit seiner Frau Judith im 33. Stockwerk eines Hochhauses mit Blick auf den Hudson River und die Freiheitsstatue.

An den Wänden ihres Appartements hängt neben alten Konzertfotos von Hendricks auch eine Fotografie von John Coltrane, unter die der Fotograf Roy DeCarava eine Widmung für Jon geschrieben hat. Ein alter Bass lehnt am Piano. „Der gehörte Dennis Irwin, mit dem unsere Tochter Aria zusammen war. Seit Dennis 2008 an Krebs gestorben ist, steht er hier." Auf dem Piano stapeln sich unterschiedliche Hüte und Mützen, die Hendricks gerne bei seinen Konzerten trägt. „Letzte Woche habe ich noch im Birdland gesungen, zusammen mit Sheila Jordan, Andy Bey, Bob Dorough und Annie Ross. Wir wurden von vier jungen Vocalese-Sängern eingeladen für ihr ‚Royal Bopsters'-Projekt."

Den Ausdruck Vocalese hatte sich Leonard Feather ausgedacht, als er 1957 über das erfolgreiche Album „Sing A Song Of Basie" des Vocaltrios Lambert, Hendricks & Ross schrieb. Vocalese bezeichnet Jon Hendricks' Idee, zu einer bereits existierenden, etablierten Komposition inklusive des improvisierten Solos einen Text zu schreiben und ihn genau so zu singen, wie die Instrumentalisten ihn einst aufgenommen haben. Das hatten vor Hendricks bereits die Sänger Eddie Jefferson und King Pleasure kultiviert, aber Hendricks ging noch einen Schritt weiter und übertrug das Arrangement einer ganzen Bigband auf mehrere Sänger.

„Meine Idee war, mit meinem Text eine Geschichte zu erzählen, die einen Anfang, eine Mitte und ein Ende hat. Es sollte eine Handlung und Personen geben und die Bläserstimmen wurden zu Darstellern, die Kommentare zur Handlung abgaben. Es fiel mir leicht, Texte zu den Stücken zu schreiben, denn ich hatte schon früh eine Affinität zu Worten und Wortkombinationen. Die Ideen dazu fand man alle draußen auf der Straße, man musste nur genau hinhören. Der Journalist Ralph J. Gleason hat damals in einer Kolumne im San Francisco Chronicle über mich geschrieben, dass in der fernen Zukunft Soziologen auf meine Texte zurückgreifen würden, um zu verstehen, wie die Menschen in den 1950er- und 60er-Jahren gesprochen haben. Das hat mir natürlich sehr geschmeichelt und ich glaube, es stimmt, denn meine Songtexte sind voll von Ausdrücken, manchmal vulgär, die damals benutzt wurden, aber heute nicht mehr."

Hendricks ist stolze 94 Jahre alt, aber wirkt auch durch seine charmante, herzliche Art viel jünger. In seinem feinen Anzug verkörpert er einen absoluten Gentleman der alten Schule. „Mein Vater war Pastor in Newark, Ohio, und hat uns so erzogen, dass wir alle Menschen als Brüder und Schwestern betrachten sollten, um ihnen mit Respekt und Freundlichkeit zu begegnen. Das Problem war nur, dass die reale Welt so nicht funktionierte, weil so ein Umgang leider nicht immer erwidert wurde. Wir waren 17 Geschwister, aber nur 15 haben überlebt, zwölf Jungen und drei Mädchen. Es gab damals keinen Fernseher, also mussten wir miteinander zurechtkommen, aber das war einfach. Wir haben ja auch zu dritt in einem Bett geschlafen. Es gab sehr viel Liebe, aber auch Regeln in unserem Haus. Damit wir alle das Bad jeden Morgen benutzen konnten, haben wir uns der Größe nach in einer Reihe aufgestellt. Disziplin hilft immer. Wie alle unsere Nachbarn hatten wir auch einen Gemüsegarten, damit wir genug zu essen hatten. 1929 kam die große Depression Amerikas. Heute reden die Leute immer davon, wie hart unsere Zeit ist, aber verglichen mit damals haben wir jetzt eine luxuriöse harte Zeit. Der Komiker Redd Foxx erzählte einmal in seiner Show von seinem Vater, der vor seinem Haus sitzt und seiner Frau zuruft: ‚Mary, die Müllabfuhr kommt.' Und sie antwortet: ‚Sag ihnen, sie sollen zwei Mülltonnen dalassen.'"

Durch den Beruf seines Vaters musste die Familie oft umziehen und landete schließlich in Toledo, Ohio. Nur

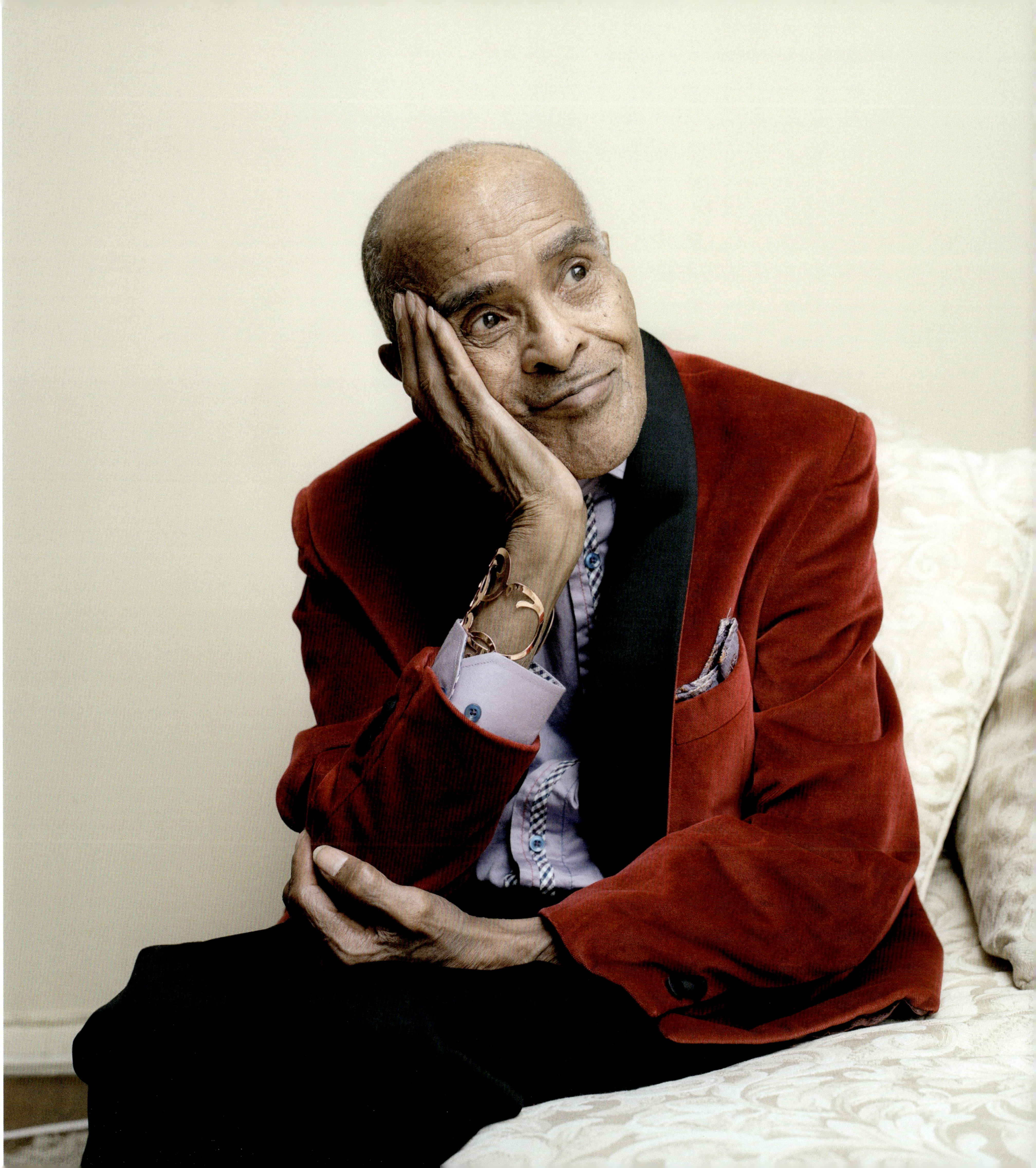

―
Heute reden die Leute immer davon,
wie hart unsere Zeit ist, aber verglichen mit
damals haben wir jetzt eine luxuriöse
harte Zeit.
―

fünf Häuser entfernt wohnte der Pianist Art Tatum. „Das Haus lag direkt auf meinem Schulweg. Einmal trat Art heraus und wir unterhielten uns. Sein Bruder ging zur selben Schule wie ich. Art erzählte, dass er Klavier spiele, und ich hatte angefangen zu singen. Also trafen wir uns jeden Abend um 21 Uhr und übten zusammen bis zwei Uhr nachts. Ich arbeitete damals im Waiter's & Bellman's Club als Kellner. Das war einer der wenigen Jobs, die man als Schwarzer bekommen konnte. Dort habe ich uns eine Auftrittsmöglichkeit besorgt. Zwei Jahre haben wir zusammengespielt. Von Art habe ich wirklich gelernt, mich zu konzentrieren und genau auf die Musik zu hören. Deshalb habe ich auch nie gelernt, Noten zu lesen, bei mir geht alles über mein Gehör. Die Noten auf dem Papier sind ja nicht die Musik. Die Musik kommt aus dem Herzen."

Bei einem seiner Konzerte kam Louis Armstrong vorbei und war begeistert von Hendricks. „Louis sagte zu mir: ‚Junge, du kannst echt singen! Hast du morgen um zwölf Uhr schon etwas vor? Hol mich doch auf einen Spaziergang ab.' Armstrong wohnte in einer privaten Pension, weil er nicht in einem Hotel für Weiße absteigen konnte. Wir sind dann die Indiana Avenue runtergegangen nach Downtown und wieder zurück, und er hat die ganze Zeit Geschichten erzählt. Als er mich verabschiedete, sagte er: ‚Weißt du, du erinnerst mich an die Zeit, als ich jung war. Alles, was ich damals wollte, war Trompete lernen.'"

„Aber ich kenne niemanden in New York!" Woraufhin Charlie Parker ganz gelassen antwortete: „Doch, du kennst mich."

Über Jon Hendricks' Zeit als Soldat im Zweiten Weltkrieg – 1944 stationiert in der Normandie in Frankreich – hat der deutsche Regisseur Malte Rauch den Dokumentarfilm „Blues March" gedreht. Weil es innerhalb der Truppe mit anderen GIs zu rassistischen Vorfällen kam, desertierte Hendricks und konnte vor dem Militärgericht nur durch die Hilfe eines jüdischen Anwalts aus der Bronx einem Todesurteil entgehen. Nach einem Jahr Zwangsarbeit wurde er wegen guter Führung wieder in die Army eingegliedert und kam über Würzburg nach Bremerhaven. Von dort ging es 1946 auf dem Schiff zurück in die USA.

„Ich hatte mich in Bremerhaven in ein deutsches Mädchen verliebt, weshalb ich nicht auf das Schiff wollte. Mir wurden dann Handfesseln angelegt, damit ich endlich Ruhe gab. Auf dem Schiff gab es einen Radioraum mit einem Discjockey, der die unterschiedlichsten Schallplatten auflegte. Als er ‚Salt Peanuts' von Dizzy Gillespie und Charlie Parker spielte, rannte ich in den Raum und fragte ihn, was das denn für Musik sei. Er zeigte mir die Platte und ich gab ihm 25 Dollar, damit er in der nächsten Stunde nur diese Platte abspielte. Es hat die anderen GIs verrückt gemacht. Aber mir war die Musik sehr vertraut, denn ich hatte ja mit Art Tatum gearbeitet. Art war der eigentliche Vater des Bebop. Weißt du, ich meine das Tempo, in dem er spielte, und die schnellen Akkordwechsel, vor allem die erweiterten, komplexen Changes. Als wir in Baltimore ankamen, kaufte ich in diesem kleinen Plattenladen alle Bebop-Scheiben, die ich bekommen konnte, denn die großen Läden verkauften diese Musik gar nicht. Ich hatte einen ganzen Karton voll mit 78er-Platten."

Zu einer ersten Begegnung mit Charlie Parker kam es 1949 in Toledo, Ohio, wo Hendricks angefangen hatte, Jura zu studieren. „Meine erste Frau hatte Bird von mir erzählt und er wollte, dass ich auf die Bühne komme. Als Nachfolger von Miles Davis und Duke Jordan waren nun Kenny Dorham und Al Haig in der Band. Am Schlagzeug war Max Roach und am Bass Curly Russell. Ich sang acht Chorusse und dann stand Kenny Dorham von seinem Stuhl auf und begann sein Solo. Ich wollte die Bühne verlassen, da spürte ich plötzlich von hinten eine Hand, die den Gürtel von meinem Mantel festhielt. Das war Parker, der auf Kennys Stuhl zeigte, wo ich mich hinsetzen sollte. Nach dem Konzert fragte mich Bird, was ich beruflich plane. Ich erzählte ihm, dass ich Jurist werden wolle. Da sagte er: ‚Du bist kein Jurist, du bist ein Jazzsänger! Komm nach New York!' Daraufhin sagte ich: ‚Aber ich kenne niemanden in New York!' Woraufhin Parker ganz gelassen antwortete: ‚Doch, du kennst mich.' Und ich fragte ihn: ‚Und wie finde ich dich?' Parker: ‚Frag einfach irgendjemanden.' Ich verließ den Club, meine Knie zitterten und ich dachte nur: Dieser Typ ist doch verrückt!"

DIE WICHTIGSTEN ALBEN
ALS LEADER

Lambert, Hendricks & Ross
Sing A Song Of Basie (ABC, 1958)

A Good Git Together
(World Pacific, 1959)

Evolution Of The Blues
(Columbia, 1959)

Salud! Joao Gilberto,
Originator Of The Bossa Nova
(Reprise, 1961)

Fast Livin' Blues
(Columbia, 1962)

Recorded In Person At The Trident
(Smash, 1965)

Tell Me The Truth
(Arista, 1975)

Cloudburst
(enja, 1982)

Jon Hendricks & Company
Love (Muse, 1982)

Freddie Freeloader
(Denon, 1990)

—

Götz Bühler

Jon Hendricks erzählt lebendig eine Geschichte nach der anderen und wenn er nicht redet, summt er Melodien, die ihm gerade in den Sinn kommen, und wackelt ein bisschen mit dem Kopf. Vereinzelt singt er laut die Worte dazu. Es scheint so, als drehe sich bei ihm immer noch alles um Musik. „Ich will noch an die frische Luft.

konnte. In seiner Band spielten Roy Haynes, Gerry Mulligan, Curly Russell und Bud Powell. Sie spielten ‚The Song Is You' und ich erinnere mich, dass Mulligan einen langen roten Bart hatte und Jeans und Tennisschuhe ohne Socken trug. So präsentierte er sich auf der Bühne. Die Jungs haben damals alle Drogen genommen, jeden Tag.

Ich kann mit gutem Gewissen sagen, dass Lambert, Hendricks & Ross' „Sing A Song Of Basie" bis heute das beste Vocalalbum ist, das ich in meinem ganzen Leben gehört habe.

Komm, lass uns runter zum Wasser gehen." Im Fahrstuhl begegnen wir den Kindern der Nachbarn, mit denen Hendricks ein paar Späße macht. An der Promenade am Hudson River sind viele Spaziergänger und Jogger unterwegs. New York ist die Stadt, in die sich Hendricks 1951 dann doch getraut hat.

„Der Sänger Joe Carroll, ein Freund von mir, hatte mir gesagt, dass Parker in der Apollo Bar spielte. Als ich eintrat, hörte Parker auf zu spielen und rief zu mir: ‚Hey Jon, hast du Lust, auf die Bühne zu kommen und zu singen?' Ich wäre fast in Ohnmacht gefallen und konnte es einfach nicht glauben, dass Bird sich nach zwei Jahren und vier Monaten tatsächlich noch an mich erinnern

In der Pause besorgten sie sich ihren Stoff, nur Roy Haynes nicht, der saß an der Bar mit seiner Freundin. Nach der Pause spielten sie ein paar Stücke und dann kündigte Parker mich an und bat mich auf die Bühne. Aber Roy Haynes sagte plötzlich sehr laut: ‚Nein, nein, wir wollen keine Sänger!' Parker sagte zu ihm: ‚Beruhige dich, Roy, und spiel einfach Schlagzeug.' Ich habe dann drei Stücke gesungen und das Publikum tobte! Ich habe gescattet und mir einfach vorgestellt, ich sei ein weiteres Blasinstrument. Sie liebten es!"

Zunächst arbeitete Jon Hendricks in New York in einer Zeitungsdruckerei und ging in seiner Mittagspause immer zum Broadway, wo er einige Songwriter kennenlernte. Mit seinem Freund, dem Sänger Dave Lambert, und der Sängerin Annie Ross gründete er das bekannte Vocaltrio, dessen erste Aufnahme „Sing A Song Of Basie" im Studio von Creed Taylor produziert wurde. „Dave hatte sich um den Chor gekümmert, aber der swingte einfach nicht, der war nicht hip! Einen anderen Chor erlaubte Creed nicht, weil das Produktionsbudget erschöpft war. Deshalb hatte Dave die Idee, dass unser Trio alle zwölf Stimmen selbst sang und mithilfe von Multitracking danach alles übereinandergelegt wurde. Es gab zwar einige technische Probleme, aber zum Schluss hat es funktioniert. Ich hatte dann noch die Idee, dass meine Texte auf die Rückseite des Covers gedruckt werden sollten, damit der Zuhörer mitlesen kann. Das hatte es vorher nicht gegeben. Ich kann mit gutem Gewissen sagen, dass diese Platte bis heute das beste Vocalalbum ist, das ich in meinem ganzen Leben gehört habe."

Auf dem Weg zurück erzählt Hendricks noch weitere Geschichten, auch von seiner Aufnahme mit Thelonious Monk. Im Appartement hat Judith ein Abendbrot vorbereitet. Um 21 Uhr sind beide müde, verabschieden sich und ziehen sich in ihr Schlafzimmer zurück, wo bereits der Fernseher läuft. Nach fünf Minuten, während ich im Wohnzimmer noch meine Sachen packe, kommt Jon Hendricks im Schlafanzug heraus und lächelt mich an. „Ich habe noch Appetit auf ein Müsli, das ich beim Fernsehen essen möchte." Auf dem Weg zurück ins Schlafzimmer winkt er noch einmal und sagt: „Gute Nacht!"

Randy Brecker

MEIN VATER IST SCHULD, DASS ICH MUSIKER GEWORDEN BIN – ICH HABE NUN MAL SEINE GENE.

Randal Edward, genannt Randy, Brecker (27. November 1945 in Philadelphia, Pennsylvania) ist ein US-amerikanischer Trompeter und Komponist.*

„5.000 Dollar Miete im Monat waren mir einfach zu viel!"

Randy Brecker spricht von seiner Wohnung in New York, die er vor fünf Jahren aufgegeben hat. Nun empfängt er mich in seinem Haus in East Hampton auf Long Island, mitten im Wald, das er sich bereits in den 1970er-Jahren gekauft hatte. Inzwischen ist es mehr als ein Ferienhaus geworden, aber ideal, um hier mit seiner Frau, der italienischen Saxofonistin Ada Rovatti, und der gemeinsamen jungen Tochter Stella zusammen zu leben. „In New York sind es im Laufe der letzten Jahre immer weniger Studiotermine oder Auftrittsmöglichkeiten geworden. Ich habe mich auch bewusst dazu entschieden, mehr als Sideman zu arbeiten, um mich immer wieder neuen musikalischen Situationen auszusetzen. Wenn man unter eigenem Namen spielt, ist es schwierig, gleich wieder engagiert zu werden, als Sideman fällt das weniger ins Gewicht. Um nach Manhattan zu fahren, nehme ich immer den Bus, genau wie du, und übernachte bei meiner Tochter Amanda. Sie kommt aus meiner ersten Ehe mit Eliane Elias, mit der ich immer noch in Kontakt bin."

Hinter dem Haus erstreckt sich ein Garten mit Swimmingpool, der bereits für den Winter abgedeckt ist. Im hellen Wohnzimmer im Erdgeschoss steht ein Flügel, unter dem eine kleine, schwarze Katze spielt. Obenauf liegt ein Buch mit den Kompositionen von Wayne Shorter. „Seine Changes sind sehr schwierig, deshalb lohnt es sich, damit zu üben. Mein Bruder Michael ersetzte Wayne auf der Joni-Mitchell-Tour ‚Shadows And Light' und er beschwerte sich bei mir über sie: ‚Joni sagt mir immer, dass ich wie Wayne spielen soll. Ich glaube, ich steige aus!' Aber irgendwann hat Joni sich daran gewöhnt, Michael in der Band zu haben." Wir gehen eine kleine Treppe runter zu den Räumen im Keller, wo in einem Regal alte Schallplatten stehen. „Da sind auch noch alte Zehn-Zoll-Platten von meinem Vater Bobby dabei. Es ist seine Schuld, dass ich Musiker geworden bin – ich habe nun mal seine Gene." Brecker lacht. „Bobby war ein semiprofessioneller Musiker in Philadelphia, wo er im Blue Note Club oder im Rendezvous die Band von Clifford Brown und Max Roach hörte, die dort oft spielten. Er hat mir die alten Emarcy-Platten von Clifford vorgespielt und packte mich dabei am Arm: ‚Randy, die Trompete ist das beste Jazzinstrument!' Als ich an der Highschool die Wahl zwischen Klarinette und Trompete hatte, entschied ich mich daher für die Trompete. Ich war zehn Jahre alt, als Clifford Brown und Richie Powell bei einem Autounfall ums Leben kamen. Im selben Jahr schenkte mir mein Vater einen Plattenspieler. Ich nahm seine Platten mit auf mein Zimmer und spielte dazu, nachdem ich mit meinen klassischen Übungen fertig war. Oft habe ich dazu von Miles Davis ‚'Round About Midnight' benutzt oder Chet Bakers ‚My Funny Valentine' und Shorty Rogers' ‚Martians Come Back!'. Wenn die Bläser Pause hatten und ein Pianosolo kam, spielte ich an der Stelle. Das hat mir Vertrauen gegeben, so als ob ich wirklich mit der Band spielen würde. Das war gut für mich, aber nicht so gut für die Sammlung meines Vaters, weil ich die Platten immer wieder abgespielt habe."

1961, als Randy Brecker 15 Jahre alt war, nahm er an einem Band Camp von Stan Kenton an der Indiana University teil. Kenton hatte angefangen, durch die USA zu reisen und Kurse anzubieten, um Jugendliche für Jazz zu begeistern. Dabei traf Brecker auf David Sanborn, Don Grolnick und Keith Jarrett. Von 1963 bis 1966 studierte Brecker Musik an der Indiana University und spielte mit seinen Kommilitonen in einer Bigband, die in seinem letzten Studienjahr auf State Department Tour in den Fernen Osten geschickt wurde. Auf dem Rückweg blieb Brecker für eine Woche in einer Jugendherberge in Wien, da er in einer Anzeige im Downbeat von einem Jazzwettbewerb gelesen hatte, an dem er unbedingt teilnehmen wollte, weil die Jury prominent besetzt war. „Das war im Mai 1966 und diese Chance konnte ich mir nicht entgehen lassen. Friedrich Gulda hatte die Jury zusammengestellt: Art Farmer, Ron Carter, J. J. Johnson, Cannonball Adderley, Mel Lewis, Joe Zawinul und Roman Waschko.

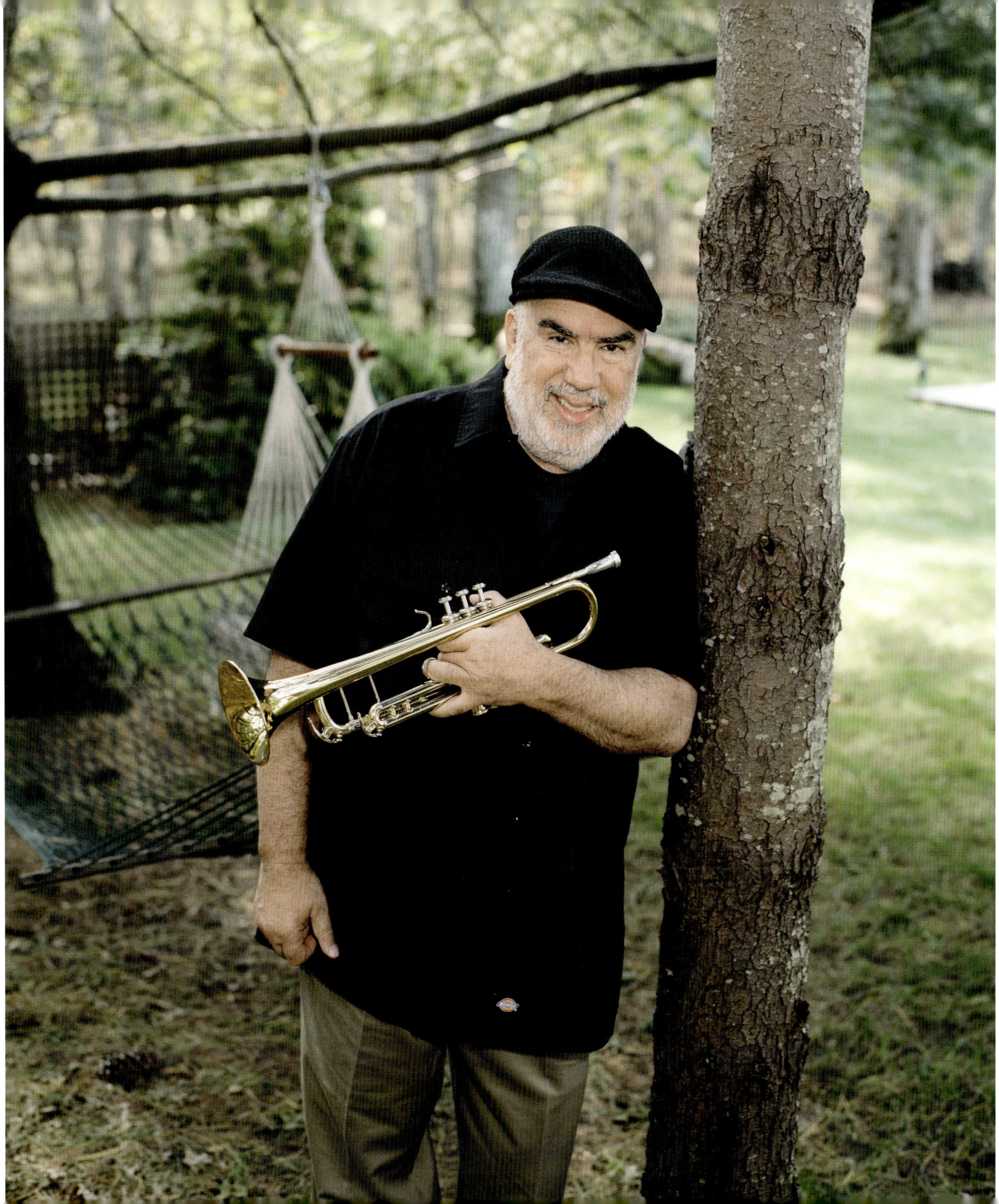

In diesen zwei Wochen lernte ich die anderen Bewerber kennen: Joachim Kühn, Franco Ambrosetti, Miroslav Vitous, Jan Hammer, George Mraz, Claudio Roditi, Tomasz Stanko und noch so einige andere. Wir waren alle sehr jung. In der Kategorie Trompete gewann Franco, mit dem ich seitdem befreundet bin. Wir haben erst letzte Woche miteinander ein Konzert gespielt. Während des Wettbewerbs war Mel Lewis auf mich aufmerksam geworden. Er hatte die erste Schallplatte des Thad Jones/Mel Lewis Orchestra dabei, die er Cannonball und mir unbedingt vorspielen wollte. In seinem Hotelzimmer hatte er einen kleinen Plattenspieler. Beim Abspielen machte er uns darauf aufmerksam, wenn jemand sein Solo vermasselt hatte, und lachte – wir hatten viel Spaß. Im Anschluss ermutigte mich Mel, nach New York zu kommen."

Brecker fand schnell Anschluss in New York. Er spielte in den Bigbands von Clark Terry und Duke Pearson sowie bei Blood, Sweat & Tears und wurde ein gefragter Studiomusiker. „Ich hatte einen Anzug und eine Krawatte und habe für meine jungen Jahre relativ viel Geld verdient. Jedenfalls musste ich meinen Vater nie um Geld bitten. Ich nahm bei einem Vorspiel für die Band von Horace Silver teil, aber zunächst bekam Charles Tolliver den Job. Doch Tolliver spielte damals gleichzeitig in der Band von Max Roach und war zeitlich hin- und hergerissen. Deshalb rief mich Horace sechs Monate später an, weil er doch lieber mich als Trompeter in seiner Band haben wollte. Am Schlagzeug war Billy Cobham, Saxofon spielte Bennie

---

Es war gut für mich, zu den Platten meines Vaters zu üben, aber nicht so gut für die Sammlung, weil ich die Platten immer wieder abgespielt habe.

Maupin und John Williams war am Bass. Man könnte Horace als einen der ersten Fusion-Musiker bezeichnen, weil er in seine Musik Elemente aus Folk, Gospel, Funk und Soul integrierte. Egal wie kompliziert oder simpel eine Melodie war, er hat es immer geschafft, der Musik einen speziellen melodischen Touch zu geben, und es klang immer nach Horace. Man hatte in einem Solo nicht sehr viel Freiheit und durfte keine Sechzehntelnoten spielen, denn Horace wusste genau, was er wollte: ‚Spiel nicht zu viele Noten, spiel die Sachen, die funky sind! Ich will, dass die Mädchen auf den Stühlen an der Bar ihren Hintern bewegen!' Wenn man zu viele Noten spielte, kam es vor, dass Horace im Aufnahmestudio das Tape stoppte. Ich habe viel von ihm gelernt, vor allem in seiner Funktion als Bandleader."

Horace Silver wusste genau, was er wollte: „Spiel die Sachen, die funky sind! Ich will, dass die Mädchen auf den Stühlen an der Bar ihren Hintern bewegen!"

Wir gehen in den Raum nebenan, Breckers Studio. Vier Trompeten stehen auf dem Boden, auf dem Flügel ist eine Armada an Mundstücken aufgestellt. „Die Suche nach dem perfekten Mundstück endet nie." An den Wänden stehen CD-Regale, auf einem Monitor sind mehrere Grammys aufgereiht und es hängen überall alte Fotos von Randy mit seinem Bruder Michael, der im Januar 2007 an Leukämie verstarb. „Michael war vier Jahre jünger als ich. Bevor er sich in der Highschool für Musik begeistern konnte, waren ihm sein Chemiebaukasten und Basketball am wichtigsten. Manchmal haben wir zusammen im Badezimmer gespielt, weil uns der Klang dort so gut gefiel. Er spielte erst Klarinette, dann Altsaxofon, aber schließlich blieb er beim Tenorsaxofon. Als Duke Pearson 1968 meine erste Platte ‚Score' produzierte, wollte ich natürlich Michael dabeihaben. Im Jahr darauf ist er dann nach New York gezogen. Wir spielten zusammen mit John Abercrombie und Billy Cobham in der Band Dreams und ein paar Jahre später engagierte uns Cobham für seine Band Spectrum. In der Zeit habe ich auch an einer zweiten Soloplatte gearbeitet und habe neun Arrangements geschrieben, für die ich Michael und David Sanborn in der Bläsersektion vorgesehen hatte. Der Produzent Steve Baker hatte von meinen Plänen gehört und rief mich an. Er arbeitete für Arista Records, das von Clive Davis gegründet wurde, mit dem wir schon bei Columbia mit der Band Dreams zusammengearbeitet hatten. Steve sagte zu mir am Telefon: ‚Wenn du die Band The Brecker Brothers nennst, bekommst du sofort einen Vertrag von uns.' Ich zögerte erst ein wenig und habe ein paar Tage darüber nachgedacht, aber so eine gute Chance konnte ich nicht ablehnen. Im Januar 1975 haben wir dann meine neun Titel aufgenommen. Nachdem Clive Davis das Demo gehört hatte, zitierte er mich in sein Büro: ‚Mir gefällt euer Demo wirklich sehr, aber wir brauchen noch einen Hit fürs Radio.' Also trommelte ich die Band wieder zusammen, wir jammten ungefähr vier Stunden und irgendwann hatten wir dann den Song ‚Sneakin' Up Behind You', der Platz 2 der R&B-Charts erreichte und Platz 15 in den Pop-Charts. Als wir die ersten Konzerte gaben, war das Publikum überrascht, weil es nach dem Hören unserer Musik dachte, dass wir schwarz seien. Unser Vertrag lief über sechs Alben. 1982 lösten wir uns auf, weil Michael und ich erst mal wieder eigene Wege gehen wollten. Michael wollte akustisch spielen und gründete mit Mike Mainieri Steps Ahead und ich spielte mit Jaco Pastorius."

Randy Brecker schaut auf die gemeinsamen Fotos. „Ich vermisse Michael sehr. Nach zehn Jahren Pause haben wir 1992 die Brecker Brothers wiederbelebt und zwei Alben aufgenommen. Die letzte CD haben wir mit der WDR Big Band eingespielt. Als Michael dann krank wurde, ist meine Frau Ada für ihn eingesprungen und so gibt es heute immer noch die Brecker Brothers Reunion Band, in der viele Musiker sind, die früher mit Michael und mir gespielt haben." Wir gehen wieder hoch und steigen zusammen mit Ada ins Auto, weil sie Stella von der Schule abholen wollen. Auf dem Weg zur nächsten Bushaltestelle spricht Brecker weiter über Musik. „Fusion war früher sehr erfolgreich, aber Fusion wurde zu Smooth Jazz, und Smooth Jazz hatte einen schlechten Ruf, der sich wiederum auf Fusion übertragen hat. Fusion war einfach die perfekte Mischung von unterschiedlichen musikalischen Genres und der damals verfügbaren Technologie. Wenn man an die bekanntesten Bands denkt – Miles Davis, Weather Report, Return To Forever, Hancocks Headhunters, Mahavishnu Orchestra, Larry Coryells Eleventh House, Cobhams Spectrum und ja, auch die Brecker Brothers –, dann hatte doch jeder sein individuelles Konzept. Es war eine aufregende Zeit."

DIE WICHTIGSTEN ALBEN ALS LEADER

Live At Sweet Basil (Crescendo, 1988)
Score (Blue Note, 1993)
In The Idiom (Denon, 1993)
Some Skunk Funk (BHM, 2005)
Randy In Brasil (Mama, 2008)

ALS SIDEMAN

Blood, Sweat & Tears *His Is Father To The Man* (Columbia, 1968)
Jack Wilkins *Merge* (Chiaroscuro, 1977/1992)
Charles Mingus *Me Myself An Eye* (Atlantic, 1979)
Carla Bley *Night-Glo* (Watt, 1985)
Peter Erskine *Motion Poet* (Denon, 1988)
Eliane Elias *Cross Currents* (Denon/Blue Note, 1995)
Horace Silver *A Prescription Of The Blues* (Impulse!, 1997)
Rolf Kühn & Friends *Affairs* (Intuition, 1997)

MIT DEN BRECKER BROTHERS

Heavy Metal Bebop (Arista, 1978)
Detente (Arista, 1980)
Straphangin' (Arista, 1981)
Return Of The Brecker Brothers (GRP, 1992)

Ssirus W. Pakzad

Kenny Burrell

JEDES MAL, WENN MAN DIESE MUSIK SPIELT, KLINGT SIE FRISCH.

Kenneth Earl, genannt Kenny, Burrell (* 31. Juli 1931 in Detroit, Michigan) ist ein US-amerikanischer Gitarrist und Komponist.

Am Sunset Boulevard nahe der Highland Avenue in Los Angeles liegt der Catalina Jazz Club – einer der Letzten seiner Art in der Stadt.

Alle zwei Monate gibt hier das L. A. Jazz Orchestra Unlimited ein Konzert. Die Bigband setzt sich zusammen aus ehemaligen Musikstudenten der UCLA und aus einigen Professoren, unter ihnen Kenny Burrell. „1977 bekam ich die Anfrage, ob ich in der Abteilung African-American Studies unterrichten könnte. Ich lebte seit 1971 in Los Angeles, weil ich einen Vertrag mit Fantasy Records abgeschlossen hatte und mir die Möglichkeit offenlassen wollte, weiter auf Tour gehen zu können. Deshalb gab ich nur im Wintersemester den Kurs ‚Ellingtonia'. 1996 wurde ich dann Direktor der Jazzabteilung."

Nach dem Konzert legt Burrell seine Gitarre in den Koffer, packt die Noten zusammen und setzt sich auf den Stuhl in seiner Garderobe. Zu seinen Studenten gehörten Gretchen Parlato und Kamasi Washington. Als Burrell selbst Musikstudent an der Wayne State University in seiner Geburtsstadt Detroit war, bekam er 1951 das Angebot, mit Dizzy Gillespie auf Tour zu gehen, aber sein Studium zu beenden und einen B. A. in der Tasche zu haben, war ihm wichtiger. „Ich war gerade mal 19 Jahre alt, als ich Dizzy im Club Juana in Detroit traf. Er benötigte schnell einen Ersatz für seinen Pianisten. Vermutlich hat mich Milt Jackson empfohlen, der ja auch aus Detroit kam. Neben Milt war noch Percy Heath in der Band, der Schlagzeuger Carl ‚Kansas' Fields und John Coltrane, der nur fünf Jahre älter war als ich. Wir spielten einen Monat in dem Club und nahmen im Studio drei Titel auf, ‚We Love To Boogie', ‚Tin Tin Deo' und ‚Birks' Works' – das war meine erste Recording-Session. Es war das erste Mal, dass Dizzy mit einem Gitarristen anstelle eines Pianisten zusammenarbeitete, und wie ein Pianist spielte ich Back-up-Akkorde, Solo und Ensemble-Lines. Das war für mich eine Herausforderung, da es kein anderes Harmonieinstrument in der Gruppe gab. Danach hat Dizzy in seiner weiteren Karriere immer wieder mit Gitarristen gespielt. Am Anfang war ich sehr nervös, aber Dizzy war so lustig. Er hat dich immer zum Lachen gebracht, bis wir anfingen, die Musik zu spielen – es gab also gar keine Zeit, nervös zu sein." Burrell lacht.

1955 beendete er sein Studium und bekam kurz danach ein Angebot von Oscar Peterson. „Sein Gitarrist Herb Ellis war krank und er suchte einen Ersatz. Mit Ray Brown kam er in Klein's Showbar in Detroit, um mich zu hören. Danach hat er mir den Job angeboten und wir sind für sechs Monate auf Tour gegangen. Das war eine tolle Erfahrung, mit diesen beiden Giganten zu spielen. Dabei lernte ich, wie man sich im Trio zuhört und musikalisch begleitet. Oscar und Ray zeigten mir verschiedene Phrasierungen und Intonationen. Man konnte alles spielen, Hauptsache, es trug dazu bei, dass die Musik funktionierte. Ich kannte die Platten von Nat King Cole und wusste, wie sein Gitarrist Oscar Moore ihn begleitete, das hat mir ein wenig geholfen, die richtigen Voicings zu finden. Peterson hat auch nicht immer so schnell gespielt, wie man es von ihm kannte. Natürlich sind schnelle Tempi eine Herausforderung, aber es geht in der Musik ja nicht um technische oder physische Aspekte, sondern einfach darum, gute Musik zu spielen. Manchmal teilte ich mir ein Zimmer mit Ray, der immer sehr früh aufstand und übte – damit habe ich dann auch angefangen."

In Detroit spielte Kenny Burrell in verschiedenen Gruppen mit anderen Musikern dieser Stadt: Elvin Jones, Tommy Flanagan, Pepper Adams, Curtis Fuller und Yusef Lateef. Als Billie Holiday 1952 für einige Konzerte nach Detroit kam, stellte Burrell eine Band für sie zusammen. „Billies Engagement war in der Rouge Lounge, einem Club im Stadtteil River Rouge. Meine Band war damals in Detroit populär, also haben wir sie begleitet, Tommy Flanagan war auch dabei. Billie gefiel es, wie ich Gitarre spielte und dass ich musikalisch einfühlsam auf ihre Texte reagierte. Ich versuchte sie mit meiner Begleitung zu unterstützen und ihr nicht in die Quere zu kommen. Nach-

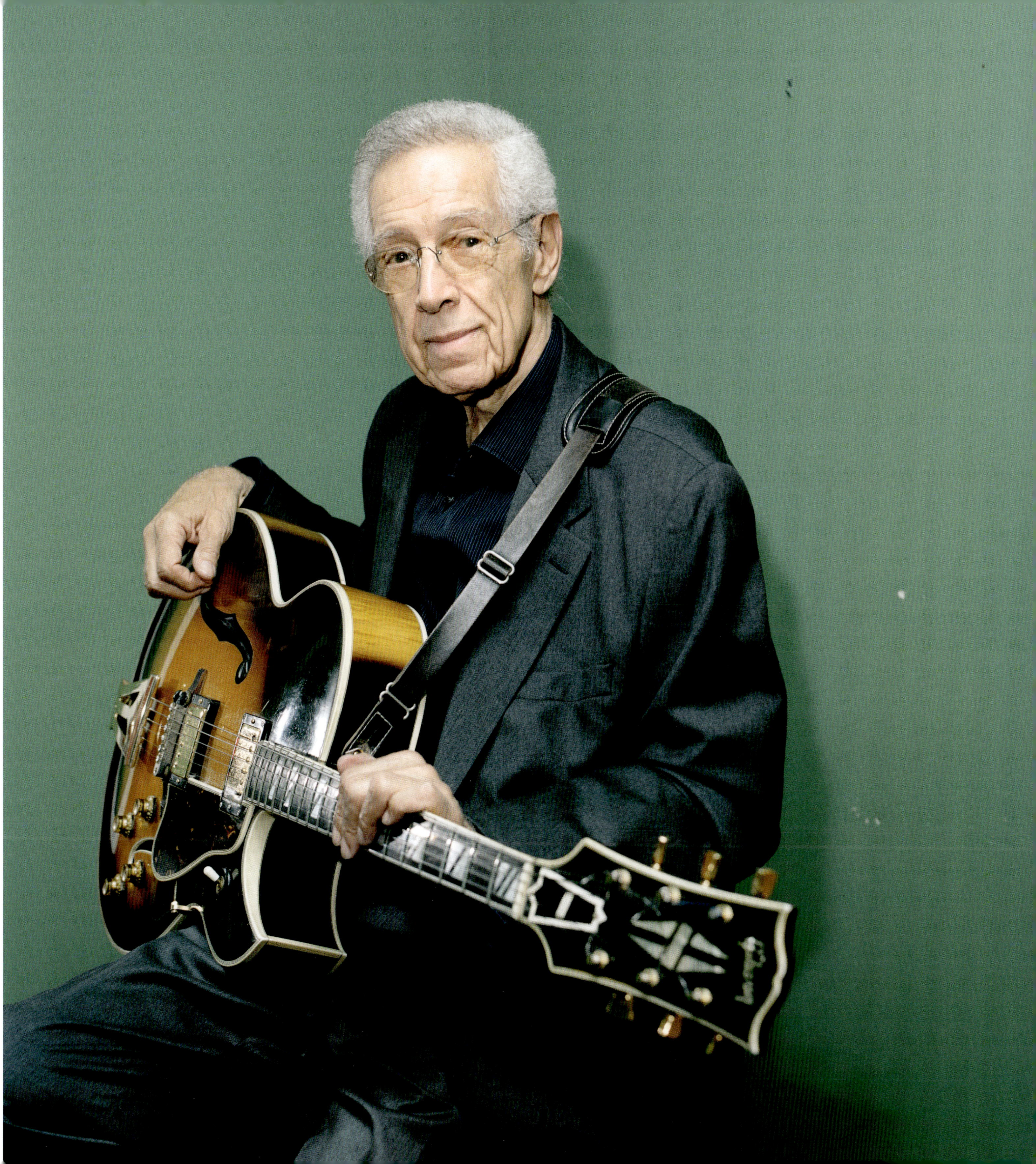

dem ich 1956 nach New York gezogen war, spielte ich bei verschiedenen Konzerten von ihr mit, auch in der Carnegie Hall. Manchmal kam sie im Minton's in Harlem vorbei, um mich zu hören. Ich nahm auch einige Platten mit ihr auf, inklusive ihrem letzten Album ‚Lady in Satin‘, aber da wird mein Name bis heute nicht gelistet, weil ich in letzter Minute für den Gitarristen Barry Galbraith einsprang und die Vertragsunterlagen nie korrigiert wurden."

Nach seinem Umzug nach New York wurde Burrell oft gebucht und begann auch als Studiomusiker zu arbeiten. Bis heute hat er über 100 LPs unter seinem Namen aufgenommen und ist bei über 300 LPs als Sideman dabei. „Es gab damals sogenannte ‚blowing sessions‘, die von den Labels Prestige, Blue Note oder Savoy angesetzt wurden. Bei so einer Session rief der Besitzer einer Plattenfirma ein paar junge Musiker an und sagte: ‚Wir nehmen in ein paar Wochen auf. Jeder bringt mindestens eine Komposition mit, oder auch zwei.‘ Manchmal spielten wir auch Standards, nichts Kompliziertes, nach einem Durchlauf nahmen wir auf, es gab keine Probe. Für eine dieser ‚blowing sessions‘ rief mich Bob Weinstock von Prestige an. Dabei traf ich John Coltrane wieder. Der Leiter der Gruppe wurde nicht im Vorfeld bestimmt, die Plattenfirma hat es einfach irgendwann festgelegt. In diesem Fall waren Coltrane und ich beide Co-Leader. Wir haben damals auch nicht in diesen Kategorien gedacht, wir wollten einfach nur gute Musik machen. So entstand auch die LP ‚The

gleich eine ganze Serie weiterer LPs mit mir aufnahm. Nebenbei habe ich aber auch für Prestige, Savoy und andere Labels gearbeitet. Kurz darauf besuchte ich ein Konzert von Jimmy Smith im Bohemia Caverns in Washington. Smith war die neue Entdeckung an der Orgel – so dynamisch wie er hatte noch niemand dieses Instrument gespielt. Er wollte, dass ich auf die Bühne komme und mit ihm spiele. Zufällig saß Alfred im Publikum, der uns daraufhin unbedingt zusammen aufnehmen wollte, weil er dachte, dass Jimmys Musik so noch intensiver werden könnte. Jimmy und ich funktionierten einfach gut zusammen, wir mussten fast nie proben."

1963 nahm Burrell für Blue Note seine bekannteste LP „Midnight Blue" auf. „Für das Album hatte ich eine musikalische Vision, die ohne ein Klavier auskam. Die Harmonien auf der Gitarre waren völlig ausreichend. Diese Instrumentierung hat die Platte von meinen bisherigen abgehoben. Ich ergänzte die Musik von Gitarre, Bass und Schlagzeug noch um den Conga-Spieler Ray Barretto und Stanley Turrentine, mit dem ich auf den Blue-Note-Alben von Jimmy Smith gespielt hatte. Die Kompositionen waren fast alle Blues, die eine bestimmte Stimmung hatten. ‚Soul Lament‘ habe ich spontan im Studio komponiert. Ich sagte Rudy Van Gelder: ‚Schalte das Mikrofon ein, mal sehen, was mir einfällt.‘ Wir haben es nur einmal aufgenommen, denn der erste Take lief ganz gut. Vielen Musikern gefiel das Album, was mich wunderte, denn es sind

DIE WICHTIGSTEN ALBEN
ALS LEADER

Swingin' (Blue Note, 1956)
Midnight Blue (Blue Note, 1963)
Guitar Forms (Verve, 1965)
Ellington Is Forever (Fantasy, 1975)
with John Coltrane
Kenny Burrell And John Coltrane
(Prestige, 1958)

ALS SIDEMAN

Bill Evans *Quintessence*
(Verve, 1977)
Billie Holiday *Lady Sings The Blues*
(Clef, 1956)
Milt Jackson/Ray Charles
Soul Brothers
(Atlantic, 1958)
Jimmy Smith *The Cat*
(Verve, 1964)
Donald Byrd *A New Perspective*
(Blue Note, 1963)

———

Ralf Dombrowski

Dizzy Gillespie hat dich immer zum Lachen gebracht – es gab also gar keine Zeit, nervös zu sein.

Cats‘. Trane war immer sehr fokussiert und mit Ernst bei der Sache. Wir wurden beide oft für ‚blowing sessions‘ angerufen und so entstand dann unsere Duo-Platte. John hat nie mit einem anderen Gitarristen aufgenommen."

Die Tür der Garderobe öffnet sich und der Produzent Don Was, seit 2011 Präsident von Blue Note Records, kommt herein. Sie kennen sich schon länger. Don Was lobt das Konzert und will sich nur kurz verabschieden. „Mir hat es wirklich sehr gut gefallen. Wir sollten uns über eine gemeinsame Produktion unterhalten! Talk to you later!" Für das bekannte Jazzlabel nahm Burrell im Mai 1956 sein Debütalbum auf. „Ich ging immer zu den Jamsessions im 125 Club in Harlem. An einem Abend kam Alfred Lion vorbei und bot mir an, eine Platte für Blue Note einzuspielen. Sie hat sich sehr gut verkauft, weshalb Lion

überwiegend simple Blues-Stücke, aber das Feeling der Musik stimmt einfach. Die Platte war auch das Lieblingsalbum von Alfred Lion. Seine Frau hatte ihn gefragt, warum es ihm so sehr gefällt, und seine Antwort war: ‚Weil jede Note swingt!‘ Ein schöneres Kompliment gab es nicht."

Den Toningenieur Rudy Van Gelder sieht Burrell wie ein weiteres Bandmitglied. „Normalerweise ist es bei Produktionen so, dass du im Studio sitzt und der Tonmeister sagt dir aus dem Kontrollraum hinter der Glasscheibe ‚Spiel mal etwas‘, damit er seine Einstellungen vornehmen kann. Rudy hingegen kam immer aus dem Kontrollraum raus, stand vor mir und hörte sich an, wie ich klinge. Er hörte mich über den Verstärker und sagte: ‚Spiel mal etwas tiefer… jetzt etwas höher.‘ Dann ging er hinter seine Glasscheibe und kam manchmal wieder hervor und stellte

das Mikrofon mal etwas näher oder weiter weg vom Verstärker. Er versuchte mich einfach so aufzunehmen, wie ich wirklich klang. Seine strenge Anweisung an die Musiker, dass man das Mikrofon nicht berühren durfte, hat er nicht gegeben, weil er so penibel war, sondern weil das Mikrofon bereits die richtige Position hatte. Wenn der Toningenieur nicht gut ist, wirkt sich das auf die Qualität der Musik aus. Rudy half mir, den Sound zu bekommen, den ich wollte."

Inzwischen ist es spät geworden und Burrell ist müde. Er nimmt seinen Gitarrenkoffer und wir verlassen den Club, vorbei an der leeren Bühne, wo die Putzfrauen bereits arbeiten. „Als Studiomusiker habe ich auch mit vielen Popmusikern gespielt, James Brown, Aretha Franklin, die Liste ist lang. Mir gefallen viele, unterschiedliche Musikstile, solange es gute, kreative Kompositionen sind. Ich bin Jazzmusiker, und das ist für mich das Ultimative! Denn jedes Mal, wenn man diese Musik spielt, klingt sie frisch – so ist echter Jazz."

Roy Haynes

ICH HABE MIT ALLEN GESPIELT.

Roy Owen Haynes
(* 13. März 1925 in Roxbury, Massachusetts)
ist ein US-amerikanischer Schlagzeuger und
Komponist.

Roy Haynes feiert seinen 90. Geburtstag mit drei Konzerten im Blue Note Club in Manhattan.

Jeden Abend hat er sich andere Gastmusiker eingeladen. Im Publikum sitzen Schlagzeuger wie Jeff „Tain" Watts, Barry Altschul, Enoch Jamal Strickland und Marcus Gilmore, der Enkel von Roy Haynes. Alle wollen die Schlagzeuger-Legende noch einmal hören und ihr gratulieren. Auch seine Söhne sind gekommen, der Trompeter Graham Haynes und der Schlagzeuger Craig Haynes. Es dauert noch zwei Stunden, bis das Konzert beginnt. Roy Haynes sitzt an seinem Schlagzeug auf der Bühne und mäkelt herum, dass sich alle Einstellungen seiner Trommeln seit dem gestrigen Konzert komplett verändert hätten. Graham steht geduldig daneben und versucht, seinen Vater zu beschwichtigen. Craig sieht sich die Szene aus der Ferne an. „Niemand hat das Drum-Set seit gestern berührt. Mein Vater ist im hohen Alter leicht paranoid geworden. Schon in meiner Kindheit wollte er alles ausdiskutieren. Wir hatten ausgemacht, dass ich 50 Cent Taschengeld in der Woche bekommen sollte, aber wenn ich ihn nach dem Geld fragte, wusste er von nichts und wollte erst mal darüber diskutieren – dabei war es längst beschlossen."

Nach einer halben Stunde geht Roy Haynes in seine Garderobe. Der Pianist Harold Mabern kommt vorbei, gratuliert Haynes und überreicht ihm ein Geschenk: eine Krawatte, sorgfältig in einem Karton verpackt. Haynes freut sich, dankt Mabern und nimmt weitere Glückwünsche entgegen. Nach fünf Minuten fragt er Craig, was das für ein Karton in seiner Hand sei. Craig antwortet, es sei die Krawatte, das Geschenk von Harold Mabern. Roy Haynes kann sich nicht erinnern. Er hat sein Kurzzeitgedächtnis verloren. „Er kann sich an die alten Geschichten erinnern und er spielt auch immer noch super Schlagzeug", erläutert Craig, „aber wir helfen ihm durch den Alltag. Neulich auf der Bühne wollte er eine Komposition spielen, die seine Band kurz zuvor schon gespielt hatte. Da sagte er: ‚Dann spielen wir sie eben noch mal, aber anders.' Es ist eine Mischung aus Humor und Aggression, mit der er seine Krankheit überspielt."

In der Garderobe setzt sich Roy Haynes auf das Sofa und trinkt aus seiner Wasserflasche. „Nie hätte ich gedacht, dass ich so alt werden würde, immer noch Schlagzeug spiele und Urenkel haben würde! Stilistisch spiele ich das Schlagzeug so wie früher und es funktioniert immer noch. I am old school with a hip attitude!" In seiner langen Karriere hat Haynes mit fast allen Jazzlegenden gespielt oder aufgenommen: Sidney Bechet, Louis Armstrong, Lester Young, Charlie Parker, Sarah Vaughan, Billie Holiday, Ella Fitzgerald, Bud Powell, Stan Getz, Miles Davis, Lennie Tristano, Thelonious Monk, Sonny Rollins, John Coltrane, Eric Dolphy, Dizzy Gillespie, Johnny Griffin, Charles Mingus, Roland Kirk, Art Farmer, Paul Chambers, Milt Jackson, Fats Navarro, Sonny Stitt, Phineas Newborn, Andrew Hill, Joe Henderson, Zoot Sims … die Liste geht ewig weiter.

„Ich benutze immer den Ausdruck: ‚I cover the waterfront' – ich habe mit allen gespielt. Die wenigen Personen, mit denen ich nicht gespielt habe, waren Benny Carter, Ornette Coleman und Duke Ellington. Ich erinnere mich an einen Abend im Jahr 1952, als ich mit Charlie Parker in der Carnegie Hall auftrat. Nach uns spielte die Bigband von Duke Ellington. Ich wohnte damals im Hotel President in der 48. Straße, wo mich Duke danach anrief. Er wollte mich für seine Bigband engagieren, aber ich hatte 1947 gerade erst die Bigband von Luis Russell verlassen und bevorzugte die kleineren Bands, weil man sich dort als Schlagzeuger besser ausprobieren konnte. Es war die Zeit, als mit dem Bebop etwas Neues in der Musik passierte und ich wollte dabei sein. Außerdem war mir klar, dass die älteren Musiker aus der Bläsersektion in Dukes Bigband ein Problem mit meinem Stil haben würden …, ich hatte Angst, einen schlechten Ruf zu bekommen. Deshalb lehnte ich Ellingtons Angebot ab. Wenn ich ihn danach auf Partys oder in Restaurants traf, hat er immer wieder erwähnt, dass ich nicht in seine Band wollte, und einen Witz daraus gemacht, auch 20 Jahre später noch."

Haynes lacht und erinnert sich an eine andere Begegnung mit Duke Ellington, als er in den 1970er-Jahren mit seinem Hip Ensemble in einem Jazzgottesdienst in der Lexington Avenue spielte. „Es war der Todestag von Billy Strayhorn und ich sah, wie Duke Ellington in Begleitung seines Arztes, Dr. Arthur Logan, ganz hinten in der Kirche Platz genommen hatte. Als wir ‚Lift Every Voice And Sing' spielten, standen Ellington und Logan auf und die ganze Gemeinde tat es ihnen gleich. Der Song war damals so etwas wie eine Nationalhymne der Schwarzen. Das war ein ergreifender Moment."

Wie immer ist Haynes gut gekleidet, dafür ist er bekannt und es war ihm auch immer wichtig. „Miles Davis und ich interessierten uns beide für schnelle Autos und feine Kleidung. Im Sommer 1950 haben wir uns an einem Wochenende beide unser erstes Auto gekauft, Cabrios, ohne dass es abgesprochen war! Miles holte sich einen Dodge und ich mir einen Oldsmobile 98. Mit offenem Dach sind wir nachts durch den Central Park gefahren, jeder in seinem Wagen, natürlich zu schnell. Miles wurde von der Polizei angehalten und bekam einen Strafzettel. Außerdem habe ich mich mit Miles ständig über Klamotten unterhalten. Er sagte immer: ‚Wir sind die am besten gekleideten Männer der 52. Straße!' Der Journalist George Frazier schrieb in den 1950er-Jahren einen Artikel mit der Überschrift ‚The Art of Wearing Clothes', der dann im September 1960 in der Zeitschrift Esquire erschien. Darin listete er 40 Männer auf, die sich vorbildlich und stilvoll kleideten, unter anderen Fred Astaire, Clark Gable, Cary Grant, Douglas Fairbanks jr., Ahmet Ertegun, aber auch Miles und mich! Frazier war auch deshalb auf mich aufmerksam geworden, weil wir denselben Schneider in Cambridge, Massachusetts, hatten. Miles und ich waren auf seiner Liste nicht nur die Jüngsten, sondern auch die einzigen Jazzmusiker und die einzigen Schwarzen. Es war wirklich eine aufregende Zeit. Die Frauen liebten Miles …, ich hatte auch ein paar Fans, aber war nicht annähernd so populär wie er."

Ich hatte Angst, einen schlechten Ruf zu bekommen.
Deshalb lehnte ich Ellingtons Angebot ab.

> Bud Powell öffnete mir die Tür im Bademantel und sagte: „Du musst leider draußen bleiben, wir wollen hier keine Genies."

1949 hatte Miles Davis aufgehört, mit Charlie Parker zu spielen, und Roy Haynes verließ nach zwei Jahren die Band von Lester Young, weil Pres mit Norman Granz und JATP auf Tour ging. „In dem Jahr nahm ich mit Bud Powell und seinem Quintett eine Platte für Blue Note auf. Ich war nicht lange bei Bud, aber in unseren Konzerten war er wie ein Feuer! Für Proben haben wir uns immer in seinem Haus getroffen. Er trug einen Bademantel, öffnete mir die Tür und sagte: ‚Du musst leider draußen bleiben, wir wollen hier keine Genies.' Dann schloss er die Tür und öffnete sie kurz danach wieder, lächelte und sagte: ‚Komm rein, motherfucker.'" Im selben Jahr nahm Haynes auch mit Wardell Gray auf, spielte in der Gruppe von Kai Winding im Three Deuces und auch mit der Band von Miles Davis. Als Max Roach die Gruppe von Charlie Parker verließ, engagierte dieser Haynes als Nachfolger. „Deshalb hat Miles immer gesagt: ‚Parker hat mir meinen Schlagzeuger geklaut!'"

Bis 1953 spielte Haynes mit Parker und ging anschließend mit Sarah Vaughan auf Tour. „Mit Sarah zu spielen hatte eine gewisse Ähnlichkeit zu meiner Zeit bei Parker, weil sie bereit war, musikalisch neue Wege auszuprobieren. Mein erster Auftritt mit ihr war in Philadelphia und der Pianist kam nicht, deshalb hat sie sich dann selbst am Klavier begleitet. Mit ihrer Gruppe reiste ich zum ersten Mal nach Europa und nach Indien. In Amerika bin ich manchmal mit meinem Auto von New York nach Chicago zu einem Auftritt gefahren, einfach nur um relaxt durch das Land zu reisen und das Leben zu genießen. Nur durch das gute Honorar von Sarah konnte ich mir mein Auto, schicke Kleidung und mein erstes Haus überhaupt kaufen. Ich blieb bei ihr so lange wie bei niemandem sonst, ganze fünf Jahre, danach wollte ich mehr zu Hause sein, weil ich mit meiner Frau inzwischen drei Kinder bekommen hatte."

Während seines letzten Jahres mit Vaughan nahm Haynes mit Sonny Rollins 1957 die Platte „The Sound of Sonny" auf. „Nach der Aufnahme probte er mit uns für seine bevorstehenden Konzerte im Village Vanguard, aber dann hat er dort nichts von dem gespielt, was wir geprobt hatten. Er feuerte die ganze Band und engagierte Pete LaRoca ..., ich glaube, er suchte etwas Neues."

Im folgenden Jahr, 1958, spielte Haynes mit Thelonious Monk im Five Spot. „Ich liebte es, mit Monk zu spielen, auch wenn ich dabei so gut wie kein Geld verdient habe. Am Bass war Ahmed Abdul-Malik und Johnny Griffin hatte Coltrane abgelöst. Aber wenn in diesen 18 Wochen Griffin mal keine Zeit hatte, kamen entweder Rollins oder Coltrane vorbei und spielten. Monk sagte mir einmal: ‚Wenn du dich verspielst, spiel einfach weiter.' Da habe ich begriffen, dass seine Musik nicht streng einem Tempo folgte, sondern es genug Raum und Freiheiten gab. Er hat gar nicht erwartet, dass ich die Hi-Hat brav auf der Zwei und der Vier spiele. Dennoch darf man die Kontrolle über seinen Swing nicht verlieren. Monk erinnerte mich an Lester Young – beide waren echte Originale. Pres hat immer Wörter erfunden, es dauerte, bis man seine Sprache verstand. Monk hingegen redete kaum, aber wenn er mal etwas sagte, dann meinte er es auch. Einmal stand ich mit ihm an der Straße hinter dem Apollo Theater. Er nahm eine Münze aus seiner Tasche, ging über die Straße, stieß mit der Münze gegen eine Straßenlaterne, kam wieder zurück und sagte: ‚Dachte ich's mir doch.' Damit meinte er einen bestimmten Klang oder eine bestimmte Note, die er hervorgerufen hatte. So war Monk eben."

> Die Frauen liebten Miles ..., ich hatte auch ein paar Fans, aber war nicht annähernd so populär wie er.

Haynes lacht wieder herzlich. „In den frühen 1960er-Jahren habe ich dann wieder mit Coltrane gespielt, diesmal in seiner Band. Er mochte es, dass ich ähnlich wie Elvin Jones den Rhythmus verzweigen und auf unterschiedlichen Ebenen spielen konnte. Aber die alten Aufnahmen kennst du ja sicherlich." Sein Sohn Craig kommt herein. „Daddy, es ist soweit, du kannst zur Bühne kommen." Haynes steht vom Sofa auf. „Wenn ich spiele, versuche ich einfach etwas zu finden, das zur Stimmung im Raum passt und das frisch klingt. Man muss mit seiner Musik irgendwo ankommen und ein schönes Leben verbringen. In meinem Alter sucht man nicht mehr nach einer neuen Welt."

DIE WICHTIGSTEN ALBEN ALS LEADER

Roy Haynes/Phineas Newborn/Paul Chambers
We Three (New Jazz, 1958)

Bill Evans/Roy Haynes/Eric Dolphy/
Oliver Nelson/Paul Chambers/Freddie Hubbard
The Blues And The Abstract Truth (Impulse!, 1961)

Roy Haynes Quartet Out Of The Afternoon
(Impulse!, 1962)

with Booker Ervin Cracklin' (The New Jazz, 1963)

Senyah (Mainstream, 1972)

ALS SIDEMAN

Sarah Vaughan Sarah Vaughan (EmarCy, 1954)

Charlie Parker The Magnificent (Clef, 1955)

Miles Davis Miles Davis And Horns (Prestige, 1956)

Stan Getz The Sound (Royal Roost, 1956)

Pat Metheny/Dave Holland/Roy Haynes
Question And Answer (Geffen, 1990)

Kenny Barron with Roy Haynes and Charlie Haden
Wanton Spirit (Gitanes Jazz, 1994)

Götz Bühler

Lee Konitz

WIE WEIT KANN MAN MIT DIESEN ZWÖLF TÖNEN GEHEN, OHNE DASS ES BIZARR KLINGT?

Leon, genannt Lee, Konitz (* 13. Oktober 1927 in Chicago, Illinois) ist ein US-amerikanischer Altsaxofonist und Komponist.

„Sie dürfen hier nicht während des Konzertes telefonieren!", wird ein Mann an der Bar von einem Angestellten des New Yorker Birdland zurechtgewiesen.

Auf der Bühne: das Trio von Steve Kuhn. Im Publikum: Lee Konitz. „Unfassbar, dieser Typ redet schon seit fünf Minuten und auch von dieser Aufforderung lässt er sich nicht beeindrucken. Vermutlich ein Tourist, der gar nicht wegen der Musik gekommen ist." Konitz ist empört. Er geht in regelmäßigen Abständen in die New Yorker Clubs, um Jazz zu erleben. „Eben war ich bei Enrico Pieranunzi im Village Vanguard und dann entschied ich mich für Steve, weil in seinem Trio meine alten Freunde Steve Swallow und Joey Baron spielen. Warum sollte ich abends zu Hause rumsitzen?"

Konitz ist bekannt dafür, dass er auch im hohen Alter noch viel auf Reisen ist, allerdings geht er es nach einem Zwischenfall 2011 etwas ruhiger an, wie er in der Pause erzählt. „Auf einem sehr langen Flug von New York nach Melbourne, wo ich auf einem Festival spielen sollte, hatte ich eine Blutung im Gehirn, was ich aber im Flugzeug nicht mitbekommen hatte. Erst nach meiner Ankunft im Hotel, kurz vor dem Soundcheck, fühlte ich mich etwas sonderbar. Ich rief Dan Tepfer auf seinem Zimmer an, den Pianisten, der mit mir auf Tour war, und er hat mich zum Krankenhaus gebracht, wo ich operiert wurde und einen Monat bleiben musste. Dennoch will ich weiter reisen und spielen, solange es noch geht. Aber solche extremen Reisen wie nach Melbourne werde ich natürlich nicht mehr unternehmen. Als ich jünger war, wurde ich leider nie darum gebeten, in Australien zu spielen!" Er lacht ein wenig. „Sogenannte Legenden wie ich haben nicht mehr die Chance, so viel aufzutreten, weil die jüngeren Musiker nachrücken. Als ich vor ein paar Jahren beim Newport Jazz Festival eingeladen war, wurde in der Werbeanzeige des Festivals mein Name nicht abgedruckt. Wer auch immer verantwortlich für diese Anzeige war, dachte, dass andere Namen mehr Aufmerksamkeit erregen würden."

Nach Europa fliegt er immer wieder, um kleine Touren zu spielen und Zeit mit seiner deutschen Lebensgefährtin Gundula in Köln zu verbringen. Mal ist er mit einem Quartett unterwegs, meistens jedoch im Duo mit einem Pianisten wie zum Beispiel Dan Tepfer oder Florian Weber. Bereits 1967 veröffentlichte er die Platte „The Lee Konitz Duets", die für seine Zeit sehr ungewöhnlich war, weil er bei jedem Titel mit einem anderen Instrument und Musiker zusammenspielte. „Erst kürzlich habe ich mit Joey Baron im Duo gespielt. Wenn man nur zu zweit arbeitet, kann man sich einfach leichter konzentrieren, die Musik ist transparenter und die Intensität ist höher."

Seine Vorliebe für die Songs, die in den 1940er-Jahren entstanden sind, hat Konitz dabei immer beibehalten. Sie werden für ihn nie langweilig, im Gegenteil. „Es gibt unendlich viele Möglichkeiten, diese alten Standards des Great American Songbooks zu spielen. Egal, wie alt sie sind, ich finde immer wieder neue Wege, dass sie für mich frisch klingen. In Bezug auf die Harmonien und Melodien sind es ja immer noch gute Kompositionen, und einige von ihnen haben auch einen guten Text, obwohl mich der nicht so sehr interessiert. Man kann Songs, die uns vertraut sind, mit einer abstrakten Phrasierung spielen. Ich sage meinen Studenten immer, dass sie sich Frank Sinatra anhören sollen, weil er diese Standards so wunderbar phrasiert hat."

Konitz' anhaltende Neugierde hilft ihm bei seiner Suche weiter. „Manchmal fühlt es sich etwas sonderbar an, wenn ich vor mir die Noten von beispielsweise ‚Stella By Starlight' sehe: ‚Oh, der Song schon wieder? Schaffen wir es, diesen Song frisch klingen zu lassen? O.k., lass es uns doch versuchen!' Es überrascht mich immer wieder, dass diese zwölf Töne des europäischen Systems auch nach Tausenden von Jahren immer noch so viel unterschiedliche Musik hervorbringen können. Ich meine, wie weit kann man mit diesen zwölf Tönen gehen, ohne dass es bizarr klingt? Ich versuche melodisch zu spielen und es dabei immer noch real klingen zu lassen. Manchmal er-

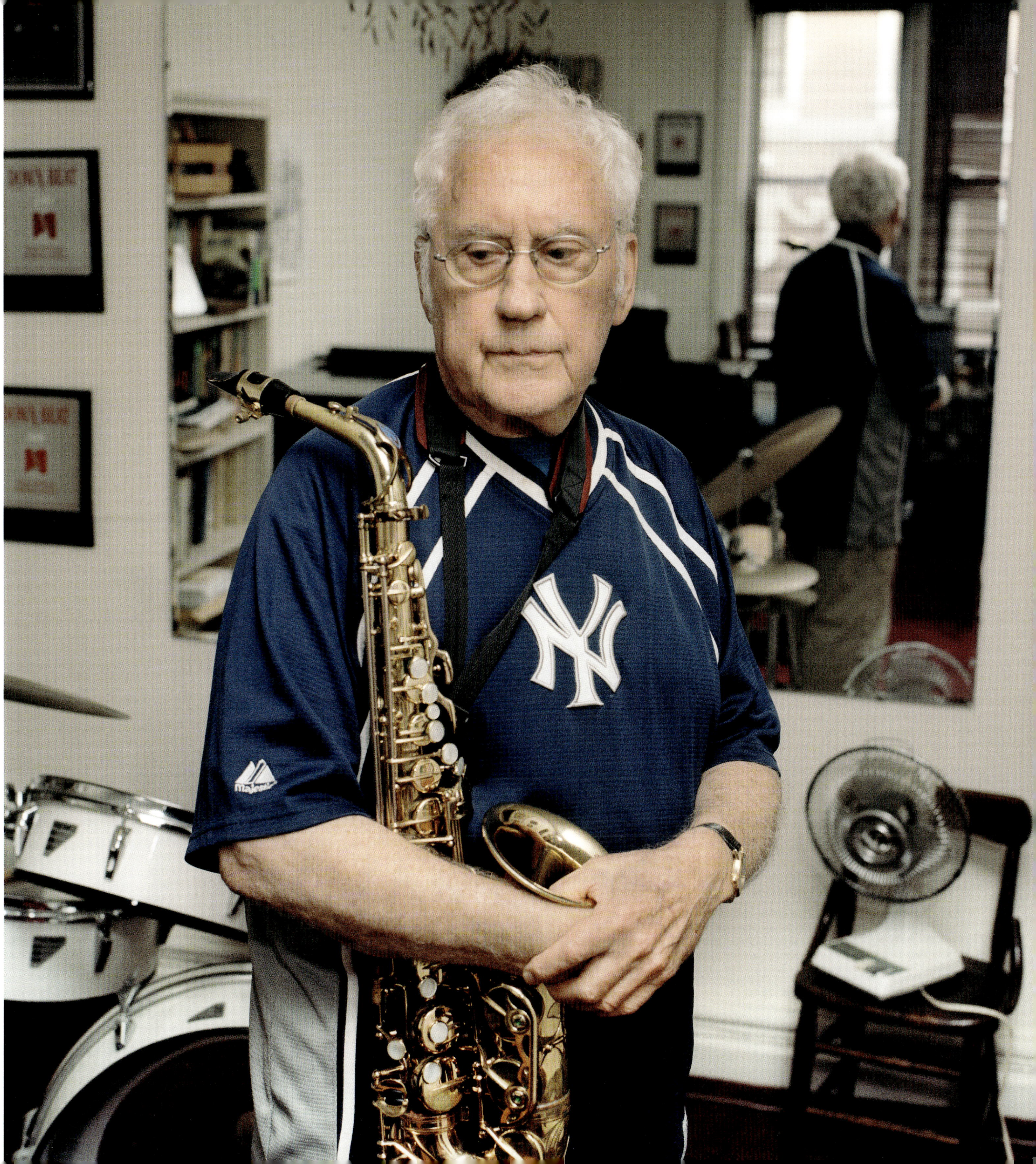

DIE WICHTIGSTEN ALBEN
ALS LEADER

Subconscious-Lee (Prestige, 1950)

With Warne Marsh (Atlantic, 1955)

Live At The Half Note (Verve, 1959)

The Lee Konitz Duets (Verve, 1967)

Zo-Ko-Ma (MPS, 1969)

Yes, Yes, Nonet (SteepleChase, 1979)

Star Eyes, Hamburg 1983
(HatOlogy, 1983)

Angel Song (ECM, 1996)

Alone Together (Blue Note, 1997)

Live At The Village Vanguard
(enja, 2010)

———

Martin Laurentius

gibt sich im Spiel etwas, das ein wenig anders klingt als beim vorherigen Mal. Ich konnte noch nie effektiv in einem sehr schnellen Tempo improvisieren, aber darum ging es mir auch nie. Stattdessen fange ich immer langsam an zu spielen, denn je schneller man spielt, desto weniger Gefühl kann man in jeden Ton einbringen."

Am nächsten Tag besuche ich Konitz in seinem Appartement in der Upper West Side, 86. Straße. Im nahe gelegenen Central Park geht er täglich spazieren, egal bei welchem Wetter. Die große Wohnung unterliegt der Rent Control, damit die Miete nicht ständig steigt. „Meine Nachbarn zahlen vermutlich das Zehnfache in dieser beliebten Lage, da kann ich mich glücklich schätzen, aber mein Vermieter würde mich lieber loswerden, da er ja durch mich Geld verliert." Gleich im Eingangsbereich steht ein CD-Regal. Mit den unterschiedlichsten Musikern hat Konitz bei verschiedenen Labels im Laufe der Jahre jede Menge Musik veröffentlicht. „Im Studio aufzunehmen ist für mich wie ein Konzert zu spielen, nur dass es durch die Aufnahme zu einem permanenten Konzert wird. Ich verlange für ein Studiodate auch dasselbe Honorar wie für einen Auftritt und kann nur hoffen, dass die fertige CD dem Zuhörer auch etwas bedeutet."

Durch sein Wohnzimmer gelangt man zu seinem Musikraum, in dem ein Flügel und ein Schlagzeug stehen. „Ich könnte hier jeden Moment mit einer Band proben, muss aber Rücksicht auf die Nachbarn nehmen." In den Regalen stapeln sich Noten, Kassetten und CDs, daneben aufgestellt einige Bücher und Schallplatten. An der Wand hängen Auszeichnungen der Zeitschrift Downbeat und drei alte Fotos von Lester Young. „Als Improvisator ist er mein absolutes Vorbild. Als ich ihn das erste Mal hörte, war ich beeindruckt von den Melodien, die er spielte, die untrennbar waren von seinem Sound. Erst gestern habe ich mir Platten angehört, die er mit Nat King Cole oder mit Buddy Rich eingespielt hat. Bei seinen Aufnahmen mit Billie Holiday oder Count Basie klingt er sehr relaxt, so als ob er sich zurücklehnt, wunderschön, aber gleichzeitig hatte er diese enorme Intensität. Wenn ich zu seinen Platten spiele, wünschte ich, dass ich damals mehr Tenorsaxofon gespielt hätte."

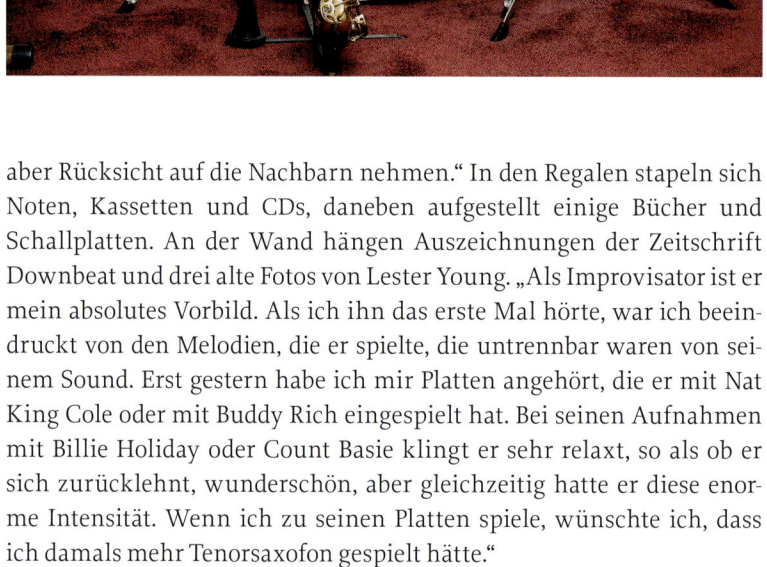

———

Ich war überwältigt, was Charlie Parker aus meinem Instrument rausgeholt hat. Als er es mir zurückgab, sagte ich ihm, dass ich es toll fände, wenn er ein bisschen von dem tollen Solo für mich im Horn lassen könnte.

———

Als Elfjähriger kaufte sich Konitz in seiner Geburtsstadt Chicago zuerst eine Klarinette und wechselte später zum Tenorsaxofon. Sein Engagement in der Gruppe von Jerry Wald erforderte schließlich den Wechsel zum Altsaxofon. 1943 traf Konitz in einem Club in Chicago auf den blinden Pianisten Lennie Tristano, von dem er lernte, sich in seinem Spiel auf das Wesentliche zu konzentrieren und dekorative Elemente wegzulassen. „Nachdem ich Lennie zugehört hatte, war mein Eindruck, dass er durch seine Blindheit eine höhere Sensibilität besaß. Deshalb wollte ich ihn näher kennenlernen. Mit seiner Ruhe und Offenheit zeigte er mir, dass man mit einer wohlüberlegten Note sehr viel mehr sagen kann als mit herausragender Virtuosität." Tristano gab Konitz drei Jahre Unterricht, aber verließ Chicago 1946 wegen mangelnder Jobs und zu wenig Anerkennung. Er ging nach New York, Konitz folgte ihm bald. „Eigentlich wurde ich nur Mitglied in der Claude Thornhill Band, um nach New York zu kommen und weiter mit Lennie zu spielen. 1947 haben wir Chicago verlassen und gingen auf Tour. Es hat zehn Monate gedauert, bis wir endlich in New York ankamen. Zu Fuß wäre ich schneller da gewesen!"

Mit seiner Ankunft in New York im Sommer 1948 gelangte Konitz mitten in die Revolution des Bebop. Charlie Parkers „Groovin' High" hatte er schon zuvor in Chicago auf einer 10-Zoll-Schellackplatte gehört. „Für jemanden, der Johnny Hodges mochte, war Parker natürlich ein echter Schock. Seine Musik war sehr intensiv und komplex und es dauerte eine Weile, bis ich sie verstanden habe." Zusammen mit Warne Marsh und Billy Bauer wurde Konitz Mitglied in der Gruppe von Tristano, der ihn ermutigte, seinen eigenen Weg zu finden. „Dem Einfluss von Charlie Parker konnte man sich nicht entziehen. Ich habe wie jeder andere seine Soli kopiert. Als ich einmal mit ihm zusammen im Birdland spielte, hatte er Probleme mit seinem Altsaxofon und fragte, ob er sich meins ausleihen könne. Ich war überwältigt, was er aus meinem Instrument rausgeholt hat. Als er es mir zurückgab, sagte ich ihm, dass ich es toll fände, wenn er ein bisschen von dem tollen Solo für mich im Horn lassen könnte." Wieder lacht Konitz. „Aber es hatte auch mit meinem Ego zu tun, dass ich weder seinen Sound noch seinen Stil imitieren wollte. Das haben genügend andere Musiker gemacht. Mein Glück war der andere starke Einfluss von Tristano, in dessen Band ich spielte. Lennie hatte auch mit Parker gespielt, aber dennoch war er es, glaube ich, der mir riet: ‚Höre nicht auf Parker.' Also benutzte ich in meinem Spiel fast kein Vibrato und spielte überwiegend in den höheren Registern. Das ist das Herz von meinem Sound – bis heute."

Konitz geht zurück ins Wohnzimmer, wo er sich auf ein großes, bequemes Sofa setzt. Im selben Jahr, 1948, fragte ihn Miles Davis, ob er Mitglied in seinem Nonett werden wolle. Davis' Aufnahme „Birth Of The Cool" markierte mit den kammermusikalischen Arrangements von Gil Evans, Gerry Mulligan, John Lewis und Johnny Carisi die Anfänge des Cool Jazz, die eine Alternative zur hohen Energie des Bebop darstellten – und genau danach suchte Konitz. „Sie hatten mich auserwählt, weil sie dachten, dass mein Sound mehr in ihr Ensemble passen würde als zum Beispiel der von Phil Woods. Es gab damals genügend arbeitslose schwarze Saxofonisten, die nicht verstanden, warum Miles sich für einen Weißen entschied, aber es ging Miles wirklich nicht um die Hautfarbe, sondern um meinen Sound. Er hatte schon damals einen Sinn fürs Lyrische. Wir kamen gut mit ..." Mitten im Satz schläft Konitz ein. Nach etwa zwei Minuten, die mir wie eine kleine Ewigkeit vorkommen, wacht er wieder auf. „Oh, entschuldige, das ist normalerweise die Zeit, wo ich einen Mittagsschlaf halte. Es ist gestern Abend doch spät geworden. Wo war ich stehen geblieben? Egal, ich muss mich jetzt hinlegen. Es ist ein Privileg, dass ich mein ganzes Leben mit Musik verbringen konnte, aber manchmal braucht man eben auch eine Pause, um wieder kreativ sein zu können."

> 1947 haben wir mit der Claude Thornhill Band Chicago verlassen und gingen auf Tour. Es hat zehn Monate gedauert, bis wir endlich in New York ankamen. Zu Fuß wäre ich schneller da gewesen.

Gary Burton

IRGENDWIE WAR ICH IMMER EIN AUSSENSEITER.

Gary Burton
(* 23. Januar 1943 in Anderson, Indiana)
ist ein US-amerikanischer Vibrafonist und Komponist.

Es ist heiß in Fort Lauderdale, Florida.

Gary Burton ist vor zehn Jahren von Boston in den sonnigen Süden umgezogen. In einem bunten, karierten Hemd öffnet er die Tür: „Keine Sorge, für das Foto kann ich mir auch etwas anziehen, was ich sonst auf der Bühne tragen würde." Das Haus und sein Interieur machen einen sehr neuen Eindruck. Das Erdgeschoss ist ein einziger großer, lichtdurchfluteter Raum mit hellen Fliesen, in dem, klassisch amerikanisch, Küche und Wohnzimmer vereint sind. Gleich rechts neben der Eingangstür stehen Vibrafon und Piano. Im Bücherregal leuchten sieben Grammys und Auszeichnungen der Zeitschrift Down Beat.

„Das Vibrafon ist ja ein relativ junges Instrument. Auch wenn ich damals Lionel Hampton, Red Norvo und Milt Jackson bewunderte, hatte ich immer den Eindruck, dass es noch Innovatoren bräuchte. Diese Ansicht hatte ich mal in jungen Jahren ohne böse Absichten in einem Interview geäußert. Kurz darauf traf ich bei einem Konzert auf Milt Jackson. Er spielte ein wunderbares Solo und ging danach von der Bühne direkt auf mich zu: ‚Nun zeig mal, was Du kannst, motherfucker!' Er hatte das Interview zufällig gelesen und fühlte sich angegriffen, denn letztlich war er es gewesen, der mit viel weicheren Schlegeln dem Vibrafon neue Sounds entlockt hatte. Später haben wir uns dann angefreundet. Wir Vibrafonisten teilen das Problem, dass die Leute unser Instrument oft gar nicht kennen. Mein ganzes Leben lang musste ich immer wieder erklären, was ein Vibrafon ist, wenn ich nach meinem Beruf gefragt wurde. Einmal traf ich Milt Jackson und machte mich über eine kleine Anstecknadel in Form eines Vibrafons lustig, die er an seinem Jackett trug. Ich fragte ihn, wofür das denn gut sei. Er antwortete: ‚Wenn mich die Leute fragen, was ein Vibrafon ist, muss ich nicht mehr antworten, sondern zeige einfach drauf!'"

Burton geht zu seinem Vibrafon, nimmt vier Schlegel in die Hand, spielt ein wenig und erklärt: „Diese Technik, mit vier Schlegeln gleichzeitig zu spielen, habe ich nicht erfunden, aber ich habe sie populär gemacht. Dabei geht es darum, das Instrument ähnlich wie ein Piano zu spielen und den Schlegeln mehr Unabhängigkeit zu geben. Ich habe immer versucht, dem Instrument alle spielerischen Möglichkeiten zu entlocken und sehe mich durchaus als Innovator. Nun bin ich über 70, am Ende meiner Karriere und beobachte mit Spannung, wer von der jungen Generation etwas gänzlich Neues präsentieren wird. Während ich am Berklee College of Music unterrichtet habe, bin ich so einigen vielversprechenden Talenten begegnet. Und Vibrafonisten wie Stefon Harris und Joe Locke sind wirklich fantastische Spieler. Aber bisher hat mich noch niemand alt aussehen lassen, sodass ich einpacken könnte. Ich hoffe, dass dies noch passiert, bevor ich sterbe."

Burton lacht. In seiner kürzlich veröffentlichten Autobiografie „Learning to Listen" blickt er sehr reflektiert auf seine Entwicklung zurück. Die Jazz Journalist Association zeichnete die 350 Seiten als bestes Buch des Jahres 2014 aus: „Wahrscheinlich gefiel es ihnen, dass ich nicht wie so viele andere Musiker schrieb, wie toll doch alles war. Stattdessen scheue ich mich nicht zu sagen, dass Astrud Gilberto wirklich nicht singen konnte. Nur als ich über ihre Affäre mit Stan Getz schreiben wollte, zögerte ich, aber dann sah ich im Internet, dass dies schon lange kein Geheimnis mehr war."

Als Burton 1964 im Quartett von Stan Getz anfing, war er gerade mal 21 Jahre alt. „Getz war paranoid. Er konnte der freundlichste Mensch der Welt sein und dich im nächsten Moment schlecht behandeln. Sein Verhalten zu Freunden war ein ständiger Kampf. Er verletzte sie, um sie auf die Probe zu stellen. Wer danach immer noch mit ihm zu tun hatte, war sein echter Freund. Was für eine sonderbare Art, sich Anerkennung zu verschaffen! Außerdem war Stan zwanghaft, was sich beispielsweise

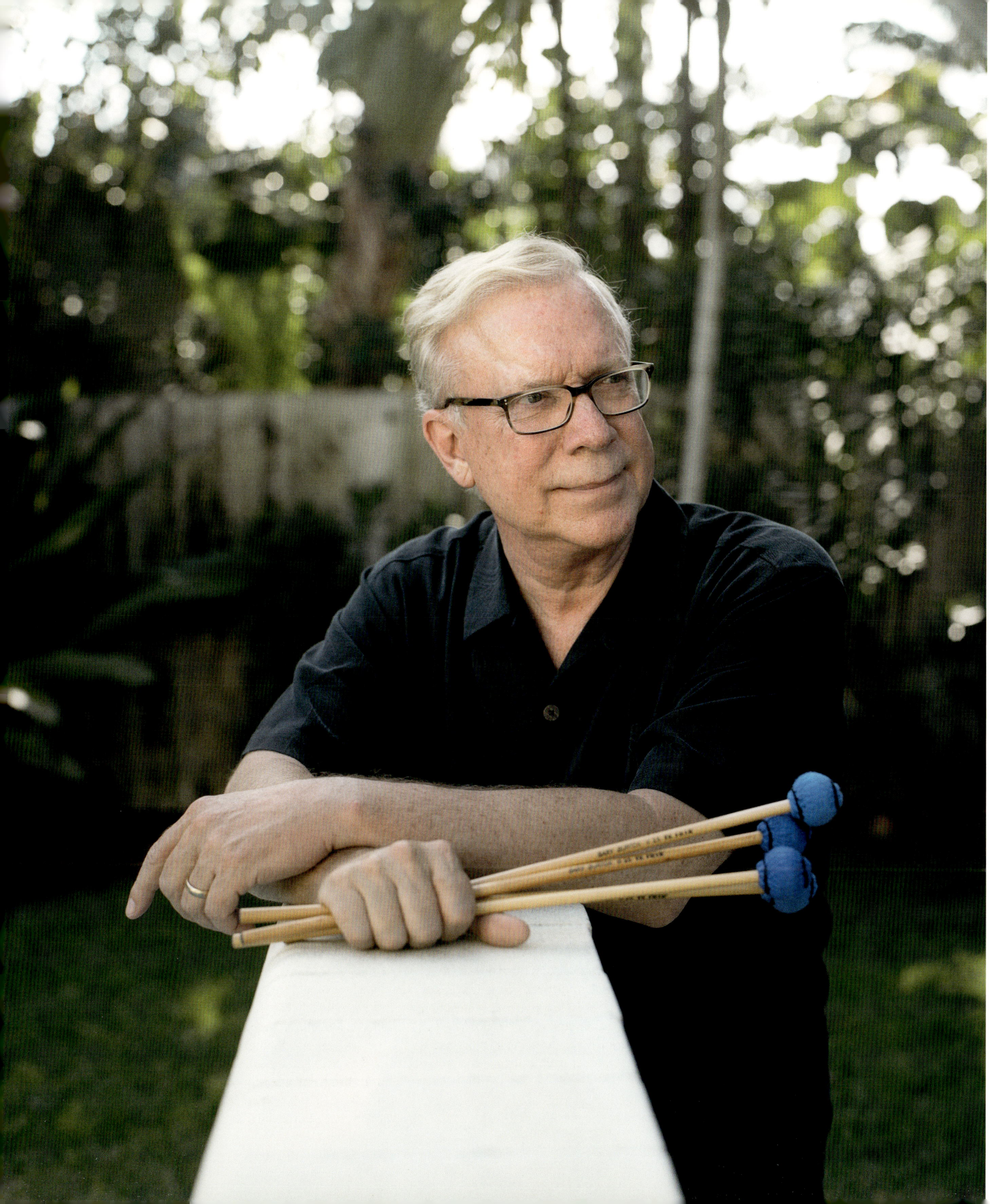

zeigte, wenn er stundenlang neue Blätter für sein Mundstück ausprobierte. Wenn an so einem Abend unser Konzert begann, testete er selbstvergessen weiter, während der Rest der Band seine Soli spielte. Das war wirklich störend und respektlos. Dennoch wurden wir Freunde."

Burton lächelt „Stan entwickelte auf seinem Saxofon einen der wärmsten Töne überhaupt. Und er hatte ein Gespür für lyrische Melodien. Jedes Mal, wenn ich ein Solo spielte, versuchte ich immer, etwas Neues zu machen, das anders war. Ich wollte keine Ideen wiederholen oder Phrasen, die als Klischee betrachtet wurden. Hingegen spielte Stan bei einigen Stücken in jedem Konzert das gleiche Solo. Manchmal improvisierte er gar nicht, sondern spielte nur die Melodie, aber das eben sehr gefühlvoll. Ich hatte noch nie jemanden gehört, der so viel mit Dynamik und Ausdruckskraft spielte. Dabei kommunizierte er mit dem Publikum und vereinnahmte es mit diesen simplen, aber starken Melodien. Als Improvisator war er ein Poet."

Stan Getz hatte 1963 die Platte „Getz/Gilberto" eingespielt, die ein Jahr später veröffentlicht wurde. „Das war zufällig der Moment, als ich gerade bei Stan einstieg. Die Singleauskopplung des Songs ‚The Girl From Ipanema' mit dem Gesang von Astrud Gilberto schaffte es gleich nach den

---

Vibrafonisten wie Stefon Harris und Joe Locke sind wirklich fantastische Spieler. Aber bisher hat mich noch niemand alt aussehen lassen, sodass ich einpacken könnte. Ich hoffe, dass dies noch passiert, bevor ich sterbe.

Beatles auf Platz 2 der Billboard Charts, daher wollte die Plattenfirma, dass wir mit ihr auf Tour gehen, da es gut fürs Geschäft sei. Astrud verkörperte dieses sexy Image einer brasilianischen Sängerin, die mit einer dünnen, hauchenden Stimme daherkam und sich für unwiderstehlich hielt, aber sie war keine Jazzsängerin wie beispielsweise Ella oder Sarah. Sie konnte einfach nicht gut singen, hatte keine Bühnenerfahrung und kannte nur drei Songs. Sie musste während unserer Tour erst alles lernen. Es wurde noch stressiger, als Stan mit Astrud eine kurze Affäre hatte, die sie versuchten, zu verheimlichen. Da ich das Tourmanagement übernommen hatte, musste ich einmal zu Stan aufs Hotelzimmer, um einen Vertrag von ihm unterzeichnen zu lassen. Ich dachte, er sei allein, aber als ich ging, sah ich durch den Spalt der Badezimmertür, wie Astrud nackt dahinterstand. Anstrengend wurde es auch, wenn Stans Frau Monica manchmal mit dem Flugzeug aus New York kam, um die Band ein paar Tage zu begleiten. Dann mussten Stan und Astrud immer vorgeben, es sei nichts zwischen ihnen. Kurze Zeit später beendeten sie ihre Affäre, da sie sich zerstritten hatten, natürlich wegen Geld."

Burton erinnert sich gut an Details und erzählt sehr lebendig, als sei es gestern gewesen: „1966 war mein letztes Jahr mit Stan Getz. Die Musik, die wir spielten, wurde immer besser, es waren ja auch Steve Swallow und Roy Haynes in der Band. Aber auf der anderen Seite trank Stan immer mehr Alkohol. Zwischen den Touren ging er in Kliniken auf Entzugskur, fing aber immer wieder an. Einmal fuhren wir mit dem Auto nach Akron, Ohio, und Stan hatte zu viel getrunken. Ihm war schlecht und er musste sich übergeben, direkt vor unserem Hotel, das ein riesiges Schild mit ‚Welcome Stan Getz' aufgehängt hatte." Burton lacht auch heute noch darüber.

Im November 1966 beendete er seine Zeit bei Stan Getz und gründete das erste Gary Burton Quartet: „Ich wusste nicht, in welche musikalische Richtung ich gehen sollte. Während ich mit George Shearing und Getz gespielt hatte, erreichte ich immer nur das Publikum, das ungefähr 40 Jahre alt war. Aber ich war Mitte 20 und wollte eine Verbindung zu einem Publikum in meinem Alter aufbauen. Also fragte ich mich: Was für Musik begeistert mich? Und zu meiner eigenen Überraschung war es der Sound des neuen Rock, der Mitte der 1960er-Jahre aufblühte. Mit Steve Swallow hatte ich 1965 im Shea Stadium das Konzert der Beatles erlebt. Es war die beste Liveshow, die ich je gesehen hatte, auch wenn sie nach 25 Minuten beendet war. Danach entdeckte ich in einem New Yorker Club Larry Coryell. Wir probten und spielten dann im Januar 1967 eine Woche in einem Club in Boston: Das war die Woche, in der Jazzrock geboren wurde! Es brauchte eine Weile, bis uns überhaupt klar wurde, dass wir Jazz mit Rock verschmolzen hatten. Zwei Jahre zuvor hatte ich in Nashville Jazz mit Country verwoben, das war meine am schlechtesten verkaufte Platte. Erst 30 Jahre später, als sie als CD erschien, bekam

DIE WICHTIGSTEN ALBEN

Who Is Gary Burton? (RCA, 1962)

A Genuine Tong Funeral (RCA, 1967)

Gary Burton & Keith Jarrett (Atlantic, 1971)

with Chick Corea *Crystal Silence* (ECM, 1972)

The New Quartet (ECM, 1973)

Dreams So Real (ECM, 1975)

with Makoto Ozone *Face To Face* (GRP, 1995)

Like Minds (Concord, 1998)

Quartet Live (Concord, 2009)

with Chick Corea *Hot House* (Concord, 2012)

Rolf Thomas

Jahren dachte ich erneut über meine sexuelle Identität nach. Da ich mich in beiden Ehen sehr wohlgefühlt hatte, war es sehr leicht gewesen, alle anderen Gefühle zu unterdrücken, die sich jedoch während meines ganzen Lebens unter der Oberfläche befanden. Ich fand einen wunderbaren Therapeuten, und nach einem Jahr war klar: Ich bin schwul, und ich war es schon immer gewesen. Ich konnte es kaum glauben, dass es so lange gedauert hatte, dies zu verstehen. Meine wahren Gefühle hatte ich so lange verborgen, nicht nur vor allen anderen, son-

Seit acht Jahren lebt Gary Burton mit Jonathan Chong zusammen in Fort Lauderdale, letztes Jahr haben sie in Massachusetts geheiratet. „Irgendwie war ich immer ein Außenseiter: Ich wuchs in einem Dorf auf dem Land auf, spielte ein Instrument, das fast niemand kannte, war der 20-Jährige in einer Band, in der alle 40 waren, und war schwul, obwohl ich das damals noch nicht wusste." Burton schmunzelt über sich selbst. „Wie du sicher gemerkt hast, rede ich sehr gerne. Wenn ich so auf mein Leben zurückschaue, merke ich, dass ich mich mit zu-

---

Ich wollte absolut nicht schwul sein, wegen der bekannten Gründe – es hätte im Jazzgeschäft damals meine Karriere beenden können.

ich Anerkennung dafür, von Bill Frisell zum Beispiel. Ich war meiner Zeit damals einfach ein wenig zu weit voraus."

Er lächelt. „Allerdings kam mein Jazz Rock Quartet sehr gut an. Selbst John Coltrane kam im Village Vanguard auf mich zu, um mir zu sagen, dass ihm meine Musik sehr gefallen würde." Das Quartett von Burton wurde sehr erfolgreich. Im Herbst 1968 organisierte George Wein eine Tour in Europa. „In London spielten wir bei Ronnie Scott's und siehe da: Obwohl die Engländer mit den Beatles und Rock vertraut waren, schockierten wir sie mit unserer Musik. Der Club war zwei Wochen lang jede Nacht ausverkauft. Da zeitgleich das BBC Jazzfestival stattfand, kamen auch Musiker vorbei wie Count Basie, Joe Williams, Sarah Vaughan oder Gerry Mulligan, um uns zu hören. Sogar Marlon Brando schaute vorbei, der ein echter Jazzfan war."

Auf dem CD-Player liegt die letzte Einspielung, die er im Duo mit Chick Corea aufgenommen hat. „Die Zusammenarbeit mit Chick hält ewig an. Bei einem Konzert während der Olympischen Spiele 1972 in München ergab es sich, dass Chick und ich ein letztes Stück als Duo spielten. Es war Chicks Komposition ‚La Fiesta', die wir nie geprobt hatten. Das Publikum tobte vor Begeisterung. Unter den Besuchern war Manfred Eicher, der unbedingt mit uns eine Platte für ECM aufnehmen wollte. Ich war eher skeptisch, da ich mir nicht vorstellen konnte, wer diese Musik kaufen und was daraus folgen sollte, denn damals hatte ECM noch keinen Vertrieb in den USA. Aber die Platte ‚Crystal Silence' wurde ein Erfolg, gefolgt von vielen weiteren Duo-Platten mit Chick."

Burtons Erfolg im Jazz hatte jedoch auch eine Kehrseite. Er hatte keine Zeit, ernsthaft seine unsicheren Gefühle zu analysieren: „Ich fühlte mich zu Frauen genauso hingezogen wie zu Männern. Diese sexuelle Verwirrung versuchte ich Ende der 1960er-Jahre mit einer Therapie zu bekämpfen. Ich wollte absolut nicht schwul sein, wegen der bekannten Gründe – es hätte im Jazzgeschäft damals meine Karriere beenden können. Aber nach meiner zweiten gescheiterten Ehe in den 1980er-

dern vor allem vor mir selbst. Alles nur, um meine Karriere nicht zu gefährden, die ich liebte. Alles nur, um das Leben zu leben, von dem ich glaubte, die Gesellschaft erwartet dies so von mir."

nehmendem Alter musikalisch immer mehr in einer Art Sicherheitszone aufhalte. Ich versuche nicht mehr, die Musik zu revolutionieren. Dafür bin ich zu alt, das überlasse ich der neuen Generation."

George Coleman

WO SIND ALL DIE MUSIKER, DIE ICH KANNTE UND MIT DENEN ICH GESPIELT HABE? UND WO SIND ALL DIE FRAUEN?

*George Edward Coleman
(* 8. März 1935 in Memphis, Tennessee)
ist ein US-amerikanischer Saxofonist und Komponist.*

New York, Greenwich Village, Ecke 9. Straße und Broadway ...

Der Pförtner im Erdgeschoss informiert George Coleman über das Haustelefon, dass ein Besucher in den vierten Stock kommen wird. In seiner Funktion als Doorman kennt er natürlich alle Mieter des Hauses. „George ist nicht der einzige Musiker, der hier lebt. Aaron Neville von den Neville Brothers hat hier auch ein Appartement." Der Fahrstuhl entlässt mich in einen dunklen, engen Flur, an dessen Ende ein heller Türspalt zu sehen ist. George Coleman sitzt auf seinem Sofa und sieht sich im Fernsehen ein Baseballspiel an. Die kleine Zweizimmerwohnung hat neben dem zentralen Wohnzimmer eine offene Küche und ein Schlafzimmer. Die Wände hängen voller Erinnerungsfotos und Auszeichnungen. Über einem Küchenschrank mit Cornflakes und Medikamenten hängt eine alte Werbung der Los Angeles Times, die ein Porträt des spielenden Saxofonisten zeigt. „Das ist aus den 1980er-Jahren. Mein Bild haben sie von einem Fotografen aus Memphis geklaut und wollten nicht zugeben, dass ich die abgebildete Person bin. Dabei bin ich doch deutlich zu erkennen. Ein Rechtsstreit wäre zu teuer geworden, also haben wir es einfach hingenommen."

Coleman schaltet den Ton des TV-Gerätes aus, verfolgt das Spiel aber weiter aus den Augenwinkeln. Während seiner Zeit in der Highschool war er selbst im Baseballteam. „Ich war ein relativ großer, kräftiger Typ und habe immer versucht, in Form zu bleiben. Wenn ich mit Musikern auf Tour war, habe ich sogar meine Hanteln mitgenommen." Coleman zeigt auf die alten Schwarz-Weiß-Fotos, die über dem Rhodes-Piano und dem Sofa hängen und ihn mit B. B. King auf der Bühne zeigen. „Das war 1955. Wir kamen beide aus Memphis und ich spielte damals Altsaxofon, aber B. B. hatte bereits einen Altsaxofonisten in seiner Band und suchte als Ergänzung einen Tenorsaxofonisten. Also ging er in ein Musikgeschäft und kaufte mir ein Tenor."

Am Boden vor dem Sofa liegen mehrere unterschiedliche Saxofonkoffer. „Ganz selten spiele ich noch Alt oder Sopran. Mit B. B. King bin ich durch die ganzen Vereinigten Staaten von Amerika gereist, im Bus! Jeden Abend hatten wir an einem anderen Ort einen Auftritt, manchmal 30 Tage hintereinander. Es kam oft vor, dass wir gleich nach dem Konzert losfahren mussten und am nächsten Tag kurz vor Konzertbeginn ankamen. Wir haben im Bus unsere Uniform angezogen, sind auf die Bühne gegangen und haben wieder gespielt. Das war meine erste Tour, ich war 20 und es war eine großartige Erfahrung, aber ich wollte nicht nur Rhythm & Blues spielen. Nach einem Jahr war es Zeit, die Band zu verlassen und weiterzuziehen."

George Coleman ist in Memphis aufgewachsen – mit Musikern wie Booker Little, Harold Mabern, Frank Strozier, Jamil Nasser, Hank Crawford, Phineas Newborn jr. und Charles Lloyd. „Charles ist nur drei Jahre jünger als ich, aber ich habe ihm damals ein paar Anleitungen für sein Altsaxofon gegeben. Er studierte an der University of Southern California in Los Angeles und wollte an einem Wettbewerb teilnehmen. Dafür hatte er sich das Stück ‚I Remember April' ausgesucht und bat mich, ihm ein Solo zu komponieren. Damit hat er tatsächlich gewonnen!" Coleman lacht. „Wer weiß, vielleicht hat er die Notenblätter von diesem Solo noch irgendwo. Musiker haben die Tendenz, nichts wegzuwerfen."

1956 zog es Coleman zusammen mit Booker Little weiter nach Chicago, wo er sich das Trio von Ahmad Jamal im Pershing Ballroom anhörte und in der Band MJT+3 von Drummer Walter Perkins spielte. „Chicago war damals einfach ein Hotspot für guten Jazz. Ich spielte mit Gene Ammons, Johnny Griffin, Sonny Stitt, John Gilmore und Ira Sullivan. Außerdem kamen viele Musiker für Konzerte nach Chicago. An einem Abend war Lee Morgan in der Stadt, hörte mich spielen und engagierte mich für die Aufnahme von ‚City Lights', die bei Blue

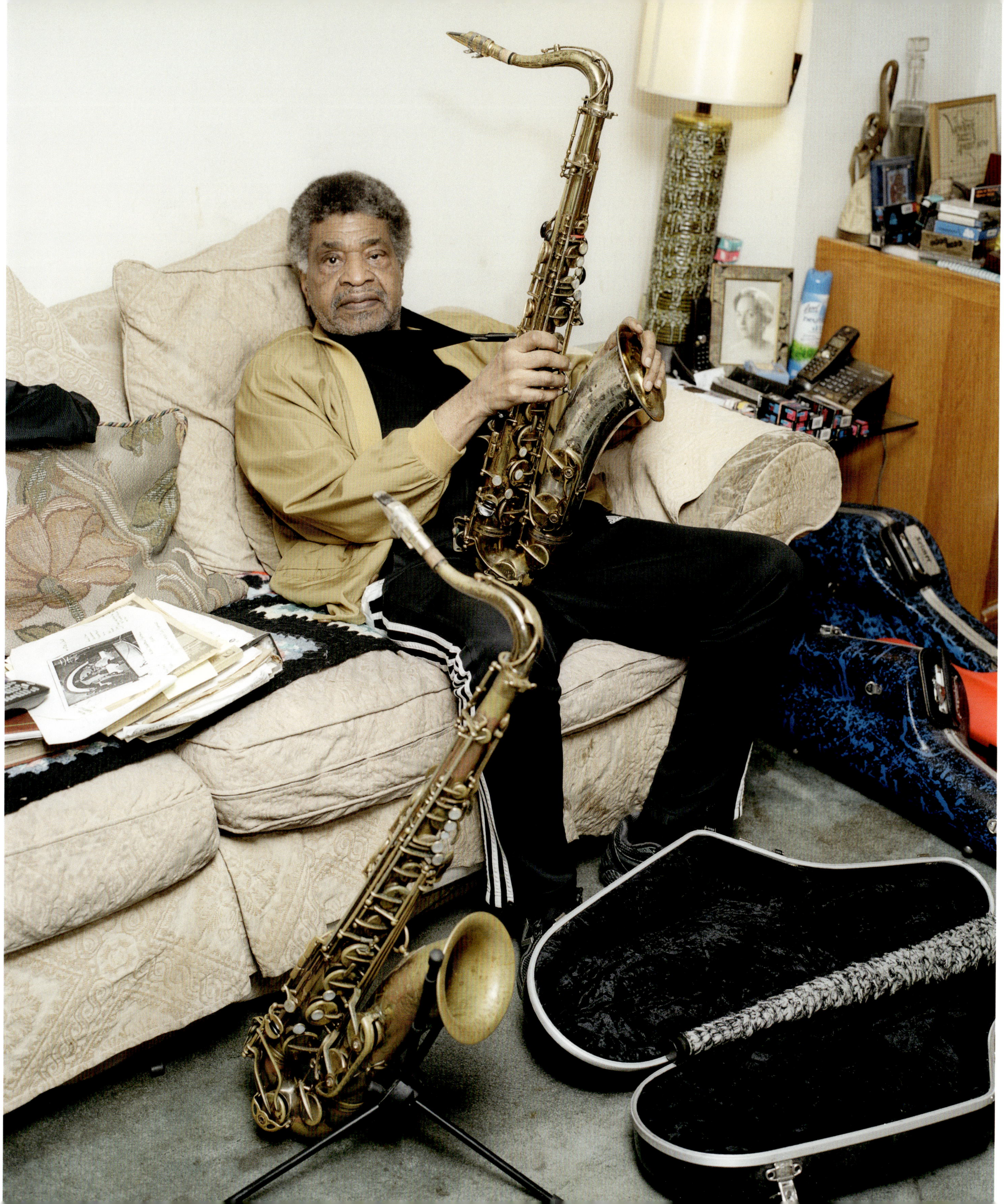

Note erschien. Dafür ließ mich Alfred Lion extra nach New York einfliegen. Ich brachte mein Alt- und Tenorsaxofon mit und wir probten einen Tag im Lynn Oliver Rehearsal Studio. Benny Golson hatte die Arrangements geschrieben. Am nächsten Tag trafen wir uns alle am Empire Hotel, wo wir abgeholt wurden, um gemeinsam rüber zum Studio von Rudy Van Gelder nach New Jersey zu fahren. So war der Ablauf bei den Blue-Note-Produktionen.

1965, als Coleman bereits in New York lebte, engagierte ihn Herbie Hancock für seine Platte „Maiden Voyage": „Wir probten am Vortag zwei Stunden und dann nahmen wir auf. Herbie hatte dem Schlagzeuger Stu Martin diese Recording-Session versprochen, aber am ersten Tag im Studio war Alfred Lion unzufrieden mit Stu: ‚Es swingt nicht!' Herbie bezahlte Stu und am nächsten Tag kam Tony Williams vorbei. Ich hatte den Eindruck,

---

> B.B. King hatte bereits einen Altsaxofonisten in seiner Band und suchte als Ergänzung einen Tenorsaxofonisten. Also ging er in ein Musikgeschäft und kaufte mir ein Tenor.

---

dass Herbie Tony sowieso von Anfang an für die Aufnahme haben wollte. Mit Tony funktionierte alles und alle waren zufrieden. Wir wussten, dass es eine gute Aufnahme war, aber hatten keine Ahnung, dass sich die Platte zu so einem Klassiker entwickeln würde."

Auch Max Roach hatte George Coleman in Chicago gehört und verpflichtete ihn für seine Band. Im März 1958 zog Coleman deshalb nach New York. „Ich kann mich erinnern, dass es ungefähr zu der Zeit meines Geburtstags war. Zunächst war Kenny Dorham der Trompeter der Band, aber dann engagierte Max Booker Little und ab dann nahmen wir jede Menge Platten auf. Auch Ray Draper war für einige Zeit dabei. Er war ein guter Musiker, aber ich fand die Tuba damals sehr sonderbar in einer Jazzband. 90 Prozent unseres Repertoires spielte Max in einem extrem schnellen Tempo und das war für die Tuba nicht leicht. Auch unser Bassist Nelson Boyd hatte Probleme mit dem Tempo, weshalb er oft nur jede zweite Note spielte, die 2 und die 4. Für seinen Nachfolger jedoch, den Bassisten Art Davis, war das Tempo unproblematisch, denn er hatte eine klassische Ausbildung. Und auch ich konnte mithalten. Du musst schnell denken können, um schnell spielen zu können."

In der Band von Roach gab es jedoch auch Schwierigkeiten: „Max hatte damals ein Problem mit Alkohol und wenn er betrunken war, konnte er sehr gewalttätig werden. Einmal bin ich mit ihm und seiner Frau Abbey Lincoln zusammen im Auto gefahren. Sie hatten einen Streit und Abbey schlug Max ins Gesicht. Daraufhin hielt Max an, zerrte Abbey aus dem Wagen und warf sie auf den Boden. Ich konnte ihn davon abhalten, sie zu treten und zu schlagen … Max hatte sich wegen Drogen nicht unter Kontrolle. Einmal fragte ich Sonny Rollins, warum er all diese Junkies in seiner Band habe. Und Sonny antwortete: ‚Das sind die einzigen Typen, die wirklich spielen können.' Und er hatte leider recht damit, denn ungefähr 85 Prozent aller Jazzmusiker nahmen damals Drogen. Max wollte auch mich einmal schlagen, aber ich war groß und sehr muskulös, er traute sich nicht. Diese Vorfälle waren für mich der Anlass, seine Band zu verlassen, bevor es noch schlimmer geworden wäre."

DIE WICHTIGSTEN ALBEN
ALS LEADER

George Coleman & Tete Montoliu
Meditation (Timeless, 1977)

George Coleman
My Horns Of Plenty (Birdology, 1991)

George Coleman
*I Could Write A Book:
The Music Of Richard Rogers*
(Telarc, 1998)

ALS SIDEMAN

Lee Morgan
City Lights (Blue Note, 1957)

Jimmy Smith
House Party (Blue Note, 1958)

Max Roach
Deeds, Not Words (Riverside, 1958)

Miles Davis
Seven Steps To Heaven (Columbia, 1963)

Chet Baker
*Cool Burnin' With The Chet
Baker Quintet* (Prestige, 1965)

Herbie Hancock
Maiden Voyage (Blue Note, 1966)

Brother Jack McDuff
A Change Is Gonna Come (Atlantic, 1966)

Martin Laurentius

Im selben Jahr, 1959, besuchte George Coleman ein Konzert von Miles Davis, der mit John Coltrane, Wynton Kelly, Paul Chambers und Jimmy Cobb im Café Bohemia im New Yorker Village ein Konzert spielte. „Du kennst doch die Komposition ‚Bohemia After Dark', die hat Oscar Pettiford nach diesem Club in der Barrow Street betitelt. Ich fragte Miles, ob ich bei einem Stück mitspielen könne, aber ich hatte mein Instrument nicht dabei. Coltrane war dann so freundlich und gab mir sein Tenorsaxofon inklusive dem Mundstück! Trane verließ die Band kurz darauf und Miles holte zunächst Hank Mobley in die Gruppe, mit dem er jedoch unzufrieden war."

Es dauerte noch ein paar Jahre, bis der markante Trompeter bei Coleman anrief: „Ich spielte zunächst im Oktett von Slide Hampton und erst 1963 rief Miles mich an. Er stellte eine neue Band zusammen und wollte mich am Tenorsaxofon. Außerdem fragte er mich nach einem Pianisten und einem weiteren Saxofonisten. Ich empfahl ihm meine alten Freunde von MJT +3 aus Memphis, Harold Mabern und Frank Strozier. Zusammen mit Ron Carter und Jimmy Cobb sind wir dann einige Monate an der West Coast auf Tour gewesen. Danach löste Miles die Band auf und nur Ron und ich blieben. Miles holte Tony Williams und Herbie Hancock hinzu, und das war die Geburt des klassischen Miles Davis Quintet! In diesem einen Jahr, 1963, haben wir vier Platten aufgenommen! Sowohl ‚Four and More' als auch ‚My Funny Valentine' sind von einem Konzert im Lincoln Center und ‚Miles Davis in Europe' wurde in Antibes in Frankreich bei einer Europatour mitgeschnitten. ‚Seven Steps To Heaven' war die einzige Produktion im Studio, wovon Miles die Hälfte im Quartett mit Frank Butler und Victor Feldman in einem Studio in Hollywood einspielte."

Oft blieb George Coleman nur ein Jahr in einer Gruppe, so wie bei B.B. King, Walter Perkins, Lee Morgan, Max Roach und später bei Elvin Jones. Die Gründe dafür sind ihm selbst nicht immer ganz klar. Warum er das Miles Davis Quintet nach nur einem Jahr verließ, weiß er jedoch genau. „Ich spielte gerne die Kompositionen aus Miles' Repertoire wie ‚Autumn Leaves', ‚Bye Bye Blackbird' oder ‚So What'. Deshalb war ich in den Augen von Herbie und Tony der altmodische Typ, der das avantgardistische, das hippe, verrückte Zeug gar nicht spielen kann. Ihre Sticheleien gingen mir so auf die Nerven, dass ich schließlich an einem Konzertabend bei einem einzigen Stück sehr out gespielt habe, einfach nur um ihnen zu beweisen, dass ich es konnte, wenn ich wollte. Miles, der während meines Solos an der Bar stand und wie immer Champagner trank, rannte zur Bühne und war total überrascht, weil er mich noch nie so hatte spielen hören: ‚Was war das denn?'"

Colemans Ausflug beschränkte sich auf ein Solo. „Danach kehrte ich sofort zurück zum amtlichen Akkordspiel mit Melodien. Ein anderer Grund war die Tatsache, dass Miles wegen seiner Hüftprobleme oft nicht zu den Konzerten kam. Er hatte große Schmerzen, weshalb wir dann lediglich als Quartett spielten. Miles war damals sehr populär und viele Leute, die ins Konzert kamen, hatten ihn nie vorher gesehen oder gehört. Sie wussten nicht, wie er aussah, und hatten keine Ahnung, ob Miles Trompete oder Tenorsaxofon spielte. Sie wollten einfach nur den populären Miles Davis erleben und dachten, dass der Mann auf der Bühne Miles Davis sei. Sie dachten, ich sei Miles Davis. Deshalb stand ich unter einem enormen Druck, die Erwartungen des Publikums zu erfüllen. Nach dem Konzert kamen sie zu mir und meinten: ‚Oh, Mr. Davis, die Musik war wundervoll!' Ich musste immer vorgeben, er zu sein, um niemanden zu enttäuschen."

Einmal fragte ich Sonny Rollins, warum er all diese Junkies in seiner Band habe. Und Sonny antwortete: „Das sind die einzigen Typen, die wirklich spielen können."

Das Telefon klingelt. Es ist sein Sohn, der Schlagzeuger George Coleman jr., mit dem er in ein paar Tagen in dem Club Smoke auftreten wird. Sie reden über die Stücke, die sie spielen wollen. Danach schaut er mich wieder an. „Eigentlich bin ich schon im Ruhestand, aber wenn ein lukratives Angebot reinkommt, kann ich nicht ablehnen. Weißt du, ich bin schon um die ganze Welt gereist und habe überall gespielt. Gerade wurde ich mit dem NEA Jazzmaster geehrt, der steht dort oben im Regal. Eine höhere Auszeichnung wird es nicht geben. Ich bin jetzt 80 und frage mich manchmal: Wo sind all die Musiker, die ich kannte und mit denen ich gespielt habe? Und wo sind all die Frauen? Sie sind alle schon gegangen. Und eigentlich ist es nicht verwunderlich, denn nicht viele von uns werden älter als 80."

Dr. Lonnie Smith

DIE ORGEL IST MEIN ZUHAUSE, SIE IST EIN TEIL VON MIR.

Lonnie, genannt Dr. Lonnie, Smith (3. Juli 1942 in Lackawanna, New York) ist ein US-amerikanischer Organist und Komponist.*

Eine Stunde vor Konzertbeginn …

Im Jazz Standard in der 27. Straße von Manhattan kommen die ersten Gäste an, werden zu ihren Tischen geführt und bestellen Getränke. Eine Woche lang spielt hier Dr. Lonnie Smith mit seinem Trio und jeden Abend ist der Club fast ausverkauft. Den Doktortitel haben ihm Freunde angedichtet, weil er die Orgel so meisterlich spielt. Mit weißem Bart und markantem Turban sitzt er an einem Tisch, umgeben von Freunden, von denen einer ihn grinsend mit „Hi, Turbanator!" begrüßt. Smith ist relaxt und für jeden Scherz bereit.

„Den Turban habe ich schon früher getragen, keine Ahnung, warum. Er gefällt mir einfach. Ich habe auch schon ohne ihn gespielt, aber inzwischen ist er zu meinem optischen Markenzeichen geworden und die Leute erwarten, dass ich ihn trage, sie erkennen mich wieder. Vielleicht finden sie mich mit dem Turban auf dem Kopf auch mysteriös, wer weiß? Ich meine, warum hat Michael Jackson immer nur einen Handschuh getragen?" Er lacht. „Das erinnert mich an die Zeit, als ich für eine Weile nach Detroit gegangen bin. Ich änderte meinen Namen und nannte mich selbst ‚The Buffalonian', denn ich komme ja aus Buffalo, und trug einen Cowboyhut. Aber die Leute haben mich aufgrund meines Orgelspiels dennoch erkannt."

Sein Trio mit dem Gitarristen Jonathan Kreisberg und dem Schlagzeuger Jonathan Blake hat er 2010 gegründet. „Eigentlich spiele ich immer wieder mit unterschiedlichen Drummern, denn wenn ein Angebot für ein Konzert kommt und ein Musiker aus terminlichen Gründen verhindert ist, muss ich sofort einen Ersatz in der Hinterhand haben. You have to keep going! Was ich an diesem Trio wirklich liebe, ist die Art, wie gut sich Gitarre und Orgel im Sound ergänzen. Wenn ich ein Solo spiele, begleiten mich die beiden anderen, das führt zu groovenden Rhythmen. Mit Bläsern arbeite ich auch gerne zusammen, weil ich ihren großen, fetten Sound mag, aber auf der Bühne stehen sie nach ihrem Solo leider einfach nur rum. Das Trio gibt mir mehr musikalischen Freiraum und ich muss nicht warten, bis die Bläser mit ihren Soli fertig sind." Smith schmunzelt. Sein Humor und Wortwitz kommen immer wieder durch, so auch nach dem ersten Teil des Konzertes, als er dem Publikum eine kurze Pause ankündigt und den bekannten Satz „We'll be right back" einfach abwandelt in „We'll be white black".

Zwei Wochen später besuche ich Lonnie Smith zu Hause in Fort Lauderdale, Florida, wo er mich mit seinem Auto vom Flughafen abholt. „Komm, steig schnell ein, hier im Auto gibt es wenigstens eine Klimaanlage, die Hitze da draußen ist kaum zu ertragen." Wir fahren die langen Straßen zum nördlichen Teil der Stadt. Zwischen den Sitzen liegen CDs, die ihm von seinen Schülern zugeschickt wurden. „Heute wollen viele Musiker gleich von Beginn an ihre eigene Band leiten und CDs unter ihrem Namen veröffentlichen. Aber nicht jeder ist als Leader geeignet, was o.k. ist, denn die Begleitmusiker sind doch genauso wichtig! Ich habe mich auch als Sideman hochgearbeitet."

Angefangen hatte Smith mit 16 als Sänger in Vocal-Groups. Mit seinen Brüdern gründete er die Supremes, die sich jedoch nach dem Erfolg von Diana Ross umbenannten in The Teen Kings. Manchmal wurden sie von Grover Washington jr. am Saxofon begleitet, der auch in Buffalo aufwuchs. Smiths erstes Instrument, das er sich selbst beibrachte, war ein altes, verbeultes Kornett, das ihm seine Schule zur Verfügung stellte.

„Ich spielte in einer Band, mit der wir Motown-Sänger begleiteten, wenn sie nach Buffalo kamen. Sie reisten alleine und wir waren die Pick-up-Group, so nannte man das. Dionne Warwick, Gladys Knight – ich liebte es, mit ihnen zu spielen. Es gab in Buffalo einen Laden, der Musikinstrumente verkaufte; der Besitzer war Mr. Art Kubera. Jeden Tag bin ich hingegangen und habe mich bis Ladenschluss umgeschaut. Kubera fragte mich, warum

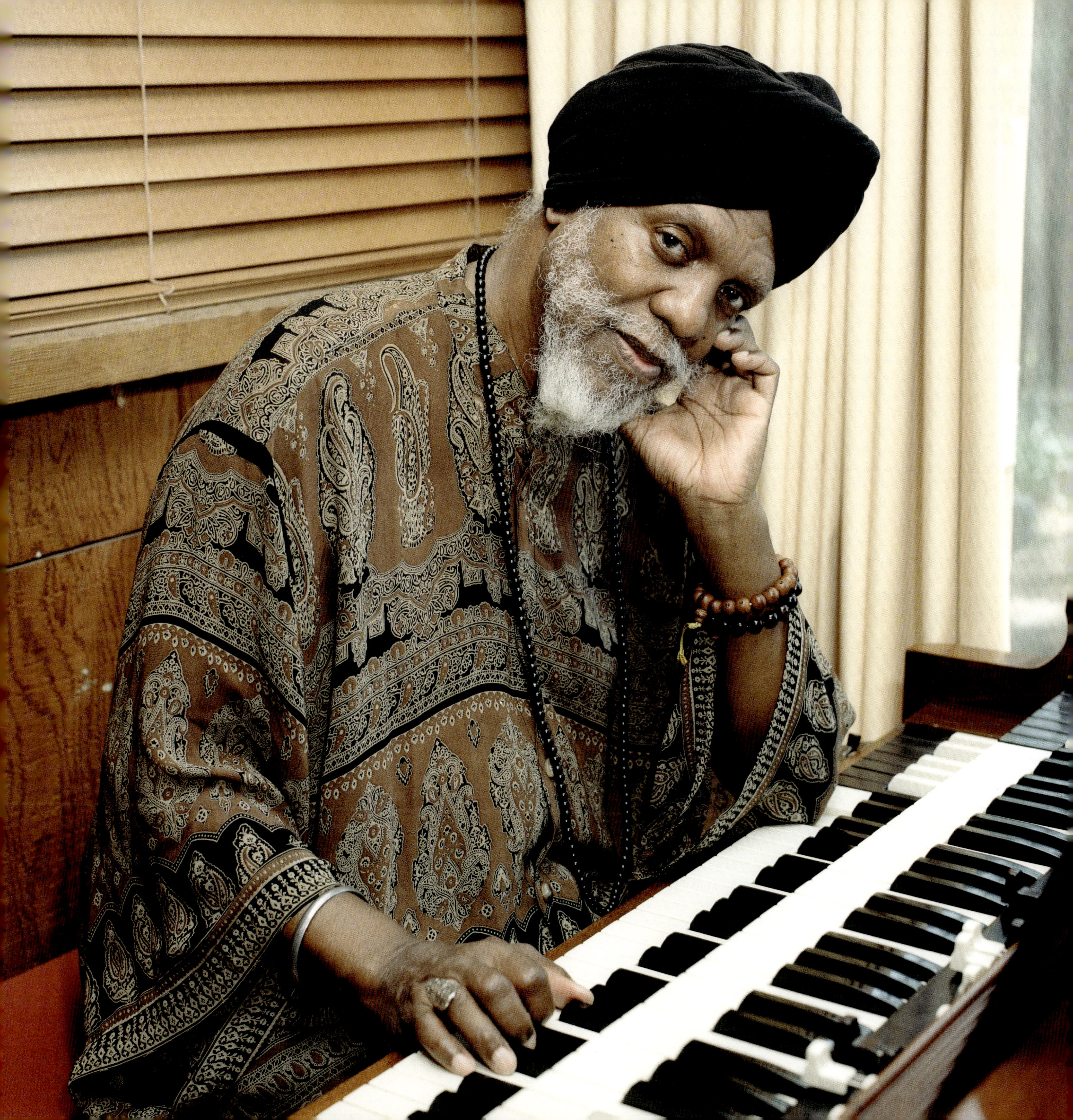

ich jeden Tag komme. Dann erklärte ich ihm: ‚Sir, wenn ich ein Instrument hätte, könnte ich damit arbeiten und davon leben.' Als ich das nächste Mal in seinen Laden kam, nahm er mich mit in das Hinterzimmer und da stand in der Ecke eine brandneue Hammond-B3-Orgel. Er sah, wie mein Gesicht leuchtete, und meinte: ‚Wenn du es schaffst, sie hier rauszutransportieren, gehört sie dir!' Sie wog über 200 Kilo, aber ich war fest entschlossen, sie zu bewegen. Eine Orgel war damals unbezahlbar. Ich lieh mir mit meinen Brüdern einen Pick-up-Truck mit offener Ladefläche und wir stemmten das schwere Teil hoch. Als wir losfuhren, saß ich hinten, hielt die Orgel fest und wurde zugeschneit, denn es war Winter. Aber ich war so glücklich. Art Kubera war mein Engel!"

Ein Freund von Smith, der in der Kirche Orgel spielte, zeigte ihm ein paar Grundlagen und spielte ihm Platten von Wild Bill Davis, Bill Doggett und Jimmy Smith vor. „Seit Beginn war es eine Leidenschaft, alles passierte so selbstverständlich und natürlich. Die Orgel ist mein Zuhause, sie ist ein Teil von mir, sie ist eine Verlän-

---

Mit Bläsern arbeite ich auch gerne zusammen, weil ich ihren großen, fetten Sound mag, aber auf der Bühne stehen sie nach ihrem Solo leider einfach nur rum.

---

gerung meiner Arme und meines Herzens, ich kann nicht genug von ihrem Sound bekommen. Dieses Instrument sagt alles, was ich zu sagen habe, wir sind verheiratet, wir sind ein Paar!"

Nach dieser Liebeserklärung erreichen wir sein Haus in Palm Aire, ruhig gelegen am Ende einer Sackgasse, jedoch direkt neben dem Executive Airport, dessen Lärm ihn manchmal beim Üben stört. „Pass auf, wenn du durchs Gras gehst, es gibt hier manchmal Schlangen!" Sein geräumiges Wohnzimmer mit offener Küche ist wegen der Hitze abgedunkelt. Die Klimaanlage surrt. An der Wand hängt ein Poster von Dizzy Gillespie, das der Fotograf Herman Leonard aufgenommen hat, daneben Urkunden von den Down Beat Polls 1957 bis 1959, die ihn als besten Orgelspieler auszeichnen.

„Als ich mit der Orgel anfing, war ich mit 22 Jahren spät dran, dennoch entwickelte sich alles recht schnell. In Buffalo ging ich immer zum Pine Grill, wo Jack McDuff mit George Benson spielte. Bei einem Song durfte ich an die Orgel und George war begeistert: ‚Gib mir deine Nummer, wir könnten eine Band gründen!' Dort lernte ich auch Jimmy Boyd kennen, der viele Musiker buchte und Grant Green managte. Ihm gefiel, was ich spielte, und er sagte mir: ‚Sei morgen um 13 Uhr im Studio von Rudy Van Gelder. Grant Green braucht noch einen Orgelspieler.' Aber ich war sehr unsicher, deshalb bin ich nicht hingefahren. Am nächsten Tag traf ich dann den Schlagzeuger der Session, Bobby Watley, der mich fragte: ‚Warum bist du nicht gekommen? Du hättest mit Grant Green aufnehmen können!' Ich antwortete: ‚Genau deshalb, weil es Grant Green war!' Green war so bekannt und ich war ein blutiger Anfänger. Für den folgenden Tag bestellte Boyd mich noch einmal zur gleichen Recording-Session, aber ich bin abermals nicht hingegangen."

George Benson traf Smith erst ein Jahr später wieder. „Er holte mich in seinem alten Cadillac ab und wir fuhren nach Pittsburgh zum Haus seiner Mutter, wo wir im Keller geübt haben. Plötzlich sagte George: ‚Grant Green spielt heute Abend in New York. Wenn wir uns beeilen, könnten wir sein Konzert noch hören.' Wir fuhren sechs Stunden und Jimmy Boyd brachte uns zum Palms Café an der Ecke 125. Straße und 7. Avenue, wo Green mit Larry Young an der Orgel und Otis ‚Candy' Finch am Schlagzeug spielte. Am Ende des Konzertes durfte ich wieder für ein Stück einsteigen. Aber als ich danach von der Bühne gehen wollte, sagte Grant Green zu mir: ‚Wo willst du hin? Du bleibst hier!' Er liebte mein Orgelspiel. Die folgenden Nächte wollte er nur noch mit mir spielen, aber Jimmy Boyd erklärte ihm, dass George Benson und ich gerade eine Band gegründet hatten."

Mit ihrer Gruppe spielten Smith und Benson im November 1965 ebenfalls im Palms Cafe. An einem Abend kam der bekannte Produzent John Hammond vorbei, der sie sofort unter Vertrag nahm und im Februar 1966 das Debütalbum „It's Uptown" des George Benson Quartet für Columbia produzierte. Nur einen Monat später ging Lonnie Smith wieder mit George Benson ins Studio und spielte ebenfalls für Columbia sein erstes Album „Finger-Lickin' Good" ein. Die beiden Musiker wurden einem noch größeren Publikum ein Begriff, als sie 1967 die Platte „Alligator Bogaloo" von Lou Donaldson für Blue Note aufnahmen. „Wir passten musikalisch so gut zusammen, Idris Muhammad hat am Schlagzeug für den richtigen Groove gesorgt. Diese Platte war ein echter Hit und brachte uns allen den Durchbruch. Und Lou ist schuld daran!"

Er lacht. „Mit Lou und George bin ich bis heute befreundet. Lou besucht mich manchmal und dann spielen wir Golf." Nach diesem Erfolg bekam Smith einen Anruf von Duke Pearson und Francis Wolff, die ihn von Columbia zu Blue Note holen konnten, wo er die Platten „Think!", „Turning Point", „Move Your Hand" und „Drives" einspielte. Seine letzte Aufnahme für Blue Note, „Live At Club Mozambique", wurde 1970 bei einem Konzert in Detroit mitgeschnitten, aber erst 25 Jahre später veröffentlicht. „Meine Zeit bei Blue Note war wirklich ein Traum! Am besten erinnere ich mich an Francis Wolff. Wenn ihm die Musik gefiel, fing er an zu tanzen. Ich wollte auch Platten mit Straight-Ahead-Jazz aufnehmen, aber Francis und Alfred bevorzugten es, wenn ich weiter Kompositionen mit einem guten Groove spielte, denn dazu hatte das Publikum eine direkte Beziehung. Es konnte mit den Fingern schnipsen. Erfolg garantiert! Früher haben die Leute zu richtigem Jazz getanzt, aber die Hörgewohnheiten haben sich mit der Zeit eben geändert."

Inzwischen ist es spät geworden. Smith will relaxen und schaltet sein Fernsehgerät ein. Auf NBC läuft die Show von Ellen DeGeneres, in der ein 24-jähriger Mann sein Talent am Piano demonstrieren darf und ein schnelles klassisches Stück spielt. Das Publikum tobt und jubelt, aber Smith schaut etwas skeptisch. „Schnelle Technik begeistert die Leute sehr einfach. Der Junge hat gut gespielt, aber es war total kalt. Auch wenn er sagt, dass er mit Herz und Seele dabei sei, konnte ich das in seiner Musik nicht hören. Ich zeige dir morgen auf meiner Orgel, wovon ich spreche." Er zeigt mir im ersten Stock mein Gästezimmer und wünscht eine gute Nacht.

Am nächsten Morgen bereitet Lonnie Smith ein Müsli mit Früchten, Haferflocken und warmer Milch zum Frühstück. Kaum ist er fertig, setzt er sich an seine Orgel, die in seinem Schlafzimmer steht, und beginnt „Alligator Bogaloo" zu spielen. „So habe ich den Song damals gespielt. Aber jetzt, fast 50 Jahre später, spiele ich ihn ganz anders." Er spielt denselben Song etwas langsamer, mit etwas weniger Betonung auf dem Groove, aber mehr Swing. „Hörst du? Es swingt, aber trotzdem ist der Groove noch da ... aber manchmal ..." Wieder spielt er ihn anders.

„Du kannst es in so vielen Variationen spielen. Der Song ändert sich ständig. Es hängt immer davon ab, wie man sich gerade fühlt. Man muss den Song immer seiner Persönlichkeit anpassen. Man spielt ja nicht, um seine technischen Fähigkeiten zu zeigen, sondern man spielt mit seiner Lebenserfahrung, mit dem Herzen. Du musst deine Leidenschaft und deine Liebe in die Musik einbringen und es genießen, sonst wird es zu mechanisch." Noch mal spielt er den Song ganz anders. „Die meisten Menschen hören einen Song am liebsten so, wie sie ihn zum ersten Mal kennen und lieben gelernt haben, denn dann werden Erinnerungen an die schönen und vertrauten Dinge ihres Lebens wach. So wie eine alte Fotografie, die du von deiner Familie hast. Deshalb liebe ich es, Musik zu spielen."

DR. LONNIE SMITH 12

„Son Of Ice Bag" *Think*
(Blue Note, 1968)

„Move Your Hand" *Move Your Hand*
(Blue Note, 1969)

„Jeannine" *Finger Lickin' Good*
(Columbia, 1967)

„Mama Wailer" *Mama Wailer*
(Kudu, 1971)

„Afrodesia" *Afrodesia*
(Groove Merchant, 1975)

„Peace Of Mind" *Live At Club Mozambique*
(Blue Note, 1995)

„Babbitt's Other Song" *Funk Reaction*
(Lester Radio Corporation, 1977)

„People Sure Act Funny" *Turning Point*
(Blue Note, 1969)

Dancin' In An Easy Groove *Move Your Hand*
(Blue Note Rare Groove Series, 1996)

„What I Want" *Keep On Lovin'*
(Groove Merchant, 1976)

„Witch Doctor" *Jungle Soul*
(Palmetto, 2006)

„Psychedelic Pi" *Drives*
(Blue Note, 1970)

———

Michael Rütten

Charli Persip

> WENN ICH MIR MEINEN KONTOSTAND ANSEHE, FÜHLE ICH MICH NICHT WIE EINE LEGENDE.

Charles Lawrence, genannt Charli, Persip (* 26. Juli 1926 in Morristown, New Jersey) ist ein US-amerikanischer Schlagzeuger.

„Was wollt ihr spielen?", fragt Charli Persip, der im Unterrichtsraum der New School in Manhattan vor acht Studenten sitzt, die gerade ihre Instrumente ausgepackt haben.

Der Posaunist blättert durch seine Noten. „Wie wäre es mit ‚A Night In Tunisia', daran wollten wir noch arbeiten." Sie besprechen den Ablauf und Persip zählt das Tempo an. Nach den ersten Takten bricht er ab. „Einer von euch muss die zweite Stimme im Thema spielen." Nach einem ersten Durchlauf der Gruppe wendet sich Persip an den jungen Schlagzeuger Joseph. „Ich hab dieses Stück mit Dizzy damals sehr oft gespielt. Du könntest es noch etwas straighter angehen." Auch den anderen Studenten gibt er Ratschläge und sie spielen das Stück noch mal. 90 Minuten und einige Kompositionen später packen einige Studenten ihr Instrument wieder ein und eilen zur nächsten Probe. Andere bleiben länger und unterhalten sich noch mit Persip über die Musik. Sie reden, scherzen, lachen und ein Student bezeichnet Persip als legendären Schlagzeuger, aber der winkt ab. „Wenn ich mir meinen Kontostand ansehe, fühle ich mich nicht wie eine Legende. Ich bin einfach ein Schlagzeuger, der gerne spielt und mit vielen tollen Musikern in all den Jahren gearbeitet hat. O.k., Kids, wir sehen uns nächste Woche."

Wir gehen durch den Flur, vorbei an anderen Unterrichtsräumen, deren Türen alle mit einem schmalen länglichen Glasfenster ausgestattet sind. In einem Raum sieht man Charles Tolliver, in einem anderen unterrichtet sein Kollege Jimmy Cobb. Persip setzt sich auf ein Sofa in der Nähe des Fahrstuhls. Er ist inzwischen 86 Jahre alt und etwas unsicher auf den Beinen, da er gerade eine Operation am Rücken hinter sich hat. Mitte der 1970er-Jahre entschied er sich dazu, bei seinem Vornamen das „e" wegzulassen, damit er sich etwas abhebt, denn eigentlich mag er diesen Namen nicht. Seit 1994 ist er Mitglied der Fakultät an der New School und gibt dort einmal in der Woche Unterricht.

„Die Studenten können mir vertrauen, denn früher oder später bringe ich ihnen alles bei, was sie brauchen. Ich sage immer, dass sie mindestens 75% ihrer Übungszeit damit verbringen sollen, etwas zu spielen, was ihnen Schwierigkeiten bereitet. Wenn sie immer nur das spielen, was sie schon können, ist das reine Zeitverschwendung. Und sie müssen lernen, Noten sofort lesen und spielen zu können. Als ich damals anfing, Schlagzeug zu spielen, bemerkte ich, dass die Schlagzeuger im Jazz kaum Noten lesen konnten. Vor allem hieß es, dass schwarze Schlagzeuger keine Noten lesen könnten. Dem musste ich einfach etwas entgegensetzen und sagte zu mir selbst: ‚O.k., ich werde der beste Notenleser im ganzen Land sein!' Ich habe Stunden geübt, habe statt Romanen abends Musikbücher gelesen und wirklich gekämpft – alles nur für die Anerkennung als schwarzer Jazzschlagzeuger. Ich habe mir wirklich einen Namen als brillanter Notenleser gemacht, wodurch ich viele gute Jobs bekam. Buddy Rich empfahl mich weiter als Drummer für das Harry-James-Orchester. Manchmal habe ich an einem Tag zwei oder drei Produktionen im Studio eingespielt. Das war gutes Geld, aber ich habe nichts davon gespart, sondern einfach nur gut gelebt." Er lacht. Ein Student

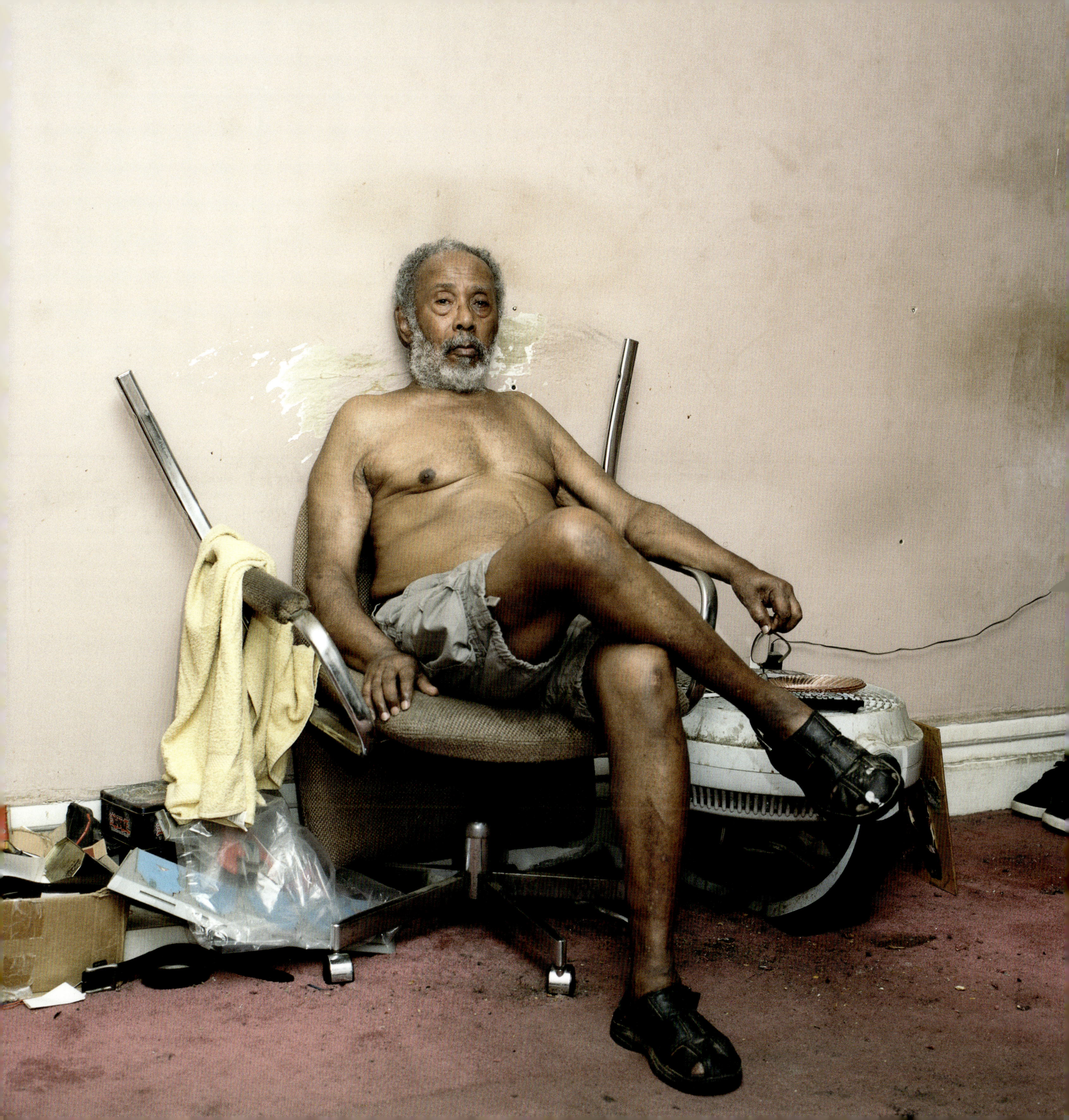

kommt vorbei, der Persip in seinem Auto mitnehmen kann. „Ich treffe jetzt noch meine Freundin. Wir sehen uns später."

Es dauert dann ein ganzes Jahr, bis ich Persip zu Hause besuchen kann, da er durch den Grünen Star auf seinem rechten Auge und eine Operation daran immer wieder verhindert ist. Er wohnt nördlich vom Central Park an der Ecke Adam Clayton Powell Junior Boulevard und 113. Straße. Im vierten Stock öffnet sein Enkel Xavier die Tür zu einem Appartement, in das ein 30 Meter langer, schmaler Flur führt, von dem viele Zimmer abgehen. „Charli ist da hinten, immer dem Geräusch vom Fernsehgerät nach." Persip sitzt in einem alten Sessel, dessen Rückenlehne beschädigt ist, und sieht sich ein Tennisspiel an. Wegen der Sommerhitze trägt er nur eine kurze Hose, der Ventilator im spärlich eingerichteten Raum läuft auf Hochtouren. Auf einem Regal steht ein altes Familienfoto, gleich daneben liegen alte Kassetten, auch von Dizzy Gillespie, in dessen Gruppe Persip von 1953 bis 1958 spielte. Er ist auf elf Alben des Trompeters zu hören. Bevor er bei Gillespie anfing, arbeitete er für kurze Zeit in der Bigband von Tadd Dameron, in die er eher zufällig kam.

„Meine damalige Freundin war Tänzerin in einer Show, die in Atlantic City gastierte. Da ich bei ihr sein wollte, besuchte ich sie und sah mir die Proben an. Zur selben Zeit spielte in einem anderen Club in der Stadt die Band von Tadd Dameron, mit Clifford Brown, Benny Golson, Gigi Gryce und Cecil Payne. Sie suchten einen neuen Schlagzeuger, da Philly Joe Jones wegen eines Drogendelikts auf der Flucht vor der Polizei war und die Stadt verlassen musste. Er hatte sogar sein Schlagzeug stehen gelassen. Nach einer ersten Probe war Dameron begeistert und ich bekam den Gig."

Zurück in New York spielte Persip in dem Club des Komikers Redd Foxx mit dem Posaunisten Benny Green, der ihm eine Telefonnummer gab, die er wegen eines Jobs anrufen solle. „Die Stimme am anderen Ende der Leitung sagte einfach nur ‚Hallo?' und fragte, wer ihn da anrufe. Ich sagte meinen Namen und erklärte, von wem ich die Nummer habe, und fragte, mit wem ich überhaupt spreche. Da sagte die Stimme: ‚Mein Name ist John Birks Gillespie.' Ich hab mich total erschrocken und wollte es nicht glauben. Dann meinte er: ‚Ich hab dich in Atlantic City gehört. Sei morgen um 14 Uhr mit deinem Schlagzeug an der Grand Central Station, wir nehmen den Zug nach Chicago.' Ich war total aufgeregt, habe die ganze Nacht gepackt und konnte nicht schlafen. Das war der Beginn meiner Zeit mit Dizzy."

Persip wurde bekannt dafür, dass er den Schlagzeugstil des Hardbop auf eine Bigband übertragen konnte. Somit war er genau der richtige Drummer für Dizzy Gillespie, da dieser mal mit kleinem Ensemble und mal mit seiner Bigband spielte. Ursprünglich hatte Persip in Doo-Wop-Bands angefangen, was ihn aber langweilte. „Als ich Jazz entdeckte, wollte ich viel lieber Bebop spielen. Die großen Swingbands meiner Zeit klangen mir zu sehr nach weißer Musik. Die einzigen Ausnahmen, die ich gerne hörte, waren die Bands von Woody Herman und Stan Kenton. Meine Lieblingsband aber war die von Lionel Hampton. Als ich mit Dizzy anfing, ging ein Traum in Erfüllung. Das war mein Durchbruch."

Auf dem Regal liegt ein Buch, das Persip geschrieben hat. Es trägt den eingängigen Titel „How Not To Play Drums". „Als ich in Chicago mit Dizzy spielte, kannte ich all seine Arrangements. Ich liebte seine Band! Aber dann nahm er mich in einer Probe zur Seite und sagte: ‚Du spielst meine Kompositionen wirklich sehr gut, aber jetzt, da du weißt, wie man sie spielt, musst du lernen, was du nicht spielen solltest.'"

Gillespie mochte Persip und gab ihm ab und zu ein paar Hinweise, was er verbessern könnte. „Ich erinnere mich daran, dass er von der Cole-Porter-Komposition

---

Tadd Dameron suchte einen neuen Schlagzeuger, da Philly Joe Jones wegen eines Drogendelikts auf der Flucht vor der Polizei war und die Stadt verlassen musste.

‚Begin The Beguine' sehr angetan war und wir hielten ihn alle für verrückt, denn es war eine süßliche Melodie aus dem Broadway-Musical ‚Jubilee'. Aber Dizzy hatte die Vision, daraus ein Sechsachtel-Stück zu entwickeln, und schrieb ein Arrangement. Damals war so eine Taktform im Jazz völlig neu. Dizzy nahm meinen Schlagzeugstock und spielte mir einen Sechsachtel-Rhythmus vor. Ich spielte ihn nach und er zählte laut mit, damit ich verstand, was ich da spielte. Dann meinte er: ‚Und jetzt spiel noch etwas anderes dazu, damit es runder klingt.' Ich fragte: ‚Was genau soll ich denn noch ergänzen?' Er sagte: ‚Ich hab dir schon die Basis erklärt, den Rest musst du schon selbst entwickeln, du bist doch der Schlagzeuger!' Und nach einer Weile klang es wirklich richtig gut! Zum ersten Mal habe ich diesen Rhythmus 1958 mit Randy Weston aufgenommen, für seine Platte ‚Little Niles'. Danach kam Elvin Jones zu mir, mit dem ich eng befreundet war, der sich für Coltranes Aufnahme von ‚My Favorite Things' vorbereiten wollte, und mich fragte: ‚Wie spielst du nur drei Viertel? Verdammt noch mal, ich weiß echt nicht, was ich da spielen kann, damit es interessant klingt.' So eine Frage hatte ich vom großen Elvin Jones nicht erwartet. Ich zeigte ihm, wie ich es spielte, und die Coltrane-Platte wurde bekanntlich ein Klassiker."

Xavier kommt ins Zimmer: „Hey grandpa! Ich hole uns mal ein warmes Essen, bin gleich wieder da." Persip: „Danke! Aber beeile dich, ich habe Hunger!" Nebenbei schaut er immer zum Tennisspiel, das ständig durch Werbung unterbrochen wird. „Eine Geschichte mit Dizzy werde ich nie vergessen. Im Dezember 1957 kamen wir von einer Tour zurück, Benny Golson, Lee Morgan und Wynton Kelly waren inzwischen in der Band und wir verstanden uns alle richtig gut. Dizzy verabschiedete sich von mir mit den Worten: ‚Wir nehmen nächste Woche eine Platte auf. Bis dann!' Als ich in der folgen-

> Ich sage meinen Studenten immer, dass sie mindestens 75 Prozent ihrer Übungszeit damit verbringen sollen, etwas zu spielen, was ihnen Schwierigkeiten bereitet.

den Woche ins Studio kam, war ich sehr früh dran, denn ich wollte in Ruhe mein Schlagzeug aufbauen. Nur Dizzy war schon da – der war immer pünktlich. Dann kam Sonny Stitt herein, und ich dachte: ‚Oh, Sonny spielt mit der Bigband, super!' Während ich also mein Set weiter aufbaute, kam plötzlich auch noch Sonny Rollins ins Studio und packte sein Horn aus. Das konnte ich nicht mehr richtig einordnen und in dem Moment, wo ich Dizzy fragen wollte, was hier vor sich geht, traf Ray Bryant mit seinem Bruder Tom ein. Völlig verwirrt fragte ich: ‚Hey, Diz, wo bleibt denn die Band?' Er schaute mich an: ‚Das hier ist die Band!' Oh Mann, hatte ich Angst! Aber es war eine dieser Situationen, wo sich nach dem ersten gespielten Ton meine ganze Anspannung löste und wir einfach schöne Musik gespielt haben. Das war das Album ‚Sonny Side Up' und kurz danach hat Verve aus den restlichen Aufnahmen noch die Platte ‚Duets' von Dizzy gemacht."

Durch Persips Sicherheit im Notenlesen wurde er zu einem sehr gefragten Schlagzeuger und spielte bei Plattenaufnahmen von Clark Terry, Roland Kirk, Hank Mobley, Lee Morgan, Leo Wright, Eric Dolphy, Red Garland, Kenny Burrell, Bob Brookmeyer, Curtis Fuller, Ron Carter, Ray Charles, Don Ellis, Mal Waldron, Art Farmer, Benny Golson, Milt Jackson, Hal McKusick, Etta Jones, Pat Martino, Blue Mitchell, David „Fathead" Newman, Phil Woods, Jerome Richardson, Quincy Jones, Harry „Sweets" Edison und etlichen anderen. Von 1962 bis 1965 war er der feste Schlagzeuger im Apollo Theater und spielte dort mit Soul-Stars wie den Temptations, den Four Tops und Diana Ross. Danach arbeitete er von 1966 bis 1973 im Orchester von Billy Eckstine und im Anschluss mit Gil Evans.

„Gil hat meinen musikalischen Horizont sehr erweitert und sagte immer, dass Elvin und ich seine bevorzugten Schlagzeuger für seine Band waren. Auch Miles Davis gefiel die Art, wie ich spielte. Ich weiß noch, wie ich ihn zufällig 1959 im Birdland traf. Er fragte mich: ‚Can you roll?' Ich wusste nicht, was er meinte, aber ich sagte einfach ‚Ja!'. Dann sagte er, ich solle am nächsten Tag zu einer Plattenaufnahme ins Studio kommen, aber ich hatte leider schon einen anderen Aufnahmetermin, den ich nicht absagen konnte. Später erfuhr ich, dass es um ‚Sketches Of Spain' ging. Oh Mann! Ich hätte töten können, um auf der Platte mitzuspielen. Nun gut, man kann nicht alles haben. Insgesamt war es bisher ein sehr swingendes, erfülltes Leben, nur die Gesundheit macht mir zu schaffen."

DIE WICHTIGSTEN ALBEN ALS LEADER

Charles Persip And The Jazz Statesmen
(Bethlehem, 1960)

with Art Blakey/Elvin Jones/Philly Joe Jones
Gretsch Drum Night At Birdland (Roulette, 1960)

Charli Persip Superband (Soul Note, 1980)

No Dummies Allowed (Soul Note, 1987)

ALS SIDEMAN

with Sonny Rollins/Sonny Stitt/Dizzy Gillespie
Duets (Verve, 1957)

Hank Mobley *Peckin' Time* (Blue Note, 1958)

Curtis Fuller *Jazztet* (Savoy, 1959)

Mal Waldron *The Quest* (New Jazz, 1961)

Sonny Stitt *Soul Summit* (Prestige, 1962)

Milt Jackson *For Someone I Love* (Riverside, 1963)

Pat Martino *Baiyina (The Clear Evidence)*
(Prestige, 1968)

Randy Weston/Melba Liston *Volcano Blues*
(Gitanes/Antilles-Verve, 1993)

Reinhard Köchl

Gunther Schuller

HIER GIBT ES
KEINE GEHEIMNISSE,
NUR MUSIK.

*Gunther Alexander Schuller
(* 22. November 1925 in New York,
New York; † 21. Juni 2015 in Boston,
Massachusetts) war ein US-amerikanischer Hornist, Komponist,
Musikwissenschaftler und Dirigent.*

Die Adresse kam mir bekannt vor. Während meines Masterstudiums der Fotografie in Boston hatte ich für zwei Semester auch in dem Vorort Newton gewohnt, ohne es zu wissen, direkt im Haus neben Gunther Schuller.

Seitdem hat sich die ruhige Dudley Road mit ihren alten Häusern und Bäumen nicht verändert. Als Schuller 1967 Präsident des New England Conservatory of Music in Boston wurde, zog er von New York in dieses riesige Haus. Mit seinen drei Etagen wirkt es eher wie ein Schloss. Auf 8.000 Quadratmetern befinden sich 20 Zimmer und sechs Bäder. Es ist Sommer und Schuller sitzt in kurzer Hose an einem kleinen Tisch neben seinem Flügel und schreibt. Vor ihm steht ein großer Spiegel, der ihn daran erinnern soll, gerade zu sitzen. „Schau dich ruhig um, du kannst überall hingehen und fotografieren, hier gibt es keine Geheimnisse, nur Musik. Wenn du willst, kannst du auch in mein Schlafzimmer gehen, aber das ist eher langweilig."

Das Haus wirkt wie ein lebendiges Museum. Jeder Raum erzählt einen anderen Abschnitt aus dem langen, vielseitigen Leben des Gunther Schuller. Überall liegen Stapel mit Noten. Mehr als 240 Werke hat Schuller für die unterschiedlichsten Orchester komponiert, darunter auch „Of Reminiscences and Recollections", das er seiner Frau, der Sängerin und Pianistin Marjorie Black, widmete, die 1992 verstarb. Einige ihrer Kleider hängen wie unberührt auf einer Stange in ihrem Zimmer im ersten Stock, in dem die Zeit anscheinend stehen geblieben ist. Ein altes Familienfoto liegt gleich daneben. Darauf erkennt man zwei kleine Jungen, George und Edwin, die beide Jazzmusiker geworden sind. Vor allem George besucht seinen Vater häufiger und bleibt gerne mehrere Tage, Platz gibt es genug.

An den Wänden hängen unzählige Auszeichnungen, Urkunden, alte Fotos und immer wieder erblickt man auch einen Grammy, mal auf einem Wäschestapel, mal verstaubt in einem Regal. Es sind einfach so viele Dinge in diesem Haus, aber seine Assistentin Jennique versucht, den Überblick zu behalten. Sie sitzt im Büro des ausgebauten Kellers am Computer, umringt von zwei Wänden voller Schallplatten, aber auch im Rest des Kellers befinden sich Räume mit Regalen, in denen nur Schellackplatten aufgereiht stehen. In einer anderen Ecke stapeln sich Kassetten, darunter „Epitaph" von Charles Mingus, dessen Rekonstruktion und posthume Uraufführung Schuller 1989 umsetzte.

Als ich wieder im Erdgeschoss ankomme, fragt Schuller mich: „Und, hast du alles gesehen? Was denkst du?" Er will unbedingt Deutsch mit mir sprechen, da er zu selten Gelegenheit dazu hat. Als Sohn von deutschen Auswanderern wurde er in New York geboren, aber weil er ein leicht rebellisches Kind war, schickten ihn die Eltern 1932 zurück nach Deutschland in ein Internat in Gebesee bei Erfurt. „Sie dachten, dass eine deutsche Erziehung gut für mich wäre. Die Ferien verbrachte ich ebenfalls in Deutschland bei Verwandten. Dieses Internat war isoliert von der Außenwelt. Hitler hatte gesagt, dass er diese privaten Schulen für ausländische Kinder mit deutschen Eltern unberührt lassen wollte, aber da er nie ein Versprechen gehalten hat, sind sie 1936 auch

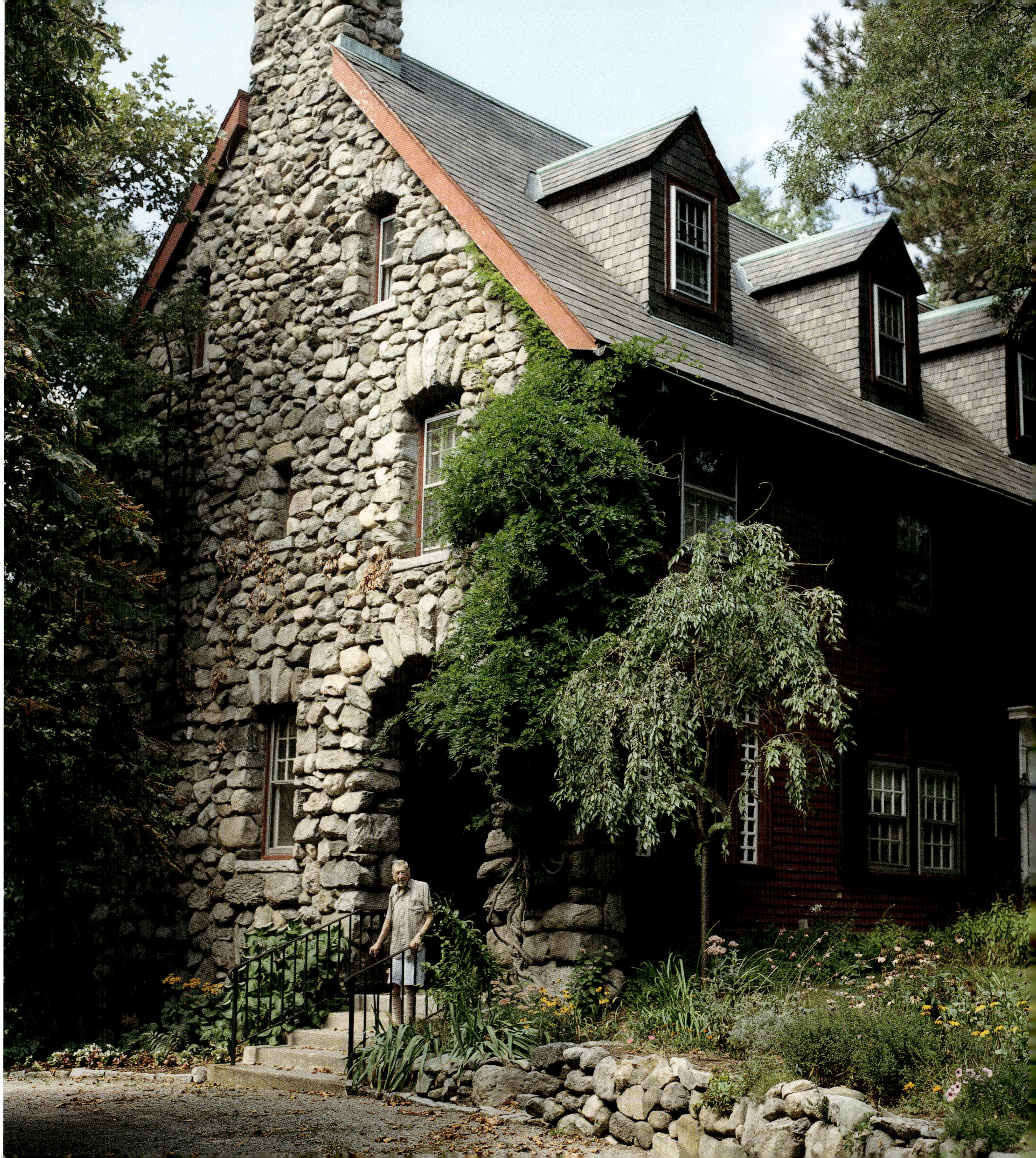

AMERICAN JAZZ HEROES II — GUNTHER SCHULLER

Als ich meinem Vater sagte: „Daddy, ich habe letzte Nacht Duke Ellington gehört und seine Musik war so großartig wie die von Beethoven und Mozart!", bekam er fast einen Herzinfarkt.

in meine Schule eingedrungen. Im letzten halben Jahr meines Aufenthalts wurde ich in die Hitler-Jugend eingegliedert. In einer braunen Uniform musste ich sinnlos in einer Parade auf und ab marschieren und wurde vom Vorgesetzten einmal in der Woche mit einem Ledergürtel geschlagen. Ich schrieb meinen Eltern einen Brief von den Ereignissen, aber sie glaubten mir nicht. Im Dezember 1936 hat meine Mutter mich dann abgeholt, weil sie sehr besorgt war, denn ich hatte bei einem Unfall mit einem Messer mein rechtes Auge verloren. Eine Woche war ich im Krankenhaus, hatte zwei Operationen und habe seitdem ein künstliches rechtes Auge. Da es damals noch keine Flüge über den Atlantik gab, brauchte meine Mutter sieben Tage mit dem Schiff."

Zurück in New York, wurde Schullers musikalisches Talent entdeckt. Er lernte Waldhorn und wurde im Alter von 16 Jahren von seinem Vater, der Violinist bei den New Yorker Philharmonikern war, in dieses Orchester geholt. Gleichzeitig erlebte Schuller in New York die Geburt des Bebop und besuchte so viele Jazzkonzerte wie möglich. „Als ich meinem Vater sagte: ‚Daddy, ich habe letzte Nacht Duke Ellington gehört und seine Musik war so großartig wie die von Beethoven und Mozart!', bekam er fast einen Herzinfarkt, denn wenn man so etwas sagte, galt man als Verräter."

Während seines Kompositionsstudiums an der Manhattan School of Music lernte er 1948 John Lewis kennen, der ihn im März 1950 einlud, im Nonett von Miles Davis an der Aufnahmesitzung von „Birth Of The Cool" als Hornspieler teilzunehmen. „Jazz war definitiv ein Teil meines Lebens, aber bis dahin hatte ich nur klassische Musik gespielt. Als Miles nach einem Hornspieler suchte, fragte er John Lewis und John empfahl mich. Ich hatte Miles und auch Dizzy und Duke schon vorher in Detroit getroffen, wo ich mit dem Metropolitan Opera Orchestra aufgetreten war. Die Arrangements von Miles' Nonett waren nicht leicht, weshalb wir fünf Proben hatten, bei denen jedoch nicht immer alle anwesend waren, weil sie woanders spielen mussten. Nur bei einer einzigen Probe kamen alle zusammen. Die Komposition ‚Moon Dreams' hatte Gil Evans arrangiert, der aber bei der Aufnahme nicht dabei war, und sie war mit Abstand am schwierigsten zu spielen. Niemand hatte je zuvor im Jazz so etwas geschrieben. Deshalb sagte ich zu Miles: ‚Lass uns das nicht als letzten Titel aufnehmen!' Miles verstand und sprach mit den Produzenten, jedoch ohne Erfolg. Wir hatten noch 25 Minuten im Studio und spielten endlich ‚Moon Dreams'. Nach zwei schlechten Durchläufen sagte Miles eine 5-Minuten-Pause an, in der ich ihn bat: ‚Miles, lass mich die Band dirigieren.' Ich habe dann gleichzeitig Horn gespielt und dirigiert und so haben wir es geschafft, nicht perfekt, aber o.k. Dennoch bin ich stolz, dass ich so die Aufnahme retten konnte. Es funktioniert auf der Capitol-Platte nur deshalb, weil all die tollen Musiker mit so viel Gefühl gespielt haben. Aber wenn du dir die CD mit der zusätzlichen Live-Aufnahme aus dem Royal Roost anhörst, merkst du, wie es auseinanderfällt."

Schuller spricht sehr lebendig über sein Leben. Seine unendliche Neugierde und Leidenschaft für alle kulturellen Dinge hat er sich bis ins hohe Alter bewahrt. Da er in jungen Jahren von beiden damaligen musikalischen Hauptströmungen Jazz und Klassik geprägt war, lag seine Idee nahe, die überwiegend improvisierte Musik mit der auskomponierten Musik zu verbinden. Bei einem Vortrag an der Brandeis University 1957 während des Festival of the Creative Arts benannte Schuller diese Zusammenführung „Third Stream". „In den 1950er-Jahren wurden die Arrangements im Jazz komplexer und es wurde von den Musikern erwartet, dass sie diese ohne Probleme lesen und spielen konnten. Vor allem durch das Aufkommen der Langspielplatte konnten längere Kompositionen aufgenommen werden. Bei der Fusion von Klassik und Jazz habe ich von beiden nur das Beste genommen und sie kompositorisch, stilistisch, aber auch in der Aufführungspraxis zusammengeführt. Dabei haben

DIE WICHTIGSTEN WERKE
ALS KOMPONIST

Seven Studies On Themes Of Paul Klee
for Orchestra, 1959

Variants For Jazz Quartet & Orchestra
1960

Journey Into Jazz
for Narrator,
Jazz Quintet & Orchestra, 1962

DIE WICHTIGSTEN ALBEN
ALS LEADER UND CO-LEADER

*John Lewis Presents Contemporary
Music: Jazz Abstractions*
(Atlantic, 1960)

Art Of Scott Joplin
(GM Records, 1974)

Scott Joplin's Treemonisha
(Deutsche Grammophon, 1975)

Of Reminiscences And Reflections
(New World Records, 1995)

DIE WICHTIGSTEN PUBLIKATIONEN
ALS AUTOR

*Early Jazz:
Its Roots And Musical Development*
(Oxford University Press, 1968)

*The Swing Era:
The Development Of Jazz 1930–1945*
(Oxford University Press, 1989)

*Gunther Schuller: A Life In Pursuit
Of Music And Beauty*
(University Of Rochester Press, 2011)

———

Martin Laurentius

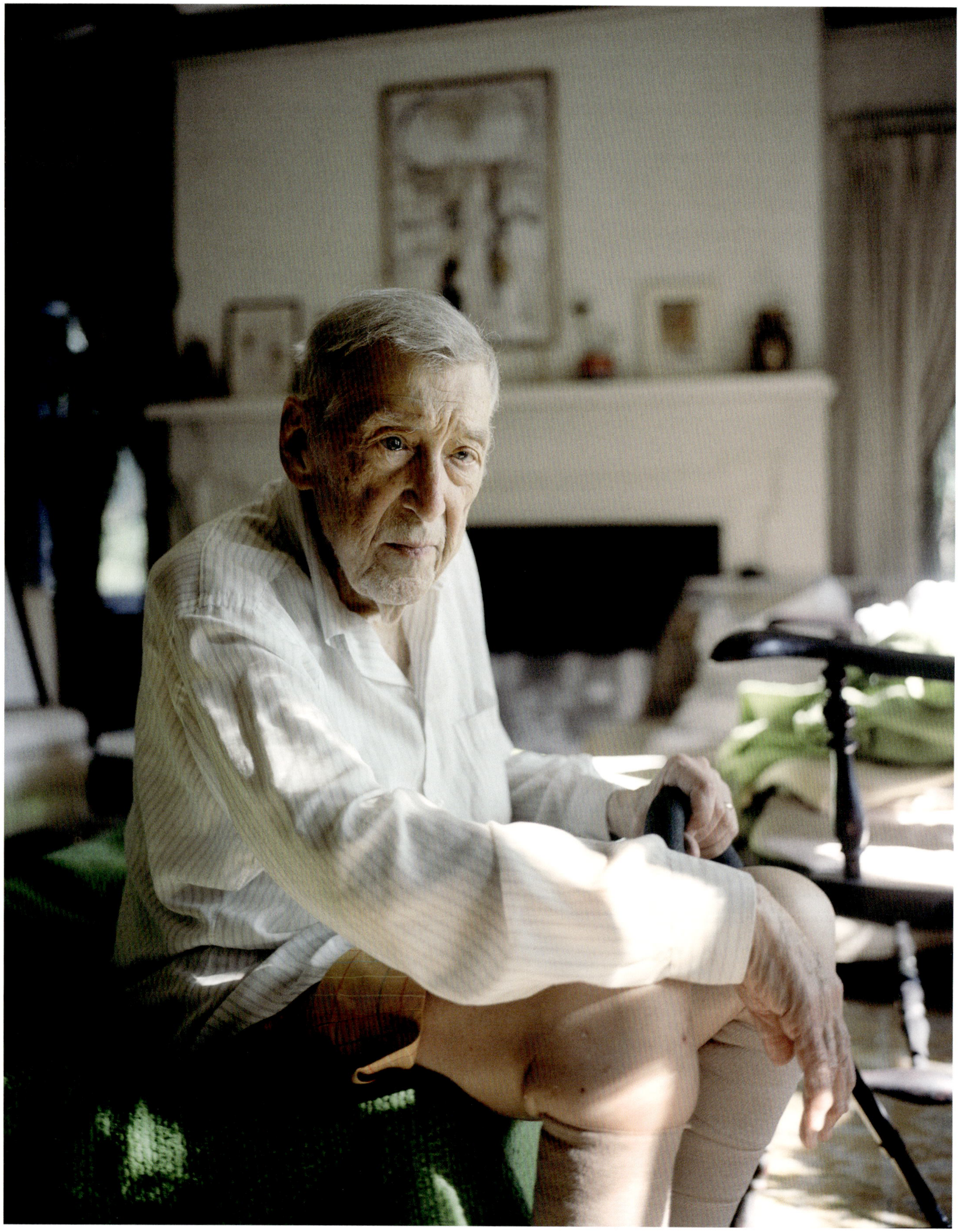

> Dann sagte ich etwas zu Ornette, an das ich mich leider nicht erinnern kann, aber es muss irgendetwas bei ihm ausgelöst haben, denn er rannte zur Toilette und musste sich übergeben.

beide Stile ihren jeweiligen Charakter behalten und in ihrer Verbindung habe ich etwas Neues erschaffen. Es hätte nicht funktioniert, wenn ich nur oberflächlich ein paar Klischees übereinandergelegt hätte."

Er schüttelt den Kopf. „Der Third Stream wurde extrem kontrovers behandelt. Aus beiden Lagern, Jazz und Klassik, kamen sehr dümmliche Reaktionen. Die Klassikmusiker sagten, dass ihre Musik von dieser minderwertigen schwarzen Jazzmusik verseucht werden würde, und die Jazzmusiker befürchteten, dass Klassikmusiker ihre spontane Musik blamabel schlecht spielen würden. Auch die Kritiker waren damals sehr hart und sagten: ‚Man kann Öl nicht mit Wasser vermischen.' Sie haben mich gekreuzigt. Aber ich konnte das alles nicht ernst nehmen und empfand es als ignorant. Später haben sowieso die unterschiedlichsten Musikstile zusammengefunden. Das Prinzip der Fusion ist heute Teil der Weltmusik. Die Vermischung von indischer, arabischer und afrikanischer Musik ist genau das Gleiche. Du kannst heute drei oder vier unterschiedliche Formen von Musik zusammenbringen und es wird funktionieren, wenn es kreativ und ehrlich arrangiert wird. Dabei muss jede Musik eine absolute Integrität besitzen und Respekt vor der jeweils anderen haben, genau wie im Third Stream. Heute wird es natürlich nicht mehr Third Stream genannt. Die Plattenfirmen verkaufen es als Crossover oder als World Music."

Bereits zwei Jahre zuvor, 1955, hatte Schuller schon zusammen mit John Lewis versucht, Klassik und Jazz in einer Gruppe zu vereinen, und sie gründeten die Modern Jazz Society. „Wir stellten das Ensemble zusammen, um unsere Thesen über die Fusion beider Stile auch zu praktizieren. Kurz nach der Gründung änderten wir den Namen in ‚Jazz and Classical Music Society'. Auch wenn nicht alles perfekt lief, war es doch ein wichtiger Schritt gewesen, um dann später dem Third Stream zum Durchbruch zu verhelfen. Stan Kenton und Pete Rugolo experimentierten ebenfalls mit der Verbindung von Klassik und Jazz, aber ihre Ansätze waren leicht anders als unsere." Noch im selben Jahr nahm das Ensemble für Norgran Records die Platte „The Modern Jazz Society" auf, bei der unter anderem Stan Getz, J. J. Johnson, Lucky Thompson, Tony Scott, Billy Bauer, Percy Heath und Connie Kay mitspielten.

Zusammen mit John Lewis gründete Schuller 1957 auch die Lenox School of Jazz im westlichen Massachusetts, zu der 1959 unter anderem Ornette Coleman kam, kurz bevor er nach New York ging und dort sechs Monate im Five Spot auftrat. „Ornette war 1960 zusammen mit Jim Hall und Scott LaFaro an meiner Platte ‚Jazz Abstractions' beteiligt. Er konnte nicht sehr gut Noten lesen und da ich ein guter und geduldiger Lehrer bin, kam Ornette für neun Monate zu mir nach Hause, immer am Mittwoch, und wir haben zusammen gearbeitet. Aber irgendwie war da eine Blockade in seinem Kopf, die auch ich nicht überwinden konnte. Das war wirklich frustrierend, denn ich wollte ihm doch helfen. Dann sagte ich etwas, an das ich mich leider nicht erinnern kann, aber es muss irgendetwas bei ihm ausgelöst haben, denn er rannte zur Toilette und musste sich übergeben. Danach kam er völlig aufgelöst zurück, setzte sich 20 Minuten auf das Sofa, sagte kein Wort und ging. Leider habe ich ihn danach nie wiedergesehen. Es war eine der schlimmsten Erfahrungen, die ich je gemacht habe."

Schuller schaut in den Spiegel vor sich und setzt sich wieder aufrecht hin. „In all den Jahren habe ich mit so vielen wunderbaren Musikern zusammengearbeitet, mit Art Farmer, Bill Evans, Milt Jackson, Eric Dolphy, Dizzy Gillespie, Wynton Marsalis oder Joe Lovano. Das ist das Wunderbare am Jazz: der Individualismus und das Besondere eines jeden Musikers. Leider gibt es davon nicht mehr all zuviele." Ein Jahr nach meinem Besuch stirbt Gunther Schuller an Leukämie. Er wurde 89 Jahre alt.

Ben Riley

MIT MONK ZU SPIELEN WAR BESSER ALS JEDES MUSIKSTUDIUM.

Benjamin, genannt Ben, Riley (* 17. Juli 1933 in Savannah, Georgia) ist ein US-amerikanischer Schlagzeuger.

„Bim, Bam, Boom!" Ben Riley singt immer wieder gerne zwischendurch im Gespräch Schlagzeugrhythmen.

Er sitzt im Rollstuhl im großen Speisesaal eines Pflegeheims in West Babylon auf Long Island, New York. Es ist Mittagszeit. Die Pfleger gehen durch die Gänge zwischen den Tischen und schauen, ob es allen beim Essen gut geht. Fotografieren ist hier strengstens verboten, um die Privatsphäre der einzelnen Bewohner zu schützen. Riley hat einen verletzten linken Fuß, weshalb seine Frau Inez, mit der er seit 60 Jahren verheiratet ist, ihn nicht zu Hause pflegen kann, aber sie kommt fast täglich vorbei, nur heute hat sie selbst eine Operation am Auge. „Ich kann mich nicht beklagen, es wird hier gut für mich gesorgt", sagt Riley. „Aber besonders viele Besucher kommen hier leider nicht vorbei."

Er nimmt Messer und Gabel wie Trommelstöcke in die Hand, schlägt auf die Tischkante und schmunzelt dabei. „Genau das habe ich als kleiner Junge immer gemacht, nachdem ich mir mit meiner Mutter auf der Straße eine Marching-Band angesehen hatte. Sie hat mir dann richtige Sticks besorgt und ich habe sehr wild auf allem getrommelt. Wir lebten Uptown, dort wo Manhattan etwas hügeliger wird, in der 148. Straße in Sugar Hill – so nannten wir in Harlem die Gegend zwischen der 145. und 155. Straße. Dort lebten sehr viele Musiker: Roy Haynes, mit dem ich befreundet war, wohnte in der 149. Straße, Billie Holiday in der 147. Straße, Mel Lewis, Sonny Rollins, Art Taylor – eine tolle Nachbarschaft! Ich begann, in der Band von Cecil Scott zu spielen. Eigentlich wollte ich Basketballspieler werden, aber ich habe es nie bis in das beste Team geschafft. Im Village Vanguard traf ich Nina Simone, die mit mir ein paar Wochen spielen wollte, aber daraus wurde ein ganzes Jahr, in dem wir auch auf Tour gegangen sind. In der 52. Straße habe ich mir in all den Clubs die Schlagzeuger angehört, um von ihnen zu lernen. Mein größtes Vorbild war Kenny Clarke, den ich im Birdland mit Miles Davis hörte – ich blieb die ganze Nacht. Danach bin ich nach Hause gegangen und habe versucht, das nachzuspielen, was ich gehört hatte, aber auf meine Weise, denn ich wollte nie jemanden kopieren."

Nachdem Riley sein Dessert gegessen hat, schiebe ich seinen Rollstuhl zum Aufzug und wir fahren in die dritte Etage. Die Türen der Zimmer sind alle offen, im Aufenthaltsraum sehen sich einige Patienten eine Sendung im Fernsehen an. „Hier ist es: Bim, Bam, Boom! Nummer 318." In dem Raum mit zwei Betten liest sein Zimmernachbar Marvin Zeitung. Rileys Bett ist am Fenster. Auf dem Fensterbrett sind Glückwunschkarten aufgestellt, die er neulich zu seinem 82. Geburtstag zugeschickt bekommen hat. Neben dem Fernsehgerät liegt eine Ausgabe von Modern Drummer, gleich dahinter hängt eine große Collage aus Erinnerungsfotos, die ihm ein Freund zusammengestellt hat, um das Zimmer etwas zu beleben. Hat Riley denn hier auch Schlagzeugstöcke? Er öffnet eine Schublade und holt die Sticks hervor. „Na klar!" Er trommelt ein wenig auf dem Heizkörper, was seinem Zimmernachbarn ziemlich egal zu sein scheint. Im Pflegeheim ist er längst allen bekannt als der Schlagzeuger, der mit Monk gespielt hat. Dabei war die Zusammenarbeit mit dem Pianisten von 1964 bis 1968 nur eine von vielen musikalischen Stationen seiner langen Laufbahn. Außerdem spielte Riley mit Randy Weston, Eddie „Lockjaw" Davis, Ron Carter, Duke Ellington, Alice Coltrane, Ahmad Jamal, Woody Herman, Willie „The Lion" Smith, Mary Lou Williams, Gary Bartz, Billy Taylor, Horace Tapscott, Andrew Hill, Bennie Green, Kenny Barron, Abdullah Ibrahim, Clark Terry, Hank Jones, Earl Hines, Barry Harris und Stan Getz. „Mit Stan bin ich für eine Tour nach Europa geflogen. Das war sehr interessant, weil die Europäer den Jazz sehr schätzen. Später in Japan war es genauso. Aber ich habe auch mit einigen Sängerinnen gespielt, nicht nur mit Nina, sondern auch mit Sarah Vaughan, Sheila Jordan und Ella Fitzgerald. Ella hat mich bekocht und meinte: ‚Wenn ich dich sehe, denke ich, du könntest

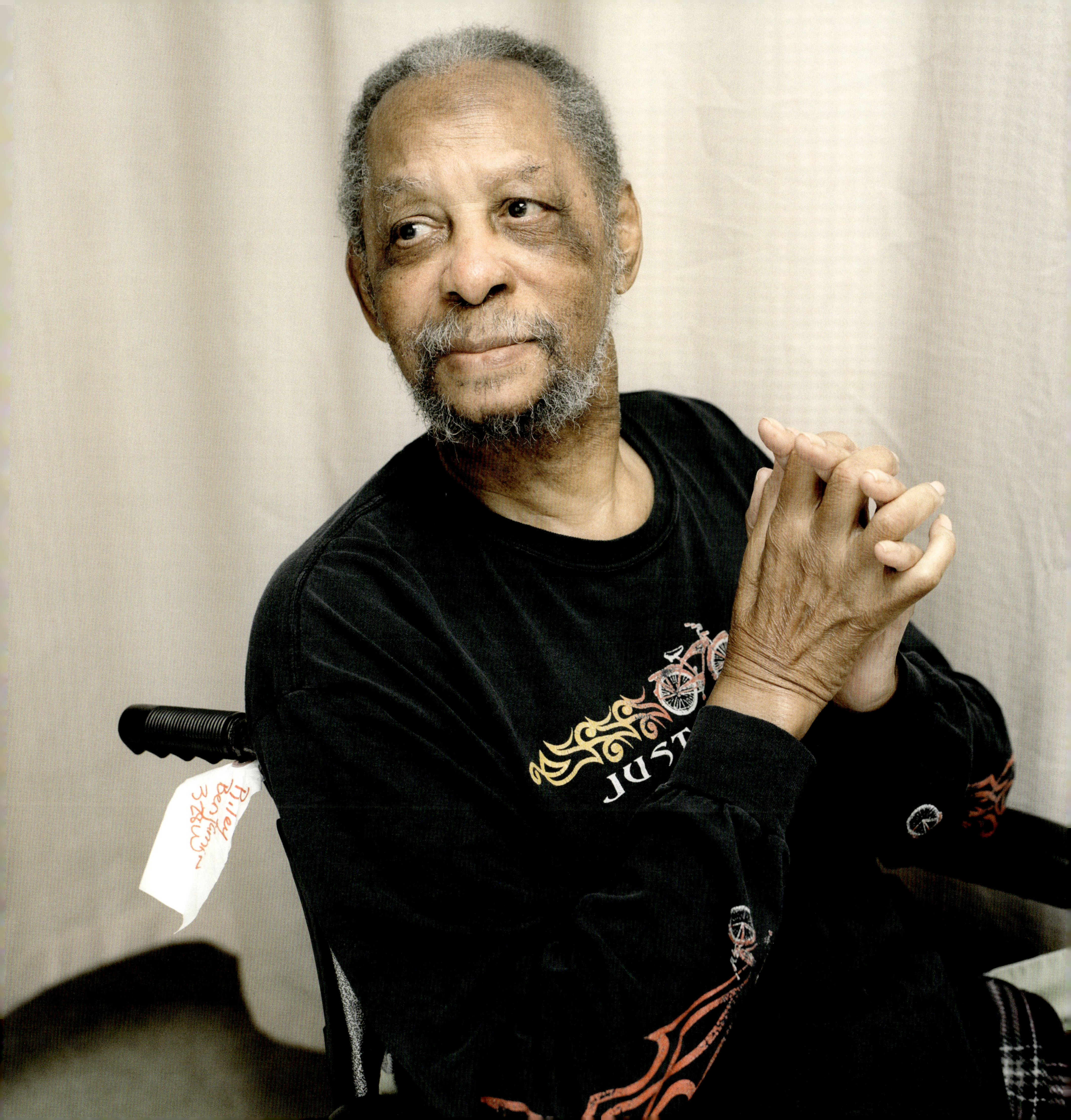
JUST

> Von Sängerinnen habe ich gelernt, immer
> die Melodie eines Songs im Kopf mitzusingen.

mein Sohn sein.' Sie war immer sehr herzlich. Von Sängerinnen habe ich gelernt, immer die Melodie eines Songs im Kopf mitzusingen. Das war eine Hilfe, wenn ich sehr schnell spielte – dann hatte ich immer die Melodie im Kopf und musste mich nicht auf das Tempo konzentrieren und auch nicht auf meine Hände schauen. Dadurch entwickelte sich mein melodischer Stil. Ich komme eben aus der Ära, als noch mehr Songs mit einer markanten Melodie gespielt wurden. Und wenn man den Text von einem Titel kennt, ist das auch gut, denn dann harmoniert man mit den anderen Musikern einer Gruppe noch besser."

Seine Begabung wurde auch von dem schnell spielenden Johnny Griffin erkannt, der ihn für seine Gruppe engagierte. „1959 spielte ich beim Newport Jazz Festival mit Kenny Burrell und Major Holley, mit dem ich schon lange zusammengearbeitet hatte. Johnny Griffin kam ohne Rhythmusgruppe zum Festival und wählte Ray Bryant, Major Holley und mich für seinen Auftritt aus. Nach dem Konzert erzählte mir Griffin, dass er eine Band mit Eddie ‚Lockjaw' Davis habe und er mich dabeihaben wolle." Mit den zwei Tenoristen nahm Ben Riley zwischen 1960 und 1962 etliche Platten auf, gelegentlich auch nur mit einem von beiden. So entstand mit Eddie „Lockjaw" Davis die Aufnahme „Afro-Jaws" und mit Johnny Griffin die bekannte Einspielung „The Kerry Dancers". Danach wurde auch Sonny Rollins auf Ben Riley aufmerksam, spielte mit ihm Konzerte im Birdland und im Village Vanguard und holte ihn ins Recording-Studio für „The Bridge" und „What's New?". „Bei den Aufnahmen war auch Jim Hall dabei, der ständig gefragt wurde: ‚Wer ist denn der Junge in eurer Band?' Ich sah damals sehr jung aus und hatte noch keinen Bart. Mit Sonny Rollins zu arbeiten, hat mich mehr auf die Phrasierung von Bläsern achten lassen, die ich auf mein Schlagzeugspiel übertrug. Über Improvisation sagte Sonny immer: ‚Wenn du spielst, ist es so, als ob du einen Highway entlangfährst, den du nicht kennst, aber es gibt immer Orientierungspunkte.'"

Ein Pfleger geht durch den Flur, der eine kostenlose Rasur anbietet und dabei laut ruft: „Free shave! Free shave!" Riley krault seinen Bart: „Früher war der länger, aber eine Rasur brauche ich nicht schon wieder." Er wendet sich an seinen Zimmernachbarn, der beim Zeitungslesen im Rollstuhl eingeschlafen ist: „Hey Marvin, wie wär's mit dir?" Marvin wacht auf: „Ah ja, warum nicht." Der Pfleger macht sich an die Arbeit und Riley erzählt von seiner Begegnung mit John Coltrane und Thelonious Monk. „Mit Trane sollte ich eine Platte im Duo aufnehmen, aber an dem Tag, als wir anfangen wollten, ist er sehr krank geworden und bald darauf gestorben. Somit hatte ich leider nie die Gelegenheit. Aber es gibt ein paar Stücke, die Coltrane ohne Schlagzeuger aufgenommen hatte, über die ich dann nachträglich die Tonspur eingespielt habe. Als ich Coltrane im Five Spot mit Wilbur Ware und Shadow Wilson hörte, war Monk am Piano, den ich dort zum ersten Mal sah. Um 21 Uhr bin ich hingegangen und habe mir alles angehört, bis der Club seine Türen schloss." Riley lacht kurz auf. „Auf einer Monk-Platte von Blue Note spielte er ‚Carolina Moon'. Die hatte ich mir gekauft, weil Max Roach mitspielte und Max war eines

---

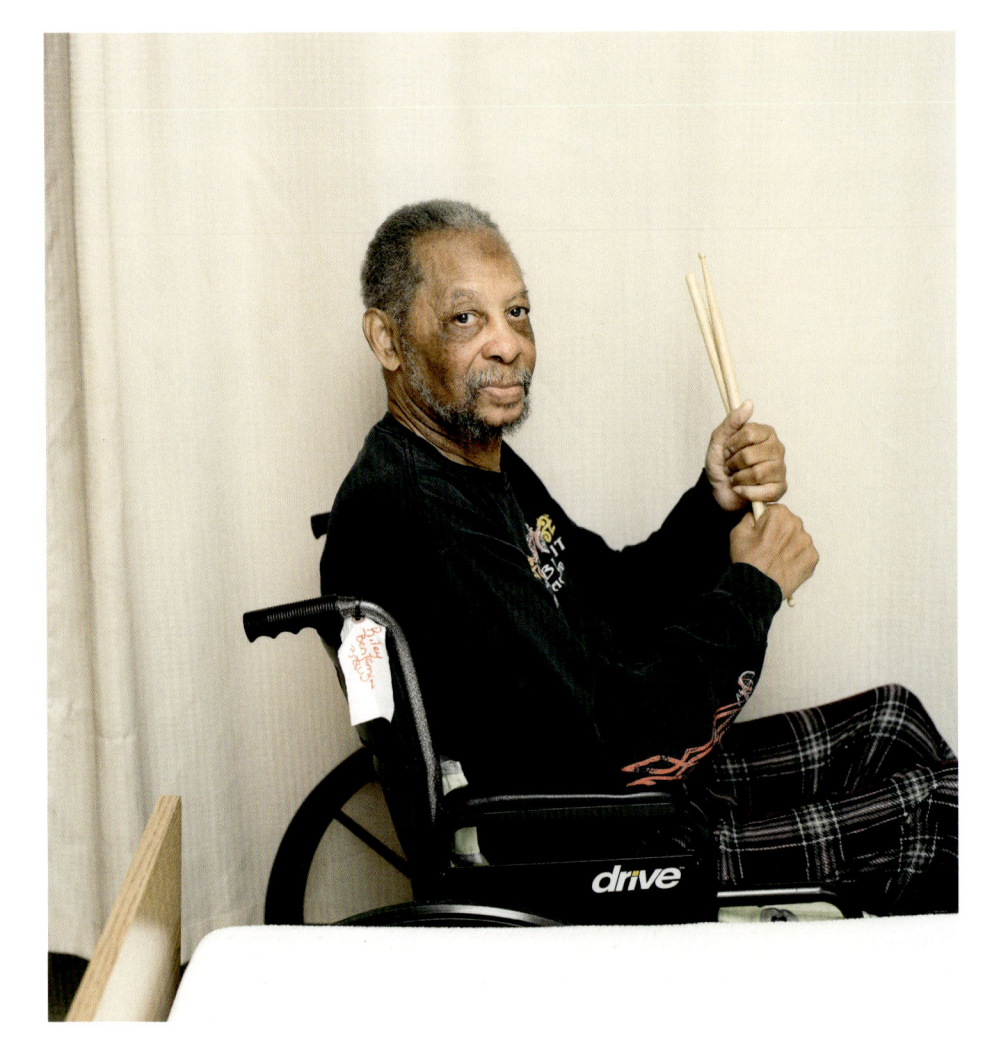

DIE WICHTIGSTEN ALBEN
ALS SIDEMAN UND LEADER

Sonny Rollins
The Bridge *(RCA Victor, 1962)*

Thelonious Monk
Live at the It Club *(Columbia, 1964)*

Thelonious Monk
Underground *(Columbia, 1968)*

Alice Coltrane
Ptah, The El Dauod *(Impulse!, 1970)*

Andrew Hill
Eternal Spirit *(Blue Note, 1989)*

Eddie Harris
There Was a Time *(enja, 1990)*

Ben Riley
Weaver of Dreams *(Joken, 1996)*

*Muhal Richard Abrams/
Barry Harris*
Interpretations of Monk, Vol. 1
(Koch Jazz, 1997)

Horace Tapscott
Dissent or Descent *(Nimbus West, 1998)*

Kenny Barron
Live at Bradley's *(Sunnyside, 2002)*

Christian Broecking

meiner Vorbilder. Sogar meiner Mutter gefiel die Platte, die fragte: ‚Ben, was hörst du da?' Ich sagte: ‚Monk!' Die Musik von Monk habe ich sehr schnell verstanden, weil sie voller Humor und sehr rhythmisch war. Man wollte seinen Fuß dazu bewegen. 1964 spielte ich für sechs Wochen im Five Spot mit drei unterschiedlichen Piano-Trios nacheinander, mit Bobby Timmons, Junior Mance und Walter Bishop jr. Nach uns trat dann immer die Band von Thelonious Monk auf, mit Frankie Dunlop am Schlagzeug. Es war sehr lustig, denn Monk kam immer sehr früh ins Five Spot, sah sich die Bühne an und verschwand in der hinteren Küche, wo er blieb, bis er spielte. An einem der letzten Abende, nachdem ich mit den drei Trios zu Ende gespielt hatte, kam Monk zur Bühne, sah mich an und sagte: ‚Wer verdammt bist du? Der Hausschlagzeuger?' Das war das erste Mal in diesen Wochen, dass er mich ansprach."

Eine Pflegerin kommt herein und stellt für den Nachmittag ein Sandwich auf den Tisch. Riley erinnert sich, wie seine Jahre mit Monk anfingen. „Am Tag danach, einem Montag, bekam ich einen Anruf von Monks Manager Harry Colomby. Ich habe gleich wieder aufgelegt, denn ich dachte, es sei ein alter Freund von mir, der Schlagzeuger Saint Jenkins, der sich einen Spaß mit mir erlaubte. Zuvor hatte ich Jenkins oft angerufen und mich als Manager von Duke Ellington ausgegeben und ihn für ein Vorspiel eingeladen. Aber dann klingelte das Telefon wieder: ‚Hier ist wirklich Harry Colomby. Wir sind hier gerade im Columbia Studio und Thelonious möchte, dass Sie herkommen und mit ihm aufnehmen. Steigen Sie mit Ihren Drums in ein Taxi, unten wird jemand warten.' Als ich ankam, saß Monk im Kontrollraum. Er kam nicht mal raus. Nachdem ich mein Schlagzeug aufgebaut hatte, ging er zum Piano, immer noch kein Wort, fängt an zu spielen und wir nehmen auf. Das wurde dann die Platte ‚It's Monk's Time'. Als wir am zweiten Tag fertig waren, fragte er mich: ‚Brauchst du Geld?' Ich antwortete: ‚Nein danke, ich kann warten, bis der Scheck kommt.' Daraufhin sagte er: ‚Gut, ich möchte nur nicht, dass jemand in meiner Band spielt, der pleite ist.' Ich war total verwirrt und sagte nur: ‚Wie bitte?', denn er hatte mir durch diesen Satz mitgeteilt, dass ich fest in seiner Band war. Das war ein tolles Gefühl! Dann fragte er mich, ob ich einen Pass hätte, aber ich hatte keinen. Monk: ‚Besorg dir besser schnell einen Pass, denn Freitag fliegen wir nach Europa.' Damals war es noch nicht so schwierig, innerhalb weniger Tage einen Pass zu bekommen."

Ihr erstes gemeinsames Konzert fand in der Londoner Royal Festival Hall statt. „Es war ausverkauft. Die alten Rolls-Royces und Bentleys waren in zwei Reihen geparkt. Vor uns spielte die Gruppe von Ronnie Scott. Im Flugzeug hatte Monk kein Wort mit uns gesprochen, denn er saß in der Business-Class und wir hinten. Wir hatten auch nicht geprobt, denn Monk probte nie, weil es ihm wichtig war, dass wir im Konzert musikalisch spontan bleiben. Als erstes Stück spielten wir die Ballade ‚Don't Blame Me' und dann stand er plötzlich auf und sagte: ‚Schlagzeugsolo!' – und das in einer Ballade! Ich dachte nur: Oh je, jetzt werde ich schon auf die Probe gestellt. Also nahm ich meine Besen und spielte ein Solo. Mit Besen zu spielen, hatte ich bei Auftritten mit Pianotrios in Hotels gelernt, wo das Schlagzeug manchmal direkt neben einem Tisch aufgebaut war, wo die Leute ihr Dinner aßen. Anscheinend hat Monk mein Solo gefallen und danach sind wir gute Freunde geworden."

Wieder kommt jemand ins Zimmer. Diesmal ist es der Putzmann, der die Mülleimer leert. Aber Riley erzählt noch in Ruhe zu Ende: „Monk sagte immer: ‚Die meisten Musiker können nur langsam, medium oder schnell spielen.' Deshalb war sein Tempo irgendwo dazwischen. Wenn man versucht hat, mitzuzählen, hatte man ein Problem, denn es ging darum, den Beat und die Struktur zu fühlen. Wir haben seine Kompositionen jeden Abend in einem anderen Tempo gespielt, sodass ich mir immer etwas Neues einfallen lassen musste. Ich lernte, mit musikalischem Freiraum umzugehen. Monk hat mich mit seinen rhythmischen Phrasierungen und seiner Einfachheit sehr beeinflusst. Mit ihm zu spielen, war besser als jedes Musikstudium."

Ornette Coleman

> MENSCHEN LEBEN DOCH AUCH AUF MULTIPLEN EBENEN, UND DAS REFLEKTIERE ICH IN MEINER MUSIK.

Randolph Denard Ornette Coleman (* 9. März 1930 in Fort Worth, Texas; † 11. Juni 2015 in New York City) war ein US-amerikanischer Saxofonist und Komponist.

New York, 2007: An einem heißen Sommerabend gehe ich die 7. Avenue, Ecke 36. Straße, entlang.

Die Bürgersteige sind wie immer voller Menschen. Mitten in der Menge kommt mir ein auffälliges Paar entgegen. Die junge Frau schiebt ihr Fahrrad, der ältere Mann trägt ein bunt gemustertes Jackett zum farblich passenden Hut. Ornette Coleman! Ich spreche ihn an, stelle mich vor und frage, ob ich ihn in den nächsten Tagen besuchen dürfe. „Ja sicher, komm einfach vorbei, ich wohne hier gleich um die Ecke." Er notiert mir seine Adresse auf einem kleinen Zettel und verabschiedet sich freundlich.

Zwei Tage später: Mitten in Manhattan, 241 West 36. Straße. Im Treppenhaus blockieren Bauarbeiten den Fahrstuhl, sodass ich in den vierten Stock laufen muss. Oben kommt mir Coleman schon entgegen. Es wird deutlich, dass er sich nicht mehr an unsere Begegnung erinnern kann, dennoch bittet er mich herein. „Du musst ein wenig Geduld haben, da ist ein Filmteam, das noch mit mir sprechen will." Er setzt sich wieder vor die laufende Kamera und beantwortet Fragen zu seiner Jugend. „Während ich in Fort Worth, Texas, aufwuchs, hörte ich den Saxofonisten Red Connors, der mich sehr begeistert hat. Meine Mutter hat mir dann mein erstes Saxofon geschenkt, als ich 14 Jahre alt war – es war ein Plastiksaxofon. Ich hatte keine Ahnung, dass man Unterricht nehmen sollte, stattdessen war das Saxofon für mich wie ein Spielzeug, das ich ausprobierte. Sich allen Dingen spielerisch zu nähern, erachte ich auch heute noch als den besten Ansatz. Deshalb habe ich 1965 auch angefangen, Trompete und Violine bei den Konzerten zu benutzen, denn ich wollte wieder diesen frischen Blick auf die Musik. Das ist auch der Grund, warum ich ‚The Empty Foxhole' für Blue Note mit meinen Sohn Denardo am Schlagzeug aufgenommen habe, der damals zehn Jahre alt war. Um mit mir zu spielen, musste ich ihn geradezu überreden."

Coleman lacht. „Ich selbst habe zuerst Rock ’n' Roll gespielt, aber dann kam Lester Young in die Stadt und spielte auf einer Jamsession. Ich durfte nicht mitspielen, weil ich keins der Stücke kannte. Das hat mich sehr verletzt. Deshalb lernte ich anschließend alle Bebop-Kompositionen von Bud Powell, Monk und Parker. Von Bird konnte ich alle Soli kopieren, darin war ich sehr gut. Als ich dann in einer Rhythm-&-Blues-Band bei dem Stück ‚Stardust' ein Solo spielen durfte, habe ich zum ersten Mal in meinem Leben das gespielt, was ich fühlte und was ich hörte, ohne dabei auf die Akkordwechsel oder Sonstiges zu achten. Daraufhin haben sie mich gefeuert. Aber ich wollte herausfinden, warum sich das für mich musikalisch so natürlich angefühlt hatte. Das war ungefähr 1949. Zwei Jahre später ging ich nach Los Angeles und habe als Liftboy im Fahrstuhl gearbeitet, weil ich dachte, dass ich es niemals mit meiner Musik schaffen würde. Ich habe mich mit Harmonielehre und Musiktheorie beschäftigt, Musik gespielt und komponiert. Wenn ich ein Stück spielte, hielt ich mich nie an die

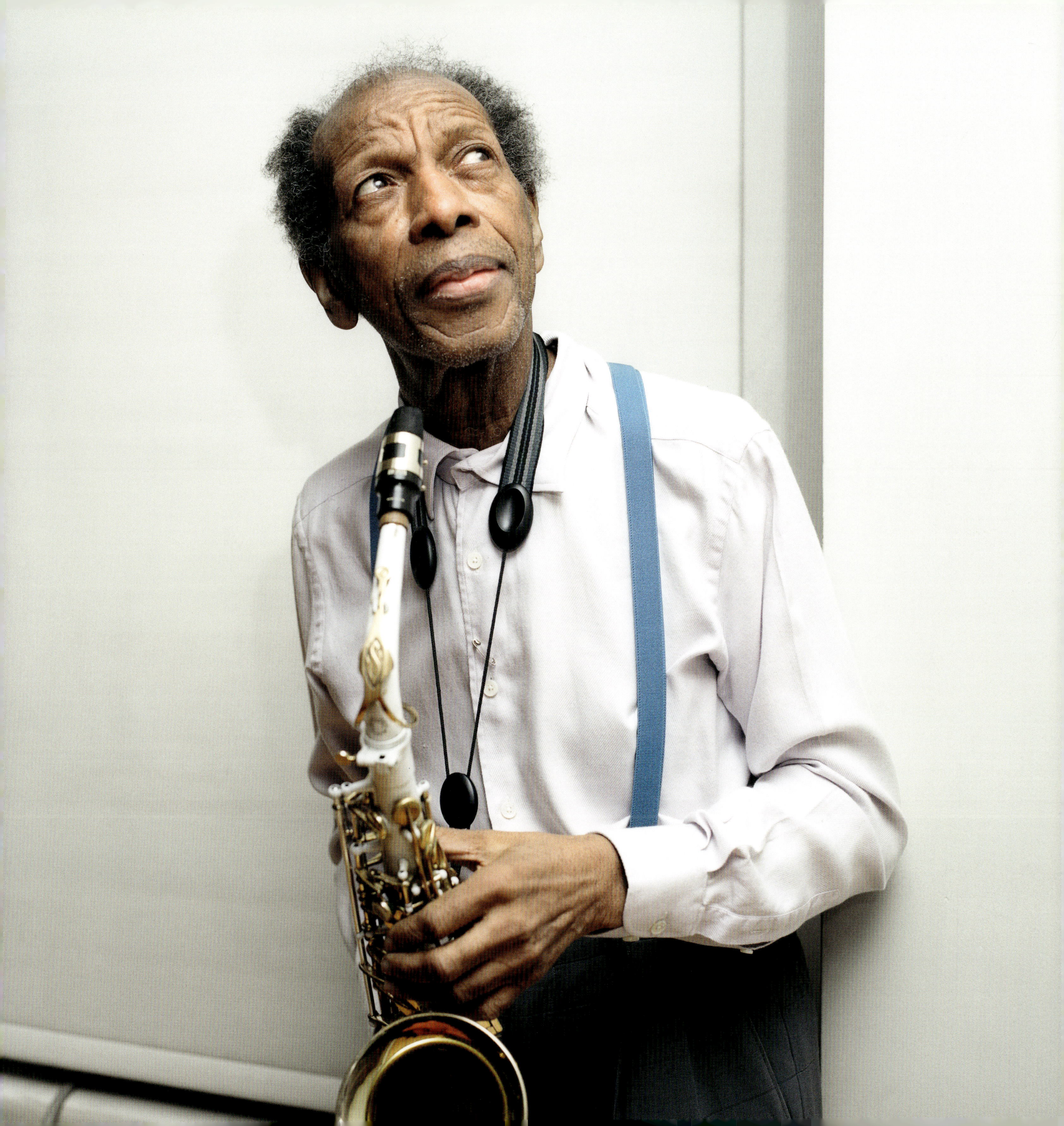

Form und die originalen Akkordwechsel, sondern bewegte mich musikalisch, wohin ich wollte. Ich benutzte die Melodie nur als Anfangsimpuls und so spiele und denke ich auch heute noch."

In Hollywood begann der Produzent Lester Koenig sich für Colemans Kompositionen zu interessieren, bei dessen Label Contemporary seine ersten beiden Platten erschienen. Coleman traf im Hillcrest Club auf die Gruppe von Paul Bley, in der Charlie Haden, Billy Higgins und Dave Pike spielten. Zusammen mit Don Cherry ersetzte Coleman den Vibrafonisten und schließlich entwickelte sich ohne Paul Bley das erste bekannte Quartett von Ornette Coleman. Als das Modern Jazz Quartet in Los Angeles spielte, hörte John Lewis Coleman im Hillcrest Club und stellte den Kontakt zu Nesuhi Ertegun von Atlantic Records her, wo Coleman innerhalb von zwei Jahren sechs LPs aufnahm, darunter die bekannten Alben „The Shape Of Jazz To Come" und „Free Jazz". Coleman ging nach New York, wo er Ende 1959 für drei Monate im Five Spot engagiert war. Sein neuer Ansatz der freien Gruppen-Improvisation mit Bezug auf tonale Zentren und ternäre Rhythmen sowie sein Sound und sein Spiel auf dem Altsaxofon spalteten Kritiker und Musiker. Coleman wurde zum wichtigsten Vertreter der Avantgarde.

In der Mitte des großen Lofts steht ein Billardtisch, gleich daneben befindet sich hinter einer Glasscheibe sein Studio, in dem ein blaues Schlagzeug, ein elektrisches Piano und Regale mit Büchern, Preisen, Urkunden und vielen alten Fotos stehen. Der Boden ist mit einem Leopardenmuster ausgelegt, an der Wand hängt eine große, bunte Collage von Robert Rauschenberg, für die der Künstler die bekannte Fotografie

---

Ich bin immer noch der Überzeugung, dass Harmolodics kein Stil sind.

---

von Eddie Adams von 1968 verwendet hat, auf der General Nguyen Ngoc Loan auf offener Straße einen gefangenen Vietcong erschießt. Nachdem Coleman das Filmteam verabschiedet hat, kommt er ins Studio, setzt sich, und wir unterhalten uns über seine Musik. In den 1970er-Jahren hat Coleman seiner Klangästhetik den Namen „Harmolodics" gegeben, über die er auch angefangen hat, ein Buch zu schreiben, welches jedoch nie veröffentlicht wurde.

„Ich bin immer noch der Überzeugung, das Harmolodics kein Stil sind. Das ist ein überholter Begriff, den man hier nicht anwenden kann. Harmolodics bedeutet, dass Rhythmus, Harmonien und Tempo alle gleichwertig zueinanderstehen und gleichzeitig unabhängige Melodien, also musikalische Bewegungen, stattfinden können. Die Musiker, die mit mir arbeiten, können ganz individuell und spontan ihre Ideen, auch fern jeder Konvention, verfolgen, ohne dabei auf mich oder das Material Bezug zu nehmen, aber dennoch mit mir spielen. Dadurch wird der Unterschied zwischen Solist und begleitender Band aufgehoben. Die Musiker sollen einfach spielen, was sie fühlen. Wenn man herkömmliche Standards des Great American Songbook spielt, bewegt sich alles in einer Dimension. Dabei leben wir Menschen doch auch auf multiplen Ebenen, und das reflektiere ich in meiner Musik, wenn es um Klang, Geschwindigkeit, Timbre und Spannung oder Entspannung geht. Ich will nicht, dass sie mir folgen, sondern dass sie sich selbst folgen, aber dennoch mit mir zusammen sind. So sollen die Musiker möglichst mit mir spielen."

Für die Fotos, die ich von ihm machen möchte, brauche ich noch eine Lampe, um an meiner Kamera die Schärfe besser einstellen zu können. Am Fenster steht auf einem Stativ ein riesiger Lampenschirm, Coleman schaltet die Lampe ein, aber sie leuchtet nicht. Er schraubt die große Glühlampe raus. „Vielleicht hat der Laden um die Ecke Ersatz. Bin gleich wieder da." Er lässt mich in seiner Wohnung alleine zurück. Ich warte, bewege mich kaum, schaue mich nur um. Erst nach 20 Minuten kommt er zurück. „Leider kein Glück gehabt. Dann musst du eben so ein paar Bilder machen." Er nimmt sein weißes Saxofon, stellt sich ans Fenster und spielt. Ich

DIE WICHTIGSTEN ALBEN

*Something Else –
The Music of Ornette Coleman*
(Contemporary, 1958)

Tomorrow Is the Question
(Contemporary, 1959)

The Shape of Jazz to Come
(Atlantic, 1959)

Free Jazz (Atlantic, 1960)

Change of the Century
(Atlantic, 1960)

This Is Our Music
(Atlantic, 1961)

Crisis
(Impulse!, 1969)

Skies of America
(Columbia, 1972)

Song X
(Geffen, 1985)

Sound Grammar
(Sound Grammar, 2006)

———

Christian Broecking

---

möchte ihm eigentlich lieber in Ruhe zuhören, als Fotos zu machen.

Fast fünf Jahre später, März 2012. Ornette Coleman wird 82, und sein Sohn Denardo hat für eine große Feier viele alte Freunde eingeladen. Eine Woche danach bin ich wieder in New York. Erneut klingele ich bei Ornette Coleman. Diesmal öffnet mir eine junge Frau, die sich Oni nennt, die Tür. „Ornette kenne ich schon seit meiner Kindheit. Weil sein gesundheitlicher Zustand immer schwieriger geworden ist, hat mich Denardo gebeten, ihn zu betreuen. Nun bin ich fast rund um die Uhr hier, koche für ihn, helfe ihm beim Waschen, Anziehen und so weiter."

Coleman sitzt in einem Sessel und schaut auf das laufende Fernsehgerät. Er begrüßt mich freundlich und Oni bringt uns etwas zu essen. Coleman sieht mich an und zeigt Richtung Kühlschrank. „Wenn du etwas trinken möchtest, bediene dich einfach, o.k.?" Zehn Minuten später sagt er genau denselben Satz noch mal und kurz danach noch mal, und mir wird deutlich, dass Coleman unter Demenz leidet. Er spricht über Geld und Frauen, aber jegliche Versuche, das Gespräch in Richtung Musik zu lenken, scheitern. Bei den Fotos ist Coleman geduldig, lacht und schaut freundlich in die Kamera. Als ich gehe, ruft er mir noch hinterher: „Come back any time!"

Zwei Jahre später schaue ich wieder bei ihm in seinem großen Loft in der 36. Straße vorbei. Ein junger Mann, Mike, lässt mich herein. Ornette Coleman ist deutlich geschwächt und benutzt inzwischen eine Gehhilfe. Mike berichtet: „Or-

---

Zum ersten Mal in meinem Leben habe ich das gespielt, was ich fühlte und was ich hörte, ohne dabei auf die Akkordwechsel oder Sonstiges zu achten. Daraufhin haben sie mich gefeuert.

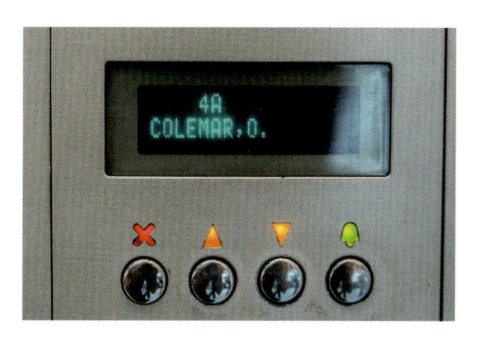

———

nette schläft viel, auch tagsüber, und sitzt am liebsten vor dem Fernseher." Nachdem ich kurz versucht habe, mit Coleman zu sprechen, verabschiede ich mich wieder, wohl ahnend, dass ich ihn das letzte Mal gesehen habe. Ein Jahr später stirbt Ornette Coleman 85-jährig an Herzstillstand. Denardo Coleman organisiert eine dreistündige Trauerzeremonie in der Riverside Church. Nachdem 1967 John Coltrane darum gebeten hatte, dass Ornette Coleman auf seiner Beerdigung spielen möge, ist es nun Coltranes Sohn Ravi, der an dem Tag mit Geri Allen die Komposition „Peace" von Coleman spielt. Unter die Trauernden gesellen sich alte Weggefährten wie Sonny Rollins und Sonny Simmons, die selbst aus gesundheitlichen Gründen nicht mehr musizieren können. Stattdessen spielen unter anderem Cecil Taylor, Pharoah Sanders, David Murray, Henry Threadgill, Joe Lovano, Jack DeJohnette und Jason Moran. Für den Ablauf hat Denardo eine Broschüre drucken lassen, auf deren Rückseite ein Satz von Ornette Coleman steht: „It was when I found out I could make mistakes that I knew I was on to something."

Bob Dorough

WIR MUSIKER KLAUEN ALLE IRGENDWO UND VERSUCHEN DANN, UNSER DING DARAUS ZU MACHEN.

Robert Lrod, genannt Bob, Dorough (12. Dezember 1923 in Cherry Hill, Arkansas) ist ein US-amerikanischer Sänger, Komponist und Pianist.*

Der Applaus will nicht enden.

Bob Dorough lächelt zufrieden ins Publikum, dreht dabei langsam seinen Kopf, so als ob er jedem einzeln danken möchte. Er hat gerade ein Konzert in einem Restaurant in Downtown Manhattan beendet, das man erst durchqueren muss, um hinter einem schweren, schwarzen Vorhang einen kleinen Raum zu entdecken, in dem sich heute Abend etwa 40 Zuhörer versammelt haben. Dorough arbeitet im Trio mit Bassist und Gitarrist, er selbst sitzt am Piano und singt dazu. Seine schauspielerische Art und seine verspielten Texte haben das Publikum immer wieder zum Lachen gebracht. Die New York Times befand treffsicher: „He's all eternal youth and love for life, with a ponytail, a toothy smile and a goofy charisma."

Bob Dorough ist der geborene Entertainer und wirkt dabei oft so schelmisch wie ein kleiner Junge, dabei ist er schon 92 Jahre alt. Obwohl ich ihn noch nie getroffen habe, begrüßt er mich nach diesem gelungenen Abend wie einen alten Freund. Der Münchner Saxofonist Michael Hornstein hatte den Kontakt hergestellt, denn er ist mit Bob verwandt. Der Clubbesitzer ist sichtlich zufrieden und gibt Dorough sein Honorar, das er anteilig gleich an seine zwei Mitmusiker weiterreicht. Ein Hotel kann der Club nicht stellen, weshalb Dorough bei seinem alten Freund Dave an der Upper West Side übernachtet. „Hol mich dort morgen ab und dann fahren wir mit meinem Wagen zu meinem Haus in Pennsylvania, o. k.?"

Ecke 85. Straße und 8. Avenue: Direkt am Central Park wohnt der Maler Dave Moon im vierten Stock. Er ist 86 Jahre alt und kann sich diese Wohnung nur leisten, weil die Miete dank Rent Control nicht gestiegen ist. „Die Familie über mir zahlt zehnmal so viel wie ich!", sagt er und setzt sich wieder in seinen Sessel. Bob Dorough sitzt am Klavier und spielt ein bisschen. Die Sonne scheint in das riesige Wohnzimmer, in dem viele Bilder von Dave Moon hängen. Früher hat er beim Film gearbeitet. Bei John Schlesingers Film „Midnight Cowboy" von 1969 war er für die Innenausstattung verantwortlich. Zehn Jahre davor lernte er Bob Dorough in St. Louis kennen. Dave will mir unbedingt eine alte Platte des Pianisten John Coates vorspielen. „Hör dir das mal an, dann weißt du, wo Keith Jarrett geklaut hat." Dorough kommentiert gelassen: „Wir Musiker klauen alle irgendwo und versuchen dann, unser Ding daraus zu machen." Der gemeinsame Hintergrund ist der Jazzclub The Deer Head Inn in Delaware Water Gap, in dem John Coates 25 Jahre lang aufgetreten ist. Jarrett kam oft vorbei, um ihn zu hören. Beide wohnen in der Nähe, so auch Bob Dorough.

„Mich haben all die Instrumentalisten inspiriert, die auch gesungen haben: Jack Teagarden, Trummy Young, Louis Armstrong, Joe Mooney, Nat King Cole. Meine erste LP bei Bethlehem 1956 wollte ich ‚A Jazz Man Sings' nennen, weil ich damals kein guter Sänger war, aber der Produzent Red Clyde bevorzugte einen der Songs als Titel, die ich auf dem Album singe. Deshalb haben wir uns dann für meine Komposition ‚Devil May Care' entschieden und sie so betitelt. Auf der Platte singe ich auch ‚You're Driving Me Crazy' von Lester Young und ‚Yardbird Suite' von Charlie Parker – für beide hatte ich zuvor schon Texte geschrieben. Manchmal habe ich auch gescattet. Damit hatte Louis Armstrong angefangen, weil ihm die Texte der Songs nicht mehr einfielen. Er vergaß auch immer die Namen von Freunden, weshalb er alle ‚Pops' nannte, auch die Frauen. Jedenfalls habe ich schon immer in Gedanken improvisiert. Wenn man ein Instrument mit Gesang imitiert, scattet man. Ich betrachte mich nicht als großartigen Pianisten, aber ich übe immer. Mein Songwriting war eine Möglichkeit, meinen Gesang zu rechtfertigen. Eigentlich wurde ich nur deshalb Sänger, um meine eigenen Texte zu singen, denn die waren echt hip – wer sonst hätte sie gesungen? Natürlich kannte ich alle Standards, aber selbst zu komponieren half mir, einen persönlichen Stil zu finden, wenn ich auf der Bühne war."

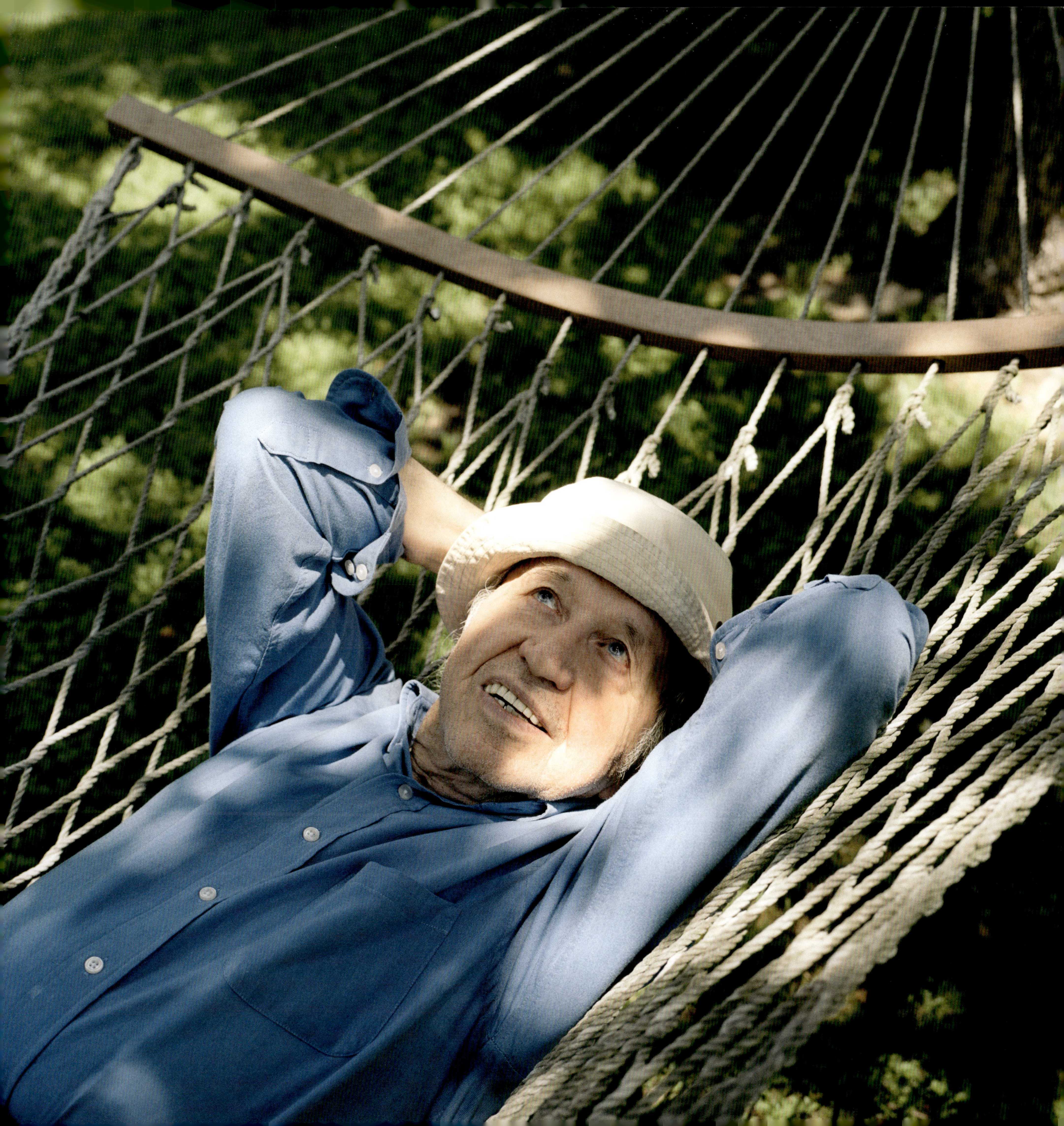

Dave geht in die Küche und macht noch einen Kaffee, bevor wir aufbrechen. „Auch wenn ‚Devil May Care' von Diana Krall und Jamie Cullum gesungen wurde, bleibt Bob vermutlich der bekannteste Unbekannte der USA. Alle sind mit seinen Songs aus der Sendung ‚Schoolhouse Rock' aufgewachsen, aber wissen nicht, dass der wunderbare Bob Dorough dahintersteckt!" Dorough schmunzelt und erklärt die Hintergründe. „Schoolhouse Rock' begann 1971 mit dem Produzenten David B. Mc-Call, dessen Sohn sich Songtexte von Jimi Hendrix besser merken konnte als die Lösung von mathematischen Aufgaben. Daher war seine Idee, Mathematik mit Rockmusik zu kombinieren. Er suchte verschiedene Leute auf, die kurze Melodien für Werbung komponierten, aber niemand von ihnen kam dem nahe, was McCall sich vorgestellt hatte. Durch einen Freund geriet er an mich und gab auch mir den Auftrag. Ich mag Kinder und arbeite gerne mit ihnen. Also schrieb ich die Komposition ‚Three Is A Magic Number' und sie gefiel McCall so sehr, dass er mich bat, noch mehr zu schreiben. Ich habe versucht, in meinen Songs Mathematik zu vermitteln und dabei musikalisch abwechslungsreich zu schreiben. Wir haben die Schallplatte ‚Multiplication Rock' mit elf Songs pressen lassen, die in Schulen getestet wurde und siehe da: Neben dem Unterhaltungsfaktor verbesserte sich die Fähigkeit der Kinder zu multiplizieren."

Dorough unterbricht sich selbst: „Um es kurz zu machen: Ein befreundeter Art Director von McCall zeichnete 3-Minuten-Filme zu meinen Songs und verkaufte sie an den TV-Sender ABC für seine Cartoons, die immer samstags im Morgenprogramm liefen. Das haben sich sehr viele Kinder angesehen und daraus entwickelte sich die Sendung ‚Schoolhouse Rock', für die ich bis 1985 gearbeitet habe. Es hat mir sehr viel Spaß gemacht und ich konnte auch Freunden von mir Jobs vermitteln, zum Beispiel Blossom Dearie, Jack Sheldon oder Dave Frishberg. Die Sendung lief fünfmal am Samstagvormittag und dreimal am Sonntagvormittag und ich wurde der größte Entertainer des amerikanischen Wohnzimmers. Noch heute kommen Menschen auf mich zu und bedanken sich bei mir, weil ich sie durch die Schulzeit gebracht oder weil ich sie aufgeweckt habe." Dorough bedankt sich bei seinem alten Freund und wir verlassen die Wohnung. „Ein Wunder, dass ich gestern direkt vor der Tür einen Parkplatz gefunden habe. Ungewöhnlich für New York."

Eigentlich wurde ich nur deshalb Sänger, um meine eigenen Texte zu singen, denn die waren echt hip – wer sonst hätte sie gesungen?

Wir fahren nach Mount Bethel in Pennsylvania. Seit 1966 wohnt Dorough dort. Zuvor lebte er in New York, wo er im Juni 1949 angekommen war, gleich nachdem er sein Musikstudium an der University of North Texas in Denton bei Dallas abgeschlossen hatte. „An der Uni hatten wir selbst Bebop gespielt und Platten von Dizzy und Bird gehört, aber dann in New York die Erfinder dieser Musik auf der Bühne live zu erleben, war noch mal etwas ganz anderes. Ich spielte bei einer Jamsession mit Parker. Und einige Jamsessions fanden bei mir zu Hause statt, denn ich hatte ein Piano in meinem Zimmer. Ich hatte auch einen Kurs an der Juilliard School of Music belegt und mich an der Columbia-Universität für Komposition eingeschrieben, aber die wahre Universität des Jazz ist doch draußen, in den Clubs."

Dorough begleitete Broadwaysänger am Piano, die im Vorprogramm im Village Vanguard auftraten. Aber er hatte keine Cabaret Card, die ihm erlaubt hätte, in New York an Orten aufzutreten, wo Alkohol verkauft wurde.

Deshalb wurde er musikalischer Direktor einer Musikrevue, die der ehemalige Boxer Sugar Ray Robinson zusammengestellt hatte, und reiste durch die USA und 1954 nach Paris, wo Dorough zwei Jahre lebte. Zurück in New York, konnte er 1956 seine erste Platte aufnehmen. 1957 nahm er an einem Jazzworkshop in Lenox, Massachusetts, teil, wo er mit dem Trio von Jimmy Giuffre spielte, bei John Lewis Komposition studierte und ein paar Stunden Unterricht bei Oscar Peterson hatte. „Peterson hat mir wirklich Angst gemacht. Was für ein Pianist!" In New York konnte Dorough dann keinen Job finden, weshalb er 1958 für zwei Jahre nach Los Angeles ging. „Das war musikalisch eine turbulente Zeit an der Westküste. Paul und Carla Bley waren verheiratet und spielten modernen Jazz. Eric Dolphy war dort und Billy Higgins jammte mit Ornette Coleman, der auf einem Plastiksaxofon spielte!"

Nach mehr als einer Stunde erreichen wir Mount Bethel. Dorough hält auf dem Weg noch kurz bei einer Konditorei und besorgt Kuchen für den Nachmittag. Sein Haus liegt auf einem riesigen Areal mit einem großen Garten. Im Laufe der Jahre hat er das Haus immer wieder ausgebaut und es kamen neue Räume hinzu, so auch sein Musikzimmer, in dem ein Flügel, Regale mit Schallplatten, Kassetten und Büchern stehen und sehr viele Bilder an den Wänden hängen. Ein Foto von ihm hat Larry Fink gemacht – ein bekannter Fotograf, der im selben Dorf wohnt. Stapel mit Notenpapieren liegen auf einem Tisch, oben auf sein Weihnachtslied „Blue Xmas", das er für Miles Davis komponierte. Die Geschichte seiner Zusammenarbeit mit dem Trompeter fing in L.A. an. „Eine Freundin von mir, Terry Morel, war mit Miles Davis befreundet. Anscheinend mochte Miles keine Hotels. Wenn er Freunde in einer Stadt hatte, wo er ein Konzert gab, übernachtete er lieber dort. Als Miles mit seinem Sextett 1959 in L.A. spielte, schlief er bei Terry, die ein Appartement in Laurel Canyon hatte. Terry mochte meine erste Platte ‚Devil May Care' und hatte sie prominent mit dem Cover nach vorne in ihrem Regal aufgestellt. Miles war neugierig und wollte die Platte hören. Terry spielte ihm ein paar Stücke vor. Am nächsten Tag hörte sich Miles in Ruhe die A- und die B-Seite an."

Morel erzählte Dorough von Davis' Interesse, weshalb sie zusammen am Abend zum Konzert des Trompeters gingen. „Als wir in den Club kamen, spielte seine Band, aber Miles saß an der Bar. Terry stellte mich vor. Miles beugte sich vor und sagte zu mir: ‚Bob, geh auf die Bühne und sing ‚Baltimore Oriole'.' Er führte mich zur Bühne und gab seiner Band ein Zeichen. John Coltrane, Cannonball Adderley und Wynton Kelly verließen die Büh-

ZEHN BERÜHMTE SONGS
VON BOB DOROUGH

„Devil May Care"

„Comin' Home Baby"

„I´ve Got Just About Everythin´"

with Miles Davis „Blue Xmas"

„Nothing Like You"

„Yardbird Suite"

with Dave Frishberg „I'm Hip"

„Love Came On Stealthy Fingers"

„Three Is A Magic Number"

„Too Much Coffee Man"

———

Rolf Thomas

---

ne und ließen mich am Piano zurück mit Paul Chambers und Philly Joe Jones und ich sang die Komposition von Hoagy Carmichael. Während Miles in L. A. war, gingen wir zusammen zu Partys oder besuchten den Flötisten Paul Horn, mit dem er befreundet war. Bei jeder Gelegenheit bat mich Miles zu singen. So hörte er meine Songs ‚Nothing Like You' und ‚Devil May Care', gab aber nie einen Kommentar dazu ab. Zurück in New York, besuchte ich Miles und seine Frau Frances in der 77. Straße. Er liebte es, seine Gäste zu bekochen. Einmal besuchte ich ihn sehr spät am Abend und er sagte: ‚Wir hören uns die Tapes an.' Er hatte an dem Tag mit Gil Evans ‚Sketches Of Spain' aufgenommen. Ich legte mich auf den Boden und es war eine wundervolle Erfahrung. So etwas hatte noch nie jemand gehört. Miles sagte kaum etwas und lobte lediglich die Arrangements von Evans."

Bob Dorough ist noch etwas erschöpft von der letzten langen Nacht. Er möchte sich hinlegen, am liebsten in die Sonne. Wir gehen in seinen Garten, Dorough steigt in die Hängematte und erzählt vom Sommer 1962, als Columbia Records mit diversen Musikern einen Sampler mit Weihnachtsliedern produzieren wollte. Miles Davis sollte „Jingle Bells" spielen, worauf der Trompeter allerdings keine Lust hatte. Stattdessen rief er Bob Dorough an und beauftragte ihn, ein neues Weihnachtslied zu komponieren. Dorough schrieb „Blue Xmas", welches sie am Tag vor der Aufnahme in Davis' Appartement noch einmal durchgingen. Gil Evans war auch vor Ort und machte sich Notizen. Zum Abschluss wollte Davis noch, dass Dorough „Nothing Like You" für Gil Evans spielte. „Am nächsten Tag traf ich im Studio Paul Chambers und Jimmy Cobb. Miles war mit Teo Macero im Kontrollraum. Auch Wayne Shorter kam vorbei, der überrascht war, mich zu sehen. Es war seine erste Aufnahmesession mit Miles – meine auch, aber auch meine letzte. Miles versuchte über das Telefon in letzter Minute noch einen Pianisten aufzutreiben. Wynton Kelly war in Philadelphia, Bill Evans nahm selbst im Nola-Studio auf, also spielte ich Piano – und sang! Miles war ein beeindruckender Produzent, der genau wusste, was er wollte."

> Die wahre Universität des Jazz ist draußen, in den Clubs.

Zusammen nahmen sie „Blue Xmas" und „Nothing Like You" auf. „Der Weihnachtssong kam auf der LP ‚Jingle Bell Jazz' raus. Ich war sehr überrascht, als ich Jahre später erfuhr – das war 1967 –, dass ‚Nothing Like You' als letzter Titel auf Miles' LP ‚Sorcerer' veröffentlicht wurde. Sein neues Quintett mit Tony Williams, Ron Carter und Herbie Hancock hatte ein ganz anderes Konzept. Und plötzlich erschien mein Song von 1962 mit Paul Chambers und Jimmy Cobb. Das machte also wirklich keinen Sinn. Miles hat nie mit mir darüber gesprochen und es war etwas, wonach man Miles nicht fragte, stattdessen habe ich mich einfach darüber gefreut. Vielleicht war es ein Zeichen seiner Sympathie, ich habe keine Ahnung. Es wird mir auf Lebzeiten ein ungeklärtes Mysterium bleiben."

Hubert Laws

IMPROVISATION GIBT DIR MEHR PERSÖNLICHE FREIHEIT.

Hubert Laws (* 10. November 1939 in Houston, Texas) ist ein US-amerikanischer Flötist und Komponist.

„Vor einem Jahr Joe Sample, jetzt Wilton Felder", beklagt Hubert Laws.

Die Black Community hat sich im Long Beach Convention Center südlich von Los Angeles zusammengefunden, um an einer Gedenkfeier für Felder teilzunehmen, der eine Woche zuvor verstarb. Es werden Reden gehalten und einige Musiker spielen Kompositionen von ihm. Nach zwei Stunden endet die Zeremonie und die Türen des Saals werden wieder geöffnet. Es ist früher Nachmittag und die Sonne scheint. Laws und seine Frau Yue begrüßen alte Freunde, die sie sehr lange nicht gesehen haben, und unterhalten sich.

Nach einer halben Stunde nehmen sie den Fahrstuhl zum Parkdeck und Laws blickt zurück auf seine Freundschaft mit Wilton Felder, den er seit seiner Jugendzeit in Houston, Texas, kannte. „In der Highschool gründeten wir 1953 eine Band, die wir The Modern Jazz Sextet nannten. Dann haben wir uns umbenannt in The Nighthawks. Ich spielte Flöte und Altsaxofon, das ich mir selbst erarbeitet hatte, indem ich Zeitungen ausgetragen habe. Die Inspiration für unsere Band kam von dem Australian Jazz Quartet, das ich zufällig gehört hatte. Es hatte so einen einzigartigen Sound, weil seine Instrumente Flöte, Fagott, Bass und Schlagzeug waren. In unserer Band waren Joe Sample am Klavier und Nesbert Hooper am Schlagzeug, der Stix genannt wurde, und mit denen ich zusammen an der Texas University studierte. Wayne Henderson spielte Posaune und Wilton Felder spielte Tenorsaxofon, aber als unser Bassist Henry Wilson die Band verließ, wechselte ich vom Altsaxofon zum Tenorsaxofon und Wilton begann, den Bass zu spielen. 1958 zog die ganze Band nach Los Angeles, um mehr Erfahrung zu sammeln und bekannter zu werden. Erst ab dann änderte sie ihren Namen und wurde zu den bekannten Jazz Crusaders mit einem Plattenvertrag bei Pacific Jazz Records, den sie von Dick Bock angeboten bekommen hatte."

Laws hält einen Moment inne, fast als würde er eine Pointe hinauszögern. „So fing alles an, aber ich entschied mich für einen anderen Weg und verließ die Band 1960. In dem Magazin Ouverture der Musikergewerkschaft Local 47 hatte ich die Ausschreibung für ein Stipendium an der Juilliard School of Music in New York entdeckt. Es gab nur dieses eine Stipendium, um das sich jeder Instrumentalist bewerben konnte und es war wirklich ein Wunder, dass es mir zugesprochen wurde. Deshalb fuhr ich 1960 mit einem Plymouth Sedan, Baujahr 1950, und mit 600 Dollar in der Tasche von Los Angeles nach New York." Hubert Laws steigt mit seiner Frau in sein Auto. „Besuch uns doch morgen am Sonntag zu Hause in Hollywood. Wir haben Besuch aus Texas, die sind wegen Wilton angereist. Stix wird auch da sein. Wir wollen ein bisschen Musik spielen und uns ein Baseballmatch anschauen."

North Rossmore Avenue, direkt neben dem Wilshire Country Club: Wie in einem Film öffnet sich langsam das große, weiße Tor aus Stahl. Dahinter offenbart sich ein riesiges Haus, das auf der Rückseite auch Tennisplatz und Swimmingpool hat. „Tennis ist neben Musik meine andere Leidenschaft", erklärt Laws. „Ich spiele fast jeden Tag, so wie ich auch jeden Tag Flöte übe. Mein Lehrer an der Juilliard, Julius Baker, hatte mir immer geraten: ‚Übe, wenn du jung bist, denn wenn du älter wirst, hast du weniger Zeit.' Ich muss meine Muskeln und meine Reflexe in Form halten, so wie ein Boxer. Es gibt immer etwas zu lernen, deshalb entwickle ich mich musikalisch jeden Tag weiter, denn darum geht es doch in der Musik. Es ist eine spirituelle Unternehmung."

Laws sitzt vor dem Fernseher und schaut sich das Baseballmatch an. Die hohen Räume sind mit zahlreichen Auszeichnungen und Goldenen Schallplatten verziert. Eine Glasvitrine ist mit Erinnerungsfotos vollgestellt. Neben dem Flügel steht ein Notenständer, auf dem Laws Tennisschläger und Flöte abgelegt hat. „Im Jazz hat sich die Flöte als Soloinstrument erst Mitte der 50er-Jahre bemerkbar gemacht, als Saxofonisten wie Sam Most, Herbie Mann, James Moody, Frank Wess und Frank Foster sie eingesetzt haben. Ich gehöre der

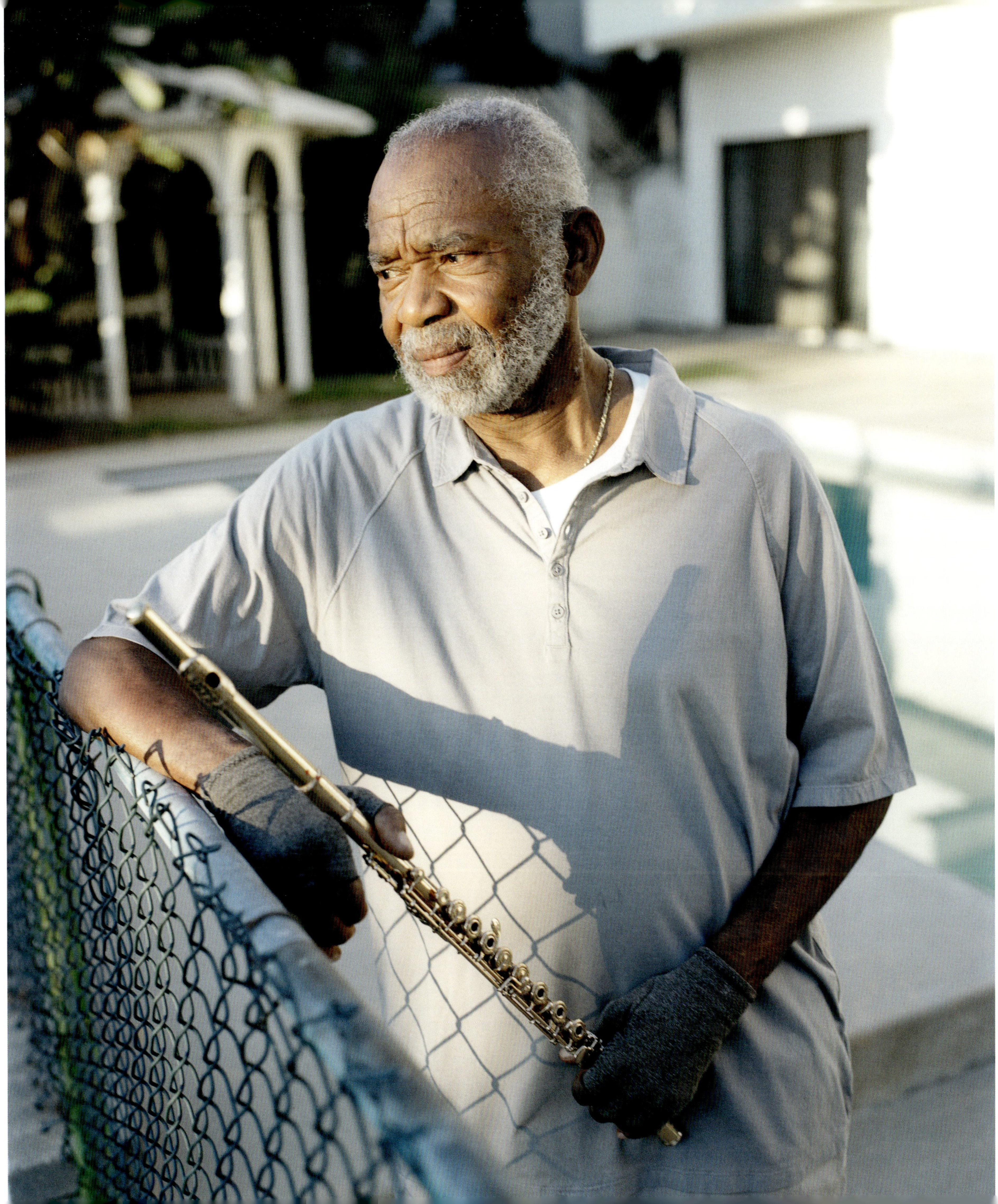

Mit seinem Stipendium an der Juilliard School wurden Hubert Laws die hohen Studiengebühren erlassen, mehr jedoch nicht. „Ich hatte fälschlicherweise angenommen, dass das Stipendium auch Lebenshaltungskosten abdecken würde, aber so war es nicht. Deshalb fing ich an, in den Clubs von New York zu spielen, um Geld zu verdienen. 1963, ein Jahr vor meinem Abschluss an der Juilliard, traf ich Mongo Santamaria und spielte in seiner Band bis 1967. In derselben Zeit habe ich mit John Lewis und seinem Orchestra U.S.A. gearbeitet. Aber 1963 war auch das Jahr, in dem ich zum ersten Mal bei einer Plattenaufnahme im Studio dabei war. Das war ‚Great Day' von James Moody. Als ich mit Mongo in Philadelphia spielte, hörte mich Joel Dorn, der für Atlantic Records arbeitete und mir einen Vertrag anbot. Als Pianist engagierte ich Chick Corea, der mit mir an der Juilliard studierte und damals noch Armando genannt wurde. Chick spielte auf allen vier Atlantic-Platten von mir."

eine einmalige Erfahrung, alle diese schwierigen Kompositionen zu spielen. Aber dann sagte ich mir: ‚Moment mal, es gibt noch etwas anderes, womit ich meine Zeit verbringen will', und das war Improvisation. Ausgeschriebene Musik ist auch etwas Besonderes, aber ich liebe es einfach, zu improvisieren und spontan zu sein. Ich will von den beiden Genres Klassik und Jazz nicht eins höherwertig bewerten als das andere, denn beide haben ihre Qualitäten. Stattdessen geht es mir eher darum, die Grenzen zwischen beiden Genres aufzuheben und etwas von der jeweils anderen Musik bei meinen Aufnahmen wiederzugeben. Aber eins sage ich dir: Improvisation gibt dir mehr persönliche Freiheit!"

Es klingelt und einige Gäste werden von Hubert Laws begrüßt. Seine Frau Yue hat für alle gekocht. Nach dem Essen setzt sich sein Freund Bobby Lyle an den großen Flügel und spielt „Dolphin Dance" von Herbie Hancock. Laws nimmt seine Flöte

---

Ein Freund hatte auf seinem Dachboden eine alte Flöte gefunden. Wir hatten keine Ahnung, was eine Flöte war – sie sah so aus wie ein Instrument für Aliens.

---

darauffolgenden Generation von Flötisten an, wie zum Beispiel Jeremy Steig, Lloyd McNeill und Lew Tabackin. Ich bin eher zufällig an das Instrument geraten, denn in der Highschoolband spielte ich Klarinette und Saxofon. Für die Abschlussfeier 1956 sollte Rossinis Wilhelm-Tell-Ouvertüre aufgeführt werden, die einen Part für Flöte vorsah. Ein Freund hatte auf seinem Dachboden eine alte Flöte gefunden. Wir hatten keine Ahnung, was eine Flöte war – sie sah so aus wie ein Instrument für Aliens."

Er lacht. „Ich habe mich dann freiwillig gemeldet, um den Part zu übernehmen, lernte Flöte und seitdem ist sie meine große Liebe. Ab da an musste mein Saxofon in der zweiten Reihe Platz nehmen. Ein ganz pragmatischer Aspekt der Flöte war, dass ich mich nicht mehr – so wie beim Saxofon – um die Blätter kümmern musste. Die Flöte hat etwas sehr Mystisches an sich. Wenn man erst mal angefangen hat, sie zu spielen, entwickelt man das Bedürfnis, ein engeres Verhältnis zum Instrument aufzubauen und mehr über dieses zu lernen. Viele Flötisten wollen immer über ihr Instrument und Technik reden, aber es gibt viel wichtigere Fragen: Was sind deine musikalischen Ideen, was ist deine Aussage, wie improvisiert man? Das sind die Dinge, die mich interessieren!"

Sein Instrument führte Laws aber auch in die klassische Welt. 1969 bewarb er sich beim Metropolitan Orchestra und bekam die Position. „Es gab damals nicht viele schwarze Musiker in klassischen Orchestern. Am Anfang meiner vier Jahre beim Metropolitan wunderte ich mich, dass fast jeder sofort meinen Namen kannte, und ich dachte: ‚Oh, ich muss mir auch all ihre Namen merken.' Erst etwas später begriff ich, dass es an meiner Hautfarbe lag."

Zeitgleich spielte Laws auch immer wieder mit den New Yorker Philharmonikern unter Dirigenten wie Leonard Bernstein, Zubin Mehta und Pierre Boulez. „Das war

und sagt zu ihm: „Wie sind noch mal die Akkordfolgen? Sag sie mir, damit wir es zusammen spielen können." Das kleine Hauskonzert dauert ungefähr eine Stunde, während sich draußen die Sonne langsam senkt. Herbie Hancock ist auch ein alter Freund von Laws, zusammen nahmen sie für das Label CTI von Creed Taylor in den 1970er-Jahren Platten auf.

„Creed arbeitete bei A&M Records, für die er das Album ‚Walking In Space' von Quincy Jones produziert hatte. Durch den Erfolg dieser LP war er ermutigt, sein eigenes Label CTI zu gründen. Ich hatte zu jener Zeit einen festen Job in der Band von Billy

HUBERT LAWS' 11

„All Soul" The Laws Of Jazz (Atlantic, 1964)

„Feelin' Alright?" Crying Song (CTI, 1969)

„Fire And Rain" California Concert: The Hollywood Palladium (CTI, 1972)

„Family" Family (Columbia, 1980)

„Feel Like Making Love" The San Francisco Concert (CTI, 1977)

„Let Her Go" Morning Star (CTI, 1973)

„Gymnopedie #1" In The Beginning (CTI, 1974)

„If You Knew" Laws' Cause (Atlantic, 1969)

„Pavane" Rite Of Spring (CTI, 1971)

„Amparo" Antonio Carlos Jobim: Stone Flower (CTI, 1970)

Ed Motta Perpetual Gateways (MustHaveJazz, 2016)

———

Michael Rütten

———

Am Anfang meiner vier Jahre beim Metropolitan Orchestra wunderte ich mich, dass fast jeder sofort meinen Namen kannte, und ich dachte: „Oh, ich muss mir auch all ihre Namen merken." Erst etwas später begriff ich, dass es an meiner Hautfarbe lag.

———

Taylor, die in der David Frost Show spielte. Um für Creed mein erstes Album aufzunehmen, musste ich die Band leider verlassen und flog nach Memphis, wo wir ‚Crying Song' aufnahmen. Wie ich später erst herausfand, war Creed zu jener Zeit noch bei A&M, aber er kaufte ihnen das Masterband ab und es wurde zur ersten CTI-Platte. Später haben wir dann immer in New Jersey im Studio bei Rudy Van Gelder aufgenommen. Rudy war sehr penibel mit seinen Mikrofonen und hat sogar Klebeband benutzt, um sie unkenntlich zu machen, damit niemand sah, was für Equipment er benutzte. Mit Creed bin ich immer noch in Kontakt. Ihm ging es damals beim Sound, aber auch mit den schönen Hüllen der LP darum, ein Produkt herzustellen, das überzeugte."

„Ich habe bei CTI nicht viel Geld verdient, aber es war für uns Musiker fast wie ein Sprungbrett zu den großen Plattenfirmen. Freddie Hubbard, Bob James und ich gingen zu CBS, Ron Carter ging zu Milestone, George Benson zu Warner Brothers, Stan-

---

Ich habe bei CTI nicht viel Geld verdient, aber es war für uns Musiker fast wie ein Sprungbrett zu den großen Plattenfirmen.

ley Turrentine zu Fantasy. Ich habe mich mit Creed immer gut verstanden. Für meine letzte Platte bat er mich, ‚The Chicago Theme' aufzunehmen, das Bob James komponiert und arrangiert hatte. Es gefiel mir nicht sonderlich gut, aber Creed sagte zu mir: ‚Du wirst es nicht bereuen!' Zu jener Zeit war gerade Discomusik sehr populär und in New York wurde ‚Chicago Theme' zu einem echten Hit!"

Laws spielte mit Musikern wie McCoy Tyner, Stevie Wonder, Quincy Jones, Tierney Sutton, Esther Phillips, Hank Crawford, Miles Davis, Ella Fitzgerald, Lena Horne, Sarah Vaughan, Sergio Mendes, Clark Terry, Aretha Franklin, Paul Simon und Paul McCartney. Bevor er sich zusammen mit seinen Freuden den weiteren Verlauf des Baseballspiels ansieht, verabschiedet er mich. Auf dem Weg zur Tür kommen wir an dem NEA Jazz Masters Award vorbei, der ihm 2010 verliehen wurde und von dessen Existenz er nichts gewusst hatte. „Ich spielte gerade Tennis, da klingelte mein Mobiltelefon und ein Mann fragte mich, ob ich einen kurzen Moment Zeit hätte. Meine Antwort war: ‚Ich habe ungefähr 90 Sekunden.' Nachdem er mir von dem Preis erzählte, der mir verliehen werden sollte, sagte ich zu ihm: ‚Ich glaube, mein Tennispartner kann auch etwas länger warten.'"

Billy Harper

BEVOR ICH LAUFEN KONNTE, HABE ICH GESUNGEN.

William, genannt Billy, Harper (* 17. Januar 1943 in Houston, Texas) ist ein US-amerikanischer Saxofonist und Komponist.

„Ich muss noch kurz mit meinem Anwalt telefonieren."

Billy Harper hat gerade den Unterricht in Raum 644 an der New School in der 13. Straße von Manhattan beendet. Während ich im Flur warte, kommt Reggie Workman mit einem Aktenordner unterm Arm vorbei, lächelt und verschwindet in seinem Büro. Es ist Donnerstagnachmittag und aus allen Räumen tönt Musik. Gleich beginnt die Probe eines größeren Ensembles, das von Charles Tolliver geleitet wird. Harper kommt zurück: „Meine Ex-Frau und ich streiten uns um das Appartement in Downtown, in dem wir gemeinsam gewohnt haben. Sie lebt immer noch dort, aber ich bin mit meiner neuen Freundin nach Uptown gezogen. Vor zwei Jahren bin ich zum erstenmal Vater geworden, da war ich 69. Mein ganzes Leben lang wollte ich mich nur auf die Musik konzentrieren und keine Familie gründen. Aber nun ist es einfach passiert."

Mit dem Fahrstuhl fahren wir ins Erdgeschoss und treffen im Foyer auf seine Kollegin Joanne Brackeen: „Billy, what's up?" Harper erzählt ihr, dass er zu einer Probe mit den Cookers muss, die bei der Musikergewerkschaft Local 802 stattfindet. Brackeen begleitet uns noch bis zur 6. Avenue und verabschiedet sich dann. Auf dem Weg zur U-Bahn-Station fragt Harper: „Kennst du die Blue-Note-Platte ‚The Night Of The Cookers'? Das war ein Livekonzert von 1965, bei dem Freddie Hubbard und Lee Morgan um die Wette spielten. Ein Freund von mir, der Trompeter David Weiss, ließ sich vom Titel der LP inspirieren und gründete 2007 die Band The Cookers. Dafür wählte er Musiker aus, die früher mal mit Freddie oder Lee gespielt haben. Ich dachte, ein Besuch bei der Probe könnte dich interessieren."

Harpers gemeinsamer Zeit im Quintett von Lee Morgan wurde nach zwei Jahren ein plötzliches Ende gesetzt: „Mir war damals nicht bewusst, dass Lee mit allem von vorne beginnen wollte. Er wollte endlich aufhören, Drogen zu nehmen, er wollte seine Frau Helen für ein junges Mädchen verlassen und neue Songs aufnehmen. Im September 1971 spielten wir für Blue Note auch zwei von meinen Kompositionen ein: ‚Capra Black' und ‚Croquet Ballet'. Es wurde seine letzte Studioaufnahme bei Blue Note. Wir spielten also eine Woche im Februar 1972 in dem Club Slug's und wurden zum Stadtgespräch der Jazzwelt: Harold Mabern, Jymie Merritt, Freddie Waits, Lee und ich. An einem Abend kam Helen in der Pause rein und ich sah, wie sie mit Lee an der Bar saß und sie sich stritten. Dann kam noch Lees neue Freundin hinzu. Helen hatte in ihrer Handtasche eine Pistole, die Lee ihr zu ihrem eigenen Schutz gegeben hatte. Ich weiß noch, wie sie zu ihm sagte: ‚Ich habe eine Waffe!' Doch er entgegnete nur: ‚Aber ich habe die Kugeln!' Wir beendeten die Pause und gingen alle auf die Bühne, um das letzte Set zu spielen, nur Lee war damit beschäftigt, Helen aus dem Club zu werfen. Dann hörte ich einen Schuss. Ich sah Lee am Boden, er stand auf, aber brach dann wieder zusammen. Helen hatte ihm neben sein Herz geschossen. Er hätte gerettet werden können, aber der Krankenwagen brauchte wegen des starken Schnees 20 Minuten. Diesen traurigen 19. Februar werde ich nie vergessen. Lee starb im Krankenhaus. Er war gerade mal 33 Jahre alt – und ich war damals 29."

Billy Harper erzählt, als ob es erst gestern passiert wäre. In welchem Alter hat er angefangen, Saxofon zu spielen? „Bei mir begann alles in der Kirche, wo ich immer Gesang und die unterschiedlichsten Rhythmen hörte. Durch diese Spiritualität habe ich eine enge Verbindung zur Musik entwickelt. Bevor ich laufen konnte, habe ich gesungen. Bei meiner ersten Platte ‚Capra Black', die 1973 bei Strata East erschien, habe ich mit einem Chor gearbeitet. Als ich neun Jahre alt war, bin ich nach der Schule immer an einem Musikgeschäft vorbeigekommen und habe mir im Schaufenster die Instrumente angesehen. Die Trompete hat ja nur drei Ventile, daher dachte ich, dass man auch nur drei Noten darauf spielen kann."

Harper lacht über sich selbst: „Ich dachte damals: ‚Das kann ja jeder. Ich will lieber ein Instrument mit ganz vielen Noten!' Deshalb wollte ich das Tenorsaxofon mit den vielen Klappen, das gleich danebenstand. Der Ladenbe-

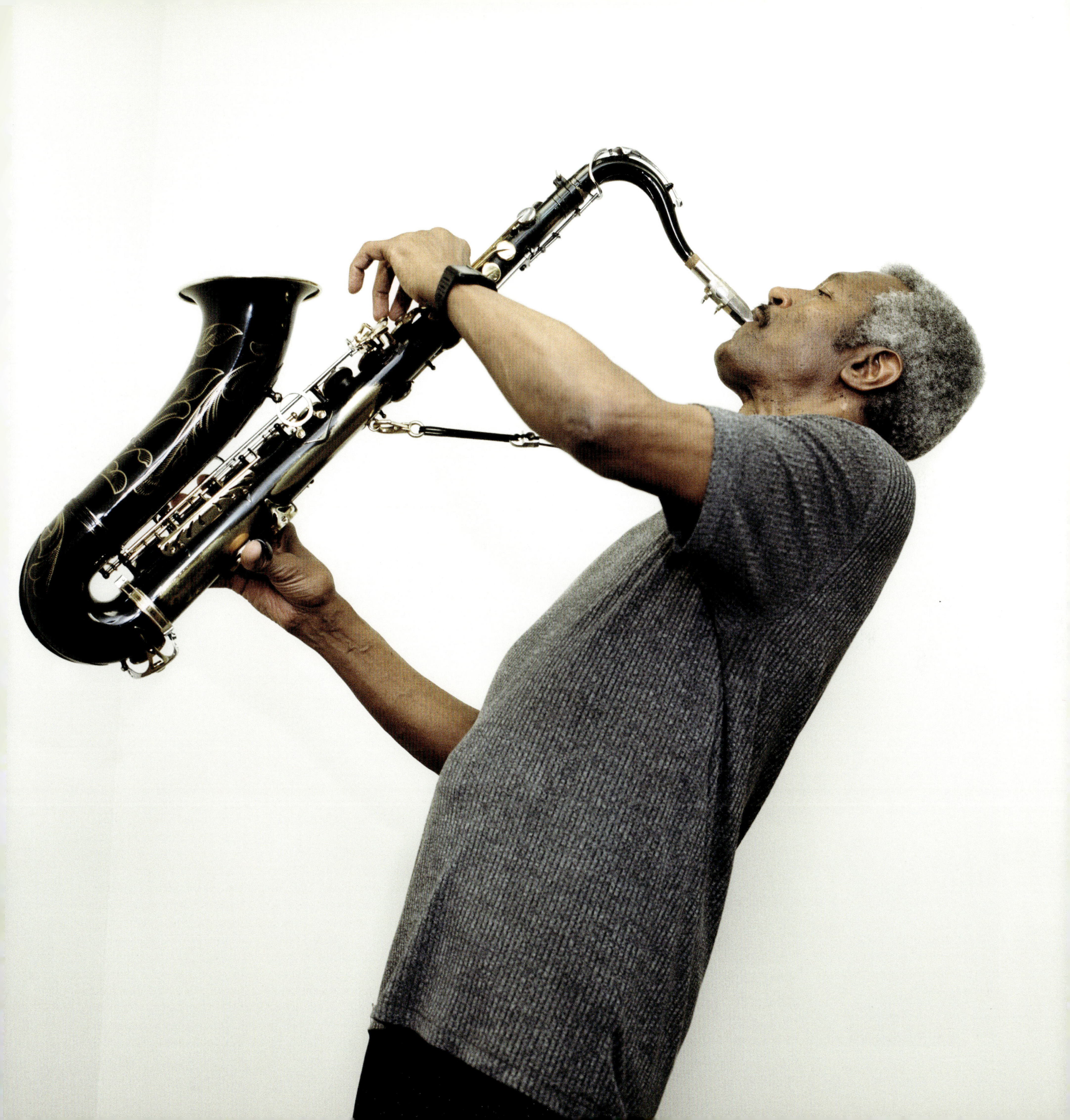

sitzer holte mich dann irgendwann rein und spielte mir das Instrument vor. Von da an wünschte ich mir zu Weihnachten ein Tenorsaxofon. Aber ich wollte auch ein Pferd haben!" Er lacht wieder und imitiert die empörte Stimme seiner Mutter: „Wir können in unserer Wohnung kein Pferd haben!' Nach zwei Jahren schenkte sie mir dann endlich das Saxofon."

Harper wuchs in Houston, Texas, auf und besuchte die North Texas State University. „Ich übte jeden Tag acht Stunden, und Freunde kamen vorbei, um mir dabei zuzuhören. An der University gab es die bekannte One O'Clock Band, die mich als ersten Afroamerikaner aufnahm. Mir war gar nicht bewusst, dass ich einer langen Tradition folgte, den sogenannten Texas Tenors: Arnett Cobb, Buddy Tate, Richard „Dickie Boy" Lillie, Julius Hemphill, Dewey Redman und Don Wilkerson. Dann war da noch James Clay, mit dem ich in Dallas spielte. Sie hatten alle diesen vollen, runden Sound auf ihrem Horn. Ich vermute, das kommt daher, weil wir alle in der Schule in einer Marching Band gespielt haben und versuchten, in der Bewegung einen Sound zu entwickeln. Es gab auch einen gewissen Druck, da man in diesen Bands ja gehört werden wollte, also spielte man sehr kraftvoll."

Nachträglich fällt Harper noch ein Tenorist ein: „Ach ja, Illinois Jacquet war ebenfalls aus Texas. Wegen seines Namens hatte ich immer gedacht, dass er aus dem Staat Illinois kommen würde, bis ich ihn mit Eddie ‚Cleanhead' Vinson hörte. Dass all diese starken Tenoristen so wie ich aus Texas kamen, habe ich erst viel später erfahren, als ich bereits in New York war. Ich war 23 und bekam von meinem College wie alle anderen Studenten als Abschiedsgeschenk eine Kreditkarte, mit der man kostenlos tanken konnte. Aber sie war nur noch drei Tage gültig. Das war genau der Zeitraum, um New York zu erreichen. Also lieh ich mir von einem Freund 100 Dollar, setzte mich in mein Auto und fuhr los, obwohl die Straßen voller Schnee waren."

Wir erreichen die Subway, fahren drei Stationen bis zur 50. Straße und gehen rüber zur Local 802 in der 48. Straße. In einem Proberaum warten bereits alle anderen Musiker der Cookers: Cecil McBee, George Cables, David Weiss, Eddie Henderson und Bruce Williams, der für Donald Harrison eingesprungen ist. Nur Billy Hart fehlt. Cables kommentiert: „Wahrscheinlich hat er mal wieder einen anderen Termin zur selben Zeit. Billy ist immer unterwegs. Na gut, dann müssen wir eben ohne Schlagzeuger proben. Nicht so gut, da wir morgen ein Konzert in Connecticut spielen."

Harper packt sein Saxofon aus, spielt es kurz an und händigt den anderen Musikern Noten aus: „Das ist ein neues Stück von mir, welches wir noch durchgehen wollten." Sie besprechen den Ablauf und Billy Harper zählt das Tempo an. Nach kurzer Zeit brechen sie ab, fangen wieder von vorne an, gehen dann zu den nächsten Noten über. Leider muss ich zum nächsten Termin. Harper bietet ein weiteres Treffen an: „Morgen muss ich mein Horn noch zur Reparatur bringen, bevor wir dann zum Konzert rausfahren. Wenn du magst, kannst du mich begleiten, und ich erzähle dir noch von meiner Zeit in New York."

Am nächsten Tag treffen wir uns an der Ecke 8. Avenue, 34. Straße, direkt vor einem Hotel. „Hier bin ich 1966 angekommen. Damals hieß es noch President Hotel. Das Zimmer war zu teuer, sodass ich keine weitere Nacht bleiben konnte. Also fuhr ich mit meinem Auto durch die Gegend und suchte nach einem anderen Ort. Zufällig kam ich am Five Spot vorbei, wo Monk spielte. Das musste ich mir anhören, also parkte ich meinen Wagen und nahm nur mein Saxofon mit. Monk war einfach der Beste! Nach dem Konzert ging

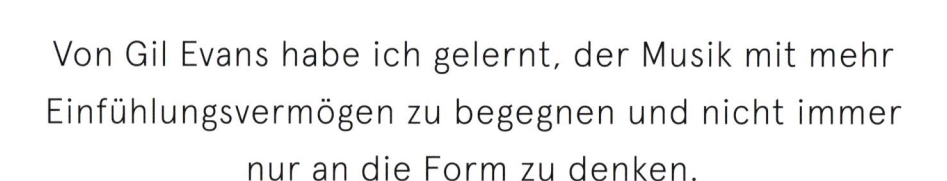

> Von Gil Evans habe ich gelernt, der Musik mit mehr Einfühlungsvermögen zu begegnen und nicht immer nur an die Form zu denken.

---

ich wieder auf die Straße und sah zufällig, dass im Club gegenüber McCoy Tyner spielte, also hörte ich mir das auch noch an. Als ich danach wieder zu meinem Auto ging, waren die Scheiben unten und alle meine Sachen verschwunden. Meine zweite Nacht in New York, und schon war ich ausgeraubt worden! Ich hatte gedacht, dass ich auf diese Stadt vorbereitet war, aber ich hatte die Junkies vergessen. In Texas war mir so etwas nie passiert – dort hatten die Leute immer alles, was sie brauchten, so war mein Eindruck."

Hilfe fand Harper schließlich bei einem Freund: „Ich war schockiert und ratlos und ging wieder in den Club, wo ich zufällig Cedar Walton sah. Wir kannten uns nicht, aber ich wusste, dass er aus Dallas, Texas, war. Ich erzählte ihm, was passiert war, aber er bot mir weder seine Hilfe an, noch äußerte er sein Mitgefühl, sondern sagte nur: ‚Du hättest eben deine Sachen nicht im Auto lassen sollen!' Also ging ich zu einer Telefonzelle und blätterte im Telefonbuch, als mir plötzlich einfiel, dass ja Charles Moffett in New York lebte. Er war ein paar Jahre der Schlagzeuger von Ornette Coleman, und ich hatte mit ihm in Fort Worth, Texas, gespielt. Zum Glück fand ich seine Nummer. Er

DIE WICHTIGSTEN ALBEN
ALS LEADER

Capra Black (Strata East, 1973)

Black Saint (Black Saint, 1975)

In Europe (Soul Note, 1979)

Somalia (Evidence, 1995)

Blueprints Of Jazz, Vol.2 (Talking House, 2008)

ALS SIDEMAN

Gil Evans *Blues In Orbit* (enja, 1971)

Thad Jones/Mel Lewis *Consummation*
(Blue Note, 1970)

Lee Morgan *The Last Session* (Blue Note, 1972)

Malachi Thompson *Freebop Now!*
(Delmark, 1998)

Randy Weston *Tanjah*
(Polydor, 1974)

Ralf Dombrowski

sagte: ‚Come on over!' Moffett hat mir das Leben gerettet! Acht Monate konnte ich bei ihm wohnen und habe ihm auch Miete gezahlt."

Ein paar Straßen weiter liegt im Souterrain die Werkstatt von Michael Manning. Nur ein sehr kleines Namensschild verweist auf den Betrieb. „Tja, wenn man sich erst mal einen Namen gemacht hat, braucht man keine Werbung mehr." Wir steigen hinab, und Michael empfängt uns freundlich. Harper gibt ihm sein Saxofon und erklärt das Problem mit dem S-Bogen. Neben den unterschiedlichsten Blasinstrumenten hängen an der Wand Fotos von bekannten Musikern mit einer Danksagung, darunter Branford Marsalis und Marcus Strickland. „Marcus war ein Student von mir an der New School, aber er spielte bereits so gut, dass ich ihm fast nichts mehr beibringen konnte. Als ich in New York anfing, war ich durch die One O'Clock Band auch sehr gut vorbereitet: Ich wusste einfach, dass ich spielen kann. Ein Jahr habe ich versucht, bei Jamsessions mitzuspielen. Elvin Jones gab mir nach vier Versuchen und viel Geduld endlich eine Chance, mit ihm zu arbeiten."

Inzwischen hat Manning das Horn repariert. „Wie viel bekommst du dafür?" – „Gib mir einfach fünf Dollar." Harper ist überrascht: „Du machst Witze!" Er gibt ihm das Geld, bedankt sich, und während wir die Werkstatt verlassen, klingelt sein Telefon: David Weiss hat ein Auto gemietet, um gemeinsam zum Auftritt nach Old Lyme, Connecticut, zu fahren. Jedoch war das Auto falsch geparkt, wurde abgeschleppt, und nun versucht David, es wiederzubekommen. Er will sich wegen eines genauen Treffpunkts wieder melden.

Harper erzählt weiter, während wir in Richtung der nächsten Subway gehen: „Mein erstes Jahr in New York war nicht leicht. Ornette Coleman machte sich über meine Hartnäckigkeit lustig: ‚Für dich interessiert sich wohl noch niemand.' Aber dann traf ich zufällig Gil Evans auf der Straße. Ich stellte mich vor, und wir tauschten Telefonnummern aus, was unter Musikern jedoch gar nichts bedeutet. Sechs Monate später aber rief er mich für eine Probe an. Gil gefiel, was er hörte: ‚Billy, ich liebe es, wie du auf dem Saxofon singst!' So hatte ich das noch nie gesehen! Von Gil habe ich gelernt, der Musik mit mehr Einfühlungsvermögen zu begegnen und nicht immer nur an die Form zu denken. Dann bekam ich plötzlich einen Anruf von Art Blakey: ‚Komm ins Village Gate, Billy, und bring deinen Anzug mit!'"

Von da an war Harper drei Jahre mit Blakey und seinen Jazz Messengers unterwegs: „Durch all die Touren mit ihm nach Europa und Japan lernte ich, professionell zu arbeiten. Aber nur die Musik spielen zu können, reicht alleine nicht, du musst mit der Musik auch eine Verbindung zum Publikum aufbauen. Plötzlich lief für mich alles sehr gut, und ich spielte in mehreren Bands: sieben Jahre im Thad Jones/Mel Lewis Orchestra und zeitgleich acht Jahre im Quintett von Max Roach. Max war für mich einmalig! Er war stolz, dass er in jungen Jahren mit Duke Ellington gespielt hatte, und erzählte Geschichten von Charlie Parker. Es war ihm wichtig, beim Publikum ein Bewusstsein für die Geschichte der schwarzen Kultur und Politik zu schaffen und diese mit seiner Musik zu vermitteln. Max war wie ein Malcolm X am Schlagzeug. Und dabei auch noch populär: Als ich einmal um vier Uhr morgens von einer Session nach Hause kam, sah ich im Fernsehen einen Werbespot für Kaffee von Maxwell House, in dem Max Roach Schlagzeug spielte und Abbey Lincoln sang! Sie waren das erste echte Ehepaar und die ersten Afroamerikaner, die in einer TV-Werbung auftraten! Wow! Nachdem Miles Davis mich mit Max gesehen hatte, rief er mich an und wollte mich in seiner Band haben, aber ich lehnte ab und habe es nie bereut. Max was real!"

David Weiss ruft wieder an. Es dauert zu lange, das Auto wiederzubekommen, und außerdem herrscht der alltägliche Stau auf den Straßen von New York. Er schlägt vor, den Zug ab Grand Central zu nehmen. Unsere Wege trennen sich: „Jetzt hast du mal den ganz normalen Alltag eines Jazzmusikers miterlebt!", sagt Harper mit einem charmanten Lachen, verabschiedet sich und verschwindet in der U-Bahn.

Richard Davis

WAS SOLL JETZT NOCH KOMMEN?

Die Türklingel ist kaum verhallt, da ruft Richard Davis schon aus seinem Wohnzimmer: „Die Tür ist offen, komm rein!"

Er sitzt in einem großen Sessel, den er mit einer Fernbedienung in jegliche Richtung lenken kann. Wenn er aufstehen will, lässt er den Stuhl so weit nach vorne kippen, dass er fast herausgeworfen wird, damit er besser in Schwung kommt. Aber das erspart er sich in diesem Moment, es würde zu lange dauern, deshalb ist die Tür von seinem Haus auch nicht abgeschlossen, aber Besucher sind ohnehin willkommen. Vor ihm steht eine Gehhilfe, mit der er sich im Alltag langsam vorwärts bewegt. An der Treppe zum ersten Stock wartet ein Sitzlift. „Früher waren Pferde eines meiner Hobbys, aber als ich in die Stadt gezogen bin, gab es keine Gelegenheit mehr zu reiten."

Wir sind in Madison, der Hauptstadt des amerikanischen Bundesstaates Wisconsin, das genau zwischen den Seen Mendota und Monona gelegen ist. Nur drei Stunden südlich von hier liegt Chicago, wo Davis geboren wurde und die ersten 24 Jahre seines Lebens verbrachte. Sein Haus am West Shore Drive liegt direkt am Lake Monona mit einem kleinen Holzsteg für Boote. Durch das große Fenster seines Wohnzimmers hat man den besten Ausblick auf die Silhouette der Stadt, aus der die Kuppel des Wisconsin State Capitol hervorragt. „Auf dem Steg war ich noch nie, das Boot gehört meinem Nachbarn. Mir ging es nur um den Ausblick."

Davis war 23 Jahre lang einer der meistgefragten Bassisten in New York, bevor er sich 1977 dazu entschied, nach Madison zu ziehen und als Professor zu unterrichten. „Martin Luther King hatte mir geraten: ‚Teile dein Wissen mit der nächsten Generation.' Und es war an der Zeit, das umzusetzen. In all den Jahren hatte ich Studenten, die jetzt auch Professoren sind und wiederum ihr Wissen weitergeben können. Ich wollte einfach das teilen, was mir vorher von anderen gegeben wurde. Als ich Milt Hinton von meiner Entscheidung erzählte, hat er sich so gefreut, dass er anfing zu weinen."

Eine Professur wurde Davis auch deshalb zugesprochen, weil er gleichermaßen in Klassik und Jazz zu Hause war. Er gab Konzerte mit George Szell und dem Cleveland Symphony Orchestra, mit Leonard Bernstein und den New Yorker Philharmonikern und arbeitete mit Igor Strawinsky, Pierre Boulez, Leopold Stokowski und Gunther Schuller. „Ich bin nun mal als Jazzbassist bekannter geworden. Aber die meisten meiner Studenten interessieren sich gar nicht für Jazz. Ich unterrichte außerdem nicht nur Klassik und Jazz, sondern auch Jazzgeschichte und gebe einen Kurs, der sich mit afroamerikanischer Kultur beschäftigt, den ich ‚The Oneness of Humankind' genannt habe. Viele Studenten kommen zu mir, um Antworten zu erhalten. Sie befragen mich wegen Problemen der Rassendiskriminierung, die sie innerhalb der Familie haben, und oft kann ich ihnen helfen, denn ich bilde mich selbst ständig weiter und lerne dabei auch viel über mich selbst. Ich habe das Gefühl, eine

Richard Davis
(* 15. April 1930 in Chicago, Illinois)
ist ein US-amerikanischer Bassist.

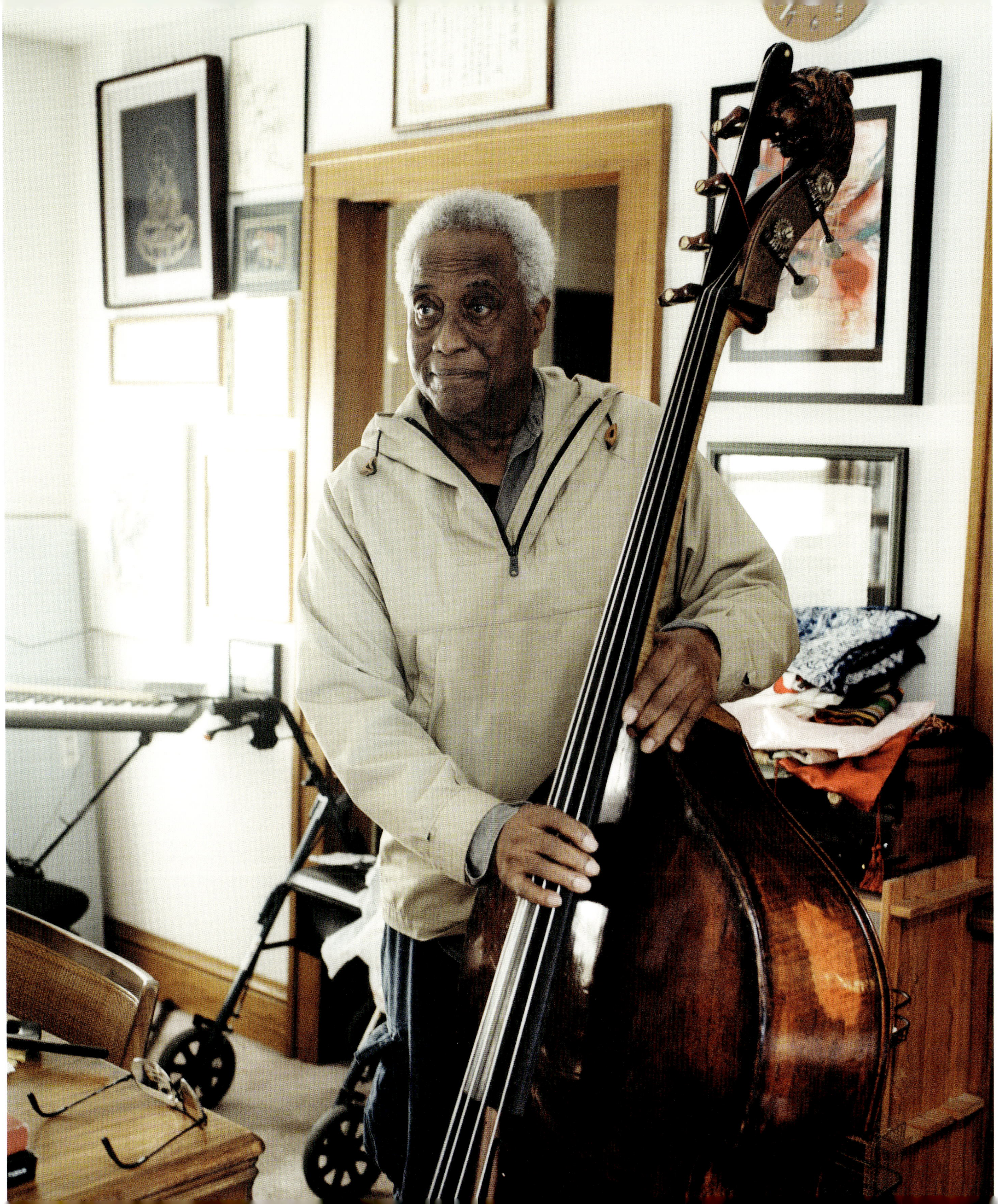

Verantwortung zu haben. Nach wie vor funktionieren die USA nur durch diese zwei Faktoren: aus welcher gesellschaftlichen Schicht du kommst und welche Hautfarbe du hast. Klasse und Rasse. In dieser Hinsicht hat sich in den USA gar nichts geändert. Institutionalisierter Rassismus ist immer noch so weit verbreitet wie im Jahr 1492, als alles anfing."

In Chicago ging Richard Davis an die renommierte DuSable Highschool, die vor ihm auch Nat King Cole, Dinah Washington, Gene Ammons, Eddie Harris, Clifford Jordan, Joseph Jarman, LeRoy Jenkins, Julian Priester, Johnny Hartman, John Gilmore und Johnny Griffin besuchten. „Als ich dort anfing, war Johnny Griffin gerade in seinem letzten Jahr. Er spielte Klarinette in einer Marching Band, als die Footballsaison mit einem Konzert eröffnet wurde. Als Gast hatte sich die Highschool Lionel Hampton eingeladen. Als Johnny aufstand und sein Solo spielte, war Hamp total begeistert von ihm und hat ihn sofort engagiert."

Nachdem Davis am Van der Cook College Kontrabass studiert hatte, war sein erstes richtiges Engagement im Trio von Ahmad Jamal. „Das war 1952 mit Ray Crawford an der Gitarre, noch bevor Jamal sich wegen des hohen Geräuschpegels bei seinen Konzerten dafür entschied, Ray durch einen Schlagzeuger zu ersetzen, denn seine Konzerte waren sehr beliebt, es kamen viele Leute. Jamals Sound und sein Konzept waren wirklich unglaublich. Einmal fragte er mich, wer mein Lieblingspianist sei, und ich antwortete: ‚Oscar Peterson.' Und dann fragte er mich: ‚Willst du wissen, wer mein Lieblingsbassist ist?' Ich dachte, er würde Ray Brown nennen, aber stattdessen sagt er: ‚Das bist du, weil du hier mit mir spielst.' Wow! Ahmads Kompliment hat mich richtig ermutigt!"

An seine Wände hat sich Davis etliche Urkunden und Auszeichnungen aufgehängt, so eng, dass es keinen Platz mehr gibt. „Was soll jetzt noch kommen? 2014 erhielt ich den NEA-Award, die höchste Auszeichnung der USA für Jazzmusiker. Im Keller hängen noch mehr solcher Sachen." Ergänzt werden die Preise durch Fotos, Zeichnungen und einen Stammbaum seiner Familie. Dazwischen leuchtet eine goldene Schallplatte der Folk-Sängerin Janis Ian, „Between The Lines", auf der er mitgespielt hat, und die sich 500.000-mal verkaufte. Produktionen außerhalb des Jazz waren für Davis in den 1970er-Jahren in New York keine Ausnahme mehr. So ist er auf Platten von Bruce Springsteen, Barbra Streisand, Frank Sinatra, John Lennon, Laura Nyro, Paul Simon und auf Van Morrisons Album „Astral Weeks" zu hören.

Nach zwei Jahren im Trio von Jamal kam Davis 1954 nach New York und spielte dort zuerst im Trio des Pianisten Don Shirley. „Als ich in New York an der Grand Central Station ankam, war ich doch etwas ängstlich und dachte nur: ‚Hoffentlich begegne ich nicht Ray Brown und Percy Heath!' Beide waren Vorbilder von mir, aber nachdem ich sie getroffen hatte, wurden sie meine besten Freunde. Es gab damals keinen Konkurrenzkampf, im Gegenteil: Bassisten waren dafür bekannt, sich gegenseitig zu unterstützen. Auch George Duvivier wurde ein enger Freund. Er hat mich einmal eingeladen, um zu sehen, wie viele Bratwürste ich vertragen kann. Nach der fünften Wurst sagte er: ‚Hey, was ist los mit dir? Du wirst langsamer!'"

Davis lacht kurz. 1957 bekam er schließlich einen Anruf vom Management von Sarah Vaughan, in deren Gruppe Davis bis 1962 spielte und dadurch einem breiteren Publikum bekannt wurde. „Ich vermute, dass Roy Haynes mich empfohlen hatte, denn ich war ihm in Chicago begegnet und wir verstanden uns sofort. In Sarahs Band waren also Roy, ich und der Pianist Jimmy Jones. Sarah konnte im Notfall aber auch selbst Piano spielen. Ich hörte von dieser Geschichte, dass sie 1952 vom Nat King Cole Trio begleitet wurde, aber als Nat eines Abends wegen Krankheit ausfiel, spielte sie einfach alle Stücke selbst, ungefähr so wie Shirley Horn. Beide habe ich sehr geschätzt!"

Viele Jazzmusiker konnten nicht begreifen, wie ich so kreativ sein konnte, ohne Drogen zu nehmen.

Während seiner Zeit bei Vaughan hatten sich im Jazz die Avantgarde und eine freie Spielweise entwickelt, zu der sich Davis sehr hingezogen fühlte. Den traditionelleren Jazz der Standards wollte er allerdings nie aufgeben. „Es war nur ein weiteres Feld, auf dem ich mich ausprobieren konnte und das musikalisch einen anderen Ansatz vom Bassisten erforderte. Im Five Spot hörte ich mir Charlie Haden an, der dort mit Ornette Coleman spielte. Im Publikum waren lauter Bassisten, die ihn und diese neue Musik hören wollten: Paul Chambers, Ron Carter, Wilbur Ware, Percy Heath, Henry Grimes und Charles Mingus. Ich fand diese neue Musik sehr aufregend und ich war bereit, neue Wege zu gehen."

Zufällig traf Davis 1961 auf Eric Dolphy, von dem er schon gehört, ihn aber noch nie persönlich kennengelernt hatte. „Eric kam in der U-Bahn auf mich zu. Ich erkannte ihn zuerst überhaupt nicht und dachte, es sei Ornette Coleman, denn beide hatten damals einen Ziegenbart. Aber Eric erkannte mich und sagte: ‚Komm doch nächste Woche ins Five Spot und wir spielen zusammen.' Es war genau das, wonach ich musikalisch ge-

> Als ich in New York ankam, war ich doch etwas ängstlich und dachte nur: „Hoffentlich begegne ich nicht Ray Brown und Percy Heath!" Nachdem ich sie getroffen hatte, wurden sie meine besten Freunde.

DIE WICHTIGSTEN ALBEN
ALS LEADER

with Elvin Jones
Heavy Sounds
(Impulse!, 1967)

Muses For Richard Davis
(MPS, 1970)

Persia My Dear
(DIW, 1987)

Dealin' Live At The Sweet Basil
(Evidence, 1991/94)

The Bassist: Homage To Diversity
(Palmetto, 2001)

ALS SIDEMAN

Eric Dolphy *Out To Lunch!*
(Blue Note, 1964)

Elvin Jones *Dear John C.*
(Impulse!, 1965)

Van Morrison *Astral Weeks*
(Warner, 1968)

Andrew Hill
Lift Every Voice
(Blue Note, 1970)

Walt Dickerson
Divine Gemini
(SteepleChase, 1977)

Ralf Dombrowski

---

sucht hatte. Wir wurden enge Freunde und haben zusammen einige Platten aufgenommen. Weil er meine Energie so bewunderte, nannte er mich immer ‚Iron Man' und sagte: ‚Eines Tages werde ich hoffentlich so viele Jobs haben wie du.' Viele Jazzmusiker konnten nicht begreifen, wie ich so kreativ sein konnte, ohne Drogen zu nehmen. Eric war, ähnlich wie Coltrane, einer der nettesten und höflichsten Menschen, die ich je kennengelernt habe. Ich habe auch seine Eltern in Kalifornien besucht, bei denen ich übernachtet habe. Nur einmal war ich wütend auf Eric, als er Edgar Varèse zu Hause besucht hatte, ohne mich mitzunehmen. Das letzte Mal sah ich ihn am Tag, bevor er mit Mingus nach Europa flog. Er hatte sich eine Armbanduhr gekauft, weil er endlich mehr und mehr Jobangebote bekam, bei denen er immer pünktlich sein wollte. Als er 1964 starb, starb auch ein Teil von mir. Charles Lloyd war derjenige, der mich anrief und mir von Erics Tod erzählte. Ich wollte es nicht glauben, denn er war gerade erst 36 Jahre alt geworden."

Davis spielte 1964 auf Dolphys bekannter Platte „Out To Lunch!" mit und wurde in Folge für viele andere Plattenaufnahmen gebucht, unter anderem Joe Hendersons „In 'n' Out", Tony Williams' „Life Time", Charles Lloyds „Discovery!", Lucky Thompsons „Lucky Strikes", Bobby Hutchersons „Dialogue", Chico Hamiltons „The Dealer", Roland Kirks „Rip, Rig and Panic", außerdem auf sechs Alben mit Booker Ervin. Vor allem von der Firma Blue Note wurde Davis oft angefragt, bei der er allein mit Andrew Hill sieben Alben einspielte.

„Ich war im Himmel, denn ich durfte mit all diesen tollen Musikern spielen. Selten bin ich mit ihnen auf Tour gegangen, aber dafür habe ich umso häufiger mit ihnen im Studio aufgenommen. Kenny Dorham hatte ich mir angehört, als ich lernte, Bass zu spielen, und nun stand ich mit ihm auf der Bühne und spielte in verschiedenen New Yorker Clubs mit ihm. Das fühlte sich so gut an! Er nannte mich ‚The Fox', weil er fand, dass ich etwas Besonderes war. Er hat auch eine Komposition von sich so benannt, aber ich bin mir nicht sicher, ob das wirklich auf mich bezogen war. Wir nahmen zusammen für Blue Note das Album ‚Trompeta Toccata' auf. Alfred Lion und Francis Wolff waren wirklich ein leidenschaftliches Team, das sich ganz der Musik verschrieben hatte. Es war alles sehr gut organisiert und sogar die Proben wurden bezahlt. Während der Aufnahme aß Alfred oft Schokolade. Er hat mir immer etwas abgegeben."

Davis lacht wieder. 1967 nahm er schließlich mit Elvin Jones als Co-Leader „Heavy Sounds" für Impulse! auf. Auch diese Platte hat eine Geschichte, die er ein anderes Mal erzählen muss, denn seine nächste Verabredung wartet: eine Stunde Bass-Einzelunterricht. Er lässt den Sessel nach vorne fahren, ergreift seine Gehhilfe und bewegt sich langsam durch die Wohnung. „Kannst du die vordere Tür abschließen?" Wir verlassen das Haus durch den Seiteneingang. Dort steht sein Auto, in das er sich behutsam reinsetzt. „Besuch mich mal wieder in Madison! Ich werde sicherlich noch ein paar Jahre hier sein."

Billy Cobham

NEW YORK WAR MEIN GEFÄNGNIS, UND MEINE FUSSKETTE WAR MEIN SCHLAGZEUG.

„Ich hab noch mit meiner Frau Tennis gespielt, deshalb bin ich etwas spät dran."

Billy Cobham ist gerade mit seinem blauen Mercedes am Hauptbahnhof Bern vorgefahren. Seit 1980 wohnt er in der Schweiz, zunächst 16 Jahre in Zürich, danach hat es ihn immer weiter weg von der Stadt gezogen, über Bern aufs Land, in das kleine Dorf Lobsigen. „Dort habe ich meine Ruhe. Im Keller eines Holzfabrikanten habe ich zwei Lagerräume für meine Schlagzeuge angemietet." Wir fahren hinein in die bergige Landschaft, vorbei an weiten Wiesen mit Kühen; am Horizont ist gelegentlich die rot-weiße Schweizer Fahne zu sehen. Cobhams Entscheidung, die USA zu verlassen, hatte einen Grund. In den 1970er-Jahren arbeitete er mit Michael und Randy Brecker in der Band Dreams zusammen und spielte als inoffizieller Hausschlagzeuger bei CTI Records mit Grover Washington jr., Milt Jackson, George Benson, Stanley Turrentine, Freddie Hubbard und Hubert Laws. „Ich lebte in New York und ein normaler Arbeitstag sah so aus, dass ich zum Beispiel von 10 bis 13 Uhr eine Recording Session bei Rudy Van Gelder in New Jersey hatte. Innerhalb von einer Stunde Pause musste ich rüber nach Manhattan zum nächsten Studiotermin von 14 bis 17 Uhr, um die Musik für einen Werbeclip aufzunehmen. Und dann spielte ich am Abend von 19 bis 22 Uhr in einer Band. Es war einfach zu viel Arbeit. Wenn das so weitergegangen wäre, dann wäre ich sicherlich durchgedreht. Ich wollte einfach die Freiheit haben innezuhalten. Klar habe ich gutes Geld verdient, aber ich hatte kein Privatleben mehr. Ich war ein Sklave der Musik, ohne Spaß dabei zu haben. Es fühlte sich nicht so an, als ob ich etwas Wichtiges erschaffen würde. Selbst die Platten, die ich in jener Zeit unter meinem Namen veröffentlicht habe, waren nicht wirklich so, wie ich sie mir gewünscht hätte. New York war mein Gefängnis, und meine Fußkette war mein Schlagzeug. Daher fragte ich mich, wie ich aus diesem Gefängnis entkommen könnte. Zürich war eine gute Idee, doch letztlich nicht anders als New York. Lobsigen hatten mir Freunde empfohlen. Einer der Vorteile dort ist, dass ich mein Schlagzeug auf einer Ebene ein- und ausladen kann. Diese Tatsache sollte man bei zunehmendem Alter nicht unterschätzen!"

Eine Einführung in das Musikgeschäft erhielt Cobham schon als kleiner Junge. Seine Eltern zogen mit ihm aus seiner Geburtsstadt Panama-City nach New York, wo der Vater immer am Wochenende in einem Club Piano spielte. Als einmal der Schlagzeuger nicht kam, setzte sich der sechsjährige Billy hinter die Trommeln, mehr aus Spaß, denn er konnte gar nicht spielen. Danach fragte er seinen Vater, wie viel Geld er sich nun verdient habe? Sein Vater sah ihn an: „Gut, wir müssen uns mal hinsetzen und reden. Die Kleidung, die du trägst, wer hat die gekauft? Wo schläfst du? Zahlst du Miete? Wie

William Emanuel, genannt Billy, Cobham (*16. Mai 1944 in Colón, Panama) ist ein US-amerikanischer Schlagzeuger und Komponist.

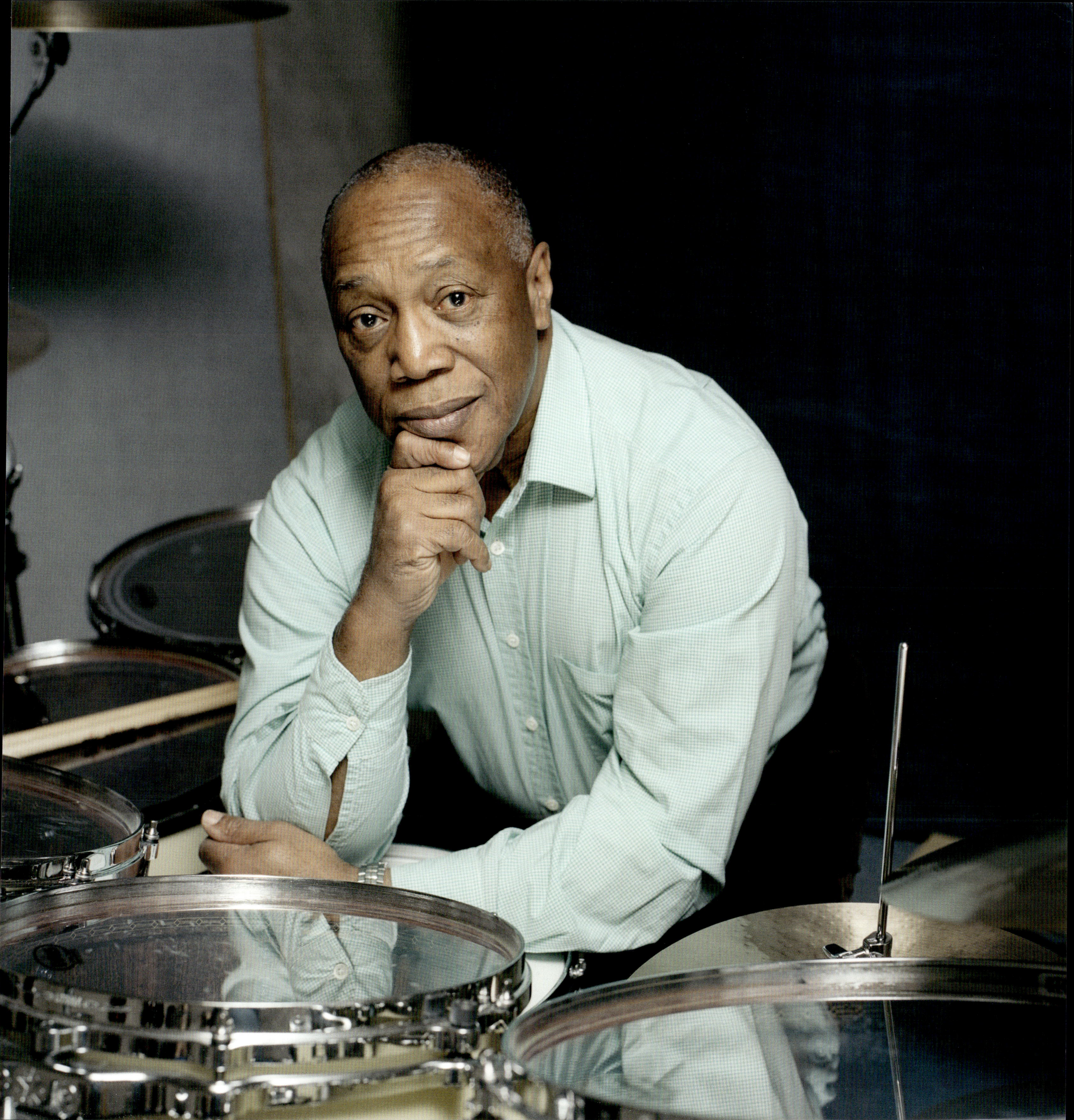

DIE WICHTIGSTEN ALBEN ALS LEADER

Spectrum (WEA, 1973)

Crosswinds (WEA, 1974)

Billy Cobham George Duke Band
Live On Tour In Europe (WEA, 1976)

Alivemutherforya (Columbia, 1977)

Billy Cobham/Ron Carter/Kenny Barron
The Art Of Three (In + Out, 2001)

Palindrome (BHM, 2010)

ALS SIDEMAN

Miles Davis *Bitches Brew* (Columbia, 1970)

Mahavishnu Orchestra *Birds Of Fire* (Columbia, 1973)

Carlos Santana & John McLaughlin
Love, Devotion & Surrender (Columbia, 1973)

Roberta Flack/Donny Hathaway
You've Got A Friend (WEA, 1974)

Gil Evans *Live At The Public Theater*
(Trio, 1981, Japan)

Wolfgang Schmid/Bill Bickford/Billy Cobham
Paradox (enja/tiptoe, 1996)

—

Ssirus W. Pakzad

Ich hatte Erfolg und genau deshalb bekam ich danach keine Jobs mehr angeboten, weil die Leute dachten, ich sei zu beschäftigt oder zu teuer. Ein echtes Paradox, mit dem man leben muss.

sches Problem und transpirierte – das Wasser tropfte aus seinen Ellenbogen. Das war wirklich extrem! Aber in jede einzelne Note hat er sein Herz und seine Seele gesteckt, das war beeindruckend. Die Art, wie er Akkorde spielte, selbst Blockakkorde, hat immer gegroovt. Das war Silverism! Nach acht Monaten musste ich seine Gruppe leider verlassen, da seine Bezahlung nicht ausreichte, um meine Familie zu ernähren."

Wir erreichen die alte Werkstatt in Lobsigen. Die Ebene für die Holzanlieferung führt in das Untergeschoss, wo auch eine lokale Band einen Proberaum angemietet hat. Cobham schließt den rechten seiner beiden fensterlosen Räume auf und schaltet die Deckenbeleuchtung an. Neben mehreren verpackten Drums-Sets steht in der Mitte ein großes gelbes Schlagzeug mit zwei Bass Drums, zehn weiteren Trommeln und jeder Menge Becken. „Das hat sich im Laufe der Zeit so addiert. Bei Horace Silver waren

---

Als ich am Abend nach Hause kam, erzählte mir meine Freundin Marcia völlig aufgelöst, dass ein unfreundlicher Unbekannter mit einer rauen Stimme angerufen habe. Klar war das Miles, also rief ich ihn zurück.

---

sieht es mit den Lebensmitteln aus, die du isst? Verstehst du nun, wofür wir unser Geld ausgeben oder wo es herkommt? Es kommt unter anderem von Jobs wie diesem hier." Der Junge verstand und war dennoch von der Musik angetan. Während seiner Militärzeit spielte Cobham nicht nur in der Army Band, sondern war auch Schlagzeuger im Trio des Pianisten Dr. Billy Taylor, wenn Grady Tate keine Zeit hatte. Im Februar 1968 bekam er den Job in der Gruppe von Horace Silver: „Er war ein guter Lehrer, auch wenn ich mit vielen Dingen, die er sagte, nicht übereinstimmte, aber das lag daran, dass ich noch jung und unerfahren war. Für die erste Platte, die wir für Blue Note aufnahmen, ‚Serenade To A Soul Sister', wurden für die Hülle Fotos verwendet, die ich von Janie in einem gelben Kleid gemacht hatte. Sie spielte Violine und ich kannte sie aus der Highschool. Die andere Platte war ‚You Gotta Take A Little Love'. Mit der Band von Horace bin ich zum ersten Mal nach Europa gereist. Horace hatte für die ganze Band die gleichen Anzüge gekauft, in denen wir echt gut aussahen. Nur er selbst trug jeden Abend einen anderen Anzug, weil er sie immer durchschwitzte. Er hatte wirklich ein physisches die Anforderungen an den Schlagzeuger anders als später beim Mahavishnu Orchestra. John McLaughlin hatte ganz konkrete Vorstellungen von der Rolle des Schlagzeugs in seiner Musik. So experimentierte ich herum, bis ich eines Tages eine ganze Batterie von Trommeln auf der Bühne stehen hatte. Die Musik verlangte es." Cobham hatte McLaughlin in London kennengelernt, während er mit Horace Silver im Club Ronnie Scott's spielte. Zwei Jahre später, 1970, trafen sie sich im New Yorker Columbia-Studio wieder und nahmen gemeinsam mit Miles Davis auf. 1971 gründeten sie das Mahavishnu Orchestra. „Wir waren fünf Musiker, die sich auf der Bühne wie Magneten angezogen haben. Die Musik funktionierte einfach wunderbar. Aber kaum hatten wir die Bühne verlassen, ging jeder seine eigenen Wege. Wir hatten wirklich soziale Probleme untereinander und nach drei Jahren und drei Schallplatten hatten wir uns auseinandergelebt und lösten die Band auf." Das Mahavishnu Orchestra markierte den Beginn der Fusion-Musik, und Billy Cobham wurde zum einflussreichsten Schlagzeuger dieses Stils, in dem er sein extrem kraftvolles und komplexes Spiel mit exakter Präzision kombinierte. Seine technische Virtuosität dominierte dabei gelegentlich die Musik. „Die Musik, die du spielst, und die Art, wie du sie präsentierst, verrät dem Publikum, wer du bist. Musik ist wirklich eine Reflexion deines Lebensstils. Man kann mit Musik nicht lügen. Fusion ist nur ein Teil des vielfältigen Jazz. Einige Leute nennen es Pop, andere Jazz-Rock oder Funk – je nach Tagesform." Er setzt sich hinter sein Schlagzeug, nimmt seine Stöcke in die Hand und spielt einen sehr treibenden Groove. „Als ich anfing zu spielen, war es ein Gesetz, die Stöcke traditionell in der Hand zu halten und über Kreuz zu spielen. Aber damit habe ich mich nie wohlgefühlt und es immer hinterfragt. Ich sah mir auf Konzerten an, wie Buddy Rich und Louis Bellson mit der traditionellen Haltung spielten und fragte mich: ‚Warum kann ich das nicht?' Irgendwann habe ich dann probiert, den Stock in der linken Hand genauso wie in der rechten Hand zu halten und die begleitende Hi-Hat mit der linken Hand zu spielen – das war wie eine Befreiung!" Cobham wechselt die Stöcke, nimmt in jede Hand zwei Mallets gleichzeitig und spielt nur auf den Trommeln, wird leiser und wieder lauter. „Man muss lernen, mit Dynamik zu arbeiten, das wird deine besten Eigenschaften als Schlagzeuger und als Musiker ans Licht bringen. Aber man muss geduldig sein, bis man selbst zu dieser Erkenntnis kommt."

Das Ende des Mahavishnu Orchestra hatte Billy Cobham vorausgesehen und ihm wurde klar, dass er für die Zeit danach eine musikalische Visitenkarte benötigte. Während einer Tour 1973 schrieb er einige Kompositionen, suchte sich die passenden Musiker zusammen und nahm ein Demo auf, das von Columbia abgelehnt wurde, aber Mark Meyerson von Atlantic Records zeigte Interesse. „Inzwischen kannte man mich als Schlagzeuger, der zu viele Noten in einem Takt spielt. Daher entschied ich, dass die Leute auch meine andere Seite kennenlernen sollten. Ich gründete die Gruppe Spectrum und wir nahmen das gleichnamige Album in nur drei Tagen im Electric Lady Studio in New York auf. So einfach kann es manchmal gehen." Die LP wurde sehr erfolgreich und erreichte 1974 in den amerikanischen Billboard Charts in der Kategorie Pop-Album Platz 35, Cobham damit Platz 28 bei den „Besten Künstlern bei Pop-Alben" und sogar Platz 1 bei den „Best Instrumental Pop Albums". „Diese Platzierungen interessieren mich nicht so sehr. Erfolg ist eine zwiespältige Angelegenheit. Ich habe dieses Album eingespielt, weil ich als Musiker ein schärferes Profil suchte. Damit hatte ich Erfolg und genau deshalb bekam ich danach keine Jobs mehr angeboten, weil die Leute dachten, ich sei zu beschäftigt oder zu teuer. Ein echtes Paradox, mit dem man leben muss." Stattdessen wurde Cobham von seiner Plattenfirma gebeten, umgehend ein weiteres, ähnliches Album zu veröffentlichen. Es folgte „Crosswinds", das sich als kommerzieller Flop erwies. „Das ist ein gutes Album, aber Erfolg hat leider wenig mit Qualität zu tun. Wenn du nicht genügend Unterstützung von deiner Plattenfirma bekommst, ist es egal, wie super dein Album ist. Dennoch habe ich insgesamt acht LPs bei Atlantic veröffentlicht."

Wir gehen in den zweiten Raum nebenan, der viermal größer ist, in dem sich unzählige Schlagzeuge auftürmen, alle gut verpackt und teilweise mit seinem aufgedruckten Namen William Cobham auf den Koffern. An einer Wand steht ein Regal, das nur neue Trommelfelle wie Bücher aufreiht, gleich daneben stapeln sich mehrere Kisten mit den unterschiedlichsten Stöcken und Schlegeln. „Tja, das hat sich im Laufe der Jahre so angesammelt. Es gibt hier sehr ungewöhnliche Trommeln, die nur für mich angefertigt wurden." Voller Begeisterung zeigt er mir einige Unikate und sucht Trommeln hervor, die er selbst schon Jahre nicht mehr in der Hand hielt, aber dann ruft seine Frau Faina an und fragt, ob alles o.k. sei und wann er wieder nach Hause komme. „Wir sind hier fertig, ich bin unterwegs." Er wendet sich zu mir. „Ich fahre dich jetzt wieder zum Bahnhof. Ich glaube, du hast alles gesehen, oder?"

> Bei der „Bitches Brew"-Session war ich auch dabei, aber Teo Macero hat hinterher immer alles geschnitten, sodass ich nie wirklich weiß, auf welchen Tracks ich dabei bin.

Die Autofahrt zurück nach Bern nutze ich, um Cobham noch nach seinen Aufnahmen mit Miles Davis zu fragen, auf dessen Platten „A Tribute To Jack Johnson" und „Live/Evil" er zu hören ist. „Bei der ‚Bitches Brew'-Session war ich auch dabei, aber Teo Macero hat hinterher immer alles geschnitten, sodass ich nie wirklich weiß, auf welchen Tracks ich dabei bin. Ich glaube, bei ‚Bitches Brew' bin ich nur auf den CDs mit den Bonustracks zu hören. Egal! Miles arbeitete 1969 mit Jack DeJohnette, der jedoch aussteigen wollte und mich fragte, ob ich seinen Job übernehmen wolle. ‚Miles wird dich anrufen', hatte Jack mir gesagt. Nachdem Miles mich in einem Konzert gehört hatte, rief er bei meiner damaligen Freundin Marcia an, während ich unterwegs war. Er hatte sich am Telefon sehr unfreundlich verhalten und seinen Namen nicht genannt. Als ich am Abend nach Hause kam, erzählte mir Marcia völlig aufgelöst, dass ein unfreundlicher Unbekannter mit einer rauen Stimme angerufen habe. Klar war das Miles, also rief ich ihn zurück. Das einzige, was er sagte, war: ‚Probe morgen um neun bei Columbia', und legte auf. Ich erinnere mich, dass es keine Noten gab, aber er hatte ein so gutes Gefühl dafür, welche Musiker seine Vorstellungen erfüllen würden. Vor den Aufnahmen zu ‚Jack Johnson' trafen wir uns in Miles' Wohnung und probten. Am nächsten Tag im Studio haben wir zwischen den Aufnahmen ein bisschen ausprobiert und plötzlich spielte John McLaughlin einen Shuffle auf seiner Gitarre. Daraufhin fing Michael Henderson auch mit seinem Bass an und da ich nichts anderes zu tun hatte, spielte ich ebenfalls dazu. Miles kam wütend aus dem Kontrollraum und sagte: ‚Hört auf, zwischen den Aufnahmen zu spielen, ich will das hier schnell abwickeln und nicht zu viel Zeit verschwenden.' Also waren wir ruhig, aber dieser Shuffle hatte so eine Leichtigkeit und groovte so gut, daher begann John wieder damit. Miles war genervt: ‚Ich habe euch doch gerade gesagt, jetzt nicht zu spielen!' Das wiederholte sich einige Male, aber dann merkte Miles, dass wir wirklich rockten und er rief Teo zu: ‚Aufnahme!' Und dann kam zufällig noch Herbie Hancock vorbei, der gerade aus dem Supermarkt kam und lediglich Miles seine neueste LP geben wollte, ‚Fat Albert Rotunda'. Miles schaute Herbie an und sagte nur ‚Play!' Aber auf einen Pianisten war der Studiotechniker Stanley Tonkel nicht vorbereitet. Aus der hintersten Ecke holte er eine verstaubte elektrische Farfisa-Orgel hervor, aber Herbie sagte zu Miles: ‚Ich muss die Einkäufe nach Hause bringen und habe mein Auto in der zweiten Reihe geparkt.' Miles sah ihn sehr ernst an und wiederholte: ‚Play!' So kam es, dass Herbie bei der Aufnahme dabei war. Das war mit Abstand mein eindrucksvollster Moment im Studio!"

Eugene Wright

VOM LEGENDÄREN BRUBECK-QUARTETT BIN ICH DER LETZTE ÜBERLEBENDE.

Eugene Joseph Wright, genannt „The Senator"
(* 29. Mai 1923 in Chicago, Illinois),
ist ein US-amerikanischer Bassist.

„B wie Brubeck. Oh ja, wir haben sehr viele Alben zusammen aufgenommen. Immerhin habe ich zehn Jahre in seinem Quartett gespielt!"

Eugene Wright steht in einem Schallplattenladen in Burbank, nördlich von Hollywood, und blättert in Ruhe mit den Händen durch die Fächer in der Jazzabteilung. Der Ladenbesitzer Rick freut sich immer, wenn der 92-jährige Bassist vorbeischaut und sich beide unterhalten. „Da wird Musikgeschichte lebendig." Da Wright sowieso gerade beim Buchstaben B ist, schaut er auch bei den Platten von Count Basie. „Ich komme gerne hierher und schau mir die alten Cover an. Da werden Erinnerungen wach, weil ich mit so vielen Musiken zusammengespielt habe. Wenn Basie ein Konzert in Chicago gab, wo ich aufgewachsen bin, wollte ich das unbedingt erleben. Mal trat er in einem Theater auf, mal in einem Ballroom, wo die Leute zur Musik tanzen konnten. Meine Mutter, die selbst Piano spielte, sagte immer: ‚Wenn du nicht tanzen kannst, dann stimmt etwas mit dir nicht.'"

Wright blättert lachend weiter. „Als erstes Instrument habe ich Kornett gelernt, aber nachdem ich die Band von Basie gesehen hatte, wollte ich unbedingt Bass spielen. Ich habe Walter Page, dem Bassisten von Basie, genau zugehört, um zu verstehen, was er da spielt. Damals wurde ein Bass noch nicht elektrisch verstärkt und dennoch konnte ich ihn auch weit hinten im Raum hören. Einmal war Walter krank und Basie fragte, ob ich einspringen könne. Es gefiel ihm so gut, dass ich fest bei Basie einstieg und mit ihm nach New York ging. Dort spielten wir ein paar Wochen im Apollo Theater. Bei einigen Stücken sangen entweder Helen Humes oder Jimmy Rushing, der den Saal zum Toben brachte. Dann spielten wir auf den Florida Keys und als wir zurück nach New York kamen, waren wir für sechs Wochen im Strand Theater gebucht, und als Gast war Billie Holiday dabei. Count Basie hat sie wie einen Star hofiert. Er holte sie von der hinteren Seite der Bühne ab, nahm sie an der Hand und begleitete sie bis zur Front. Fast zwei Jahre spielte ich mit Basie, dann war die Band pleite und ich ging zurück nach Chicago." Wright schaut auf die Uhr, es ist später Nachmittag. „Komm, lass uns gehen! Ich zeige dir bei mir zu Hause ein paar alte Fotos. "

Wir fahren in seinem Auto den Magnolia Boulevard Richtung Westen. Nur acht Straßen weiter biegt er rechts in die Biloxi Avenue und parkt vor seinem Haus. Gleich hinter der Eingangstür stehen drei sehr alte Koffer, die er früher auf das Dach von seinem Auto gespannt hat, wenn er mit seinem Bass unterwegs war. Sie sind mit vielen bunten Aufklebern verziert. „Gene Ammons hat mich zum ersten Mal auf Tour mitgenommen. Er lebte in meiner Nachbarschaft, aber wir haben uns auf der DuSable Highschool kennengelernt. Als er 1943 eine Band gründete, war ich sein Bassist. Wir spielten im Congo Club in Chicago. Die Rhythmusgruppe bestand aus Junior Mance, Ellis Bartee und mir, an der Trompete war Bill Massey und manchmal kam Sonny Stitt vorbei, dann brannte die Luft! Als ich später mit Gene im Birdland in New York in der 42. Straße arbeitete, kam einmal Charlie Parker vorbei, der ein Stück mitspielte. Er hatte sein Saxofon nicht dabei, also nahm er einfach das von Gene."

In New York spielte Eugene Wright 1951 zunächst in der Gruppe von Arnett Cobb. „Leider war er gezwungen, die Band nach einem Jahr wieder aufzulösen, da er krank wurde und sich am Rücken operieren lassen musste. Es war wirklich tragisch, denn er brauchte mehr als zwei Jahre, um sich davon zu erholen, und dann hatte er im April 1956 einen Autounfall, der ihm beide Beine zerschmetterte. Daher sieht man ihn auf Fotos immer mit zwei Krücken." Bald bekam Wright einen Anruf von Art Blakey, mit dem er bereits verschiedene Sessions gespielt hatte. Er engagierte ihn für ein Konzert im Trio mit Thelonious Monk. „Obwohl ich Monk zuvor mit Charlie Rouse gehört hatte, war ich mit seiner Musik nicht vertraut. Ich hatte auf der Bühne Schwierigkeiten, die Melodie zu erkennen, weil er sie so verfremdet gespielt hat, aber er hat mir dann immer kurz vorher Ak-

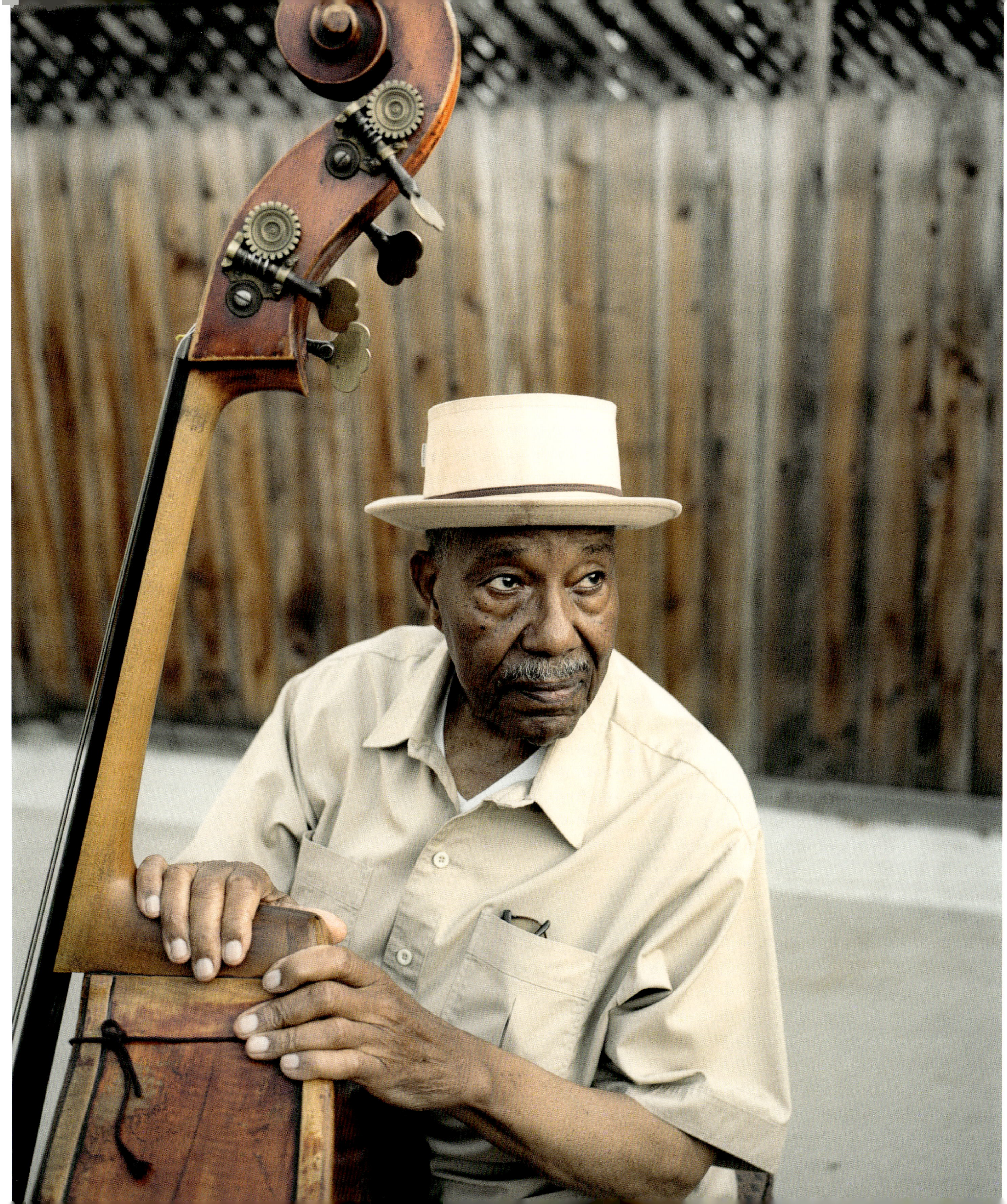

kordwechsel und Tempowechsel angesagt. So ging Monk mit vielen jungen Musikern um, entweder man verstand es oder man spielte nie wieder mit ihm, aber ich liebte es!"

Art Blakey spielte ebenso im Quartett von Buddy DeFranco, zusammen mit Kenny Drew und Milt Hinton. Sie wurden 1953 vom Cahuenga Club in L.A. gebucht, aber Milt Hinton hatte zu viele Termine in New York, weshalb Art Blakey erneut bei Eugene Wright anrief. „Wir spielten ein Konzert zusammen in New York, um zu sehen, ob wir gemeinsam harmonierten. Wir swingten von Anfang an! Ein paar Tage später sind wir dann mit dem Auto losgefahren. In der Wüste war es sehr heiß, weshalb wir uns angewöhnten, nachts zu fahren und tagsüber zu pausieren. Bei unseren Konzerten im Club in L.A. spielten und swingten wir wie die Hölle. Wir wurden schnell zum Stadtgespräch und jede Nacht kamen so viele Leute, es gab kaum noch Platz. Sie waren begeistert und wir swingten und schwitzten, das war unglaublich! Obwohl wir so populär waren, hatte Buddy Probleme, weitere Jobs in Kalifornien zu finden, weil er mit uns eine schwarze Rhythmusgruppe hatte. Ständig gab es rassistische Vorfälle!"

Während seiner drei Jahre bei Buddy DeFranco änderte sich die Besetzung ständig. „Art Blakey stieg aus und gründete seine Jazz Messengers. Der neue Schlagzeuger war für ein paar Wochen Wesley Landers, bald darauf kam Bobby White. Auch Kenny Drew kümmerte sich um seinen Nachfolger Sonny Clark. Buddy war begeistert von seinem Spiel. Mit diesem Quartett schickte uns Leonard Feather im Januar 1954 auf seine Jazz-Club-USA-Tour durch Europa, wo wir auch zehn Konzerte in Deutschland spielten. Billie Holiday war der Star des Abendprogramms, obwohl

Meine Mutter sagte immer: „Wenn du nicht tanzen kannst, dann stimmt etwas mit dir nicht."

---

die Qualität ihrer Auftritte sehr unterschiedlich war. Sie galt als unberechenbar und schwierig, aber davon habe ich nicht viel mitbekommen. Einmal ging sie von der Bühne direkt in den ungeheizten Tourbus und trug immer noch ihr Abendkleid. Ihr war kalt und sie war sehr dankbar, als ich ihr eine warme Decke brachte. Vermutlich war sie für solche Aufmerksamkeiten so empfänglich, weil ihr Ehemann sie schlecht behandelte. In Köln musste sie mit einer Sonnenbrille auftreten, weil er sie in der Nacht zuvor geschlagen hatte."

In den folgenden Jahren ging Eugene Wright zusammen mit dem Gitarristen Bill Dillard im Trio von Red Norvo auf Tour nach Neuseeland und Australien und spielte danach im Quartett von Cal Tjader, mit dem er einige Platten für Fantasy aufnahm, im Black Hawk in San Francisco. 1957 kam der entscheidende Anruf von Dave Brubeck und seine musikalisch wichtigste Dekade begann. Wright führt mich in sein Musikzimmer, in dem Goldene Schallplatten des Albums „Time Out" von Brubeck hängen. Neben alten Fotos des legendären Quartetts steht sein Kontrabass, darüber ein Porträtfoto, das der Hamburger Fotograf Jan Putfarcken von ihm gemacht hat. „Es begann alles 1957, als für das Quartett von Dave Brubeck eine State Department Tour für 1958 geplant wurde. Sein Bassist Norman Bates wollte die Tour nicht spielen, deshalb sagte Joe Morello zu Brubeck: ‚Frag doch Gene Wright!' Dave lud mich in sein Haus in Oakland in Kalifornien ein und wir spielten einige seiner Kompositionen, zum Beispiel ‚In Your Own Sweet Way'. Er war total zufrieden und gab mir den Job!"

Ein spezieller Vorfall mit der Band, an den sich Eugene Wright noch gut erinnern kann, trug sich an einem College im Süden der USA zu. „Der Direktor kam zu Dave und sagte: ‚Es wird Zeit, dass sie anfangen, aber sie müssen heute im Trio ruf von Teo, der uns sofort ins Studio orderte. Wir sollten ‚Take Five' noch mal als Single einspielen, diesmal mit einem kürzeren Schlagzeugsolo. Niemand von uns hatte mitbekommen, dass sich der Song zu einem Hit entwickelt hatte. Ich du noch mehr Geschichten hören möchtest, kannst du gerne wieder vorbeikommen. Ich bekomme wenig Besuch, die meisten Musiker sind verstorben, nur mit Monty telefoniere ich regelmäßig, aber vom legendären Brubeck-Quartett bin ich der letzte Überlebende. So ist das eben, wenn man alt wird. Meine Mutter ist 96 Jahre geworden, mein Vater 105 Jahre. Wenn ich diese Tradition fortsetze, habe ich mit meinen 92 Jahren also noch etwas Zeit auf dieser Erde."

> Der Direktor dieses Colleges in den Südstaaten kam zu Dave Brubeck und sagte: „Es wird Zeit, dass sie anfangen, aber sie müssen heute im Trio spielen, denn schwarze Musiker dürfen nicht auf unsere Konzertbühne."

---

spielen, denn schwarze Musiker dürfen nicht auf unsere Konzertbühne.' Dave war entsetzt und entgegnete sehr cool: ‚Dann haben Sie ein Problem, denn wenn mein Bassist nicht spielen darf, dann werden wir auch nicht spielen.' Es dauerte eine Stunde, die Vorgesetzten diskutierten miteinander und ich habe einfach dagesessen und gewartet. Es war mir fast egal, wir wären einfach wieder abgereist, ohne zu spielen, aber dann durften wir schließlich doch als Quartett die Bühne betreten."

Von März bis Mai 1958 reiste Wright mit dem Dave Brubeck Quartet nach Europa und nach Asien, um als kultureller Botschafter während des Kalten Krieges populäre amerikanische Kultur zu repräsentieren. Die verschiedenen östlichen Länder inspirierten Brubeck dazu, ein Album zu planen, welches auch Stücke mit ungeraden Taktarten enthalten sollte, und er beauftragte Paul Desmond, einen Song im 5/4-Takt zu komponieren. Der Produzent Teo Macero war skeptisch, ob diese Musik ein Publikum finden würde, aber dennoch veröffentlichte Columbia 1959 das Album „Time Out" inklusive dem Stück „Take Five".

„Wir kamen gerade von einer Tour aus Europa zurück und Dave erhielt einen An- erfuhr es von meiner Tochter. Sie war sieben Jahre alt und lebte bei meiner Mutter in Chicago, der ich immer die LPs schickte, auf denen ich mitspielte. Meine Tochter sagte mir am Telefon: ‚Daddy, im Radio und im Fernsehen wird immer dein Stück gespielt!' Von da an ging es steil bergauf: Wir spielten ständig Konzerte, nahmen Platten auf, tourten um die Welt. Joe Morello und ich hatten zusammen einen guten Groove gefunden, ein rhythmisches Fundament, das wir auslegten, auf dem sich Paul und Dave ganz frei bewegen konnten. Jeder von uns hatte seine Aufgabe, wir funktionierten wie eine gut geölte Maschine. Es wurde auch musikalisch nie langweilig, weil Dave immer neue Kompositionen mitbrachte. In all den Jahren hatten wir nie Probleme miteinander." Nach zehn Jahren der Zusammenarbeit ging jeder eigene musikalische Wege. Wright begann zusammen mit Bobby Durham im Trio von Monty Alexander zu spielen. „Jede Nacht war wie Feuer! Monty hatte so eine Freude am Piano, er konnte gar nicht mehr aufhören zu spielen."

Inzwischen hat die Dämmerung eingesetzt, das gelbliche Licht der Abendsonne strahlt ins Zimmer. „Jetzt habe ich dir fast mein ganzes Leben erzählt. Wenn

ZEHN PLATTEN,
AUF DENEN EUGENE WRIGHT
EINE WICHTIGE ROLLE SPIELT

Cal Tjader
Cal Tjader Quartet
(Fantasy, 1956)

The Dave Brubeck Quartet *Time Out*
(Columbia, 1959)

The Dave Brubeck Quartet
Guest Star Carmen McRae
Tonight Only!
(Columbia, 1961)

The Dave Brubeck Quartet
Time Further Out
(Columbia, 1961)

The Dave Brubeck Quartet
Countdown - Time In Outer Space
(Columbia, 1962)

The Dave Brubeck Quartet
At Carnegie Hall
(Columbia, 1963)

Paul Desmond
Bossa Antigua
(RCA Victor, 1964)

Paul Desmond featuring Jim Hall
Easy Living
(RCA Victor, 1965)

Dave Brubeck *Time In*
(Columbia, 1966)

Monty Alexander Trio
We've Only Just Begun
(MPS, 1976)

Rolf Thomas

Roy Ayers

DAS VIBRAFON IST MEIN HERZ.

Roy Edward Ayers
(* 10. September 1940 in Los Angeles, Kalifornien) ist ein US-amerikanischer Vibrafonist, Sänger, Komponist und Arrangeur.

New York, Upper West Side.

Im vierten Stock eines Brownstone-Hochhauses an der 97. Straße öffnet Ayana Ayers, die Tochter von Roy Ayers, die Wohnungstür. „Roy ist nicht hier. Vermutlich hat er eure Verabredung vergessen, das kommt bei ihm schon mal vor. Er ist wirklich viel unterwegs. Vor zwei Tagen ist er von einer Tour aus Frankreich zurückgekommen und heute Morgen nach Los Angeles geflogen, um Verwandte zu besuchen. Vielleicht klappt es ja, wenn du mal wieder in New York bist."

Ein Jahr später, mitten im Sommer. Roy Ayers wartet an der Subway-Station 96. Straße. Er trägt ein Jackett mit Nadelstreifen, dazu ein schwarzes T-Shirt, eine schwarze Hose und schwarze Lackschuhe. „Lass uns doch einen Spaziergang machen!" Wir gehen runter zum Hudson River in die grüne Parkanlage, die von der Route 9A, dem Henry Hudson Parkway, auf Brückenhöhe durchquert wird. Am Wasser erstreckt sich der Hudson River Greenway, wo Jogger entlanglaufen und Hundebesitzer ihre Tiere ausführen. Ayers ist gerade wieder aus L.A. zurückgekommen. „Das ist die Stadt, in der ich aufgewachsen bin, wo ich immer wieder Freunde und Familie besuche."

Ayers' Mutter war Lehrerin und gab auch Klavierunterricht, und sein Vater spielte gelegentlich Posaune. Seine beiden Schwestern spielten Geige und auf dem Plattenspieler wurde fast nur Jazz abgespielt. Roy war fünf Jahre alt, als seine Eltern ihn auf ein Konzert von Lionel Hampton mitnahmen. „Das war noch die Zeit der großen Bigbands. Beim letzten Song am Ende des Konzertes ging Hampton singend zusammen mit seiner Bläsersektion zum Publikum runter, um sich zu bedanken, nur der Bassist und der Schlagzeuger blieben auf der Bühne. Ich saß mit meinen Eltern im mittleren Gang und applaudierte ganz begeistert, weshalb er auf mich aufmerksam wurde und mir spontan seine Vibrafonschlegel als Geschenk in die Hand drückte. Meine Eltern haben das immer als Zeichen verstanden. Hampton war in meinem Leben sehr wichtig und ist bis heute eine Inspiration für mich, sein Stil, seine Technik, seine Energie. Einmal habe ich sogar geträumt, dass ich seine Reinkarnation sei und ihn irgendwann ersetze." Ayers lacht.

„Kurz bevor er gestorben ist, habe ich ihn besucht. Wir hatten oft zusammengespielt, aber als wir uns umarmten, erkannte er mich nicht wieder. Er hatte einen Schlaganfall, konnte kaum gehen und spielte das Vibrafon nur noch mit einem Arm, das war beeindruckend: Hampton spielte mit einem Arm besser, als ich heute mit zwei Armen spielen kann! Er war der einzige Musiker, der in Las Vegas gefeuert wurde, weil seine Konzerte immer so lange dauerten. Hampton hatte so viel Freude beim Spielen und konnte einfach nicht aufhören. Nach mehreren Stunden verließ das Publikum begeistert, aber auch müde das Kasino, dabei sollte es doch am Spieltisch Geld aus-

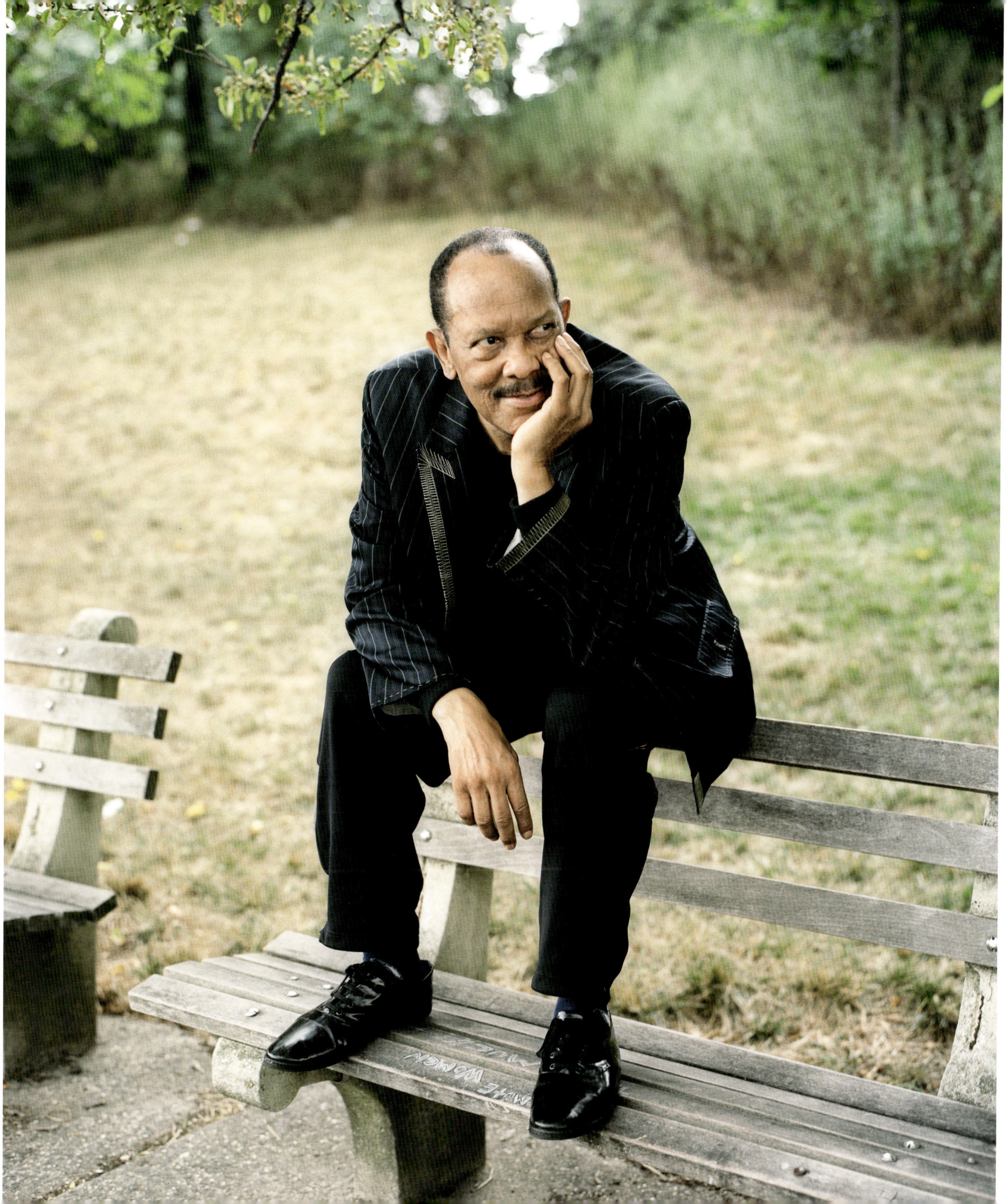

ROY AYERS 15

"Hummin'" <u>Ubiquity</u> *(Polydor, 1970)*

"We Live In Brooklyn Baby"
<u>He's Coming</u> *(Polydor, 1972)*

"Fikisha" <u>Change Up The Groove</u>
(Polydor, 1974)

"Evolution" <u>Mystic Voyage</u>
(Polydor, 1975)

"A Tear To A Smile" <u>A Tear To A Smile</u>
(Polydor, 1975)

"The Memory" <u>Vibrations</u> *(Polydor, 1976)*

"Everybody Loves The Sunshine"
<u>Everybody Loves the Sunshine</u>
(Polydor, 1976)

"One Sweet Love To Remember"
<u>Vibrations</u> *(Polydor, 1976)*

"Searchin'"
<u>Vibrations</u> *(Polydor, 1976)*

"No Deposit No Return"
<u>Step In To Our Life</u> *(Polydor, 1978)*

"Love Will Bring Us Back Together"
<u>Fever</u> *(Polydor, 1979)*

"Don't Stop The Feeling"
<u>No Stranger To Love</u> *(Polydor, 1979)*

"2.000 Blacks Got To Be Free"
Fela Kuti & Roy Ayers
<u>Music Of Many Colours</u> *(Phonodisk, 1980)*

"Black Family" <u>Lots Of Love</u>
(Uno Melodic, 1983)

"Liquid Love" <u>Virgin Ubiquity II
Unreleased Recordings 1976-1981</u>
(BBE, 2005)

———

Michael Rütten

geben und nicht zu Bett gehen! Wegen Hampton haben die Kasinos viel Geld verloren, deshalb wurde er nie wieder engagiert."

Ayers lernte als kleiner Junge verschiedene Instrumente wie Gitarre, Flöte, Trompete, Schlagzeug und Piano, aber als er 17 Jahre alt war, schenkten ihm seine Eltern ein Vibrafon, auf das er sich fortan konzentrierte. Er spielte mit Teddy Edwards, Jack Wilson, Phineas Newborn, Hampton Hawes, Vi Redd, Leroy Vinnegar, Cal Tjader, Willie Bobo, Harold Land, der Gerald Wilson Bigband und übte zusammen mit Bobby Hutcherson. „Bobby wohnte in der Nähe von Pasadena und obwohl er nur fünf Monate jünger ist als ich, wurde er mein Mentor. Er spielte in der Band des Tenorsaxofonisten Curtis Amy, zog aber nach New York, weshalb er mich als seinen Nachfolger empfahl. Für Pacific Jazz Records nahm ich mit Curtis drei Platten auf. In dieser Zeit lernte ich Leonard Feather kennen, der für mich den Kontakt zu United Artists herstellte, wo ich 1963 meine erste Platte als Leader veröffentlichte. Curtis war natürlich auch dabei."

Ich war fünf, als mir Lionel Hampton bei einem Konzert seine Vibrafonschlegel als Geschenk in die Hand drückte. Meine Eltern haben das immer als Zeichen verstanden.

Für sein Debütalbum „West Coast Vibes" erhielt Ayers viel Anerkennung. 1966 nahm ihn Chico Hamilton mit auf eine Tour nach Japan. Nach seiner Rückkehr erhielt er einen Anruf von seinem Freund Reggie Workman, der gerade mit der Gruppe von Herbie Mann an der West Coast gastierte. „Herbie spielte im Lighthouse in Hermosa Beach und suchte einen Nachfolger für Dave Pike. Also fuhr ich hin, baute mein Instrument auf und wir spielten perfekt zusammen. In der Pause kam Herbie zu mir und sagte: ‚Willst du in der Band sein? Noch sind wir nicht nach New York abgereist!' Vier Jahre blieb ich bei ihm und wir spielten zehn Platten für Atlantic Records ein. Herbie hatte einen guten Kontakt zu den Brüdern Ahmet und Nesuhi Ertegun, die das Label leiteten, und so konnte ich drei LPs unter meinem Namen bei der Firma herausbringen, die Herbie produzierte. Von Herbie habe ich gelernt, wie man eine Band leitet und wie man die geschäftlichen Angelegenheiten regelt, denn ich war sein Roadmanager."

Nachdem Roy Ayers oft mit Herbie Mann in New York aufgenommen hatte, entschloss er sich 1970, endgültig in den Big Apple zu ziehen und seine eigene Band zu gründen. „Die West Coast langweilte mich, weil das Energielevel damals so niedrig war, das passte einfach nicht zu mir. Die Leute dort sind alle zu relaxt, womit ich ein Problem hatte. Wenn man eine Probe oder eine Studioaufnahme auf zwölf Uhr mittags festlegte, kam von Musikern oft die Antwort, dass sie erst am Nachmittag Zeit hätten. Das habe ich nie verstanden." Roy Ayers schüttelt den Kopf. „Aber als Besucher fliege ich gerne nach L. A., so wie in den letzten Tagen."

Wir setzen uns auf eine Parkbank und schauen auf die vorbeiziehenden Schiffe auf dem Hudson River. In New York begann damals für Roy Ayers eine Karriere, mit der er einem breiteren Publikum bekannt wurde, und genau das war sein Ziel gewesen. „Als reiner Instrumentalist im Jazz konnte ich nicht die Aufmerksamkeit bekommen, nach der ich strebte. Also fing ich an zu singen und verband den Jazz mit Funk. Mein Vibrafonspiel geriet mehr in den Hintergrund und heute noch sagen die Leute, wenn sie meinen Namen hören: ‚Roy Ayers? Der Sänger?' Ja, ich bin der Sänger, aber eigentlich bin ich Vibrafonist. Das Vibrafon ist mein Herz." Seine Band nannte Ayers Ubiquity. „Der Name stammt von meinem damaligen Manager. Ich fragte ihn nach der Bedeutung und die Antwort gefiel mir: Ubiquity heißt allgegenwärtig. Eine schöne Vorstellung, denn wenn alle Leute meine Platten kaufen und anhören, bin ich tatsächlich zur selben Zeit an mehreren Orten."

Ayers schmunzelt. „Ich versuche mit meiner Musik beim Publikum so eine Art Glücksgefühl zu erzeugen, denn ich bin selbst von Natur aus so ein Gute-Laune-Typ. Mit Jazz-Funk, oder wie auch immer du meine Musik nennen möchtest, bin ich damals auf neues Terrain vorgestoßen. Diesen Sound gab es zuvor noch nicht. Der Schlüssel zu meiner Musik ist der Groove. Als meine Tochter jünger war, habe ich sie gefragt, warum sie sich solche Typen wie diesen Rapper Eazy-E mit seinen brutalen Texten anhöre. Ihre Antwort war: ‚Papa, ich mag den Beat!' Sei es Rap oder James Brown oder Hardrock, die Essenz fast aller Musikstile ist der Beat. Schon kleine Kinder stehen mehr auf Rhythmus als auf die anderen Elemente der Musik. Zum Rhythmus können die Menschen am schnellsten eine Verbindung herstellen, er motiviert sie am meisten."

Die Leute an der West Coast sind alle zu relaxt, womit ich ein Problem hatte.

Inzwischen sind dunkle Wolken aufgezogen und wir bekommen ein paar Regentropfen ab. „Komm, lass uns besser zurückgehen, bevor es noch stärker regnet." Auf dem Weg erzählt Ayers noch von seinem ersten Soundtrack, den er 1973 für den Blaxploitation-Film „Coffy" einspielte und wie er sich über all die HipHop-Musiker freut, die Samples seiner Musik benutzen und eine zusätzliche Einnahmequelle darstellen. Eine musikalische Begegnung der besonderen Art hatte er im Juli 1979, als er zum ersten Mal nach Afrika reiste. „Mein damaliger Anwalt hatte geschäftlich in Nigeria zu tun und fragte, ob ich Fela Kuti kennen würde. Ich hatte lediglich den Namen gehört, mehr nicht. Mein Anwalt sagte: ‚Du solltest Fela kennenlernen!' Also flogen wir nach Nigeria: mein Anwalt, mein Percussionist und ich. Fela war wirklich ein Star in seinem Land. Er war mit seiner ganzen Entourage zum Flughafen gekommen, um mich abzuholen, ungefähr 40 Leute. Als er mich sah, waren seine ersten Worte ‚Du bist ein Yoruba!' Damit meinte er den afrikanischen Stamm, aus dem ich hervorging. ‚Ich kann es an deiner Nase erkennen, dass du ein Yoruba bist.' Ich lernte viel von ihm über meine Herkunft und über Afrika. Er hatte so viel Energie! Sieben Wochen blieb ich dort und wir haben zusammen gespielt und aufgenommen. Weißt du, Musik zu machen hält dich jung. Aber letztlich ist es das Publikum, das dafür sorgt, dass du motiviert und kreativ bleibst. Es verleitet dich dazu, mehr Songs zu schreiben, mehr Grooves zu produzieren und ständig neue Ideen zu entwickeln. Ich möchte nicht in den Ruhestand gehen, solange ich noch swingen und grooven kann. So wie Lionel Hampton werde ich spielen, bis ich sterbe."

Der Regen ist sehr stark geworden und wir stellen uns unter die Autobrücke der 9A und warten. Auch nach fünf Minuten will der Sommerregen einfach nicht aufhören. „Ich habe noch einen anderen Termin. Da habe ich keine andere Wahl, als völlig durchnässt zu Hause anzukommen." Roy Ayers verabschiedet sich und rennt hinein in den strömenden Regen.

„Einmal fragte ich Sonny Rollins, warum er all diese Junkies in seiner Band habe. Und Sonny antwortete: ‚Das sind die einzigen Typen, die wirklich spielen können.'"

GEORGE COLEMAN

„Viele Jazzmusiker konnten nicht begreifen, wie ich so kreativ sein konnte, ohne Drogen zu nehmen."

RICHARD DAVIS

JAZZ THING

Das Buch **„AMERICAN JAZZ HEROES VOLUME 2"** basiert auf der gleichnamigen Artikelserie in Jazz thing. Das Magazin für Jazz und Jazzverwandtes erscheint fünfmal im Jahr und ist das auflagenstärkste Jazz-Periodikum im deutschsprachigen Raum.

2013 erschien bereits das erste Buch, **„AMERICAN JAZZ HEROES"**, mit Besuchen bei 50 Jazz-Legenden, ebenfalls von Arne Reimer. Mehr dazu auf den Folgeseiten.

Weitere Bücher sind in Planung. Stets aktuelle Infos und Abomöglichkeiten unter
WWW.JAZZTHING.DE

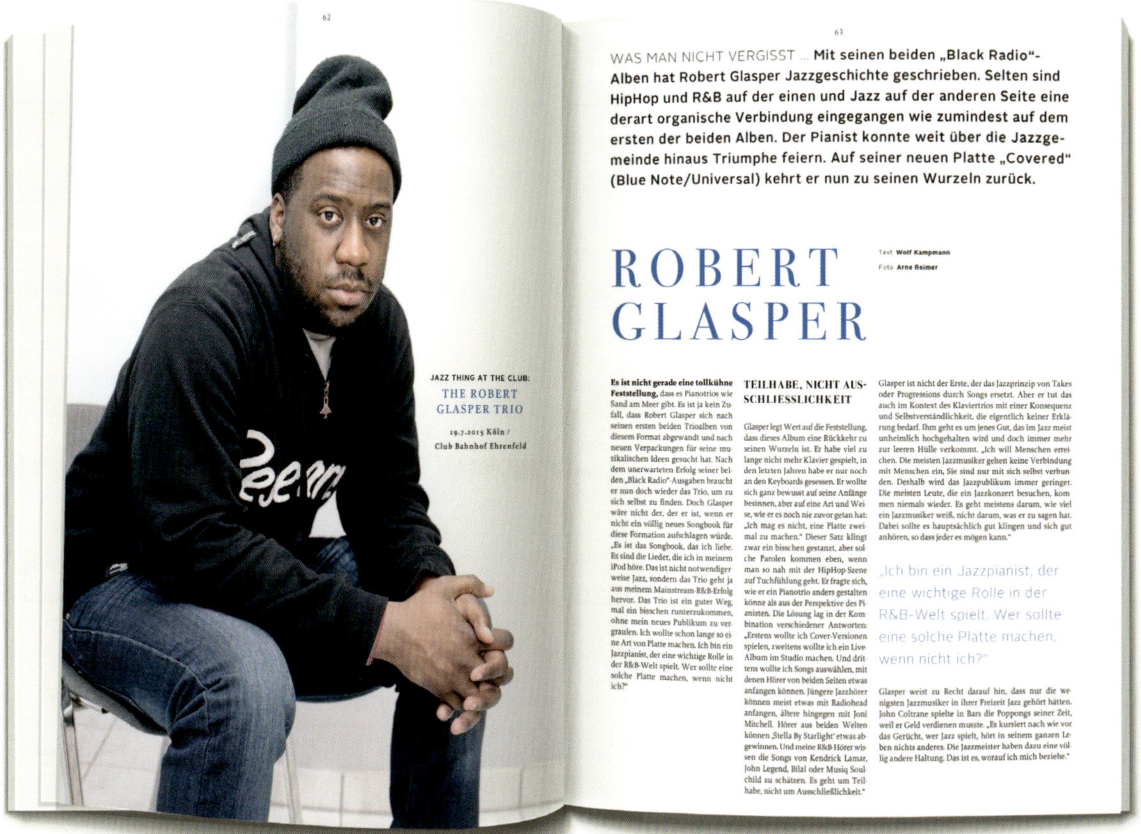

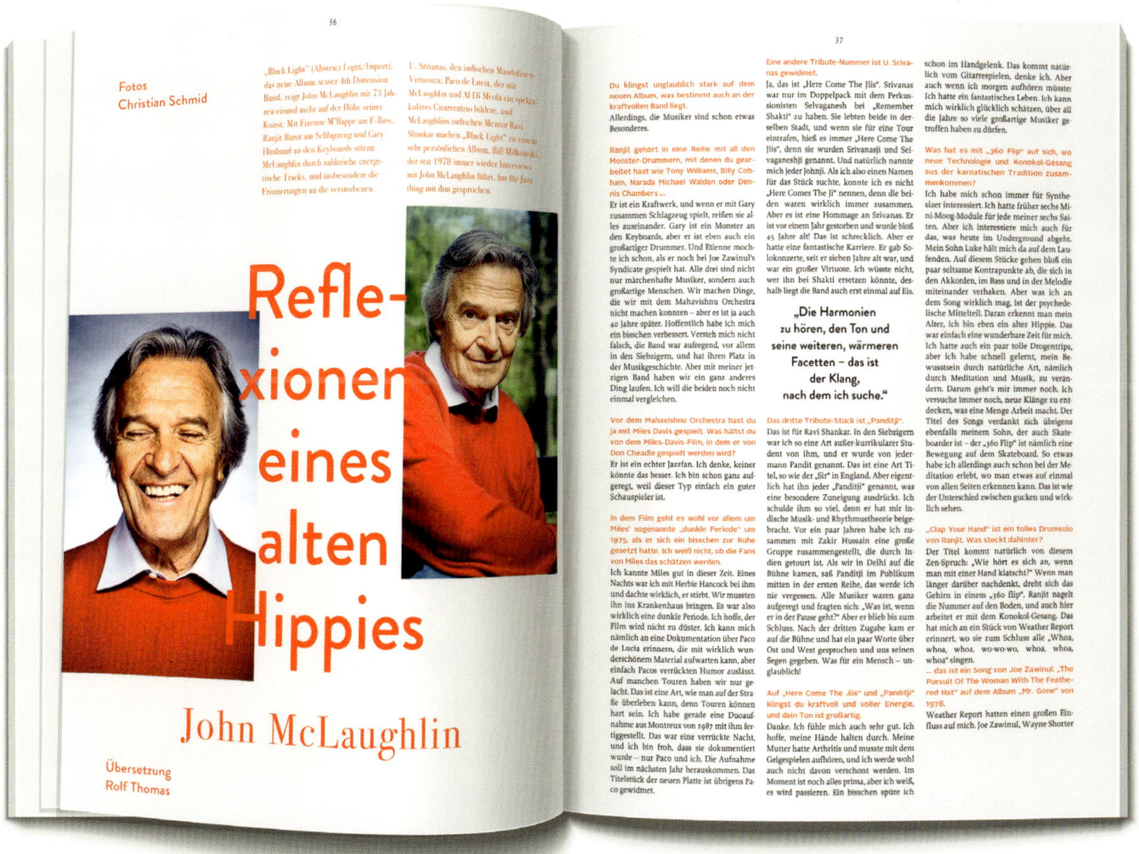

AMERICAN JAZZ HEROES

DER ERSTE GROSSE LEGENDEN-PRACHTBAND VON JAZZ THING

/ **Die ersten 50 Besuche bei Jazz-Legenden** von Arne Reimer: persönliche Porträts in Worten und Bildern von Ron Carter, Yusef Lateef, Paul Bley, Jim Hall, Gary Bartz, Buddy DeFranco, Clark Terry, Chico Hamilton, Benny Golson, Gary Peacock, Idris Muhammad, Jimmy Cobb, Pat Martino, Cecil Taylor, Stanley Cowell, Slide Hampton, Jimmy Heath, Dave Pike, Roswell Rudd, Phil Woods, Reggie Workman, Bernard Purdie, Sheila Jordan, Lou Donaldson, Milford Graves u.v.a.m.

/ **Vorwort von Roger Willemsen**

/ **228 Seiten** im LP-Cover-Großformat mit über 175 Farbfotos im hochwertigen Bilderdruck – Gewicht: 2 kg

/ **Preis: 49 Euro** auf www.jazzthing.de

/ **Sonderpreis: 39 Euro** für Abonnent(inn)en von Jazz thing

"'American Jazz Heroes' wird von der Presse gelobt wie lange kein deutsches Jazzbuch mehr, und das völlig zu Recht. Ein Buch, dass man erst dann gern verschenkt, wenn man es selbst besitzt."

(Dr. Wolfram Knauer, Jazzinstitut Darmstadt)

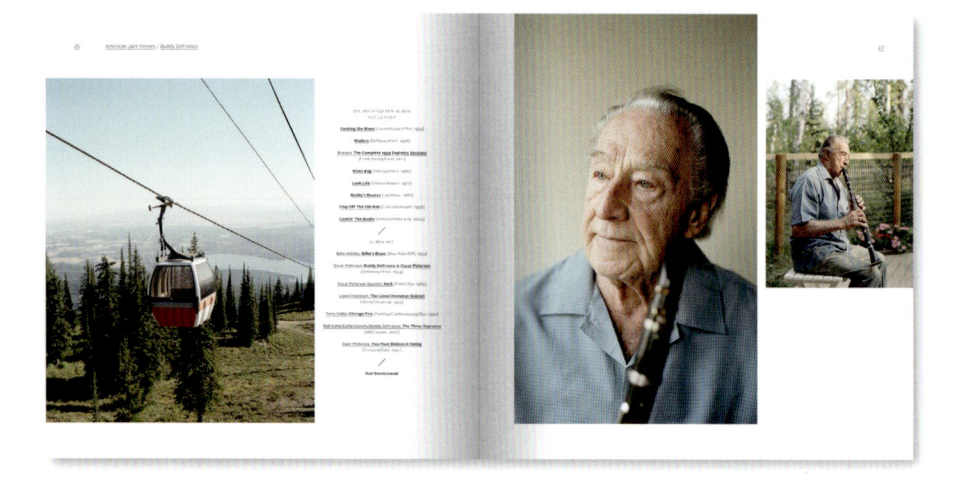

„‚American Jazz Heroes' ist ein großartiges Werk voller Atmosphäre und Tiefe, wie man es nur selten findet." (Axel Mikolajczak, STICKS)

„Diese Fotos sind Jazz im besten Sinne, entstanden aus dem Interesse füreinander, der Kommunikation miteinander und mit starker erzählerischer Kraft."
(Tobias Richtsteig, Jazz Podium)

"Ein Jazzbuch wie dieses hat es noch nicht gegeben. (…) Reimers Buch ist kein Lexikon, aber zukünftige Jazzlexika können nicht mehr ohne Rückgriff auf diesen Band geschrieben werden."
(Ulrich Olshausen, FAZ)

—

„Wir Musiker klauen alle irgendwo
und versuchen dann unser Ding daraus
zu machen."

—

BOB DOROUGH

„Miles flüsterte mir ins Ohr:
‚Jeder Musiker ist ein Dieb.
Ich habe mir Websters Sound
nur mal kurz ausgeliehen.'"

EDDIE HENDERSON

BIOGRAFIE
ARNE REIMER

———

ARNE REIMER UND JON HENDRICKS

ARNE REIMER (*28.11.1972, Rendsburg) ist ein deutscher Fotograf. Selbst Schlagzeuger, begann Reimer im Alter von 18 Jahren, Musiker zu fotografieren; zu seinen ersten Fotos gehören Aufnahmen von Ornette Coleman und David Murray bei den Hamburger Jazztagen 1990.

Er studierte Fotografie an der Hochschule für Grafik und Buchkunst Leipzig und ab 2003 mit einem Fulbright-Stipendium am Massachusetts College of Art in Boston. Die Interviews und Fotos für „American Jazz Heroes Volume 2" sind im Verlauf von fünf Reisen in die USA und drei Reisen durch Europa entstanden. Nach zahlreichen freien Veröffentlichungen in Zeitschriften wie Jazz thing und dem Buch „American Jazz Heroes" ist dies sein zweites Buch.

DANKSAGUNGEN

ARNE REIMER dankt allen Musikern und Deena Adler, Werner Aldinger, Seydou Barry, Adam Bartos, Joachim Becker, Götz Bühler, Chris Byars, Holly Case, Alan Chin, Denardo Coleman, George Coleman Jr., Claudia Cornelius, Dorothy Darr, Wolfgang Delseit, Ursula Beate Dieterich-Pedersen, Joris Dudli, Jim Eigo, Marc Elliott, Johannes Enders, Philipp van Endert, Gina Fabiano, Andreas Fauser, Stefan Feske und Yoshiko Maruiwa, Bonnie Foster, Mary Fuller, Lisa Gathmann, Mark Gelfand, Rainer Haarmann, Guido Halfmann, Roslyn Hart, Jens Hartmann, Craig Haynes, Anne Heilemann, Judith Hendricks, Swantje Hinrichsen, Michael Hornstein, Jennique Horrigan, Carsten Humme, Rosemary Hutcherson, Javon Jackson, Patricia Jaeger, Janet Janke, Jazzinstitut Darmstadt (Dr. Wolfram Knauer, Doris Schröder, Arndt Weidler), Rita Kabalan, Mark Kanak, Uwe Kerkau, Frank Kleinschmidt, Christin Krause, Ksenya und Mattias Kumm, Dave Love, Prof. Markus Lüpertz, Gloria Mance, Eva Mikusch, Dave Moon, Wulf Müller, Angelika Niescier, Axel Petrasch, Sarina Pfister, Gregory Porter, Thorsten Prenzel, Familie Reimer, Inez Riley, Nick Ruechel, George Schuller, Michael Sheridan und Anuradha Desai, Axel Stinshoff, Uta Stinshoff, Christian Stolberg, Pierre Thiam, Anita Thomas, Rolf Thomas, Danny Thompson, Patricia Watts, Florian Weber und Ingo Wulff

---

GÖTZ BÜHLER dankt seinem Vater für die Liebe zum Jazz, seiner Mutter für die Liebe zum Lesen (und Schreiben) und Claudia, Ella und Ava für die Liebe!

AXEL STINSHOFF dankt seinem gesamten Team sowie Frau, Familie, Freunden und Roger Willemsen

IMPRESSUM

—

AMERICAN JAZZ HEROES VOLUME 2
BESUCHE BEI 50 JAZZ-LEGENDEN
von Arne Reimer

© 2016 Jazz thing Verlag Axel Stinshoff, Köln

KONZEPT & REALISATION **Axel Stinshoff**
FOTOS **Arne Reimer**
TEXTE **Arne Reimer**
VORWORT **Gregory Porter**
HERAUSGEBER **Götz Bühler und Axel Stinshoff**
KORREKTORAT **Wolfgang Delseit und Axel Stinshoff**
GESTALTUNG **Patricia Jaeger und Swantje Hinrichsen**
LITHOGRAFIE **Carsten Humme**
DRUCK **B.O.S.S Medien, Goch**

Alle Rechte vorbehalten.
Jede Reproduktion der Texte und Bilder im vorliegenden Werk oder
von Teilen davon ist ohne vorherige schriftliche Erlaubnis
des Verlags untersagt.

ISBN **978-3-9815858-1-0**